U0582519

《2019—2020中国区域经济发展报告》

学术委员会

名誉主任　范恒山

主　　任　蒋传海

委　　员（以姓氏笔画为序）

丁四保　干春晖　万广华　王　振　方创琳　邓　翔　石良平　石俊敏

宁越敏　权　衡　孙久文　孙海鸣　刘乃全　阮　青　李国平　杨开忠

肖金成　豆建民　吴柏钧　吴殿廷　沈体雁　何立胜　陆　铭　张学良

张建清　周国平　金　碚　周伟林　周振华　赵　伟　赵作权　赵昌文

赵晓雷　郝寿义　徐康宁　梁　琦　高新才　鲍曙明　樊　杰　魏后凯

上海财经大学创新基地建设项目
上海财经大学创新团队项目 资助

2019—2020

中国区域经济发展报告

——长三角一体化与区域协同治理

2019—2020 ZHONGGUO QUYU JINGJI FAZHAN BAOGAO

上海财经大学长三角与长江经济带发展研究院

许涛 张学良 刘乃全 主编

人民出版社

责任编辑:陈　登
封面设计:林芝玉
责任校对:张红霞

图书在版编目(CIP)数据

2019—2020中国区域经济发展报告:长三角一体化与区域协同治理/许涛,
张学良,刘乃全 主编. —北京:人民出版社,2020.12
ISBN 978－7－01－022670－5

Ⅰ.①2… Ⅱ.①许…②张…③刘… Ⅲ.①长江三角洲-区域经济发展-
研究报告-2019—2020　Ⅳ.①F127.5

中国版本图书馆CIP数据核字(2020)第227408号

2019—2020 中国区域经济发展报告

2019—2020 ZHONGGUO QUYU JINGJI FAZHAN BAOGAO
——长三角一体化与区域协同治理

许　涛　张学良　刘乃全　主编

人民出版社 出版发行

(100706　北京市东城区隆福寺街99号)

中煤(北京)印务有限公司印刷　新华书店经销

2020年12月第1版　2020年12月北京第1次印刷
开本:710毫米×1000毫米 1/16　印张:25.25
字数:386千字

ISBN 978－7－01－022670－5　定价:85.00元

邮购地址 100706　北京市东城区隆福寺街99号
人民东方图书销售中心　电话 (010)65250042　65289539

版权所有·侵权必究
凡购买本社图书,如有印制质量问题,我社负责调换。
服务电话:(010)65250042

前　言

　　2003 年以来，上海财经大学根据我国区域经济发展的重大命题，邀请国内相关学者共同参与进行专题研究，每年编写并出版《中国区域经济发展报告》，针对中国区域经济发展中的重大理论及现实问题进行专题研究，2003 年的主题是"国内及国际区域合作"，2004 年的主题是"东北老工业基地振兴"，2005 年的主题是"长江三角洲区域规划及统筹发展"，2006年的主题是"长江经济带区域统筹发展及'黄金水道'建设"，2007 年的主题是"中部塌陷与中部崛起"，2008 年的主题是"西部大开发区域政策效应评估"，2009 年的主题是"长江三角洲与珠江三角洲区域经济发展比较"，2010 年的主题是"长三角区域一体化研究"，2011 年的主题是"从长三角到泛长三角：区域产业梯度转移的理论与实证研究"，2012 年的主题是"同城化趋势下长三角城市群区域协调发展"，2013 年的主题是"中国城市群的崛起与协调发展"，2014 年的主题是"中国城市群资源环境承载力"，2015 年的主题是"中国城市群可持续发展"，2016 年的主题是"长江经济带建设与中国城市群发展"，2017 年的主题是"'一带一路'建设与中国城市群发展"，2018—2019 年的主题是"长三角高质量一体化发展"，2007 年还以"区域发展总体战略与城市群规划"为专题撰写了《2007 年中国区域经济发展报告特刊》。2003 年至今这一系列报告已连续出版了 16 年共 17 本，在社会上形成了很好的口碑，成为上海财经大学的一大品牌。

　　从 2013 年开始，我们在听取了国内外区域经济研究专家学者的建议基础上，将研究方向进一步聚焦，重点关注中国城市群，编写体例也更为成熟，形成了"总论""专题报告"与"数据分析"这三部分的编写体例。从 2018 年开始，我们又在城市群的研究主题基础上进一步聚焦长三角城市群发展，将 2018—2019 年的主题确定为"长三角高质量一体化发展"，继续进行深入研究。党的十八大以来，习近平总书记亲自关心、指导长三角一体化持续深化，特别是 2018 年以来，长三角一体化进入全面提速的新阶段。2018 年 4 月 26 日，习近平总书记对长三角一体化发展作出重要批示，明确提出实现更高质量的长三角一体化发展的新要求。2018 年 11 月 5 日，习近平总书记在首届中国国际进口博览会上宣布，支持长江三角洲区域一体化发展并上升为国家战略。2019 年 5 月 13 日，中共中央政治局会议审议通过长三角一体化发展规划纲要，赋予长三角地区新的历史使命，描述了长三角更高质量一体化的宏伟蓝图。特别是 2020 年 8 月 20 日，习近平总书记主持召开了扎实推进长三角一体化发展座谈会，强调要更好地推动长三角一体化发展，深刻认识长三角区域在国家经济社会发展中的地位和作用，紧扣一体化与高质量两个关键词，率先形成以国内大循环为主体、国内国际双循环相互促进的新发展格局。长三角区域要发挥人才富集、科技水平高、制造业发达、产业链供应链相对完备和市场潜力大等诸多优势，积极探索形成新发展格局的路径。长三角江苏、浙江、安徽、上海三省一市地域面积 35.9 万平方公里，2019 年地区生产总值 3.4 万亿美元，如果视为一个独立经济体的话，经济总量可以在全球排在第五位。长三角代表着中国参与全球合作与竞争，建设强劲活跃增长极，这是一种责任，也是一种使命。

本年度报告的研究思路和整体框架如下：第一部分为总论部分，包括第 1 章、第 2 章。第 1 章分析长三角区域一体化发展的总体态势，第 2 章结合本报告的主题，重点介绍长三角区域协同治理的内在要求与主要内容。第二部分为专题研究部分，是本报告的主体部分，包括从第 3 章到第 9 章的内容。第 3 章重点分析长三角产业问题的协同治理与一体化发展，第 4 章重点分析长三角市场问题的协同治理与一体化发展，第 5 章重点分析长三角交通问题的协同治理与一体化发展，第 6 章重点分析长三角生态问题的协同治理与一体化发展，第 7 章重点分析长三角公共服务问题的协同治理与一体化发展，第8章重点分析长三角公共安全问题的协同治理与一体化发展，第9章重点分析长三角区域整体的协同治理能力。第三部分为数据分析部分，包括第10章，重点整理中国城市群的主要统计资料。需要说明的是，本研究报告参考了许多文献，在此表示感谢，没有一一列出，敬请读者谅解。

　　本研究报告的主题设计、框架确定、观点整合、课题组织由许涛、刘乃全、张学良负责。各章撰写工作如下：第1章，刘乃全、张馨芳；第2章，胡彬、林柏韬；第3章，黄赜琳；第4章，豆建民、韩旭、陶志鹏、唐承辉；第5章，邓涛涛、甘晨；第6章，刘江华、李梦旭；第7章，潘斌；第8章，张祥建、张扬、董春风；第9章，计小青、赵景艳、刘帅；第10章，王雨舟、张学良。

许涛　张学良　刘乃全

2020 年 10 月

目　　录

第一部分　总　　论

第二部分　专题研究

第三部分　数据分析

第一部分　　总　　论

1

长三角区域一体化
发展的总体态势

1.1 长三角区域一体化发展的
阶段划分及主要特征

1.1.1 长三角区域一体化发展的阶段划分

2018 年 11 月 5 日，习近平总书记在首届中国国际进口博览会上宣布，支持长江三角洲（以下简称"长三角"）区域一体化发展并上升为国家战略，着力落实新发展理念，构建现代化经济体系，推进更高起点的深化改革和更高层次的对外开放，同"一带一路"建设、京津冀协同发展、长江经济带发展、粤港澳大湾区建设相互配合，完善中国改革开放空间布局。

新时代迎来新机遇，长三角区域一体化发展并上升为国家战略，是基于长三角区域联动发展顺势而为提出并逐渐升级的。纵观长三角一体化的发展历程，以新中国成立肇始，长三角一体化发展可以划分为以下 5 个阶段。

第一个阶段（1949—1978 年），一体化行政阶段。自 1949 年新中国成立后，长三角区域协调工作就已开始推动。1949—1954 年，中央施行党政军一体化管理的"大行政区"体制，全国有六大行政区，华东行政区包括七省一市，即上海市、江苏省、浙江省、安徽省、山东省、江西省、福建省、台湾省，在这一体制架构上，长三角区域范围属于同一行政区划内。1958 年，国家推行以大城市为中心协调周边省级行政区经济发展的"经济协作区"体制，全国成立七大经济协作区，"大行政区体制"撤销，"华东经济协作区"成为长三角协调发展的平台。为解决上海农副产品供应和工业发展用地等，国务院将江苏省的上海县、嘉定县、宝山县、川沙县、南汇县、奉贤县、松江县、金山县、青浦县和崇明县，共十个县先后划入上海市行政区域，这是通过行政区划调整协调长三角发展的一种尝试。1960年，实行由中共中央派出、具有全面指导区域党政工作职能的"中央局"

体制，是"大行政区"和"经济协作区"体制的延续和继承，中共中央华东局成为长三角协调行政的体制架构。

第二个阶段（1979—1990年），经济协商探索阶段。这一阶段也是长三角区域一体化的萌芽阶段。由于一体化行政是计划经济体制下的产物，行政区划体制也因为各种原因被逐渐撤销，长三角协同治理的体制机制也随之中断。直到1978年改革开放，长三角协同治理才再次启动，标志性事件是1982年12月设立的"上海经济区"。为推动长三角区域经济联动协调发展，国务院发布了《关于成立上海经济区和陕西能源基地规划办公室的通知》，决定成立"上海经济区"，规划范围包括两省一市，以上海为中心，有江苏的南通市、苏州市、常州市、无锡市，浙江的杭州市、湖州市、嘉兴市、绍兴市、宁波市，这10个城市构成了最早的长三角经济区。1983年3月，成立"国务院上海经济区规划办公室"，这是"上海经济区"的领导机构，主要进行调查研究、制定区域规划、为中央提出建议等，并无实际行政管理权。同年8月召开上海经济区规划工作会议，建立经济区省、市长联席会议制度，该制度成为长三角缔结协议的第一个程序性平台，与此同时安徽省、江西省、福建省先后于1984年12月6日、1986年7月10日成为经济区成员。上海经济区设立的目的是为促进省市间的经济交流，然而由于缺乏协调的行政权力，加之区域经济发展的悬殊差距太大，导致很多利益难以协调，1988年6月国家计委正式撤销上海经济区规划办公室，长三角区域合作再次陷入停滞阶段。

第三个阶段（1991—2004年），自发协同发展阶段。1990年国家宣布开发开放浦东，长三角协调发展再次迎来又一轮重大契机。这一轮的协同发展从城市之间的自发经济协作开始。1992年，长三角政府经济技术协作部门自发成立长江三角洲协作办（委）主任联席会议，成员包括上海市、南京市、苏州市、常州市、无锡市、镇江市、扬州市、泰州市、南通市、杭州市、湖州市、舟山市、嘉兴市、绍兴市、宁波市等15个城市。1997年，协作办（委）主任联席会升格为由各城市副市长和协作办（委）主任出席的长三角城市经济协调会，并于4月28—30日在扬州召开第一次长三角城市经济协同会议。会议确定了由杭州市牵头的旅游专题和由上海市牵头的商贸专题为长三角区域经济合作的突破口，审议并原则通过了《长江三角洲城市经济协调会章程》。进入新世纪，2001年，上海、浙江、江苏两省一市政府领导经过共同磋商，发起建立沪苏浙经济合作与发展座谈会制度，为长三角省级政府之间的协同治理提供了更高的平台；2003年，第四次长三角城市市长峰会召开，同时台州市加入，以江浙沪16城市为主体形态的长三角城市群初步形成，16个市长联合签署《以承办"世博"会为契机，加快长江三角洲城市联动发展的意见》。2004年，长三角经济协调会议由两年一次改为一年一次，并形成了更加完善的区域合作机制。此阶段，长三角各个城市从市场配置要素角度出发，积极探索区域合作的机制，区域发展已经有了实质性的变化，"政府搭台、企业唱戏"的城市协调发展是这一阶段的主要特征。

第四阶段（2005—2017年），国家重点推动阶段。2007年5月15日，时任国务院总理温家宝主持召开长三角经济社会发展专题座谈会，由此再次拉开了国家推动长三角协同发展的序幕。2008年9月7日，国务院颁布实施《关于进一步推进长江三角洲地区改革开放和经济社会发展的指导意见》，长三角政府层面确立实行决策层、协调层、执行层"三级运作"的区域合作机制；2010年6月22日，国务院批复《长江三角洲区域规划》，提出建设有较强的国际竞争力的世界级城市群；2014年9月，《国务院关于依托黄金水道推动长江经济带发展的指导意见》出台，提出长三角要建设以上海为中心，南京、杭州、合肥为副中心的城市群，这也是新世纪以来，官方文件首次将安徽纳入长三角；2016年5月，国务院批准《长江三角洲城市群发展规划》，明确将上海市以及江浙皖的25个城市定为长三角城市群，并指出长三角城市群要建设面向全球、辐射亚太、引领全国的世界级城市群。建成最具经济活力的资源配置中心、具有全球影响力的科技创新高地、全球重要的现代服务业和先进制造业中心、亚太地区重要国际门户、全国新一轮改革开放排头兵、美丽中国建设示范区。

第五个阶段（2018年至今），一体化国家战略阶段。2018年6月，江苏省、浙江省、安徽省及上海市印发《长三角地区一体化发展三年行动计划（2018—2020年）》，明确2020年一体化任务。2018年11月5日，中国首届国际进口博览会开幕式上，中国国家主席习近平发表主旨演讲时指出，为了更好发挥上海等地区在对外开放中的重要作用，决定将支持长江三角洲区域一体化发展并上升为国家战略，标志着长三角一体化进入崭新的时代。2019 年两会上，李克强总理也在政府工作报告中指出"将长三角区域一体化发展上升为国家战略，编制实施发展规划纲要"，《长江三角洲区域一体化发展规划》编制启动。上海市委书记李强也指出：要全力以赴推进长三角一体化国家战略落地落实，三省一市共同努力，把长三角建设成为全国贯彻新发展理念的引领示范区，成为全球资源配置的亚太门户，成为具有全球竞争力的世界级城市群。2019 年 12 月 1 日，中共中央、国务院印发《长江三角洲区域一体化发展规划纲要》，由此，长三角区域一体化也进入了一个全新时代，同"一带一路"建设、京津冀协同发展、长江经济带发展、粤港澳大湾区建设相互配合，完善中国改革开放空间布局。

1.1.2 长三角区域一体化发展的主要特征

经过四十年改革开放的高速增长，长三角区域成为我国经济发展最活跃、开放程度最高、创新能力最强的区域之一，同时也处于要素成本驱动向创新驱动的调整期，在此过程中，长三角区域一体化呈现出一些特征。

1.1.2.1 空间格局的演变：从"两省一市"到"三省一市"拓展

"长三角一体化战略"从"雏形"到最终"成形"足足走过 36 个年头，这段时间里，区域空间格局不断发生演变。1983 年 3 月 22 日成立上海经济区，包括上海、苏州、无锡、常州、南通、杭州、嘉兴、湖州、宁波、绍兴等城市，两省一市 10 个城市构成了长三角区域雏形。1997 年，上海、无锡、宁波、舟山、苏州、扬州、杭州、绍兴、南京、南通、常州、湖州、嘉兴、镇江、泰州等 15 个城市通过平等协商，自愿组成新的经济协调组织——长江三角洲城市经济协调会，由此长三角区域扩至 15 个城市。2003 年，第四次长江三角洲城市经济协调会议通过了《关于接纳台州市加入长江三角洲城市经济协调会的决定》，成员城市扩大至 16 个市。为实现长三角地区又好又快发展，带动长江流域乃至全国全面协调可持续发展，依据《国务院关于进一步推进长江三角洲地区改革开放和经济社会发展的指导意见》，2010 年 6 月，国家发展改革委印发《长江三角洲城市群发展规划》，本规划的范围包括上海市、江苏省和浙江省，区域面积 21.07

万平方公里。规划以上海市和江苏省的南京、苏州、无锡、常州、镇江、扬州、泰州、南通，浙江省的杭州、宁波、湖州、嘉兴、绍兴、舟山、台州16个城市为核心区，统筹两省一市发展，辐射泛长三角地区。2010年长三角城市经济协调会吸收合肥市、盐城市、马鞍山市、金华市、淮安市、衢州市6个城市，2013年第十三次市长联席会议召开，正式吸收徐州、芜湖、滁州、淮南、丽水、温州、宿迁、连云港8个城市成为长三角城市经济协调会成员。

2016年5月，国务院发文批复《长江三角洲城市群发展规划》，长三角城市群在上海市、江苏省、浙江省、安徽省范围内，由以上海市为核心、联系紧密的多个城市组成，主要分布于国家"两横三纵"城市化格局的优化开发和重点开发区域。该规划将安徽省的8个城市及江苏省盐城市和浙江省金华市纳入长江三角洲城市群，城市数量由传统的16个增加到涵盖沪苏浙皖四省市的26个。2019年12月，国务院印发《长江三角洲区域一体化发展规划纲要》，长三角区域一体化正式成为国家战略，规划范围包括上海市、江苏省、浙江省、安徽省全域。以上海市，江苏省南京、无锡、常州、苏州、南通、扬州、镇江、盐城、泰州，浙江省杭州、宁波、温州、湖州、嘉兴、绍兴、金华、舟山、台州，安徽省合肥、芜湖、马鞍山、铜陵、安庆、滁州、池州、宣城27个城市为中心区，辐射带动长三角地区高质量发展。核心区由2010年的16个城市扩至如今的27个城市，全域内的城市也由最初的两省一市10个城市增至三省一市41个城市。

1.1.2.2 中心城市：从"一极独大"到"多中心格局"演变

改革开放之初，长三角区域只有上海市进入工业化和城市化发展阶段，位于两翼核心区的苏南和浙东北尚未真正启动，而省辖市及部分地区行署所在的中心城区生活服务业与工矿企业占比很少，其他广大县域则主要从事纯粹的农业生产。20世纪90年代后，浦东的开发开放，两翼核心区大规模汲取经上海进入的全球化资源，建设各类开发区和产业园区、兴办"三资企业"，规模随之扩大，发展迅猛，快速实现了工业化。在上海朝着"国际经济中心、金融中心、贸易中心、航运中心和科创中心"加快发展的同时，长三角北翼核心区的扬子江城市群，形成多个制造业集群，其中的苏南地区以"世界工厂"著称。长三角南翼的杭州湾城市群，则成为我国著名的民营经济和互联网经济重镇。短短数十年，两翼核心区不仅走过了农村工业化的初期阶段、FDI 驱动的工业化中期阶段，正处于从工业化后期向后工业化的过渡阶段，总体上与上海所处的发展阶段非常接近。与此同时，也逐步形成了民营资本驱动的市场化格局。

由此可见，长三角区域一体化经历五个阶段的演进，核心城市上海与长三角两翼城市之间的关系发生重大重构。一方面，上海产业进行彻底重构，以现代服务业和高端制造为主导的产业结构体系已经形成；作为龙头城市的能级大幅度提升，国际化程度快速提高，综合优势突出，作为长三角城市群龙头城市的地位十分突出。与此同时，南北两翼核心区的多个城市，经济总量以更快的速度增长，并且形成了相对于上海比较优势明显的产业结构体系，并且成为全球价值链的一部分，在长三角城市群中的作用和地位越来越高。今日上海的优势主要是研发基地、服务高地与国际化前沿，两翼则是十分强劲的产业基地。显然，长三角城市群已经不再是核心城市上海的"一极独大"式发展，而是一个强两翼核心区与中心城市同频发展的多中心格局。

1.1.2.3 推动机制：从"政府主导"逐步向"市场驱动"过渡

长三角区域一体化的五个阶段，每一阶段都有政府的推动，并建立一系列的区域协调机制。以经济增长为核心、以省市政府多形式协调合作为主导的长三角城市经济协调会，推动着长三角区域一体化进程。新世纪后，国家层面又相继推出《长江三角洲地区区域规划》（2010 年）、《长江三角洲城市群发展规划》（2016 年）等纲领性文件，2018 年 1 月建立长三角区域合作办公室，推动长三角区域一体化向更高质量发展。2019 年 12 月国务院印发《长江三角洲区域一体化发展规划纲要》，使长三角洲区域一体化发展上升为国家战略。政策的制定和制度的建立可以推动资源要素的合理配置，然而当区域利益发生冲突时，行政区利益的刚性约束导致弱约束的合作"瓦解"。

在长三角区域一体化发展中，前期更加注重规模扩张和经济增长，政府"自上而下"的激励使不同阶段的区域一体化进程受到不同行政区域利益的主导，"中心—外围"区域间产业转移与承接，某种程度上固化了区际位次，处在外围的城市被动地选择产业，经济增长模式也会出现模仿性和跟随性，一体化初级阶段会发挥积极作用，但是"自上而下"的激励促成的合作并不是可持续性的，中心区域主导、外围区域依附，不能真正实现区域一体化的融合发展目标。新阶段的长三角区域一体化发展中，强调多元主体的参与度，不仅关注长三角的整体利益，也会充分体现三省一市各自的区域利益，在有效、充分合作的前提下发挥长三角各区域的主动性和能动性，尊重合作各方在规模、结构等方面的差异。由于参与主体类型多样，治理存在碎片化问题，需要更加完善政府协调机制，各区域能够寻求自身独立性与自主性，增强一体化进程的包容性。同时也对长江三角洲地区的体制改革和社会经济发展，特别是基础设施的建设导向和持续完善发挥了重要的促进作用。

1.1.2.4　目标选择：从"规模速度"到"质量效率"转变

长三角区域一体化过程中，前期的探索中并没有形成相对清晰、整体性的目标，这是基于我国各领域渐进式、增量式改革的背景，着重体现在经济建设上，即"发展是硬道理"。过去几十年，长三角地区一体化的主要特征就是高速增长、制造业领跑、外向型经济发达等，随着微观生产要素成本上升、宏观供求格局深刻变化以及资源环境约束增大、经济发展结构性困境等深层次问题，当实现经济总量提升目标后，结构性失衡问题凸显。同时，区域内城市间合作与竞争并存，首位城市发挥着主导作用，中心城市存在"虹吸效应"，使城市间经济水平存在较大差异，发展要素向中心集聚、生产率相对较低的经济活动集中于周围区域，一体化中的城市合作不具有可持续性与协调性。

国内环境客观上要求长三角区域经济一体化发展要从过去单一的地方经济增速的竞争转向高质量一体化发展的新阶段，从追求单一的 GDP 导向转向实现高质量的发展导向，使得一体化发展更加注重质量、效益和效率，体现区域合作发展的协调性与可持续性。大国际环境背景下，世界经济复苏曲折、结构性失衡和治理矛盾突出以及逆全球化思潮下，长三角一体化发展要实现区域内外更大程度、更高层次和更大范围的开放与合作发展，在形成"陆海内外联动、东西双向互济"的开放新格局上，积极发挥开放经济发展的示范和带头作用，以更强的国际竞争力和影响力，参与全球价值链和国际分工新体系。G60 科创廊道、"长三角产业创新城市联盟"

等合作平台建设，为有效破解创新要素区域分布失衡提供了一种路径探索；其他公共设施的共建共享路径探索也在不同程度地推进中，长三角地区多中心发展态势日趋明显。

1.1.2.5　内容扩展：从"经济一体化"到"全面一体化"转换

长三角地区是我国市场经济成熟度高、城市体系健全和经济活跃的地区，是最早提出区域经济一体化的地区。其前身是"上海经济区"，这是为推动长三角区域经济联动协调发展。由于地域相邻、文化相通，长三角地区一体化经历了不断深化的过程。1997 年召开第一次长三角城市市长联席会，拉开了以城市间合作先行的长三角区域经济一体化的序幕；2003 年召开长三角 16 个城市市长峰会，并发表了以"城市联动发展"为主题的《南京宣言》。2007 年国务院召开"长江三角洲地区经济社会发展专题座谈会"。近年来，中央领导多次对长三角一体化发展作出明确指示。2014年 5 月，习近平总书记在上海考察时，强调要继续完善长三角地区合作协调机制，努力促进长三角地区率先发展、一体化发展。2018 年 11 月 5 日，习近平总书记在首届中国国际进口博览会上宣布，支持长三角区域一体化发展并上升为国家战略，完善中国改革开放空间布局。2019 年 3 月 5 日，十三届全国人大二次会议政府工作报告提出，将长三角区域一体化发展正式上升为国家战略。

在新的历史发展时期，全方位推进和深度融合是长三角一体化发展国家战略的必然选择。区域一体化的领域不断拓展和深化，已经从最初的经济层面，向经济、社会、生态等全面一体化拓展。2018 年 6 月 1 日，长三角地区主要领导座谈会在上海召开，会议审议并原则同意《长三角地区一体化发展三年行动计划（2018—2020 年）》和《长三角地区合作近期工作要点》。三年行动计划的内容覆盖 12 个合作专题，进一步聚焦交通互联互通、能源互济互保、产业协同创新、信息网络高速泛在、环境整治联防联控、公共服务普惠便利、市场开放有序等 7 个重点领域。2019 年 12 月国务院印发的《长江三角洲区域一体化发展规划纲要》，提出区域创新共同体、基础设施互联互通、生态环境共保联治、公共服务便利共享、打造一流营商环境等众多协作主题。

1.2 长三角区域一体化发展
现状及存在的主要问题

1.2.1 长三角区域一体化发展的总体状况

据 2016 年国务院发布的《长江三角洲城市群发展规划》，长三角城市群包含江苏省、浙江省、安徽省及上海市三省一市的 26 个城市。自 1992 年建立区域经济协作办（委）主任联席会议制度以来，实现了区域经济的跨越式发展，目前已经成功跻身世界第六大城市群。作为我国经济发展最活跃、开放程度最高、创新能力最强的区域之一，未来发展前景值得期待。

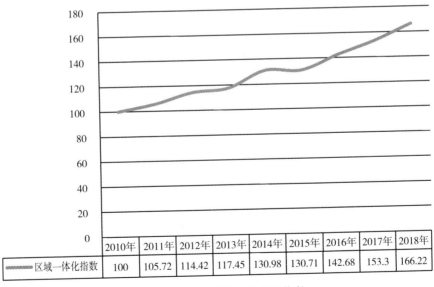

	2010年	2011年	2012年	2013年	2014年	2015年	2016年	2017年	2018年
区域一体化指数	100	105.72	114.42	117.45	130.98	130.71	142.68	153.3	166.22

图 1-1 长三角区域一体化总指数

资料来源：作者自绘。

总体上看，2010—2018 年间一体化总指数基本呈现上升态势，仅在 2015 年出现略微下降，而在这一年基础设施、产业及区域治理均出现不同程度的下降。从指数的具体数值来看，一体化总指数由 2010 年基期的 100 点，上升到 2018 年的 166.22 点，平均每年提高约为 6.56%。说明党的十八大以来，长三角一体化发展取得明显成效，一体化趋势明显，区域合作关系进一步深化，区域分工格局逐步形成，经济社会发展走在全国前列，具备更高起点上推动更高质量一体化发展的良好条件，也面临着新的机遇和挑战。

1.2.1.1 长三角地区经济差异持续缩小

2018 年，长三角三省一市的 GDP 总量为 17.8 万亿元，长三角区域进入"万亿元俱乐部"的城市有 6 个，依次为上海、苏州、杭州、南京、无锡、宁波；GDP 总量分别为 32679 亿元、18564 亿元、13468 亿元、12730 亿元、11426 亿元、10579 亿元，全国共有 17 个城市 GDP 总量达到万亿元，长三角独占六席。从总量层面看，上海经济总量位居全国首位，在长三角区域内远远高于其他城市，是排名第二苏州的 1.76 倍，作为长三角区域的"龙头"，其经济总量始终遥遥领先，绝对优势依然突出。若从增速层面看，与 2017 年相比，2018 年长三角城市群的 26 个城市中，上海的 GDP 名义增速为 6.6%，低于这一增速的只有南通、常州、盐城和镇江 4 市，其余 22 个城市的增速都超过上海。在过去的数十年中，长三角内多个城市与上海的经济总量落差在逐年缩小。2000 年，上海与苏州之比为 3.12∶1；与南京之比为 4.48∶1；与杭州之比为 3.48∶1，与安徽省之比为 13.88∶1。2010 年，上述比例已分别下降为 1.89∶1、3.40∶1、2.92∶1 和 6.25∶1。至 2019 年，上述比例分别为 1.97∶1、2.72∶1、2.48∶1、4.05∶1。由此可以看出，经过多年的区域经济一体化实践，长三角区域核心城市经济总量与上海市经济总量的差距正逐步缩小，多中心匀质化发展趋势逐步显现。

表 1-1　上海与苏州、南京、杭州、合肥 GDP 比值变化情况

年份	上海∶杭州	上海∶苏州	上海∶南京	上海∶合肥
2000	3.48∶1	3.12∶1	4.48∶1	13.88∶1
2005	3.16∶1	2.26∶1	3.88∶1	10.72∶1
2010	2.92∶1	1.89∶1	3.40∶1	6.25∶1

续表

年份	上海：杭州	上海：苏州	上海：南京	上海：合肥
2015	2.55：1	1.77：1	2.64：1	4.41：1
2016	2.49：1	1.82：1	2.68：1	4.37：1
2017	2.40：1	1.74：1	2.57：1	4.17：1
2018	2.42：1	1.76：1	2.56：1	4.17：1
2019	2.48：1	1.97：1	2.72：1	4.05：1

资料来源：根据《中国城市统计年鉴》整理。

1.2.1.2　产业结构不断优化

整体上看，伴随着各省市第三产业产值比重的不断上升，各省市产业结构高度化呈良好向上发展态势，产业结构合理化和产业结构高级化是相互联系，相互影响的。所以，三省一市产业结构合理化水平整体呈上升趋势。上海市三次产业间具有很强的协调转化能力，其合理化水平趋势平

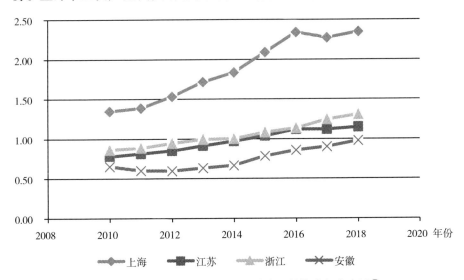

图 1-2　2010—2018 年长三角区域产业结构高级化变迁①

资料来源：作者自绘。

---

①　采用第三产业产值与第二产业产值之比作为产业结构高级化的度量。

稳。江苏省与浙江省合理化水平也差距甚小且发展趋势相对平稳。相较于长三角其他省域，前期安徽省产业结构合理化水平偏低，后随着机械化、自动化的现代化农业的不断发展，第一产业部门的劳动生产率不断提高，大量农村剩余劳动力转向二、三产业部门，从而促进产业结构不断趋于合理化。

在长三角产业结构优化过程中第二产业比重向第三产业的转换是各省市产业结构高度化水平的波动主要影响因素。三省一市比较中，基本上呈现出上海优于浙江，浙江优于江苏，江苏优于安徽的局面。上海市产业结构高度化水平较高，且增速较快，其最高值出现在 2016 年，为 2.35，是 2010 年高度化的 1.76 倍。相较于第二产业，第三产业作为提升省市经济素质、增强省市综合竞争力、推进社会进步的重要产业，其迅速扩张对于产业结构优化起到重要的推动作用，第三产业对 GDP 的贡献远远大于第二产业，上海市内部产业结构优化水平不断达到新的高度。浙江省与江苏省产业结构高度化发展落后于上海市，但近 10 年内产业结构高度化水平开始不断提高。2012 年以后，江苏省更加侧重于制造业中化学燃料、医疗制造业等高端行业发展，且给予了较大的支持力度，而浙江省的发展优势主要在于纺织业等传统制造业，而两省在服务业发展上差距并不明显。安徽省承接长三角省域工业发展重担，第二产业比重较高，且仍停留在以化工和加工业为主的时期，工业阶段处于由初级低端产品向高级精细加工产品的过渡阶段，第三产业对 GDP 贡献值较小，因此安徽省还需为实现产业结构由低端到高端、促进产业结构不断升级做出更大努力。

1.2.1.3 交通基础设施网络日趋完善

随着区域一体化和网络化发展进程的加速推进，区域交通枢纽格局由核心城市集聚向均衡化发展将是长三角城市群经济和交通演进的必然过程。2018 年 6 月 1 日，长三角地区主要领导座谈会审议并原则同意《长三角地区一体化发展三年行动计划（2018—2020 年）》。随之，《三年行动计划》中的交通类项目全面启动。在陆路网建设上，沪通铁路、商合杭铁路、宁杭高速公路改扩建浙江段、宁合高速公路改扩建、宁马高速公路改扩建等在建项目加快推进；取消长三角区域 14 个省界高速公路收费站工作正积极推进。在水运网建设上，交通运输部与三省一市联合印发的《关于协同推进长三角港航一体化发展六大行动方案》，为长三角港航一体化发展指明了方向和路径。三省一市推进长湖申线、平申线、秦淮河航道、淮河出海通道红山头至京杭运河段、京杭运河四改三段、引江济淮航运工程等项目建设，以及小洋山北侧开发和舟山江海联运服务中心建设；共同推动上港集团、江苏省港口集团、浙江省海港集团、安徽省港航集团等港口龙头企业深入合作。航空方面，三省一市以"协力打造长三角世界级机场群"为目标，合力谋划世界级机场群建设；以上海国际航空枢纽为核心，提升杭州、南京、合肥等枢纽机场能力。

长三角一体化发展要将交通放在首位，因此省际"断头路"成为关键的一环。盈淀路是《长江三角洲一体化发展三年行动计划（2018—2020年)》中明确的第一批"断头路"项目中率先打通的一条路。这条 1.29 公里道路连通，终结了两地居民行至省界处"只能走小桥、不能开大车"的历史。同时开通的还有两条昆山市至青浦区的跨省公交线路，在新背景下，开启毗邻地区开行"跨省公交"的新探索。随着 2018 年 6 月《长三角地区打通省际断头路合作框架协议》的签署，省际道路接通工作得以全面启动，并列出第一批共 17 个重点推进项目。上海市交通委方面表示，三省一市将建立联合工作机制，尽快完成第一批建设项目并陆续梳理出第二批、第三批重点项目，争取在 2020 年实现省界处 1—2 公里范围的"断头路"现象基本消除。长三角区域铁路网也有巨大的发展潜力。《铁路"十三五"发展规划》指出，预计到 2020 年末，长三角铁路营业里程达 1.3 万公里，其中高铁超过 5300 公里，需新增里程 2928 公里和 1632 公里，年复合增长率分别为 8.9% 和 13.6%，高于全国 5.7% 和 6.0% 的增速水平。因此未来长三角铁路网仍将是全国铁路发展的重点领域，有望迎来加速增长。目前，长三角区域在省际断头路建设方面已经取得实质性进展。去年 6 月，沪苏浙皖共同签署《长三角地区打通省际断头路合作框架协议》，首批重点推进 17 个省际断头路项目。协议签署四个月后，长三角首条省际断头路——上海青浦盈淀路与江苏昆山新乐路打通。

1.2.1.4 科技创新一体化加快推进

长三角地区是我国创新要素和创新活动集聚区，科技创新优势明显，创新经济发展全国领先。从创新中心来看，长三角有上海张江和安徽合肥

2 个综合性国家科学中心，还拥有众多的高水平大学、国家重点实验室、国家工程中心等，并积极建设各种类型的科技园区，逐步构建由创新型城市为节点的创新网络。2016 年，长三角高质量一体化发展协同创新的重要平台"G60 科创走廊"正式启动建设，截至目前，"G60 科创走廊"已经覆盖上海松江、嘉兴、杭州、金华、苏州、湖州、宣城、芜湖、合肥九城。在总结沪苏浙皖所推行的"一网通办""最多跑一次""不见面审批"等改革经验基础上，长三角"G60 科创走廊"创造性地提出以线上线下相结合的模式，在九城范围内率先实现涉及证照办理等首批 30 个事项"一网通办"，构建九城协同开放创新的新格局。在《长三角科技合作三年行动计划（2018—2020 年)》中，确定了未来三年主要发展目标、工作任务和相关保障措施；明确了构建长三角创新创业生态建设实践区、推动重大科技基础设施集群发展、推进长三角技术转移体系建设、深化长三角科技联合攻关、提升长三角科技创新资源共享、优化长三角创新创业环境、推动长三角科技合作交流七大项工作任务，并共同签署了《长三角地区加快构建区域创新共同体战略合作协议》。

为积极响应长三角一体化发展国家重大战略部署，2019 年第二届长三角科技交易博览会上，上海嘉定、江苏苏州、浙江温州和安徽芜湖共同签署《深化长三角地区科技创新一体化发展战略协议》，进一步加强长三角科技创新战略协同、成果对接、资源共享、生态共建等方面合作，打造长三角科技创新合作的示范模板。根据《深化长三角地区科技创新一体化发展战略协议》，嘉定与温州、苏州和芜湖将深入合作，通过"互联网+科技资源"，率先实现科技资源、科技服务的互通互联、合作共享。目前共有 1369 项服务资源入库，其中上海市 596 项、温州市 420 项、昆山市 347 项、太仓市 6 项；科技服务机构为 136 家，其中上海市 56 家、温州市 39 家、昆山市 32 家、太仓市 9 家。上海在信息技术、生物医药、高端装备方面有若干严控性的技术支撑平台和科技成果转移转化平台，在智能汽车、新能源汽车、航空航天、智能制造、机器人以及新药创制和高端医疗装备方面，也实施了一大批重大战略项目，布局了一些重大基础工程，形成了各具特色的科技创新园区。

1.2.1.5 生态环境质量持续向好

长三角区域聚焦高标准打好污染防治攻坚战、推动长三角更高质量发展，三省一市的生态环境质量也在持续改善。2019 年，上海市环境空气质量指数（AQI）优良天数为 309 天 PM2.5 年均浓度为 35 微克/立方米；2019 年，上海市地表水环境质量较 2018 年进一步改善，4 个在用集中式饮用水水源地水质全部达标（达到或优于Ⅲ类标准），生态环境状态良好。江苏省全省 PM2.5 浓度降至 43 微克/立方米，同比下降 8.5%；国考断面优Ⅲ比例达到 77.9%，同比上升 8.7 个百分点，国省考断面和主要入江支流消除了劣Ⅴ类；近岸海域优良海水面积比例 89.7%，同比上升 41.2 个百分点。浙江省全省地表水整体水质为优，水质达到或优于地表水环境质量Ⅲ类标准的省控断面占 91.4%，县级以上城市日空气质量（AQI）优良天数比例平均为 93.1%，PM2.5 平均浓度为 46 微克/立方米，辐射环境质量总体良好，全省生态环境状况等级为优。安徽省 PM2.5 平均浓度为 46 微克/立方米，16 市重污染天数同比减少 50.0%。地表水国考断面水质优良比例 77.4%，劣Ⅴ类断面比例 0.9%，均达到年度目标要求，城市环境质量总体稳定，辐射环境和生态环境质量整体良好。[①]

长三角一体化进程中，对跨区域多主体参与模式下的生态文明进行了探索，加快了长三角区域生态一体化的进程。2004 年 6 月，江苏省、浙江省与上海市共同签署《长江三角洲区域环境合作宣言》，这是国内第一份关于区域环境合作的宣言，明确提出要加强跨区域边界合作以解决环境问题。2008 年 12 月，江苏省、浙江省与上海市在苏州签订《长江三角洲地区环境保护工作合作协议（2009—2010 年)》，提出积极探索制定多层面生态治理协调机制，建立环境保护合作联席会议制度。长三角区域生态一体化制度建设随着长三角城市群的不断扩容同时加快进程。2013 年 4 月，在长三角协调会第十三次市长联席会议上，22 个城市在合肥签署《长三角城市环境保护合作（合肥）宣言》，明确提出将共同构建区域环境保护体系，共同制定区域环境保护防范体系标准。除此之外，长三角区域在一些环境

---

① 来源于《2019 上海市生态环境状况公报》《2019 年江苏省生态环境状态公报》《2019 年浙江省生态环境状态公报》《2019 年安徽省生态环境状态公报》。

保护与生态规划方面也积极开展合作，其中有由多方主体联合制定的《长江口及毗邻海域碧海行动计划》《长三角近岸海域海洋生态环境保护与建设行动计划》《长江三角洲地区环境保护工作合作协议》《长三角地区危险废物环境监管联动工作方案》。这种多方参与的自发式制度探索，为后续的跨区域生态治理提供了保障。

1.2.2　长三角区域一体化发展存在的主要问题

2020 年 8 月 20 日，习近平总书记在合肥主持召开扎实推进长三角一体化发展座谈会并发表重要讲话。他强调，要深刻认识长三角区域在国家经济社会发展中的地位和作用，结合长三角一体化发展面临的新形势新要求，坚持目标导向、问题导向相统一，紧扣一体化和高质量两个关键词，抓好重点工作，真抓实干，埋头苦干，推进长三角一体化发展不断取得成效。这些年来，长三角地区间经济差距不断缩小，经济联系更加紧密，产业分工趋于合理，市场机制持续完善，科技创新能力显著增强，交通、信息等基础设施明显改善，公共服务均等化稳步推进，体制机制日益健全。但是，更高质量地推动长三角地区一体化发展，还存在一些问题亟待根本性解决。

1.2.2.1　长三角区域发展的不平衡性仍然比较突出

虽然长三角地区整体经济发展水平位居全国前列，但区域间经济发展不平衡的问题依然严峻，对长三角一体化发展形成了制约。数据显示，2018 年长三角 26 城 GDP 总和约为 17.8 万亿元人民币，较 2017 年 GDP 增长 1.27 万亿元人民币，增速为 7.14%，高于全国 GDP 平均增速 6.6%。其中，上海 32679 亿元，增速 6.6%；杭州 13468 亿元，增速 7.44%；南京 12730 亿元，增速 8.67%；合肥 7822 亿元，增速 11.38%。同年，上海市人均 GDP 超过 13 万元，江苏省人均 GDP 超过 11 万元，浙江省人均 GDP 接近 10 万元，安徽省人均 GDP 不足 5 万元。不难看出，长三角区域内部发展并不平衡。上海、江苏、浙江和安徽之间存在差异。按照工业化发展阶段看，上海、杭州和南京已经进入后工业化时代，苏州、宁波、无锡、合肥等城市处于工业化后期阶段，仍有不少城市还处于工业化中期阶段。区域经济发展不平衡除受到政策与制度影响外，还受到资本、人才、技术等要素差异的影响，分区域看，上海、苏南、浙北地区的要素资源比较丰富，而苏北和浙南的资源相对匮乏，导致长三角发展呈现出"上海—苏南—苏北""上海—浙北—浙南"的梯度差异；同时，要素资源丰富的地区形成了本地优势与特色产业，不具备相应要素的地区发展相对落后与被动，从而导致经济发展水平的不平衡与人民生活水平的差异。

1.2.2.2 产业结构趋同现象依旧

区域产业结构趋同有利于推动产业集聚，形成规模经济，但是也容易引起同质化竞争和重复投资，不利于区域产业的有序分工和梯度转移。长三角区域内部资源禀赋相似，区位相近，发展环境与机遇也相似，各城市之间生产布局重复，产业呈现出结构同化、特点同化、职能同化现象。长三角是以制造业为基础，以生物制药、电子通信、新材料等高新技术为支柱产业，产业结构同质同构进一步扩大；核心城市辐射力和影响力不突出，缺乏高效合作；不合理的产业结构和空间布局带来了资源环境的过度消耗，产业过度集中、分布失衡，产业运营出现"叠加成本"的不经济。有数据显示，长三角区域 146 家国家级开发区的主导产业集中在电子设备信息（32 家）、装备机械（28 家）和汽车及其零配件（23 家）；320 家省级开发区中，分别有 63 家、5 家、42 家、38 家、35 家和 34 家开发区将机械、纺织、汽车、电子、新材料和装备制造作为主导产业。与此同时，区域每个城市会立足于本市发展制定相应的产业规划，忽视在整个长三角区域中的功能布局。产业规划大而全，每个城市重点发展产业、优先发展产业、培育发展产业也存在较为严重的趋同现象[4]。长三角区域 4 个城市中有 36 个城市在其"十三五"规划中将金融业作为优先发展的产业，实际上很多城市并不具备发展现代金融业的基础和条件；再比如，各个城市的"十三五"规划中基本都提出"发展壮大战略性新兴产业""加快发展现代服务业""加快发展现代农业"，而没有突出产业的地方特色和差异化。

1.2.2.3 区域协调的体制机制仍不健全

近年来，长三角区域协调发展积累了不少经验，这对于促进长三角的一体化发展具有重要意义。但是，从长三角本身的动能来看，现有的区域协调体制机制包容性不够，仍不健全。一是长三角的区域协作目前多通过议事机制实现，较为松散且缺乏权威性，而且，规划体系的顶层设计不健全，由谁牵头和协调主体不明确，缺乏对区域长远协同发展的统筹把握和长期规划，难以高效、有序、持续地实现区域协同。二是长三角区域市场一体化建设机制包容性欠缺，长三角的区域协同大多数仅限于政府之间的合作，几乎没有企业和社会力量的参与，还没有形成政府协调与市场机制的良性互动，政策协调过程也缺乏公民诉求表达机制。三是行政体制与应急体制不一致。长三角区域跨行政协调、指挥主要采用跨区域的联席会、沟通会或者区域领导人高层会议的形式，而突发公共事件具有跨地域性和突发性，各级政府往往通过临时的应急指挥部来处理紧急的事务，很难实现区域内跨越行政区界限或功能区界限的更大范围的公共服务合作，协调结果难以保证。四是区域法律和规范协调不足。目前长三角立法协调机制基本上还处于空白，不同地区在税收优惠政策、劳动用工、道路交通和环境保护等法规方面存在冲突，在技术标准、行政规章、惩罚尺度、法律效力等方面也存在较大差异。

1.2.2.4 综合交通网络发展不平衡

尽管长三角地区综合交通运输网络建设取得了显著成就，但其发展还存在不平衡、不充分问题。长三角区域交通运输网络衔接不畅，三省一市缺少统一的区域综合交通规划，使得长三角区域内的高铁网、城际轨道网、市域市郊铁路网、城市轨道网、城市公共交通网之间融合程度不深。互联互通的交通基础设施建设不统一，省际通道衔接项目建设推进缓慢，接口数量少，存在大量省际公路"断头路"，甚至省界处公路的技术标准和等级不对接，无法实现交界地区路网融合。就港口群而言，长三角地区港航一体化发展程度较低，岸线资源利用缺少统筹规划，港口建设同质化现象严重，港口群货物争夺竞争激烈，重点货类运输系统布局有待完善，部分港口服务能力过剩，港口企业间合作不充分。就机场群而言，区域空域资源限制比较突出，机场设施保障能力不足，国际服务能力亟待增强，机场间统筹合力尚未形成，集疏运方式单一。浦东机场国际竞争力亟待提升，远程国际航线覆盖面、通达性与亚洲竞争枢纽比存在差距，国际旅客吞吐量占比不高。杭州、南京、合肥机场航线网络不够密集，航线结构不尽合理，国际中远程航线偏少。大部分机场基本上只有一条疏港公路与主城区相连，轨道交通建设严重滞后，公路同时承担城市或区域交通的功能，影响机场服务辐射能力。

1.2.2.5　生态环境相对脆弱

长三角区域发展依然存在一些累积性问题，尤其在生态环境质量和人居环境安全方面，已经成为高质量一体化发展的重大制约和短板。以水污染治理为例，长三角地区水污染尤其是跨界水污染问题依然突出，上下游、左右岸间在治污排污上的矛盾依然存在。由于长三角区域具有独特的自然地理及经济社会行为，区域内水污染现象日益突出且沿河网扩散移动，形成跨界水污染。位于长三角中心地区的苏浙沪边界，包括江苏昆山、吴中和吴江，浙江的嘉兴、嘉善和平湖，上海的青浦和松江等交界地区是跨界水污染的重点发生地区。同时，太湖流域为中间低四周高的特殊地势，而且流域范围内河流众多，水网密集。这样的地势条件使该流域内的水污染容易在太湖湖区内积聚，并向周围河网扩散，从而引发大面积的环太湖的江浙沪三地的跨界污染。除了水资源污染，生活垃圾处理问题也非常突出，长三角许多城市的垃圾处理能力已接近饱和。比如，上海原先很大一部分建筑垃圾是运往江浙处理，自从禁运之后，一方面，上海垃圾处理压力急剧加大，另一方面，向外地偷倒垃圾现象依然时有发生。许多城市都经历过非正规垃圾处理厂（包括焚烧厂和填埋场）因不当进行的垃圾处理而引发区域间的环境邻避冲突。

1.3　长三角区域一体化发展的趋势判断、战略思考及政策取向

1.3.1　长三角区域一体化发展趋势的基本判断

2019年7月，由国家发改委牵头，会同国家有关部委和上海市、江苏省、浙江省、安徽省拟定的《长江三角洲区域一体化发展规划纲要》已正式审议通过并印发，长三角将紧扣"一体化"和"高质量"两个关键，形

成高质量发展的区域集群。曾在 2016 年国务院就批复并发布了《长江三角洲城市群发展规划》，26 个城市被纳入长江三角洲城市圈范围，而在最新的规划纲要中，三省一市所有城市都纳入长三角一体化发展范围。长三角一体化经过多年发展推进，其中区域一体化发展已经从 1.0 版本上升到 2.0 版本的阶段，2.0 版本要求突破行政壁垒，在新型城市合作中带来新的发展增量，通过技术进步与创新的管理体制机制，形成比肩美国大西洋沿海城市群、日本太平洋沿岸城市群和英伦城市群的具有全球竞争力的世界级城市群。从未来趋势看，长三角一体化将呈现以下特征。

1.3.1.1　长三角都市圈发展——拓展一体化新格局

2019 年 2 月 19 日，国家发改委下发《培育发展现代化都市圈的指导意见》，是我国第一个关于都市圈的高规格文件，表明在未来的城市化和区域一体化中，都市圈将是主要的空间形态和实现方式。长三角一体化的发展应该从都市圈的规划入手，先编制都市圈的发展规划，在都市圈的范围内带动交通、产业、制度的互联互通。习近平总书记要求长三角地区实现更高质量的一体化发展。更高质量的提出是基于长三角一体化上升到国家战略的高度，特别是共筑强劲活跃增长极和率先实现现代化的战略要求；基于在建设现代化经济体系和现代生态治理体系中不可回避、必须突破的各种行政区壁垒或各类"断头路"，构建现代区域一体化体制机制，积极推进更加紧密的区域合作；基于长三角地区仍然存在比较明显的地区差距、城乡差距，要通过地区间的融合发展、分工发展和共享发展，加快缩小地区差距，努力实现更加协调的区域发展。

长三角区域要走向更高质量的一体化需要实现深度同城化。所谓深度同城化，就是在时间空间同城距离、经济社会同城水平的同城化基础上，城市之间的关系进一步向基础设施同城、要素流动同城、就业通勤同城、公共服务同城等更高层级迈进。进入 21 世纪以来，城市化与工业化水平的提升，交通基础设施的加快建设，长三角区域内的城市加强联系，长三角开始步入同城化时代。近十年，高速铁路的兴起、产业的分工合作、各地城市公共资源、服务的共享，长三角地区同城化发展也迈入新阶段，我们称之为深度同城化阶段。深度同城化将在各个都市圈率先呈现，因此，更高质量的一体化发展也将在各个都市圈内率先实践和实现。《长江三角洲城市群发展规划》提出了长三角"一核五圈"构想，上海市长三角城市群的核心城市，另有南京都市圈、杭州都市圈、宁波都市圈、苏锡常都市圈及合肥都市圈，勾画了长三角都市圈的轮廓。经过改革开放四十多年的发展，跨三大省级行政区的"1+8"上海大都市圈，苏州、无锡、常州、南通、宁波、舟山、嘉兴、湖州8个城市，从依托上海、融入上海，到全面接轨上海，在各方面与上海基本达到同城水平，而且在国家战略的指引下，对互联互通、生态共治、要素流动、分工合作、"一网通办"等，都提出了积极的共同愿景和相互衔接的行动方案。正是有了这样的内在基础和动因，上海大都市圈各城市之间的区域联动发展将全面迈向更高质量的一体化。

1.3.1.2 多领域的一体化——"1+1+1+1>4"

随着长三角一体化进程的不断推进，区域一体化的领域也在不断拓展和深化。已经从最初的经济层面，向经济、社会、生态等全面一体化拓展。长三角一体化贯彻优势互补、共同提高的原则，而不是截长补短，不是搞区域内的行业分工、同类归并，要真正做到开放、融合、相互促进提高。因此，促进区域协调发展需要找准发力点，比如，在科技创新一体化方面，发挥长三角地区科技体系完备优势，主动瞄准国际科技前沿和国家重大需求，发展新动能，科技创新引领产业融合发展，深化区域科技创新合作；在数据资源一体化方面，联合建设长三角数据中心，统一数据格式、口径、目录、接口等，明确数据共享的安全信息追溯标准，实现管理服务精准度的提升；在营商环境方面，统筹建立统一、透明的市场准入政策，加强在标准、计量、检测认证等基础领域的合作以及加快长三角国际贸易"单一窗口"建设步伐；在机制建设方面，消除市场体制、机制障碍，通过生产要素一体化示范建设促进商品化信息化资金流、技术流等生产要素在长三角区域的自由流动。以区域长远利益为原则，创新深度合作的一体化制度，率先实现区域治理能力和治理体系现代化。探索合作立法机制，建立一体化政策法规环境，依法约束和保障长三角一体化进程中的社会和经济行为。

长三角一体化要实现"1+1+1+1>4"，不仅有科技创新、交通互联、生态保护、产业合作领域的一体化，还有要素市场、民生发展、金融等领域的一体化。比如要素市场，当前技术、资金、人才等创新要素市场仍然具有明显的地方性，地方分割问题随之凸显，只有从区域协同起步，才能发挥市场在合理配置创新资源的决定性作用，逐步消除导致市场分割和碎片化问题的体制机制障碍，逐步向统一的一体化市场迈进。又如民生发展，这方面的一体化发展目前处于薄弱环节，但其一体化需求在深度同城化时代越来越突出。以医疗为例，各地自有一套医疗保险体系，城市之间互不衔接，增添了跨地区医疗，还有那些到其他城市安度晚年的老人的不便，这将成为长三角一体化发展需要攻克的具体项目。在市场化金融方面，我国的金融发展已进入崭新的时期，大规模工业化已经过去了，满足大规模的工业化金融结构正在发生调整，需要在金融领域建立市场化有效率的金融体系。长三角一体化金融投资建设有待重视与发展。通过健全商业性金融、开发性金融、政策性金融、合作性金融，分工合理、相互补充的金融机构体系，构建多层次、广覆盖、有差异的银行体系；在金融领域大力发展金融科技，发展科学技术，获取更可靠的金融需求，破解信息不对称难题，在此基础上推动绿色金融发展；在提升问题导向中深化对外开放，在双向开放中加强金融风险管控能力，并逐步参与到国际金融体系规则制定中。

1.3.1.3 产业一体化——优势互补、错位发展

在长三角一体化发展进程中，产业发展与布局一体化是核心内容。区域一体化发展作为一种手段，通过建设合理有效的区域治理机制，平衡不同区域的利益，从而形成区域协调发展的新格局。在产业发展一体化中，"沪苏浙皖"要各司其职，根据自身的比较优势，统筹共谋使区域内的生产性服务业和加工制造业合理布局、错位发展与梯度发展，避免产业结构趋同化现象，形成一个合理的产业分工体系。目前，"沪苏浙皖"中第三产业占比最高的是上海，其产业结构主要以高端服务业、出口导向型制造业、专用机械制造业为主。浙江省服务产业在产业结构中占比最大，主要以贸易为服务业支柱。江苏省的产业结构是以化学原料制造业、电子仪器设备制造业为主。安徽省仍以农副食品加工业、烟草医药制造业、装备制造业等低端制造业为主，作为沪苏浙第二产业外迁的主要承接地，第二产业依然占重要比例。安徽省作为一个中部省份，产业水平发展与"沪苏浙"存在一定差距。但是，安徽省的加入可以逐步增强长三角区域产业发

展协调性和产业布局合理性，在提高互补性的过程中最大限度地发挥规模经济效应。在皖江经济带产业转移的过程中，安徽省要正确处理承接和创新的辩证关系。在承接产业转移的基础上，引进高新技术产业，实施创新驱动战略，逐步实现产业转型升级，为本省经济发展增添动力。

因此，在产业布局上，坚持合理布局，降低城市间产业结构相似度，江浙沪皖将形成独具特色的错位互补格局。比如在制造业方面，上海作为全国的人才高地、金融中心，资金充裕、集聚了一大批"宗师泰斗"。仅张江就聚集了上海60%的世界顶尖创新人才和创业专家，并基本形成了集成电路、极端制造等优势领域的科学家集群。这说明，未来上海将越来越偏向于极端制造、超微制造、精密制造等高、精、尖制造产业。作为我国的制造业大省，江苏自改革开放以来就是集聚世界500强制造企业最多的省份。未来要实现传统制造业的转型升级，最好的方法就是智能化、信息化，走工业4.0之路，在苏南等地大力发展先进制造业和高新技术产业。再看浙江省，民营经济发达，片区经济与块状经济较强，传统制造业的产业转型将会很突出，加上沿海沿湾，有利于发展临港重工业。安徽省，自综合性国家科学中心获批以来，建成科技孵化器37家、新建重点实验室和工程（技术）研究中心、企业技术中心326家，与上海遥相呼应形成新的科创两极。在产业分工上，高铁、高速、飞机、互联网等无形的配置手段正在替代特大城市有形的要素集成、配置能力，生产组织结构越来越扁平化、去中心化，上海的研发能力、金融市场国际化程度均在全国领先，江浙皖在生物医药、新能源、电子信息等方面的竞争力在全国也首屈一指。三省一市产业布局趋于模块化，协调发展。依此逻辑，既有国家的金融中心，还有科创中心、先进制造基地、互联网创新中心等综合实力支撑，"强强联合"的结果也预示着未来长三角一体化产业发展的大概率将是由高端制造、科技创新和资本金融构成具有顶级竞争优势的铁三角。

1.3.1.4 基础设施一体化——互联互通、分工合作

基础设施一体化建设是区域一体化发展的支撑保障。其中，统筹推进跨区域基础设施建设，形成互联互通、分工合作、管理协同的基础设施体系，是长三角一体化发展中的重要工作之一。在交通基础设施方面，以一体化发展为重点，补齐发展短板，构建长三角地区现代化综合交通运输体

系。一体化交通基础设施网络将逐步形成，建成"轨道上的长三角"，《长江三角洲区域一体化发展规划纲要》提出，铁路密度达到 507 公里/万平方公里，高速公路密度达到 500 公里/万平方公里，省际"断头路"逐步打通，通达能力增强，世界级机场群和港口群全球竞争能力也显著增强。一体化运输服务能力也将大幅提升，中心城市之间享受 1—1.5 小时客运服务，上海大都市圈以及南京、杭州、合肥、苏锡常、宁波都市圈内享受 1 小时公交化通勤客运服务，传统公共交通、城际客运与个性化、定制化客运服务有效衔接，运输结构持续优化，铁路和水路货运量年均增长率不低于 5%，现代化多式联运与城乡物流配送效率明显提升。一体化发展机制更加完善，三省一市协同共建机制更加健全，政策、标准等充分对接，城际轨道交通一体化运营管理机制取得突破，民航、港口一体化协同发展取得更大进展，运输市场一体化运行更为有效，形成交通一体化体制机制改革创新的"长三角样板"。

在新一代基础设施建设方面，具体来说，长三角城市群要打造网络连接速度最快的世界级城市群，带动高水平的普惠接入、高质量的公共服务，未来发展趋势是以 5G 引领，构建新一代信息基础设施，推动信息基础设施达到世界先进水平，建设高速泛在信息网络，共同打造数字长三角。随着网络的加快与应用的升级改造，下一代互联网产业生态体系也会更网络化，智能化，服务化，协同化。长三角数据中心进一步统筹规划，区域信息枢纽港的建设可以实现数据中心和存算资源协同布局。在其他基础设施建设方面，能源基础设施也在不断推进，区域油气设施布局将会不断完善，油气管网也将互联互通。电网设施主干网络架构的完善与互联互通，长三角区域内的电力交换与供应保障能力也会随之提升。新能源设施建设的协同推进，加快电网建设改造与智能化应用。新能源微电网、能源物联网、"互联网+智慧"能源等综合能源示范项目不断加强建设，推动绿色化能源变革。湖泊综合管控体系也在不断完善，湖泊上游源头水源涵养保护和水土保持持续加强，水资源保护与水生态修复得到强化。

1.3.2 长三角区域一体化发展趋势的战略思考

上述分析表明，近 10 年来长三角区域一体化地区间经济差距不断缩小，经济联系更加紧密，产业分工趋于合理，科技创新能力显著增强，交通、信息等基础设施明显改善，体制机制日益健全。然而，更高质量地推动长三角地区一体化发展，一些深层次问题还需要解决。为此，有必要对如何加快高质量推进长三角区域一体化发展进行战略思考。

1.3.2.1 城市要"对接"

区域一体化是世界发展的整体趋势。从世界来看，建设大都市经济圈、实现区域经济一体化，是成功的经济模式，因此，未来需要塑造长三角区域协调发展的新格局。重点要围绕打造建成具有全球影响力的世界级城市群，优化区域空间布局，加快形成层次分明、功能完善、协调发展的都市圈体系。上海将积极发挥"龙头"带动作用，着眼于服务国家发展大局，立足于长三角区域一体化发展的长远利益，逐步增强城市服务功能、提升城市能级和核心竞争能力。同时，"侧翼"作用也将持续发挥，苏浙皖各扬所长，南京、苏州、杭州、无锡和宁波等重点城市优势互补、协调发展，实现区域发展由同质竞争向协同融合转变。都市圈一体化发展将加快发展，以基础设施一体化和公共服务一卡通为着力点推进都市圈同城化，使都市圈间的合作互动加强，协调联动得到推进，对省际毗邻区域协同发展新机制的探索也加强了跨区域的合作。利用制度优势，协调推进区域合作中的重要事项和重大项目，开展协同创新路径，推动改革试点经验复制共享等研究。

1.3.2.2 要素要"承接"

长三角一体化，要素自由流动是标配，资源配置效率可以得到改善。要高起点规划、高水平实施，完善医疗、教育、文化、体育等配套设施，以空间优化为重点，促进区域一体化发展。深化交通、信息等基础设施建设，加快教育资源、医疗资源、文化资源等共享机制，基于充分竞争的有效市场和因势利导的有为政府，以比较优势来选择区域内的技术和产业布点，实现要素资源多圈层、跨区域的高效流动与利用。对不同层次的城市而言，创新资源的流动，最重要的是要打破"虹吸"和"被虹吸"的怪圈，前提是要顺应创新梯度转移的客观规律，与此同时，也要大力推进体制机制创新，破除影响创新资源流动的制约因素，比如通过建立一体化的人才互认机制、一体化的科技基础设施共建共享机制、一体化的创新券互通互用制度等，实现科技资源的高效流动和配置。为构建国际化、法治化、便利化的长三角营商环境，营造统一开放有序透明的市场环境，应以供应链体系、标准体系、综合执法体系建设为重点，实现规则对接，进一步消除市场壁垒和体制机制障碍，在更大范围更深层次上促进区域要素自由流动和资源整合。

1.3.2.3 产业要"创新"

提高我国先进制造业与新兴产业竞争力的关键是技术创新与产业创新。其中产业创新特别重要，它是实现产业领先的根本途径。在长三角更高质量一体化发展中，制造业发展具有重要意义。在全球产业新一轮分工、新技术革命以及美好生活需求背景下，长三角制造业面临转型升级、提高产业链价值链控制力的新要求，未来需要以科技创新引领现代化产业体系建设。科技创新前瞻布局和资源共享将逐步加强，使创新链和产业链有效衔接加快，需要从科技成果孵化、转化、产业化等多个角度设置政策，促进科技带动产业升级转型；科技成果跨区域转化也需要充分发挥市场和政府作用，打通原始创新向现实生产力转化通道；产业分工将会根据城市发展准确定位，推动产业布局优化，形成梯度层次，避免产业同质竞争，促进产业结构升级，优化重点产业布局和统筹发展；此外，互联网等新技术与产业的融合，会培育出新技术新业态新模式，加强产业链与创新链的区域协同，创新链带动产业链升级并依靠其进行优化。

1.3.2.4 设施要"联通"

交通体系不仅是区域经济一体化的动脉，也是区域产业整合的前提，是合理配置资源、提高经济运行质量和效率的重要基础。区域经济的加速发展在很大程度上依赖交通体系的支撑与服务能力。因此，未来继续促进基础设施互联互通对于长三角一体化建设具有重要的意义。现代轨道交通运输体系需要进一步完善，加快对高速铁路、普速铁路、城际铁路、市域（郊）铁路、城市轨道交通的建设，构建高品质快速轨道交通网；省际公路通达能力也将进一步加强，省际"断头路"进一步打通，主要港口、航空运输与重要交通基础设施的衔接与对接也会持续加强，多式联运的集疏运体系能级得以提升；重点领域的智慧应用也将随着新一代信息基础设施的协同建设进一步推动。为了促进基于数据的跨区域、分布式生产和运营，长三角也将打造区域一体化发展感知服务网络；同时，物联网、大数据、人工智能的专业化服务将兴起，不仅会大力提升社会领域信息化协同和融合发展，也会推动区域政务数据开放共享，深化重点领域大数据应用，如医疗卫生、社会保障领域信息一体化建设的加强、环境治理信息的共享、交通智能化服务的完善等。

1.3.2.5 环境要"保护"

中共中央、国务院正式印发《长江三角洲区域一体化发展规划纲要》，明确指出要强化生态环境共保联治，坚持生态保护优先，把保护和修复生态环境摆在重要位置，加强生态空间共保，推动环境协同治理，夯实绿色发展生态本底，努力建设绿色美丽长三角。长三角区域生态环境未来的主要任务之一是通过协同治理进行保护。长三角区域将会推进水气土等重点环境问题区域协调制度机制建立，促进长三角区域环境利益共享，同时在利益冲突失衡领域进行合理再分配，形成从机构设立到制度建设，再到落实职能专业化、一体化的区域环境协同共治网络架构。长三角生态环境智慧监管水平和精准高效治污能力也要提升，这便需要技术赋能环境治理；持续推进生态全产业链发展也是大趋势，可以减少同质聚集、恶性竞争和产能过剩，实现绿色升级与产业重构，提高长三角生态效率；长三角生态环境资源信息数据库的建设，促进信息资源共享、治理效果反馈、区域交流互动，健全区域环境治理联动机制。

1.3.3 促进长三角区域一体化发展的政策取向

2020年10月26日，十九届五中全会在北京召开。全会指出，坚持实施区域重大战略、区域协调发展战略、主体功能区战略，健全区域协调发展体制机制。长三角地区在我国新发展格局构建过程中应当发挥重要作用。但是，自改革开放以来，长三角地区经历了快速的一体化过程，但由于区域外延不断扩展，内部发展的不平衡问题依然比较突出，实现更高质量一体化发展仍面临一些亟待解决的深层次问题。对长三角区域一体化发展进程进行科学评估，厘清更高质量一体化发展的主要特征和短板问题，从而提出对策建议，具有重要的现实价值。

1.3.3.1 采用多管齐下的政策工具

随着 2018 年 3 月长三角区域合作办公室的设立与 2018 年 11 月长三角一体化上升为国家战略，以及《长三角一体化发展三年行动计划》的进一步具体推进与《长江三角洲区域一体化发展规划纲要》的出台，预示着长三角区域一体化发展进入了一个全新的格局。在长三角区域一体化进程中应适当地选择和采用法制、经济和行政多管齐下的区域协调政策工具。

在法律工具方面，要进一步推动政府行政管理体制改革与创新，构建合理的地区间利益分配、约束和激励机制。欧盟作为成熟的市场经济共同体和法治社会，其独特的法律体系和法律制度对于长三角区域一体化发展有着重要的借鉴意义，欧盟国家间区域一体化就是建构在这一法律体系基础上并在其指导和规范下发展的。借鉴欧盟国家间的运作模式，可考虑设立具有综合指挥协调功能的"长三角区域委员会"等类似机构，并设立相应的下属机构，如综合规划、宏观经济、产业政策、农村经济、环境保护、口岸管理、流动人口和计划生育管理等部门，将区域公共问题和一体化问题交由相关机构去处理，进行跨地区、跨部门、跨领域、跨时段的合作，使中央给予"推进长江三角洲区域一体化"的政策得到更好的执行和落实。同时，设立"长三角区域合作争端调解委员会"，由上海市政府牵头，长三角地区各市政府官员和法律专家组成。该委员会的主要职责就是应地区间争端当事方提请的争端解决请求，运用斡旋、协商、调解等手段促使争端各方解决纠纷和争端。

在经济工具方面，欧盟区域协调发展的经济手段，集中体现在设计精细的多种扶持基金方面，欧盟通过组合使用扶持基金，落实了区域协调政策，使落后区域追赶发达区域，重构衰败的老工业区域和振兴萧条的农村区域，扶持城市或跨界地区的滞胀区域，有效地推动了欧盟成员国的协调发展。长三角区域一体化中可以借鉴欧盟的做法，设立扶持基金，对于苏北、浙南、皖北区域的城市进行扶持，使这些城市能够更好地发挥后发优势，融入长三角一体化发展中来。

在行政体制方面，深化相关配套制度体系改革并加强新技术在社会治理中的应用，着力提升我国适应、参与和引领新科技产业革命的制度支撑能力。一方面推进配套制度改革，优化科技产业发展的体制环境。加快优化制度体系建设，重点破除阻碍技术创新、要素流动的体制机制障碍。当前科技创新的主体仍在研究机构及科研院所，下一步要加快构建企业主导的科技协同创新体系，让企业真正成为研究开发的主体，让有创新能力的企业脱颖而出。政府牵头，联合企业、研究机构、大学等进行协同创新，推动战略性技术与产品取得突破，并向各产业、各领域应用扩散。一方面推进产业政策转型，优化新科技产业发展的政策环境。推进产业技术政策由"追赶主导型"向"并跑和领跑主导型"转型，产业结构政策由"选择性产业政策"向"功能性和普惠性产业政策"转型，产业布局政策由"关注国内区域间布局和转移"向"更加注重产业全球化布局"转型，产业组织政策由"注重大企业发展"向"大中小企业融合发展"转型。

1.3.3.2 转变"多心多核"结构规划

长三角城市群的发展，由最初江浙沪的 15 个城市发展到如今包括江浙沪全部城市在内的 41 个城市，中间经历了多次城市的纳入。随着城市群的扩展，城市之间的联系也越来越复杂和紧密，城市网络体系的建设与发展显得愈发重要。根据佩鲁（Perroux，1954）提出的增长极理论，较大区域范围内的经济平衡发展难以实现，经济的增长通常是从一个或者多个中心城市（增长极）逐渐地向周边其他地区辐射传导。因此，为了带动较大区域的经济整体发展，需要选择一定的区域作为增长极，驱动经济整体发展。在早期的长三角城市群中是以上海市为增长极，驱动整个长三角区域经济整体发展，但随着城市群的扩展，上海市与部分城市的距离较远，使得上海市对三省部分地区如苏北、浙南、皖北区域影响有限，这导致经济发展水平较高的中心城市难以和经济发展较为落后的长三角地区偏远城市进行资本、人才、技术、市场等发展要素的流动和交换，不利于提高经济资源配置的效率。

因此要进一步推进长三角城市群从以上海为中心的"一极集中"的地域结构向"多心多核"的结构规划转变，适当将部分功能分散到各个核心城市，在一定程度上解决上海人口与产业的压力。构建区域多中心城市"分散型网络结构"的空间模式，增加上海外围区域近郊地带业务核心区域的数量。具体措施可以通过增加业务核心城市、发展广域交通等基础设施，形成区域间网络化结构，实现区域内经济与社会相互协调发展的整体。以多核多中心的空间格局来实现中心城市功能的有序疏散，有效地改变单核"外溢"的城市空间结构，促进长三角城市群向"多心多核"的城市空间结构转变，从而达到整个区域均衡有序发展的目标。

1.3.3.3 优势互补协同发展

城市群中的各个城市是分工协作，共同发展的。从地区 GDP 增长来看，根据近几年核心城市发展的对比数据，合肥市在各方面都有一定增长，但与上海、南京、杭州等城市仍存在较大差距。特别是在基础设施水平、市场发展水平以及区域治理水平上发展较为缓慢。包括省会合肥在内的安徽省 8 个城市于 2016 年规划进入长三角城市群，起步较晚，基础也较为薄弱。这在一定程度上说明安徽省各城市的发展水平并没有完全融入长三角一体化的发展。纵观纽约湾区城市群的自然发育过程，各个城市功能不断分工，寻找到在全球城市群中自己具体的专长。早期的湾区作为龙头城市强调的是垂直分工，然后由一个龙头城市的转移到最后大家同步水平发展，逐步推进实际性多方共赢的合作局面。长三角地区三省一市拥有不同的区位和资源优势，在长三角一体化战略中有着自己独特的功能定位（上海定位金融、航运、商品物流中心；江苏定位制造业生产；浙江定位互联网、创意产业中心；安徽定位能源供给中心）。因此，在长三角一体化的深入发展过程中，区域内各城市应当根据找准城市定位，坚持自身特色，优势互补，积极融入长三角一体化进程中。

当前长三角地区各省市产业布局存在同质化现象，既造成一定的资源浪费，也使得竞争力分散化，难以形成区域产业竞争的合力。东京都市圈在"多核分散"的城市布局下形成了分工明确、错位发展的产业格局。每种产业都相对集中于某一特定地理区域，达到较高的产城融合程度。京滨工业区的发展和成熟离不开其特殊的地理位置，离不开其发达的基础设施、交通网络建设，但最重要的因素是其完善的产业分工布局。长三角城市群应保持产业发展梯度，实现错位互补发展。区域内各城市可加强民间交流机制，借鉴日本京滨工业区经验，成立相关产业协会或园区合作联盟，对长三角区域内同一行业产业进行统一管理。打造优良的营商环境，加快生产要素在区域范围内流动，形成更合理、更融合的结构布局，使企业集群和战略产业可以系统性地持续发力。

与此同时，我国正处于经济结构深度调整时期，人工智能技术与诸多产业的深度融合，一系列具有广阔前景的新兴增长点不断涌现。我国市场规模和发展潜力巨大，但不少产业和区域发展存在薄弱环节，这在很大程度上为"AI+"的发展提供了有利条件。长三角地区应瞄准全球产业发展前沿，各地发挥自身优势，立足经济基础和需求特征，聚焦平台经济、分享经济、大数据、云计算、物联网等不同领域，积极培育具有地方特色独特竞争力的新兴产业，促进长三角区域内每个城市更快更好地发展。

1.3.3.4 发挥"上海"龙头作用

在世界级的城市群中，都有一个集聚和辐射能力超强的中心城市来起主导作用，也就是龙头带动作用。所以，作为长三角世界级城市群的中心城市，上海要不断地提升城市能级和核心竞争力，来引领长三角区域一体化发展，在长江经济带发展中起到龙头带动作用。上海要代表国家参与国际分工，在国际经济全球化中发挥自己资源集聚、整合辐射的功能。

2019年12月，中共中央、国务院印发《长江三角洲区域一体化发展规划纲要》。2020年1月，上海市发布《长江三角洲区域一体化发展规划纲要》实施方案。方案指出，上海充分发挥改革开放前沿和集聚辐射优势，引领长三角更高质量一体化发展。为深入实施《长江三角洲区域一体化发展规划纲要》，进一步发挥上海中心城市功能和龙头带动作用，推动国家战略更好贯彻落实。

中心城市发挥着龙头作用，对周边城市有着明显的辐射和带动效应。东京作为都市圈内的中心城市，在区域竞争中获取更多地生产要素，使得其城市规模、层次以及竞争力远远领先于圈内其他城市。东京充分利用世界的资源以及有序的区域分工格局，不断地向周围区域进行扩散与辐射，带动周边城市的发展，形成大规模的产业集聚与城市的蔓延。上海在长三角的功能定位也不仅仅是区域中心，更在于利用全世界人流、资金流、商流、物流集聚的比较优势，发展平台经济，打造超级枢纽。打破国家的界限，上海要通过与国外城市的相互连接而进入全球网络，成为节点城市，从而带动周边城市的发展。上海发挥中心城市的功能和龙头带动作用，要使上海的优势更优、强势更强。上海五大中心的建设，其中一个更值得关注的就是打造金融中心，提升上海这座城市的金融服务和辐射能力。

从空间角度看，对比加州湾区、东京城市群、珠三角，长三角有自己的特色。长三角区域作为制造业的聚集地，为长三角城市群的形成提供了经济支撑，应当在此基础上延伸和升级，根据自己的特色不断调整，扬长避短。作为中心城市的上海，全方位优化布局制造业，打响"上海制造"品牌。以对接国际为标准，不断完善金融市场要素、参与国际航运资源配置、融入全球贸易市场。制造业与服务业有机融合，上海推动产业全面优化发展。围绕国际经济、金融、贸易、航运和科技创新"五个中心"建设，着力提升上海大都市综合经济实力、金融资源配置功能、贸易枢纽功能、航运高端服务功能和科技创新策源能力，有序疏解一般制造等非大都市核心功能。形成有影响力的上海服务、上海制造、上海购物、上海文化"四大品牌"，推动上海品牌和管理模式全面输出，为长三角高质量发展和参与国际竞争提供服务。

政府在规划工作中，不断加强合作。2019 年 1 月中旬，上海就《上海大都市圈空间协同规划编制工作方案（征求意见稿）》，征求苏浙两省的修改完善意见。联合江苏、浙江两省适时召开领导小组会议，共同部署启动上海大都市圈空间协同规划编制工作。持续深化上海"五个中心"核心功能建设，围绕上海和苏州、无锡、常州、南通、宁波、嘉兴、舟山、湖州的"1+8"区域范围构建开放协调的空间格局，发挥空间规划的引领作用，加强在功能、交通、环境等方面的衔接，促进区域空间协同和一体化发展。也就是说，要形成像大东京、大伦敦、大纽约都市圈这样的一种功能。

推进长三角更高质量一体化发展，主要依靠市场机制配置资源的主导作用，因此在发挥政府引领作用的前提下，充分发挥市场主体的作用，打破要素资源空间优化配置的地域行政壁垒，加快内外开放的步伐，吸引优质企业在长三角集聚，就成为关键。同时，长三角是我国科创能力、人才集聚最密集的地方，还是企业经济主体最富集的区域。充分利用好上海的金融中心优势，一些潜在的优秀企业跟上海资本市场相对接，培育成优质的上市公司，从资本市场获得融资，再不断扩大再生产，这对长三角未来的发展是非常有利的。

参考文献

［1］高丽娜、蒋伏心：《长三角区域更高质量一体化：阶段特征、发展困境与行动框架》，《经济学家》2020 年第 3 期。

［2］龚敏、林盼：《落实国家战略高质量推进长三角一体化发展——中国城市百人论坛 2019 春夏研讨会综述》，《全球化》2019 年第 10 期。

［3］席恺媛、朱虹：《长三角区域生态一体化的实践探索与困境摆脱》，《改革》2019 年第 3 期。

［4］张学良、李丽霞：《长三角区域产业一体化发展的困境摆脱》，《改革》2018 年第 12 期。

［5］王慧娟、兰宗敏、王锡朝：《长三角区域协同发展的特征、问题与政策建议》，《经济研究参考》2018 年第 59 期。

［6］徐琴：《多中心格局下的长三角一体化发展》，《现代经济探讨》2018 年第 9 期。

［7］洪银兴、王振、曾刚、滕堂伟、李湛、王晓娟、郁鸿胜、李娜、张彦：《长三角一体化新趋势》，《上海经济》2018 年第 3 期。

［8］王振：《"十四五"时期长三角一体化的趋势与突破路径——基于建设现代化国家战略背景的思考》，《江海学刊》2020 年第 2 期。

［9］《长江三角洲区域一体化发展规划纲要》，2019 年 12 月。

［10］《长江三角洲城市群发展规划》，2016 年 6 月。

［11］长三角区域合作办公室：《长三角洲一体化三年发展行动计划》，2018 年 12 月。

2

长三角区域协同治理的
内在要求与主要内容[*]

＊ 本部分在参考胡彬发表于《区域经济评论》2020 年第 6 期的《双循环发展视角的长
三角区域协同治理问题研究》一文的基础上，进行了扩展分析。

2.1 区域协同治理的重要性：源于区域发展的复杂性

区域协同治理是在开放程度不断扩大的背景下为实现整体竞争优势提升自然而然的产物。追求区域协同发展的治理思维，将政府与政策的功能充分前置，既强调市场配置资源的核心作用，同时也努力探索各种形式的政府合作。

经济全球化导致了区域现象的大量兴起，并成为国家竞争与合作的空间基础。当今世界已是一个全球化和地区化并行发展、全球主义和区域主义共同崛起的时代（陈瑞莲、刘亚平，2013）。所谓的"区域主义"，并非一个全新的概念，它涵盖了时代变迁对于区域现象所持的发展理念和实践主张。区域主义强调区域主体之间的相互依赖与协同关系，这一发展理念贯穿了区域主义从"旧"向"新"的演化过程，推动了经济全球化更广更深的发展，并渗透到空间发展的经济、政治、文化、环境等多个领域。由此，区域发展的问题变得愈加复杂化，所呈现出的一些特点，成为行使区域协同治理的合理依据。

特点之一，在区域发展中涌现出不同的层次类型，彼此嵌套又相互关联。美国国际关系学家詹姆士·米特尔曼将"新区域主义"划分为"宏观区域""次区域""微观区域"这三个不同的层次。宏观区域是在民族国家之间缔结的合作联盟、经济或贸易组织；次区域主要是指由跨国界、跨边境形成的经济区域；微观区域，则多指一国内部的出口加工区、工业园区或省际间、地区间的合作（陈瑞莲、刘亚平，2013）。在现实中，区域发展的各层次之间并非独立的关系，它们彼此之间的相互影响具有多种可能性，既可能是垂直的驱动关系，也可能是水平的竞合关系，其中产生了大量的、需要区域协同治理来解决的问题。考虑到区域发展所处的全球化环境，需要以"大区域观"的思维来全面审视区域治理的主要问题。对此，郑先武（2020）将区域治理定义为特定区域层次的特定议题领域提供规则或公共产品和服务的、控制性制度化社会协调模式，区域则被视为一种参照领土定位和地理或规范接近性的社会建构。从该角度看，区域治理已经从后端的、被动形式的问题解决，前溯至为主动的、以协同发展为目的的规则制定与制度设计，它在建构区域的社会形态中发挥着先导和约束的作用，既适应了不同层次和类型的区域发展、竞争与合作的需求，也对全球化过程中充斥的不确定性与风险因素，以增强一体化和社会凝聚力的方式给出协调的解决方案。兴起于 20 世纪 90 年代的新区域主义尤其强调区域协同治理的开放性。它在区域协调的制度安排上具有一定的张力，可以运用非区域地理上的力量达到区域治理的要求（全永波，2012），这其中的国家作用尤其值得关注和研究。

特点之二，区域发展的多样化导致越来越普遍的结构差异。这一现象，促使区域治理更加注重实践的价值和可持续发展的重要性，以充分契合区域自身的特征与需求。高度开放的外部环境，通过经济、贸易和市场的一体化影响趋势，给区域发展带来了更大的竞争威胁，并面临一些非常具体的现实问题，诸如：如何进一步挖掘比较优势的潜力、与周边地区建立起稳定互惠的合作关系；如何在外向化发展中培育内生增长动力；如何稳定提高本地与国家整体的福利水平等等。可以看出，这些问题都对区域协同发展提出了更高的要求，每个区域作为相对独立的治理单位，需要自主地动员各方资源与主体力量，结合区域自身的特点进行治理实践的探索及制度试验。在这种情况下，区域治理会聚焦于因个体的差异特征和复杂的外部环境而引起的诸多不确定性，以多元协调、过程导向、开放互惠作为主要的应对方式。

特点之三，特定区域的战略地位逐渐上升，对全球经济秩序产生了重大影响。区域发展的类型化，是全球化时代的一个显著特征。其中，由全球城市及与之密切关联的多个城市构成的全球城市区域，是最特殊也最重要的类型，它对于区域协同治理有着更高的要求。首先，分析充当着区域乃至国家核心的全球城市。新的世界领跑城市都是那些在全球化中发挥着重大经济影响力的城市，它们都在新经济秩序中成为金融中心（彼得·纽曼、安迪·索恩利，2016）。全球城市既对世界新经济秩序的形成发挥着较大的作用，同时也是接受世界经济秩序影响的前沿，所以有必要实施一种特殊的城市政策。彼得·纽曼、安迪·索恩利（2016）认为，战略性的城市规划政策正属于此类政策，它的任务是协调比较广泛意义上的经济压力和地方需要，涉及管理全球—地方的关系……全球、区域、国家和地方管理层面的相互作用以及这种相互作用对全球经济因素的反应方式和重新在全球背景上呈现城市的方式，将一起决定一个城市的特殊的战略规划；其次，从城市区域的角度，来解构其主要的特征。斯科特（2017）认为，大都市区不断向外蔓延扩张并相互接合，与拥有次级城市中心的腹地区域共同构成大型城市—区域形态；这些城市—区域是世界资本主义体系的主要经济引擎，在不断强化的竞争与合作中彼此紧密相连。这类区域的协同治理涉及多个维度：在城市的维度上，当区域中的核心城市或大都市区被纳入全球化的程度持续加深时，其作为发展环境的整体外部联系将不断扩展，而这又恰恰是维持区域内部活动的基础。因此，战略性的城市规划政策是全球城市区域发展的先决条件；在区域的维度上，则存在着对空间集聚活动以遵循其发展规律为依据的协同治理、以集体行动为基础的政策协调与治理模式创新、旨在提升城市区域整体竞争优势的政策体系等不同类型的治理需求。

综上所述，随着区域层次的延展、区域类型的演化以及区域一体化水平的提高，区域治理的协同性问题备受关注，对该问题的一般性理解和以特定实践为对象的大量研究，都推动了区域治理理论的发展。考虑到长三角区域集合了高度嵌入全球经济体系、区域一体化程度较高、国家战略持续支持等多种优势，所以对区域协同治理的要求相对更高一些，需要从上述两个方面汲取充分的理论依据。

2.2 区域协同治理的分析视角与理论探讨

2.2.1 边界扩张的分析视角

在大规模生产技术占据主导和城市化加速发展的背景下，经济规模的扩大引起了以城市为基础单位的地理边界扩张，由此引发的一些突出问题，典型的如城市的无序蔓延，成为区域治理的初始动机，如何以合作的思维解决由城市碎片化和分散化带来的"区域性问题"，是区域协同治理的早期关注点。与"区域性问题"对应的积极一面，是大都市凭借卓越的成长性所表现出来的迅猛发展态势，以及在国家经济体系中举足轻重的地位等，都使得对大都市发展的治理研究主导了区域治理研究的基本走向。在实践中探索、在理论中反思，推动着区域治理理论的不断深入。

对于由边界扩张带来的跨区域问题，区域治理给出的解决方案主要有三个：把现有的地方政府权威统一为超级大都市政府；根据实际情况，以政策层面的合作为基础，通过相关政策领域的合作来推动地方政府间的合作；建立新的地方政府层级，即区域政府，它要求保留现存的政治单位，但允许一个更集中的权威来对区域性事务承担责任（理查德·菲沃克，2012）。

主张建立超级大都市政府的"巨人政府论"，盛行于20世纪40年代至80年代的美国学术界（张紧跟，2010），所采取的措施以消弭边界扩张带来的管理真空为目的，诸如：鼓励中心区扩张、兼并邻近的郊区和市镇；市县合并；建立广泛权限和自治的双层制度，区分管理跨区域事务和地方性事务。然而，边界扩张不可能通过无限制地扩大政府规模来得到有效的治理。并且，超级大都市政府的集权式管理体制存在管理层级过多和官僚主义的弊病，随着公共事务的大量增加以及大都市内部结构的日益复杂化，这种治理模式的适用性和有效性受到了越来越多的质疑。

在美国，专门领域政府间协议的合作治理机制和多层次的区域治理组织机构是普遍运用的区域治理方式。前者涉及港务、交通和流域管理、水污染、税收、区域规划、垃圾处理、高等教育等州际合作协议。后者的代表有区域委员会、区域公共政策协会。从1954年到20世纪80年代中期，美国联邦政府就推行设立区域委员会，以协调联邦以下各级政府的公共行政活动（陈瑞莲、刘亚平，2013）。区域公共政策协会的主要职责是通过自主联合制定或游说联邦政府制定跨州区域公共政策和公共项目，为区域争取更多的资源和权利，以促进区域公共利益，增进区域内社会的总体福利（陈瑞莲、刘亚平，2013）。

综上分析，从边界扩张的视角实施的区域治理制度安排，大致可以归纳为两种思路。第一种，通过权力的重新配置来达到对因城市规模扩大而产生的新的地理边界进行覆盖的目的；第二种，对于跨越边界产生的区域问题，包括公共品的供给、公共事务的管理等，倾向于以政府协调与协作的方式加以解决。这类制度安排在 20 纪世纪 80 年代以前的盛行，更多地反映了大都市在大规模生产的技术条件下由外延城市化驱动的扩张偏好。共享市场、降低不确定性、减少市场摩擦、实现外部性内在化等，是政府协议合作的主要动因。

2.2.2　区域一体化升级的分析视角

道格拉斯·诺思（2008）指出，理解不断发展的人类环境的必要前提是理解那些导致物理环境被"征服"的革命性变化：这些变化为不断发展的人类环境提供了背景。然而，同时也必须承认的是，对于不断发展的人类环境，认识本身又受到了一定的局限性。作为区域治理主要对象的大都市区，就是一个在认知上需要厘清的重要概念。大都市区是城市化发展到高级阶段的形态，其形成过程的典型特点之一就是边界的急速扩张。美国于 1910 年提出了"大都市区（Metropolitan District）"的概念。20 世纪 50 年代，为了管理的统一性，正式给出了大都市的统计标准，称之为"标准大都市区（Standard Metropolitan Statistical Area，简称 SMSA）"，继而又于 1980 年提出了"主要大都市统计区（Primary Metropolitan Statistical Area，简称 PMSA）"的概念，并特别规定任何包含 PMSA 的大都市复合体为"联合大都市统计区（Consolidated Metropolitan Statistical Area，简称 CMSA）"，如果是包括由两个或两个以上 PMSA 的大都市复合体，则被定义为"联合大都市区统计区（CMSA）"。纽约—北新泽西—长岛（New York–Northern New Jersey–Long Island）、洛杉矶—阿纳海姆—里弗赛德（Los Angeles–Anaheim–Riverside）、芝加哥—加里—莱克县（Chicago–Gary–Lake County），都是具体的 CMSA。CMSA 实际上是几个都市区在地域空间上相互重叠的结果（陈彦光，2008），通过区域一体化产生的融合发展效应，是这类大都市区的共同特征。

从界定标准的变迁看，20 世纪 80 年代以后，美国大都市区的规模与结构发生了较大的变化，以至于需要从聚焦功能的角度提供更恰当的治理对策。那么，引起这一变化的原因是什么，以及这一变化的结果又会导致传统的区域治理思维发生怎样的转变等，应予以重点的关注。1980 年以后，全球化进入了以统一全球市场为特征的 1.0 时代。在新自由主义思潮的政策影响下，跨国贸易性质发生了变化、国家放松了对资本流动和金融业的管制，从而极大地推动了工业的全球化，并向金融、文化、社会等领域加速扩展全球化的影响力。全球化 1.0 版是由西方国家的市场力（主要是跨国公司）引发的，由市场力和政府力的结盟推动的，社会力则被排除在了全球化过程之外（张庭伟，2012）。以泰勒为首的"世界系统"分析学派提出，全球化是资本主义从地理上构造自己的方式（彼得·纽曼、安迪·索恩利，2016）。由全球化释放的市场力量，通过集聚经济、劳动力流动和产业专业化与贸易增长这三个影响机制，塑造着新的经济地理空间，凭借一体化优势而崛起的区域成为全球竞争的空间基础。2000 年，美国管理与预算办公室把大都市区的概念进一步更新为"包括一个可识别的人口核心和具有核心的高度一体化的毗邻地域的地区"（洪世健、黄晓芬，2007）。这一定义的给出，特别强调了大都市区构造赖以形成的一体化机制。这可以被视为区域治理实践在标志性意义上的转变，从重点关注"大都市区化"的边界动态管理转向关注大都市及周边地区功能整合的一体化治理。

至此为止，对于大都市的发展有了比较全面和深入的认识。大都市概念涵盖了实体地域、行政地域和功能地域三种形式的地域，并主要表现为人口规模、行政关系和城市功能三个标准（易承志，2014）。这一界定，反映了大都市发展与演化在重点维度上的变化，其中存在的不均衡、不协调、不匹配的地方，就蕴含了大量潜在的治理需求。所以，从动态的角度看，"大都市区治理"这个概念更加契合以"区域发展"为目标的治理需求。

传统的大都市区治理思路，倡导通过行政关系的整合来适应人口规模的变动，并经历了"巨人政府论"的公平导向和"多中心治理论"的效率导向的观念转变。前者关注的是人口快速膨胀对行政边界的冲击，及其引起的公共品协同供给问题；而后者则在大都市主导的区域结构变化背景下，强调多个地方政府之间的合作与竞争，以化解大都市政府管理的碎片化和不断涌现的区域性公共问题之间的矛盾。20世纪以来，政府一直在试图找到一种合适的区域治理模式，以使一个聚居人口和经济活动的领域范围能够与城市区域系统相符合（Frances 和 Donald，2001）。然而，到了20世纪90年代，随着大都市发展及其区域化过程嵌入全球化程度的不断加深，传统路径的区域治理思维指导实践的空间，因其忽视了外力因素的重要影响而受到了较大的局限。具体的影响主要是：高度城市化的地区出现融合发展的态势；核心区主导式微的多中心大都市以及后来的大都市连绵带成为城市发展的主要模式（汉克·V. 萨维奇、罗纳德·K. 福格尔，2009）；经济活动的尺度、空间和内涵发生了重大转变，从而产生了新型的空间形式，其中突出的有全球城市和巨型区域（萨斯基娅·萨森，2011）。

上述变化，都对应着高度城市化地区在更高层次上的区域一体化。由此产生的结果就是，城市区域而非城市，成为全球经济竞争的相关主体（汉克·V. 萨维奇，罗纳德·K. 福格尔，2009）。多中心网络化、功能分工主导的空间结构、高端服务活动的集群化及形成高度协作的关系等是其主要的特点。可以说，在城市和区域发展置身于全球化并受到其深刻影响的背景下，如何进行区域治理成为一个非常复杂需要系统思考的问题。

先从一般意义的角度来考察。根据丹特斯和罗斯（Denters 和 Rose，2005）的观点，在城市化和全球化交织的背景下，地方治理既要解决由边界变动带来的融合发展问题，更要直面全球化带来的诸多挑战，地方政府不仅需要处理更加复杂的协调关系，而且还涌现出大量新的下沉治理需求及参与需求，参见表2-1。对于发展中国家来说，区域治理面对的挑战则更加复杂。一方面，工业化以更强大也更不均衡的程度影响城市化发展，横向层面上增大了地方政府之间关系协调的难度；另一方面，纵向层面上，由高度开放导致的不确定性以及竞争压力的增大，都需要各级政府动员更多的资源和力量以更加积极的姿态来协同应对。

表 2-1　新世纪对城市带来的挑战与问题

趋势	对城市的挑战	地方治理需要回答的问题
城市化	多种多样次国家政府活动的协调与合作	次国家政府或者地方政府内部的变化
全球化	新的劳动分工适应全球化带来的社会经济效果	地方政府与更高层政府之间的关系如何转变
新的大量的需求	为有效率地解决社区问题增加的地方能力	地方政府管理与社区伙伴关系发生什么变化
新的参与需求	新的参与需求的回应和确保地方政府的回应性	地方民主体制发生什么变化

资料来源：Bas Denters and Lawrence E. Rose（2005），*Comparing Local Governance：Trends and Developments*，Basingstoke：Palgrave Macmillan，New York，p. 8；转引自踪家峰：《城市与区域治理》，经济科学出版社 2008 年版。

　　当然，更多的关注焦点放到了纵向层面上特定区域如何有效地提升竞争力的现实问题上。20 世纪 90 年代以后，在理论上经历了"新区域主义"向"地域重划与再地域化"的演进，所提出的解决方案包括：地域重划/结构重组；经济全球化导致的次国家（地方）重构，涉及地域界线、作用、功能、资源以及政府与私人机构、非政府行为者关系的重新调整（汉克·V. 萨维奇、罗纳德·K. 福格尔，2009）。可以看出，为适应全球化和区域一体化的发展，不仅有赖于地方政府之间的紧密合作，还需要政府、市场和社会之间的协调与合作，以及采取结构性的、致力于在区域平台上实现经济整合的空间政策与规划战略。"再地域化（reterritorialization）"的概念，较好地概括了区域治理主张的这些转变。尼尔·布伦纳（2008）将全球化理解为社会、经济、政治制度空间的再地域化，以及这种再地域化与外在多重地理尺度相互交织的过程；城市空间和国家机器等地域组织与全球化互为因果，它们既是全球化的前提，也是全球化作用于地方的载体与结果。这一观点，引导政策制定者更加关注如何以"城市区域"为对象，实施主动的并且具有建构意义的区域治理。

　　这方面的大范围、高级别和有组织的集体行动，当属 1999 年由欧盟规划部长级波茨坦会议通过的"欧洲空间发展展望（ESDP）"，它提出了关于多中心化的核心政策目标，旨在进一步促进欧洲城市体系的多中心。这类举措正在通过"尺度重构"的方式进一步改变着世界城市体系的版图格局。以英国为例，其空间规划政策表现出很大程度的一致性和连贯性。从空间尺度上追溯，发展更为多中心的城市系统的政策层次依序包括：欧洲（ESDP本身），欧洲西北部（西北大都市区空间远景）；国家（英国城市白皮书、可持续社区）；区域（ODPM增长走廊/地区），区域分区（区域空间战略；英格兰东南部和东部、中南部、英格兰西南部），以及次区域——跨区域（米尔顿凯恩斯——英格兰中南部）。这一案例告诉我们，为了适应高度一体化的发展需要，"尺度重构"的空间政策不仅致力于将边界的负面影响尽可能降低，还从不同的尺度出发制定具体的区域规划与发展思路，以达到尺度关系协调的目的。为此，欧洲的区域一体化形成了多层次、网络状的区域治理体系：在纵向上，欧盟形成了超国家、国家、跨境区域、地方等多个等级层次的区域治理体系，实现了各个层次的权利平衡和利益表达机制的畅通；在横向上，网络意义上的区域治理组织在整个区域政策的制定、执行和反馈过程中担当着重要角色，日益彰显出公共部门、私营机构与第三部门的"合力"作用（陈瑞莲、刘亚平，2014）。

当然，作为区域协调发展的一种高级形式，尺度关系的协调还可以放在区域协调发展需求变迁的角度去进一步认识。

2.2.3　区域协调发展的分析视角

长期以来，区域协调发展是空间公平范畴重点讨论的话题，更多地体现在区域治理的实践领域，并且以被动治理为其主要的行动特征。在现实世界中往往面临"空间失灵"的类似问题，要素总是趋向于集聚在少数几个地方，区域内部和区域之间的发展差距不断扩大（丁嵩、孙斌栋，2015）。针对"空间失灵"的两种结果，区域治理所采取的政策与措施并不完全相同。

为了缩小区域内部的差距，近些年的学术界倡导以整体性的思维来进行区域治理，以期达到适应区域发展的目的。代表人类社会进步的一个典型现象就是大都市的兴起，但是它的发展本身在追求空间效率的同时却带来了区域的不平衡。所以，围绕大都市发展演化的协调发展需求构成了区域治理问题研究的一条主线。早期奉行"巨人政府论"的治理主张将区域协调的重点放在以中心城市来控制城市边缘地区的扩展上，其最终目的是为了增进大都市的发展效率。对组建大都市政府持肯定态度的观点指出，它可以通过强有力的财政维持中心城市与边缘郊区的财政平衡，具有区域战略规划能力等（吴晓林、侯雨佳，2017）。然而，其可能造成的官僚化倾向却与追求效率的治理初衷相悖。取而代之的是包括公共选择学派在内的分权治理思维，强调公共品的供给效率，主张通过分散的政府单位以竞争或者合作的方式为城市居民提供公共服务，在治理中引入市场机制和注重对市场力量的回应是其核心的观点。这个时候，区域协调发展似乎并不是区域治理追求的主要目标，它更倾向于通过竞争机制来发现空间上的均衡状态，也即通过在区域公共品供给中引入市场竞争，根据其供给效率找到区域发展的合理边界，避免大都市发展的过度扩张。例如，理查德·菲沃克（2012）认为，在分权治理的社区中，市场和政府间的竞争能够通过区域范围的影响来塑造发展决策——尤其在土地利用和经济发展的选择上。

表 2-2　区域协调发展的理论来源与实践做法

区域主义的理论框架 ＼ 区域协调发展内容	区域内协调发展	区域间协调发展
大都市政府（巨人政府论）（20世纪初至20世纪60年代）	通过行政整合的方式，实现城市中心区与郊区之间的协调发展；倡导效率优先	在基础设施供给、环境保护、公共服务提供等跨区域公共事务的协议治理；运用法律制度、组织管理和政策工具等实施区域经济开发与综合治理
公共选择（20世纪50年代至90年代）	强调分权，以便在大都市内部多个中心之间达成竞争性均衡；主张竞争型政府；关注消费者偏好	涉及规划、水质、犯罪、房屋、财政、税收、环保、交通、经济发展、合作开发等方面设立的区域委员会，由联邦政府提供资金支持；对问题区域重点治理，包括落后区域再开发、援助贫困地区和由联邦政府特设专款组建经济开发区，促进先进和落后地区相互促进、取长补短

区域协调 发展内容 区域主义 的理论框架	区域内协调发展	区域间协调发展
整体性治理（20 世纪 90 年代）	针对公共事务治理中的碎片化问题，强调进行整合，围绕共同的利益实现目标与手段的相互增强；跨行政边界的政府间协作与整合	以经济发展、法律制度方面实施跨州区域规划
新区域主义（20 世纪 90 年代）	城市区域的政府与治理；关注城郊之间持续存在的发展差距；缓解中心城市贫困化，促进城市的再城市化，进一步发挥它们对区域经济发展的积极作用；主张战略意义上的规划与协作、网络化合作	地方政府间公共服务合同外包，形成区域公共服务多元主体联合供给模式
地域重划与再地域化（2006 年至今）	培育以城市区域集群、超级大都市会、全球城市区域为协调基础的竞争优势；中央政府将部分权力下放到区域和地方政府	沿开放通道的区域之间功能性整合；跨国生产与贸易合作利益的协调

注：区域间协调发展的部分是按照年代归纳出的主要实践举措，区域治理的理论主张更主要的是针对区域内协调发展的需求提出的。

资料来源：作者在参考多篇文献基础上补充而得。

20 世纪 90 年代，信息技术的迅速发展对区域协调的治理需求提出了新的挑战，由此引申出了两条不同路线的治理主张：整体性治理观（holistic governance）和新区域主义治理观。前者认为在跨界公共事务的治理中，应加强政府之间的整合与协作，而后者则强调多元主体的合作共治。20 世纪 80 年代以来，城市政体理论从"谁统治"的问题转向了关注"如何统治"，不再仅将社会权力视为社会控制手段，而将精英主义和多元主义争论的焦点从"垂直的权力"转移到社会生产的表达方式上（吴晓林、侯雨佳，2017）。这种发展理念的变化，对于政府治理模式的转变具有重要的作用，因此后来提出的整体性治理观也并不是再度强调建立一个掌握更大权力的统一政府，而是要求政府从观念向行动作出整体性回应。这意味着，关于区域协调发展的问题，已经从原先关注区域协调发展的具体内容，转向研究区域协调发展的实现机制。新区域主义正是在这一方面提出了自己的观点。它强调"区域熔炉性、自上而下、多层次网络协作"，其特征可概括为：治理手段、多部门、过程性、协作性、网络化结构（Allan，1994；张衔春等，2015）。

由于大都市区及其高级形态（诸如大都市连绵带）的发展集中体现了国家在经济全球化中的竞争实力，从而促使学术界开辟了研究大都市区治理问题的专门领域。在大都市区治理的讨论中，无论是增进区域竞争力，还是实现区域均衡协调发展，都属于期望达到的主要目标。这除了表明区域内部的合作与协调发展是增进区域整体竞争力的先决条件以外，更重要的还在于，多元主体协同治理的网络化结构，通过灵活的合作关系，可以承担起多目标的区域治理任务。按照新区域主义的理念，区域治理的可能性是由大都市区主体行为、激励结构和政治领导之间的不同组合而决定的（Le Galès，1998；张紧跟，2010）。阿尔伯特大学的城市区域中心（City-Region Studies Centre in University of Alberta，2007）通过对欧美12个城市群区域治理案例的研究认为，大都市区域治理可能并不存在"最佳路径"，需要充分考虑当地文化背景下的公私关系、动机和价值体系，促进利益相关者共同讨论并形成谈判非常重要（张衔春等，2015）。

相对于区域内部的协同治理而言，区域之间协调发展的治理需求要更加宏观一些，大多属于国家层面的治理内容，它除了地方政府就流域管理、山区综合开发、公共安全维护、大型基础设施建设、对落后地区投资等方面缔结地区间协议以外，还需要更高层次的政府出台法律和规定加以推进。

2.3 长三角区域协同治理的内在要求

在学术界，"区域治理"是一个普遍提及的概念，区域协同治理相对小众一些。对于"区域协同治理"，可以有两种理解：其一，是指"为实现区域协调发展而实施的治理活动"；其二，是指"区域以协同方式实施的治理活动"。这两种理解并不完全相同，前者侧重于强调区域治理的目标，而后者则更加关注区域治理采取的方式。然而，根据前面的理论分析可知，区域治理往往是多目标的，从而使得区域治理的方式也更加追求灵活和柔性。在可持续发展这个区域治理的价值判断目标下，区域治理的管理功能可以具体地体现为 4E 原则：管理区域经济（economic），谋求经济可持续增长；管理环境（environment），谋求环境可持续完善；管理资源与能源（energy），谋求资源与能源的可持续利用；管理社会（equality），实现社会可持续公平（王铮等，2019）。对于大都市区、城市群特别是巨型城市区域来说，由于在全球经济中充当着国家经济增长的引擎，从而其整体意义上的竞争力就成为这类区域治理的核心目标。所以，基于这些认识，在此讨论的"区域协同治理"综合了区域治理的协调协同发展目标和区域治理方式与手段的协同性这两层含义。

长三角区域的空间性质、开放特征和发展潜力，对区域协同治理提出了更高也更加复杂的要求，具体表现在以下三个方面。

2.3.1 纵深推进区域一体化发展

国外学者巴拉萨（Balassa，1962）将经济一体化划分为四个阶段：贸易一体化、要素一体化、政策一体化和完全一体化。如果纳入对区域一体化的分析，可以在时间和空间两个维度上引申出机制叠加的演化过程。

在时间维度上，提高并直至完全意义的政策一体化，是一体化向纵深发展的应有之义，也即消除由政策差异造成的要素流动的障碍。从商品流动到要素流动，对应的市场一体化则从商品市场的开放转变为要素市场的开放。前者主要受到运输成本与贸易壁垒的影响，当运输成本逐步降低到商品可以自由逾越边界时，就亟须突破贸易壁垒的限制了。由于基于市场力量的循环累积效应的存在，局部空间的生产关系改进，典型的如东亚地区始于 20 世纪 80 年代的快速增长，就会对破除贸易壁垒的市场扩张起到推波助澜的作用。随着商品交易种类的增加和贸易量的持续增长，要素流动的需求也不断扩大，并激发了集聚、迁移、专业化等市场力量的释放，促使资源配置效率得到进一步的挖掘。然而，这些机制的发生却可能伴随着由内生性增长因素决定的地区发展不平衡。2009 年的《世界发展报告》

区分了"地区""国家""国际"三个地理尺度的经济力量与核心要素（见表2-3），从中可以看出：地区发展的次序主要是由基于不可流动的土地要素之上的资源禀赋与比较优势决定的；当上升到"国家尺度"时，劳动力要素的自由流动开始居于核心的位置；进一步升至"国际尺度"的发展层面时，经济力量则由集聚与要素流动支持的专业化所驱动，由于中间生产投入在国际与国内的流动形成了更高层次的生产网络，从而使得经济增长建立在更高质量的一体化水平之上。

表2-3　不同地理尺度的经济力量与核心生产要素

	地理尺度		
	地区	国家	国际
经济力量	迁移、资本流动和贸易推进的集聚	集聚和专业化影响的迁移	集聚和要素流动支持的专业化
核心生产要素	土地 不可流动	劳动力 在国内流动	中间生产投入 在国际和国内流动

资料来源：2009年《世界发展报告》。

在上述的这三个地理尺度中，无论向上还是向下，"国家"的作用都是至关重要的，具体主要包括：第一，根据中长期的国家发展需要，制定阶段性的区域发展战略。自从改革开放以来，我国经历了不平衡发展战略时期（1979—1998年）到区域协调发展战略时期（1999年至今）的发展过程。相应地，国家的发展目标从增长优先、追求效率转向了质量优先、效率与公平兼顾。第二，随着社会主要矛盾的变迁，适时调整空间政策的价值取向。党的十九大指出，我国社会主要矛盾已经转化为人民日益增长的美好生活需要和不平衡不充分的发展之间的矛盾。这要求我国大胆探索区域协调新机制，聚焦实现缩小地区差距和经济高质量发展的双重目标：一是聚焦解决地区落差过大问题，实现均衡发展功能；二是瞄准更高级的地区发展水平，实现增长质量提升动能（李兰冰，2020）。第三，为服务于国家战略与空间政策的变化，实施以市场一体化为基础、以"边界融合"为内容的"地域重划"或"尺度重构"。空间政策的权衡，应充分考虑劳动力不完全流动、市场不完善等制度扭曲的现实约束，在渐进的改革过程中利用市场力量形成强大的集聚优势,并使之通过外部性内在化的集约方式惠及更大的地理范围。对于具体的空间形式,以城市群为区域协调发展的载体,符合从区域协调发展中获取质量范畴增长利益的原则,能够扩大市场规模、建立起地理分布跨度更广、分工程度更深的产业链体系,从而可以较好地兼顾效率与公平的发展目标。城市群的空间选择作为中国拓展发展空间与优化经济格局的重要方式,成为新一轮国家空间重构"尺度上移"与"尺度下移"的制度试验;城市群作为中国转变发展方式与寻求区域合作的空间载体,也可以为"一带一路"倡议等国际合作、区域生态补偿以及异地共建园区等不同尺度的管制试验提供合作基础与经验借鉴(马学广、唐承辉,2019)。因此,城市群也是对内、对外开放不断深化条件下区域有效治理的恰当形式。

根据由"尺度关系"调节的影响机制,先行的、发展条件较好的地区,诸如长三角面临的正是要素一体化向政策一体化扩展的现实需求。然而,以劳动力为核心的要素流动本质上要求在国家的层次上建立起统一的市场体系,倘若这方面存着滞后,对于地区经济发展就构成了"天花板"的限制。所以,2013年可以被视为一个转折时点,此时国家作为区域协同治理的制度供给主体,明确了要素市场一体化的发展方向和实施路径。这一年,党的十八届三中全会通过的《中共中央关于全面深化改革若干重大问题的决定》中指出,建设统一开放、竞争有序的市场体系,是使市场在资源配置中起决定性作用的基础。2014年,在十八届中央政治局第十五次集体学习时进一步指出,准确定位和把握使市场在资源配置中起决定性作用和更好发挥政府作用,必须正确认识市场作用和政府作用的关系;更好发挥政府作用,就要切实转变政府职能,深化行政体制改革,创新行政管理方式,健全宏观调控体系,加强市场活动监管,加强和优化公共服务,促进社会公平正义和社会稳定,促进共同富裕。2017年,党的十九大报告提出,经济体制改革必须以完善产权制度和要素市场化配置为重点,实现产权有效激励、要素自由流动、价格反应灵活、竞争公平有序、企业优胜劣汰。同时,还强调推动形成全面开放新格局,要以"一带一路"建设为重点,坚持引进来和走出去并重,遵循共商共建共享原则,加强创新能力开放合作,形成陆海内外联动、东西双向互济的开放格局。

在空间维度上，涉及的则是发展序列的安排以及彼此关系权衡和优化的问题，制度开放和组织一体化是区域协调的基础（胡彬，2019）。根据表 2-3，在长三角地区同时存在着三个地理尺度的一体化需求，所以更高质量的一体化不只是与以往长三角的发展阶段相比，还是在一个普遍高于全国区域发展的平均水平上寻求进一步的提升。所以，长三角区域更高质量的一体化本质上旨在探索能够在国家层次上推广和产生示范效应的要素一体化促进机制，通过在特定区域的地区层次上寻求突破"天花板"制约的可行路径，来达到深度开放和依托国际地理尺度的一体化发展创新经济、提高全球竞争力的作用。对于具体的着力点，刘志彪（2019）认为，长三角区域一体化发展只有以市场一体化为核心，才可以使长三角地区突破分割治理的传统模式，进入经济一体化协同治理的新阶段；而这其中只有以劳动力为中心的生产要素实现了市场化配置，区域经济一体化才能真正实现。所以，生产要素的市场一体化与区域协同治理之间具有互为前提的关系，需要政府转变职能、增强服务意识，发挥区域合作甚至是制度一体化建设的前置引导作用。

2.3.2 提升政府服务市场的综合能力

2017 年以后，长三角陆续出台了一系列的区域一体化政策（参见表 2-4），具体涉及信息化合作、集体行动的计划安排、环境保护、信用体系建设、卫生健康合作、市场体系一体化建设合作、养老一体化合作共享、生态绿色一体化发展示范区国土空间规划等多个方面。以政府合作的方式，大量而密集地推出区域一体化的促进政策，体现的正是协同治理的发展思维，政府期望通过合作方式的创新提升服务市场的综合能力，实质性地推动区域一体化发展。可以看出，政府服务市场的综合能力将重心放在了如何有效地促进市场一体化这个关键的环节上。这可以被视为区域发展开始注重"空间中性"的政策主张。空间中性政策也被视为基于人员的政策，该政策代表了一种最有效地增强效率、保证享有平等发展机会以及改善个人生活水平的最优方法（丁嵩、孙斌栋，2015）。为了进一步促进集聚经济的规模效应和挖掘区域内城市的增长潜能，长三角区域需要形成一个对人口吸引力更强、要素流动更加自由、产业分工关系更加紧密的发展环境，这成为通过统一的制度建设提高政府服务市场能力的主要动因。

表2-4　区域层面的长三角一体化政策

政策名称	出台时间	制定部门	政策目标	侧重点
长三角区域信息化合作"十三五"规划（2016—2020年）	2017年10月	上海市经济信息化委、江苏省经济信息化委、浙江省经济信息化委、安徽省经济信息化委	到2020年，建成适应区域协同融合发展需要的信息基础设施，固定宽带家庭普及率80%，4G用户普及率90%。建成一体化智能交通、环保、教育、医疗、社保体系，动态优化配置区域信息资源，发挥信息化对长三角经济社会协同发展的支撑、引领驱动和协同联动作用，不断提高长三角地区的对外开放水平，在更大范围内实现资源整合和要素集聚，增强长三角的综合实力、创新能力和可持续发展能力，加快长三角区域经济一体化进程	通过部门合作，共同创造要素自由流动的技术条件
长三角地区一体化发展三年行动计划（2018—2020年）	2018年6月	长三角联合办公室	到2020年，长三角地区要基本形成世界级城市群框架，建成枢纽型、功能性、网络化的基础设施体系，基本形成创新引领的区域产业体系和协同创新体系，绿色美丽长三角建设取得重大进展，区域公共服务供给便利化程度明显提升	进一步明确了长三角一体化发展的任务书、时间表和路线图

续表

政策名称	出台时间	制定部门	政策目标	侧重点
长三角地区环境保护领域实施信用联合奖惩合作备忘录	2018年6月	上海市、江苏省、浙江省、安徽省的信用办及环保部门	全面提升长三角地区环保领域信用管理水平，营造"失信者处处受制，守信者处处受益"的区域信用发展环境。明确环保领域区域信用合作内容，建立完善区域信用合作机制	通过制定首个区域严重失信行为认定标准、联合惩戒措施，营造"失信者处处受制，守信者处处受益"的区域信用发展环境
长三角地区深化推进国家社会信用体系建设区域合作示范区建设行动方案（2018—2020年）	2018年7月	上海市、江苏省、浙江省、安徽省的信用建设主管部门	到2020年，全面完成深化推进区域信用合作示范区的各项任务，有效支撑区域经济社会健康有序发展。"信用长三角"成为反映区域高质量一体化发展的重要品牌，长三角地区成为国内信用制度健全、信息流动通畅、服务供给充分、联动奖惩有效、信用环境优化的地区	通过区域整体信用制度建设、跨区域信用信息共享共用、鼓励信用行业服务创新等，进一步降低市场交易成本
长三角地区市场体系一体化建设合作备忘录	2019年1月	上海、江苏、浙江、安徽人民政府	逐步实现统一市场规则、统一信用治理、统一市场监管，激发市场主体活力，有效扩大内需，增强整个区域的发展动力	共同办好中国国际进口博览会等重大活动、统一企业登记规范、开展失信联合惩戒、加强食品安全监管协作、推动检验检测认证结果互认互通等方面
三省一市卫生健康合作备忘录	2019年5月	上海市、江苏省、浙江省和安徽省卫生健康委	促进医疗服务均质发展；推进公共卫生一体化；深化中医药创新合作；协同推进健康科技创新；推进健康信息互联互通；建立综合执法监督联动协调机制	推动长三角卫生健康一体化发展

续表

政策名称	出台时间	制定部门	政策目标	侧重点
长三角养老一体化合作共享首批17个区（市）联动试点	2019年6月	上海、江苏、浙江、安徽的民政部门	加强养老机构的统一管理，在条件允许的区域范围，统筹协作养老服务资源，提高利用效率，并建立区域统一的养老机构诚信系统与黑名单制度；推进养老护理队伍的培训协作，互认养老护理员评价标准及资格认定标准；将建立统一的养老服务统计制度及统计标准；将统筹长三角区域养老服务资源，加强区域范围内的养老服务资源进社区、进家庭，推出线上+线下养老服务地图，推广社区养老顾问；将依托上海认知症社区的筛查标准、照护标准等，整体提升三省一市养老服务认知症照护专业能力。还将统筹规划区域养老产业布局，制定区域内产业资本和品牌的市场指引，推进养老产业发展	涉及养老服务设施规划、政策通关等多领域的信息共享，落实养老机构服务与管理标准，以及老年照护评估标准的互认互通，待条件成熟逐步推广至长三角区域全境
长三角地区市场体系一体化建设舆情处置与应急管理协作备忘录	2019年7月	上海、江苏、浙江、安徽市场监管局	建立舆情信息通报制度，推进完善长三角地区市场监管领域舆情交流机制；建立重大舆情联合处置制度，加强重大舆情联合处置协作；加强应急演练和应急处置联动；建立应急处置制度措施共享机制与重大活动协同宣传机制	逐步建立起长三角区域内运转高效、反应快速的应急处置体系，提升市场监管领域突发事件处置应对能力

续表

政策名称	出台时间	制定部门	政策目标	侧重点
《长三角生态绿色一体化发展示范区国土空间总体规划（2019—2035年）》	2020年6月	浙江、江苏、上海的自然资源主管部门、苏州市、嘉兴市、青浦区、吴江区、嘉善县	建设长三角生态绿色一体化发展示范区，是实施长三角一体化发展战略的先手棋和突破口，是我国区域一体化制度创新实践的重大举措和空间载体	体现高质量发展新目标，强调引领度；体现生态绿色新理念，强调集成度；体现人居品质新示范，强调显示度；体现新江南文化新空间，强调多样性；体现跨界协同新机制，强调操作性

资料来源：作者根据相关政府网络内容整理。

2.3.3 扩大多元利益主体的治理参与度

对于长三角地区所属的巨型城市区域类型而言，有效的协同治理被内在化为影响其经济增长的诸多因素之中，从而赋予了此类区域以典型化的竞合特征。20世纪90年代以后，包括长三角地区在内的东亚巨型城市区域（mega-city region）吸引了包括麦基（McGee，1995）、Yueng（1996）、霍尔（Hall，1999）、斯科特（Scott，2001）等学者在内的高度关注。对此现象，彼得·霍尔和考蒂·佩因（2009）认为，它们是由多个城市中心在"流动空间"中形成的功能性城市区域（Functional Urban Region）。琳达·麦卡锡（2009）对伦敦、巴黎、纽约、洛杉矶这四个巨型城市区域的研究发现，任何区域合作的局限性都不是由区域多中心的构成形式产生的，而是由于多个小型城市与巨型城市区内功能化联系的缺乏和共享的不可实现性导致的。"竞争型城市区域主义（competitive city-regionalism）"的治理精髓，被学术界概括为"通过合作来促进城市区域的竞争优势"，对整体利益的追求是治理的核心目标，涉及经济、社会、环境、空间尺度优化等多个方面的内容。

从整体性的角度看，长三角区域协同治理是多目标、多任务的一个集合。对于具体的目标，多元主体之间的协同性是实现复杂任务的必要条件。以生态一体化的协同治理为例，目前长三角区域的实践探索主要包括生态一体化制度建设、跨区域生态补偿探索（新安江生态补偿试点）、多区域生态主体共建（崇明世界级生态岛建设）（席恺媛、朱虹，2019）。然而，在这些实践中，各地方政府仍然是区域协同治理的绝对主体，其行动力受到了行政边界与利益冲突的约束，社会、企业、居民的参与度较低甚至存在着缺失，导致生态一体化区域协同治理的系统性与联动性还很不足。例如，由历史遗留的产业发展的结构矛盾与转型压力，是单纯的区域协同治理无法解决的问题，它反映的恰恰是区域一体化中如何治理中心与外围关系的问题，实际上是一体化发展不足的一种集中体现。再比如，如果社会公众与居民的生活方式不发生根本性的改变，环保意识薄弱，则能源低效利用的产业结构也将在较长的时间内存续，从而增加了区域一体化治理的难度。

不仅如此，长三角区域协同治理还需要处理多目标之间的发展关系。长三角区域的崛起是工业化在全球范围的延伸和中国以增长极再造为驱动力的改革开放双向互动的产物，并经由城市网络联结而成的一体化区域。在功能定位上，无论是上海的全球城市还是长三角的世界级城市群，都旨在打造成为全球性的战略场所。关于这类区域的战略地位，学术界从"增值"和"贬值"的正反两个方面进行了分析。在增值方面，主要以若干个核心功能为全球战略场所形成的关键依托，具体表现为"全球经济发展的控制中枢""制度与文化创新的源空间""技术和信息广泛交流的地区"（易千枫、张京祥，2007）。萨森（2011）则强调了这类区域的空间复杂性，她将全球城市网络所构成的空间视为一个具有新经济和政治潜能的空间，包括跨国的、身份与社区的最具战略意义的空间之一，并认为这种空间既因为根植于具体的战略场所之中而以地方为中心，又因与地理上并不毗邻的场所之间的紧密联系而跨越地域。根据这些分析，全球战略场所的功能增值源于多个渠道，包括以产业链与价值链的"链权"为基础的市场控制力、立足于"开放包容"的制度竞争优势，以及基于"知识生产和交流"的技术创新优势。由于这些功能来源在跨越区域和国家边界的范围内发挥着相互促进的作用，表明以高质量一体化为目标的长三角区域协同治理面临较大的难度与挑战。

与此同时，全球战略场所中存在的冲突与矛盾也不能忽视。萨森（2011）指出，一方面，城市集中了大量的公司权力，并成为公司经济过度增值的关键场所之一；另一方面，城市也集中了大量的弱势群体，并成为其贬值的重要场所之一。避免这些问题的发生，也是长三角区域协同治理应重点考虑的内容。由于全球战略场所的影响范围遍及世界，所以对于上述冲突与矛盾的治理应对，给全球化变迁带来了深刻的影响。2008 年金融危机之后，全球化 2.0 时代提供了一个新的全球化模式，社会力的参与可以为建立某种更加包容的、可持续的全球化模式作出贡献（张庭伟，2012），某种意义上响应了作为冲突与矛盾集中地的全球城市的协同治理需求。当前，世界正在兴起第三次经济全球化浪潮，进入经济全球化 3.0 时代……中国在经济全球化 3.0 时代的地位取决于如何从曾经的"高增长引领世界经济"转变为未来的"善治与活力引领世界经济"（金碚，2016）。以上海全球城市建设为核心的长三角城市区域如果要增强全球影响力和发展成为世界级城市群，也有赖于在全球化模式的变迁中发挥更大的作用。

2.3.4 健全区域协同治理的制度体系

作为长三角区域发展的对标对象，全球城市区域的领先者都具有一些共同的特点。诸如：中心城市的高等级性、内部联系的紧密性、国家强大综合国力的支撑性、地理区位及软环境条件的优越性（仝德、戴筱頔、李贵才，2014）。其中，如何加强区域内部的联系，发展紧密的产业分工体系和高效的空间组织形式，都是区域协同治理强调的主要内容。尽管纽约、伦敦、东京三大全球城市区域的政府管治力度各有不同，但在协调发展的组织模式方面却有一定的共同点，即都存在市场之外的区域协调机构（如行业协会等），负责处理城市区域内单凭市场行为难以实现的区域发展目标，它们以法律形式明确规定其地位和职责权限，包括建立区域统计信息平台、制定区域发展规划、保护区域整体生态环境、建设区域大型基础设施项目等（仝德、戴筱頔、李贵才，2014）。因此，为了能与这些全球城市区域同台竞争，长三角需要建立健全区域协同治理制度体系。

目前，我国区域一体化发展与治理从强调经济发展优先的非均衡式治理模式，转向强调经济发展与社会民生发展并重的包容性、系统性、整体性治理模式，注重推动区域经济社会文化的全方位一体化发展，促进区域整体性发展协作（于迎、唐亚林，2018）。然而，尽管地方政府间围绕区域公共事务治理进行了有益的合作尝试，但区域公共治理的行政主体、管理理念、协商机制和法制保障等问题亟待突破（王学栋、张定安，2019）。随着长三角区域高质量一体化上升为国家战略，立法协同将成为区域协同治理的基础性保障，特别是对统一规划的执行落地、契约性合作协议的法律效力界定、环保标准的统一制定、多元主体参与机制、专题合作协同机制、区域利益补偿机制等提供充分的法律保障。

2.4 长三角区域协同治理的主要内容

高质量区域一体化、全球竞争的功能增值、统一市场建设、公共服务合作共享等，构成了长三角区域协同治理的多重目标。然而，这些目标的性质又不完全相同，它们之间的逻辑关系需要充分认清。高质量区域一体化和全球竞争的功能增值，是具有内在关联性的结果目标，而统一市场建设与公共服务合作共享则属于过程目标。正是由于我国改革开放的渐进性，以及在这种大环境下长三角区域一体化的先行推进，造成了结果目标与过程目标同时被列为区域协同治理目标指向的现实特点。这是长三角区域协同治理的难点所在，也是它无法简单地照搬国外经验的主要原因。所以，在平台类的、基础性的和影响面广的领域，重点探索区域协同治理的模式、路径与机制，是可行的选择。

2.4.1 依托产业链与创新链的协同互动，提高长三角区域发展的质量层次

"要围绕产业链部署创新链、围绕创新链布局产业链，推动经济高质

量发展迈出更大步伐"，这是习近平总书记对加快转变经济发展方式，把实体经济特别是制造业做实做强做优提出的重要思路。对于长三角区域而言，产业链和创新链的发展水平都位居全国前列，这二者的协同发展就是要处理好产业一体化与创新一体化之间的关系。

第一，产业链的长短取决于创新链的服务能力，特别是向中高端价值链的延伸，尤其需要创新链的支持。长三角区域城市之间的要素流动和产业链分工导致融资、生产、研发等环节分离并在空间上集中，生产性服务业和制造业在地理上呈现显著的集聚特征，这种集聚不仅影响了本地的创新效率，而且通过产业链和创新链辐射到了邻近地区（谢露露，2019）。所以，产业链与创新链的协同互动，还必须考虑不同类型的产业集聚形成的功能分工格局。相对而言，创新链依托的产业集聚分布具有更强的地理指向性，对人力资本、创新制度、企业家精神等高端要素的需求较大，偏好集中在少数几个核心的大城市，因此创新链的空间范围相对狭小一些。创新链为产业链提供服务，就意味着这些充当着区域创新源的城市要能够为其他中小城市的制造业集聚提供不同层次、不同领域的创新服务。由于这一过程具体地则是通过以集聚形态存在的生产服务业来实现的，所以不仅需要长三角区域的城市之间探索各种有效的、与产业链创新需求适应的合作方式，诸如合作技术攻关、政府技术平台建设、人才共享机制、开放实验室共建等，更要注重从创新生态系统完善的角度激励创新链上各类企业的市场活力，并形成以竞合为基础的创新产业群落。

第二，创新链是由创新系统引申出的概念，它的运行机制与产业链并不完全相同，除了作为创新主体的企业以外，政府、大学、研究机构、中介服务组织等也都在其中发挥着重要作用。现代产业的集聚已经从单一的产业区走向多元产业群落集聚，其突出特点在于多产业的互相关联和交互融合，以及产业链的多元化和复杂化（陈建军、陈菁菁、陈怀锦，2018）。所以，创新链支持和服务于产业链发展的核心在于，将创新链的资源与产出有效地和产业链的多重需求相结合，不仅要打通产业链与创新链之间的行业边界，还需以创新链为纽带，激励不同产业链之间的跨界创新活动。然而，长期体制僵化形成的过于清晰的行业边界，是创新链与产业链各自运行、互动缺乏的主要原因，使得"知识资本化"和人才的跨界流动都受到了约束。考虑到制造业服务化过程能够应用和集成各类创新资源，通过从"单一制造"向"制造+服务"的转变进而模糊不同制造产业之间的边界，有意识地整合"知识要素集"中的不同层级人才，最终在产业延伸中实现价值的增值（张辽、王俊杰，2018），可以成为创新链向产业链渗透的突破口。

第三，在地理边界方面，产业链与创新链的区域协同治理，就是要通盘考虑长三角区域的产业结构与分工格局，根据产业集聚群落的分布情况（主要包括：纺织服装、互联网、电子通信设备、交通运输设备等），整合资源和吸引人才，规划发展若干个产业技术方向明确的、以城市合作为基础的创新走廊和公共技术联合攻关的创新平台。

第四，以上海建设全球城市为契机，推进完善科创中心的功能体系，在知识、人才、制度等方面促使长三角区域创新系统与全球创新链对接，形成开放、高效、包容的创新交流机制，为我国高端技术产业、战略新兴产业、前沿技术产业提供内源与外源相结合的动力支持。同时，以长三角区域为示范基地和试验场所，有计划地开展和实施全球性的创新合作项目。依托以高端技术为主导的全球产业链部署创新链，基于我国自主设计和研发、自身系统集成能力建立达到世界先进水平的产业链，围绕产业链持续加大技术研发力度，保持技术领先地位（洪银兴，2020）。

2.4.2 依托传统与新型基础设施的协同互动，形成开放高效的基础设施体系

国内外区域一体化的经验都表明，基础设施一体化向来都是区域发展的先决条件和协同治理的发端环节。基础设施从传统到新型的变迁，驱动力是技术的重大变革和产业发展的新趋势，同时也承载着传统经济增长模式向创新驱动增长模式转变的先导任务。2019年中央经济工作会议强调通过新型基础设施建设驱动我国经济新一轮的内生性增长，并将"新型基础设施"定义为5G、人工智能、工业互联网及物联网的建设。2020年，新基建首次进入政府工作报告，提出"加强新型基础设施建设，发展新一代信息网络，拓展5G应用，建设充电桩，推广新能源汽车，激发新消费需求、助力产业升级"。其中，"新基建"位列投资重点支持的"两新一重"

（新型基础设施建设，新型城镇化建设，交通、水利等重大工程建设）之列，处于既促消费、惠民生，又调结构、增后劲的重要战略地位（人民网，2020）。

由于数字经济的赋能作用，相比于传统基础设施，新型基础设施对区域一体化有着更高的要求。相对发达开放的经济体系和完善便捷的基础设施体系，给长三角区域的"新基建"开辟了广阔的前景。然而，"新基建"相对"传统基建"的内涵和运行模式都发生了深刻的变化。与传统基础设施主要以物理形态存在、传统生产要素消耗量大有所不同，新型基础设施以数据、信息、知识为核心要素，高度依赖算力、网络无边界、信息高速流动、处置能力高效、产业服务界面广是其主要的特点，对于区域协同治理的影响将是全面性和系统性的，将会产生技术应用倒逼制度合作、传统基础设施信息化升级、智能化制造体现"以人为本"、区域公共服务系统重塑等一系列新的问题。对此，长三角区域应该先行开展大量而深入的研究。我国新型基础设施建设尚处在起步期、成长期，具有较高的市场风险、研发风险、经营风险。因此，新时代我国新型基础设施的构建，必须依托充分的制度供给，优化市场运行机制（马荣、郭立宏、李梦欣，2019）。

2.4.3 依托组织模式创新与法律体系完善，增强区域环境协同治理的制度供给

相关研究（周冯琦、程进，2016）表明，长三角"三省一市"之间环境保护总体上处于协同演进状态，但各地区环境保护协同发展水平还较低，环境保护协同发展仍面临着行政壁垒、经济社会发展及环境污染的区域差异较大、环保社会参与能力不均衡等制约因素，区域环境保护协同关系还需要采取有效措施加以强化。环境污染的类型和源头多种多样，污染影响的范围也不尽相同，从而要求从产业进入的门槛环节、生产过程的环境污染监测、环境污染行为的惩戒执行全过程的管理，跨界区域协同治理要能够满足这些需求。首先，要制定长三角区域统一的环境保护法律法规体系，明确各级政府环境保护的责任与权利；其次，统一环境质量与排放标准，运用大数据等技术手段，实行长三角区域环境保护监测"一张网"

的整体管理模式；再次，根据产业链的空间布局、地区经济发展差距、流域上下游的环境状况，建立常态化的利益协调与补偿机制；最后，因地制宜，精准实策，对具体的环境重点保护区域探索协同治理的创新模式。《长三角生态绿色一体化发展示范区总体方案》的出台，就是一个关于跨界小尺度空间如何有效协同治理的有益探索。

2.4.4 在公共安全的重大领域，建立区域协同治理的风险防控机制

2020 年新冠疫情的爆发，对长三角区域在公共安全的重大领域建立起风险共担、信息共享、资源统筹配置、防控一体化、基础设施通达便利、危机高效处置、应急响应联动、有效推动复工复产的协同治理体系等，提出了迫切的要求。经济体系开放、要素自由流动、产业高密度集聚，都是与长三角区域一体化密切相关的竞争优势，却也因此面临着更大的风险防控压力，迫切需要纳入区域治理一体化的体系建设之中。应利用当前"新基建"发力的起点契机，升级对节点、枢纽、网络的公共安全防控体系的数字化建设，动员各层次的社会治理力量和公众参与，建立起组织高效、反馈及时、处置得当的公共安全响应机制，为长三角区域战略场所的功能持续优化提供安全保障。

参考文献

［1］City-Region Studies Centre，*Regional Governance Models：An exploration of Structures and Critical Practices*，Edmonton：University of Alberta，2007.

［2］Frisken，Frances and Norris，Donald F.，"Regionalism Reconsidered"，*Journal of Urban Affairs*，Volume 23（5），2001.

［3］Patrick Le Galès，"Regulations and Governance in European Cities"，*International Journal of Urban and Regional Research*，Volume 22（3），1998.

［4］Wallis Allan D.，"The Third Wave：Current Trends in Regional Governance", *National Civic Review*,（3），1994.

　　[5]艾伦·J.斯科特:《浮现的世界——21世纪的城市与区域》,江苏凤凰教育出版社2017年版。

　　[6]彼得·纽曼、安迪·索恩利:《世界城市规划:全球化与城市政治》,中国建筑工业出版社2016年版。

　　[7]彼得·霍尔、凯西·佩恩:《多中心大都市——来自欧洲巨型城市区域的经验》,中国建筑工业出版社2010年版。

　　[8]彼得·霍尔、考蒂·佩因:《从大都市到多中心都市》,《国际城市规划》2009年增刊。

　　[9]陈建军、陈菁菁、陈怀锦:《我国大都市群产业——城市协同治理研究》,《浙江大学学报》2018年第9期。

　　[10]陈瑞莲、刘亚平:《区域治理研究:国际比较的视角》,中央编译出版社2013年版。

　　[11]陈彦光:《三个城市地域概念辨析》,《城市发展研究》2008年第2期。

　　[12]道格拉斯·诺思:《理解经济变迁过程》,中国人民大学出版社2008年版。

　　[13]丁嵩、孙斌栋:《区域政策重塑了经济地理吗?——空间中性与空间干预的视角》,《经济社会体制比较》2015年第6期。

　　[14]汉克·V.萨维奇、罗纳德·K.福格尔:《区域主义范式与城市政治》,《公共行政评论》2009年第3期。

　　[15]洪世健、黄晓芬:《大都市区概念及其界定问题探讨》,《国际城市规划》2007年第5期。

　　[16]洪银兴:《围绕产业链开展技术创新》,《人民日报》2020年7月6日。

　　[17]胡彬:《长三角区域高质量一体化:背景、挑战与内涵》,《科学发展》2019年第4期。

　　[18]金碚:《论经济全球化3.0时代——兼论"一带一路"的互通观念》,《中国工业经济》2016年第1期。

　　[19]李兰冰:《中国区域协调发展的逻辑框架与理论解释》,《经济学

动态》2020 年第 1 期。

[20] 理查德·菲沃克：《大都市治理：冲突、竞争与合作》，重庆大学出版社 2012 年版。

[21] 琳达·麦卡锡、陈梦燚：《美国和西欧巨型城市区区域合作对比研究》，《城市与区域规划研究》2009 年第 3 期。

[22] 马荣、郭立宏、李梦欣：《新时代我国新型基础设施建设模式及路径研究》，《经济学家》2019 年第 10 期。

[23] 马学广、唐承辉：《新国家空间理论视角下城市群的国家空间选择性研究》，《人文地理》2019 年第 2 期。

[24] 尼尔·布伦纳：《全球化与再地域化：欧盟城市管治的尺度重组》，《国际城市规划》2008 年第 1 期。

[25] 倪永贵：《基于空间正义的区域协同发展问题探析》，《改革与开放》2019 年第 5 期。

[26] 全永波：《基于新区域主义视角的区域合作治理探析》，《中国行政管理》2012 年第 4 期。

[27] 萨斯基娅·萨森：《全球城市：战略场所，新前沿》，《国际城市规划》2011 年第 2 期。

[28] 萨斯基娅·萨森：《新型空间形式：巨型区域和全球城市》，《国际城市规划》2011 年第 2 期。

[29] 世界银行：《2009 年世界发展报告：重塑世界经济地理》，清华大学出版社 2009 年版。

[30] 仝德、戴筱頔、李贵才：《打造全球城市—区域的国际经验与借鉴》，《国际城市规划》2014 年第 2 期。

[31] 王学栋、张定安：《我国区域协同治理的现实困局与实现途径》，《中国行政管理》2019 年第 6 期。

[32] 王铮、孙翊、吴乐英、周晓芳：《关于"区域管理"的再讨论》，《经济地理》2019 年第 10 期。

[33] 吴晓林、侯雨佳：《城市治理理论的"双重流变"与融合趋向》，《天津社会科学》2017 年第 1 期。

[34] 席恺媛、朱虹：《长三角区域生态一体化的实践探索与困境摆

脱》,《改革》2019 年第 3 期。

　　[35] 谢露露:《产业集聚和创新激励提升了区域创新效率吗?》,《经济学家》2019 年第 8 期。

　　[36] 易承志:《超越行政边界:城市化、大都市区整体性治理与政府治理模式创新》,《南京社会科学》2016 年第 5 期。

　　[37] 易承志:《大都市与大都市区概念辨析》,《城市问题》2014 年第 3 期。

　　[38] 易千枫、张京祥:《全球城市区域及其发展策略》,《国际城市规划》2007 年第 5 期。

　　[39] 于迎、唐亚林:《长三角区域公共服务一体化的实践探索与创新模式建构》,《改革》2018 年第 12 期。

　　[40] 张紧跟:《新区域主义:美国大都市区治理的新思路》,《中山大学学报》2010 年第 1 期。

　　[41] 张辽、王俊杰:《我国制造业"四链"协同升级的一个现实途径:服务化转型》,《经济社会体制比较》2018 年第 9 期。

　　[42] 张庭伟:《全球化 2.0 时期的城市发展——2008 年后西方城市的转型及对中国城市的影响》,《城市规划学刊》2012 年第 4 期。

　　[43] 张衔春、赵勇健、单卓然、陈轶、洪世健:《比较视野下的大都市区治理:概念辨析、理论演进与研究进展》,《经济地理》2015 年第 7 期。

　　[44] 郑先武:《全球治理的区域路径》,《探索与争鸣》2020 年第 3 期。

　　[45] 周冯琦、程进:《长三角环境保护协同发展评价与推进策略》,《环境保护》2016 年第 6 期。

　　[46] 踪家峰:《城市与区域治理》,经济科学出版社 2008 年版。

第二部分　专题报告

3

长三角产业问题的
协同治理与一体化

3.1 长三角产业一体化发展
历程与发展困境

一体化的本质含义是建立共同市场，以实现要素的合理流动和优化配置。区域经济一体化的实质就是通过市场融合、产业融合、政策融合等手段，降低交易成本，逐步取消各种经济和非经济壁垒，提高要素流动和产品贸易自由度，从而实现资源的优化配置。产业一体化是区域一体化的重要组成部分。产业一体化主要是作为产业发展的主体企业能够按照资源配置和企业效益最大化，在长三角实现一体化布局。根据比较优势形成产业分工，实现区域产业结构合理化，提升产业整体竞争力。

3.1.1 产业一体化发展历程及特征表现

参照张兆安（2006）、李清娟（2007）和陈建军（2008）等研究文献，以及政府发布的《长江三角洲地区区域规划》（2010）、《长江三角洲区域一体化发展规划纲要》（2019），这里归纳总结了长三角产业一体化经历的几次发展历程及其特征表现。

19 世纪中期上海开埠到 20 世纪 30 年代，上海都市圈产业一体化形成时期。这是以上海为中心城市的都市圈形成时期，上海逐渐成为远东和中国的经济金融中心。上海工业加速扩张，建立不少大型棉纺织、面粉、榨油、卷烟等民族企业。民族工业中以纺织和食品为主的轻工业由上海进一步向周边的南通、常州、无锡等中小城市扩散，进一步促进了上海附近中小工业点的形成，并与上海连成一个以轻纺工业为主体的工业城市群。

新中国成立初期到 70 年代末，是一体化向行政分割下的独立产业体系转变时期。这一阶段国家强调按省级行政区建立相对独立、完整的工业体系，以上海为中心的都市经济圈被强制的制度变革分割开来。上海由消费性城市变为生产性城市，由远东的经济中心变为中国的重工业基地。上海重化工业超前发展，工业形成了以冶金、纺织、石化和机械电子为主的门类齐全的工业体系。相对于周边江浙地区，上海处于绝对优势地位，是工业极化地区。上海和江浙地区之间在计划经济的安排下，形成了一种江苏和浙江以发展农业为主、上海以发展工业为主的区域经济关系，由此也形成了长三角区域计划经济体制下垂直分工的一体化体系。

改革开放到20世纪90年代初，为长三角工业经济恢复性增长时期。1982年成立的上海经济区是一个转折点，它表明上海和周边的江浙地区之间的产业分工开始从垂直分工向水平分工方向发展。一体化的宏观特征是"区域经济合作"，微观特征是上海国有企业和江浙地区乡镇企业之间以"经济技术合作"为名义，以"横向经济联合""星期天工程师"以及"品牌共享"为载体的技术转移和产业转移。由于体制机制不适应当时商品经济发展形势，上海老国有企业发展缓慢，新产业优势还未形成，而江浙两省的民营和乡镇企业抓住中国的短缺经济，特别是消费品短缺的市场机会快速发展。发展迅猛的江浙工业逐步与上海工业结构趋同，上海经济总量和增速显著落后于江浙两省，与周边城市的发展差距也在缩小，该时期上海都市圈由割裂到恢复经济密切联系。

20世纪90年代初到21世纪初，为上海核心城市功能再造时期，长三角一体化的产业基础形成。1991年浦东开发开放后，上海开始拥有新的资源优势，包括中央给予的优惠政策，以及由此而来的制度优势和吸引外资方面的优势。上海新资源优势是长三角区域经济一体化进入新阶段的主要原因。江浙两省和上海周边城市利用上海的区位优势、政策优势和其他资源优势获取本地发展资源，加快本地发展模式转型和企业发展。江浙第二产业比重上升，上海第三产业比重上升而第二产业比重大幅下降。大量的农村劳动力和各类专业人员集中到上海，城市规模扩大、城市化水平提高，产业和人口的集聚使城市间的规模经济和外部经济相互渗透影响。各地区在招商引资、基础设施建设、政府服务等方面采取竞争策略，加速促进了都市圈内各种产品要素的流动和产业的转移。区位功能开始分化，服务业逐渐替代中心城市和中心城区的工业基地职能，周边城市和周边城区逐渐成为制造业的集聚区。此外，随着对外开放程度越来越高，长三角与世界经济的联系越来越紧密；三资企业从整个都市圈的角度考虑生产布局，同时各地区的企业与外资企业合作，融入其生产和采购链条，使各地区的产业和企业得到整合，发挥各地资源优势，提高竞争力。从优势产业比较看，江苏主要集中在基础工业和重化工产业，浙江集中在轻纺和食品产业，上海集中在装备产业。从经济发展模式看，江苏外资、民营和国有三足鼎立，浙江以民营经济为主，而上海以外资和国有为主。

进入21世纪以来全球化时期，长三角一体化产业分工新格局形成。这一阶段的主要标志是国际化和市场化进程的加速，国内外企业主导的要素跨区域流动的深化和广化，开始形成由企业内的地域分工展开为标志的地区间产业分工新格局。中国加入世贸组织（WTO）以后，国际制造业开始向以上海为地标的长三角地区转移。外商投资大量进入，并在整个长三角地区构筑起外商投资企业内部的地域分工网络，加快推进长三角区域经济一体化。经济市场化趋势加速，一个经济现象就是企业的跨区域发展和"产业转移"，特别是温州、宁波、嘉兴等和上海联系紧密的地区，许多民营企业通过各种途径"移师上海"。上海方面也采取积极措施鼓励外省市企业向上海转移。由企业主导的地区间的产业分工开始明朗化，如著名的跨国公司英飞凌公司，在上海建立了自己的研究与开发机构、在苏州和无锡设立生产制造企业。这种企业内的地域分工的展开，也有力推动了区域经济一体化发展。产业空间布局逐步呈现两个特点：一是制造业开始从上海这一传统工业中心向外围的江浙地区扩散；二是依托以国际航运和国际金融为核心的现代服务业快速发展，在上海形成了一个新的现代服务业中心。

2018年长三角一体化发展上升为国家战略，2019年1月长三角协同优势产业基金正式成立。未来长三角地区重点产业发展布局：做大做强石化、钢铁、电子信息产业等具有国际竞争力的战略产业；巩固提升装备制造业、纺织轻工和旅游业等传统优势支柱产业；同时加快发展现代生产性服务业和生物医药、新型材料等具有先导作用的新型产业。上海将推进建设以现代服务业为主体、战略新兴产业为引领、先进制造业为支撑的现代化产业体系。而安徽将承接长三角地区的产业转移，形成优势互补、错位发展、各具特色的产业布局。

3.1.2 产业发展及一体化面临的主要问题

第一，区域内产业结构存在梯度差异，生产技术与资源禀赋等方面也存在梯度层次。

2018 年，长三角区域经济总量超过 21 万亿元，占全国的 23%，其中以 26 个城市为边界的长三角城市群的经济总量为 17.8 万亿元，位居世界六大城市群第五位。表 3-1 显示，2010 年上海产业发展呈"三、二、一"型产业结构，江苏、浙江和安徽则呈"二、三、一"型产业结构。随着时间推移，2018 年上海市第三产业比重（69.9%）高出第二产业比重（29.8%）约 40 个百分点，服务经济主导型的"三、二、一"型产业结构特征明显；江苏和浙江第三产业比重略高于第二产业约 3—5 个百分点，呈现服务业和工业基本并重的"三、二、一"型产业结构；安徽第二产业比重略高出第三产业约 1 个百分点，形成"二、三、一"型产业结构，工业依然是拉动经济增长的主要部门。长三角地区的禀赋优势差异主要体现在安徽与江浙沪和上海与江浙之间。安徽的产业结构和比较优势与江浙沪之间存在很大差异，其比较优势在于农业、采掘业、黑色金属冶炼和压延加工业和有色金属冶炼和压延加工业。以农业为例，表 3-2 显示，2010—2018 年间农业生产主要集聚分布在盐城、舟山、铜陵、安庆、滁州、池州、宣城和马鞍山等城市，这充分体现出安徽农业生产具有明显比较优势。

值得关注的是，随着现代农业生产的推进，农业生产技术和组织管理有了较大的提升和改进，上海和舟山的农业生产也逐渐形成产业集聚。近年来，上海在推进农业农村高质量发展、全面实施乡村振兴战略取得了较大进展。例如，2018 年 6 月上海启动首批 9 个乡村振兴示范村建设，通过示范村建设实践，较好地发挥了典型示范引领作用，村庄形态明显改善，风貌明显提升，乡村文化得到彰显。为解决农村布局分散、房屋陈旧、风貌凌乱的问题，进一步提高乡村生态宜居水平，上海政府将农民相对集中居住作为全市乡村振兴的重点工作。根据上海住房城乡建设管理委公布的数据，2019 年上海共核定 1.26 万户农民相对集中居住，以聚焦"三高两区"为主（60%），分散居住户归并为辅（40%）；安置方式则以上楼为主

（59%），平移为辅（41%）。区域内除了农业生产技术存在显著差异外，长三角在生产技术、资源禀赋等方面存在梯度层次。在省级层面，沪江浙皖的人均GDP分别为13.5万元、10.7万元、9.2万元和4.4万元，形成以上海为金字塔尖的梯度层次；从城市层面来看，则形成了以上海为引领，杭州、南京为第二梯队，苏州、无锡、宁波、常州、合肥为第三梯队，扬州、镇江、嘉兴、湖州、芜湖为第四梯队，其他城市为第五梯队，且相邻梯队间落差较小的多层次城市群格局。

表3-1 2010年和2018年长三角三省一市三次产业产值份额

三次产业	2010 年				2018 年			
	上海	江苏	浙江	安徽	上海	江苏	浙江	安徽
第一产业份额（%）	6.8	6.2	5.0	14.1	0.3	4.5	3.5	8.8
第二产业份额（%）	42.3	53.2	51.9	52.3	29.8	44.5	41.8	46.1
第三产业份额（%）	50.9	40.6	43.1	33.8	69.9	51.0	54.7	45.1

资料来源：作者根据各省市统计年鉴计算得到。

表3-2 2010—2018年长三角26个主要城市农业区位熵

城市	2010 年	2012 年	2014 年	2016 年	2018 年
上海	0.682	0.460	0.931	1.257	1.521
南京	0.568	0.706	0.292	0.248	0.243
无锡	0.504	0.472	0.512	0.393	0.187
常州	0.547	0.511	0.331	0.232	0.606
苏州	0.200	0.140	0.025	0.022	0.018
南通	3.117	3.462	1.143	0.837	0.860
盐城	8.117	9.281	8.464	6.079	7.212
扬州	0.391	0.727	0.244	0.093	0.098
镇江	0.701	1.431	1.013	0.531	0.721
泰州	1.125	2.187	0.737	0.521	0.567
杭州	0.112	0.096	0.151	0.101	0.156

城市	2010 年	2012 年	2014 年	2016 年	2018 年
宁波	0.161	0.071	0.115	0.082	0.089
嘉兴	0.195	0.210	0.314	0.194	0.176
湖州	0.092	0.088	0.210	0.128	0.239
绍兴	0.049	0.080	0.076	0.036	0.034
金华	0.332	0.165	0.157	0.094	0.100
舟山	0.518	0.353	0.262	8.127	1.795
台州	1.198	0.301	0.278	0.172	0.180
合肥	0.245	0.252	0.212	0.238	0.271
芜湖	0.261	0.342	0.320	0.222	0.225
马鞍山	0.339	0.871	1.259	1.076	1.042
铜陵	5.669	4.623	5.811	6.307	8.494
安庆	12.139	13.107	17.819	13.560	12.601
滁州	8.291	9.535	11.735	8.515	5.926
池州	3.188	2.667	3.269	2.451	2.392
宣城	4.092	4.944	5.390	4.032	3.623

资料来源：作者根据历年《中国城市统计年鉴》计算整理得到，表 3-3 至表 3-7 均同。

第二，长三角地区进入深度同城化时代，区域内没有形成差异化的优势制造业，计算机、通信和其他电子设备制造业、电气机械和器材制造业、化学原料和化学制品制造业、汽车制造业和通用设备制造业等是区域共同的优势行业。

2010 年以来，以高铁和互联网快速发展为标志，长三角地区逐渐进入深度同城化时代，更多的城市进入 2 小时交通圈，跨地区通勤成为常态，地区合作从产业转移升级到共建共享，城市之间的经济差距进一步缩小。2016 年国务院发布的《长江三角洲城市群发展规划》要求，进一步提升上海全球城市功能，加快南京、杭州、合肥、苏锡常、宁波五个都市圈的同城化发展。长三角城市群内部空间重构步伐加快，包括苏州（23 分钟）、无锡（28 分钟）、南京（67 分钟）、杭州（45 分钟）等长三角核心城市在内的上海大都市圈已经形成了 90 分钟交通圈。在高铁、互联网、深度同城化和成熟市场经济的牵引下，长三角城市群中的各个城市，特别是都市圈中的各个城市，为提升城市群的同城化水平和国际竞争力，实现"1+1>2"效应，在一些领域开展紧密合作，通过建立一体化建设和运营的体制机制和平台载体，消除行政分割，激发规模效应，实现更高层次的长三角区域合作机制。根据表 3-3，在制造业行业中，2010 年长三角共同的优势产业是计算机、通信和其他电子设备制造业、电气机械和器材制造业、化学原料和化学制品制造业、纺织业和通用设备制造业。到了 2018 年，计算机、通信和其他电子设备制造业、电气机械和器材制造业、化学原料和化学制品制造业、汽车制造业和通用设备制造业是长三角 26 个主要城市共同的优势行业，且行业产值份额呈增加趋势，特别是汽车制造业。此外，一些原先的优势行业发展逐步衰退，行业产值份额也在减少，逐步失去行业发展优势，比如江苏和浙江的纺织业、安徽的橡胶和塑料制品业。

表 3-4 计算了 2018 年 26 个主要城市制造业主导行业的区位熵，由此可以看到化学原料和化学制品制造业、通用设备制造业、汽车制造业、电气机械和器材制造业、计算机、通信和其他电子设备制造业、有色金属冶炼和压延加工业和纺织业在长三角 26 个主要城市的分布情况。由表 3-4 可见，汽车制造业主要集中在上海、南京、盐城、扬州、杭州、宁波、台州、合肥和芜湖；计算机、通信和其他电子设备制造业主要集中在上海、苏州、南京、无锡、杭州和合肥；化学原料和化学制品制造业主要集中在南京、常州、南通、盐城、扬州、镇江、泰州、嘉兴、舟山、宁波和宣城；电气机械和器材制造业主要集中在无锡、常州、南通、扬州、镇江、泰州、湖州、台州、宁波、池州、合肥、铜陵和芜湖。另外，通用设备制造业也遍布在上海、江苏省内的苏州、南通、盐城和泰州，浙江省内的绍兴和台州，安徽省内的合肥、马鞍山和芜湖；纺织业主要集中在江苏省内的南通和盐城，浙江省内的嘉兴、湖州、金华和绍兴，少量分布在安徽省内的安庆和池州；有色金属冶炼和压延加工业则主要集中在浙江省内的金华、绍兴、宁波、宣城和池州，以及安徽的铜陵、芜湖和安庆，少量分布在江苏省内的无锡和常州。

表 3-3　2010 年和 2018 年长三角各地区占比排列前五位的制造业行业

地区	2010 年	2018 年
上海	计算机、通信和其他电子设备制造业（20.98%） 汽车制造业（13.23%） 通用设备制造业（8.34%） 化学原料和化学制品制造业（7.95%） 电气机械和器材制造业（6.83%）	汽车制造业（22.16%） 计算机、通信和其他电子设备制造业（16.86%） 化学原料和化学制品制造业（9.54%） 通用设备制造业（7.49%） 电气机械和器材制造业（6.34%）
江苏	计算机、通信和其他电子设备制造业（14.99%） 化学原料和化学制品制造业（10.21%） 电气机械和器材制造业（9.79%） 黑色金属冶炼和压延加工业（8.29%） 纺织业（6.83%）	计算机、通信和其他电子设备制造业（14.25%） 电气机械和器材制造业（11.43%） 化学原料和化学制品制造业（10.33%） 通用设备制造业（7.19%） 汽车制造业（7.10%）
浙江	纺织业（12.94%） 电气机械和器材制造业（8.99%） 通用设备制造业（7.72%） 化学原料和化学制品制造业（7.29%） 汽车制造业（5.42%）	电气机械和器材制造业（10.40%） 汽车制造业（12.04%） 纺织业（8.43%） 化学原料和化学制品制造业（7.92%） 通用设备制造业（6.31%）
安徽	石油加工、炼焦和核燃料加工业（8.35%） 电气机械和器材制造业（7.68%） 农副食品加工业（7.56%） 汽车制造业（7.04%） 橡胶和塑料制品业（6.82%）	电气机械和器材制造业（16.89%） 汽车制造业（9.75%） 有色金属冶炼和压延加工业（7.99%） 计算机、通信和其他电子设备制造业（7.47%） 通用设备制造业（6.67%）
长三角	计算机、通信和其他电子设备制造业（11.64%） 电气机械和器材制造业（8.81%） 化学原料和化学制品制造业（8.52%） 纺织业（7.29%） 通用设备制造业（6.98%）	计算机、通信和其他电子设备制造业（12.23%） 电气机械和器材制造业（11.20%） 汽车制造业（10.67%） 化学原料和化学制品制造业（9.00%） 通用设备制造业（6.97%）

注：括号内为制造业行业产值占制造业总产值的比重，以长三角 26 个主要城市为计算样本。

表3-4　2018年长三角26个主要城市制造业主导行业的区位熵

城市	化学原料和化学制品制造业	通用设备制造业	汽车制造业	电气机械和器材制造业	计算机、通信和其他电子设备制造业	有色金属冶炼和压延加工业	纺织业
上海	0.707	0.813	1.643	0.404	0.995	0.257	0.085
南京	1.109	0.450	1.192	0.526	1.128	0.476	0.109
无锡	0.753	0.990	0.717	1.140	1.257	1.967	1.198
常州	1.613	1.090	0.630	1.832	0.692	0.887	1.330
苏州	0.888	1.280	0.734	0.917	3.075	0.793	1.015
南通	1.456	1.474	0.407	2.002	0.693	0.413	2.468
盐城	2.132	1.744	0.918	0.736	0.340	1.945	2.091
扬州	1.479	0.965	1.545	1.874	0.295	0.664	0.774
镇江	2.443	0.420	0.424	1.556	0.743	1.396	0.286
泰州	2.148	2.417	0.492	1.665	0.938	0.624	1.260
杭州	0.512	0.697	0.486	0.576	0.905	0.510	0.819
宁波	1.216	0.881	2.098	1.155	0.515	1.508	0.509
嘉兴	1.724	1.021	0.383	1.057	0.594	0.333	3.676
湖州	0.884	1.410	0.329	1.607	0.112	0.929	4.113
绍兴	0.744	1.382	0.211	0.549	0.093	1.409	4.555
金华	0.267	0.378	0.639	0.309	0.201	1.025	1.302
舟山	1.771	0.161	0.133	0.064	0.009	0.009	0.225
台州	0.042	0.320	0.277	0.079	0.034	0.039	0.062
合肥	0.570	1.159	1.296	2.127	1.327	0.080	0.351
芜湖	0.382	1.938	3.261	2.702	0.588	2.391	0.315
马鞍山	0.520	1.646	0.404	0.562	0.192	0.409	0.096
铜陵	0.624	0.170	0.262	1.486	0.258	30.176	0.771
安庆	0.761	1.103	0.503	0.369	0.181	0.459	2.502
滁州	1.103	0.562	0.625	2.764	0.960	0.903	0.336
池州	0.234	0.591	0.326	0.542	0.186	3.821	1.165
宣城	1.820	1.018	0.633	0.659	0.323	2.639	0.804

　　第三，区域内制造业行业同构现象突出，尤其是非金属矿物制品业、

纺织业等传统制造业行业，且随时间推移呈增强趋势。

为了进一步直观地反映长三角区域产业集聚的动态分布情况，这里计算了 2010—2018 年 26 个主要城市制造业行业的区位熵，并由此统计了区位熵大于 1 的城市个数。表 3-5 显示，非金属矿物制品业、电气机械和器材制造业、农副食品加工业、纺织服装、服饰业等传统制造业行业同构现象比较明显，区位熵大于 1 的城市个数达到 12—15 个。仍有一些行业在加快发展，区位熵大于 1 的城市个数在增加，如造纸和纸制品业、专用设备制造业、化学纤维制造业、金属制品业以及文教、工美、体育和娱乐用品制造业等行业集聚加快形成。当然，还有一些城市的行业集聚优势在减弱，行业区位熵大于 1 的城市个数在减少，如橡胶和塑料制品业、铁路、船舶、航空航天和其他运输设备制造业等。由此可见，行业集聚在城市发展过程中并不是固定不变的，而是呈动态变化过程。

从总体上看，2010—2018 年制造业的波动变化较为明显，城市间同构问题呈增强趋势。这与现有研究普遍认为的观点较为一致，即长三角地区是中国产业同构问题最为突出的地区，且以工业或制造业结构的趋同最为严重。根据表 3-4，2018 年汽车制造业主要集聚在上海、南京、扬州、宁波、合肥和芜湖 6 个城市，计算机、通信和其他电子设备制造业主要集聚在南京、无锡、苏州和合肥，纺织业则在无锡、常州、苏州、南通、盐城、泰州、嘉兴、湖州、绍兴、金华、安庆和池州 12 个城市形成行业集聚。更进一步，根据区位熵取值大于 1，对长三角地区三省一市进行两两对比后发现，2010—2018 年间有 25—29 个为两个或两个以上省市的共同优势产业，两地区之间具有共同的优势行业个数达到 80% 以上，长三角区域制造业同构现象仍较为严重。

表 3-5 2010—2018 年长三角 26 个主要城市制造业行业区位熵大于 1 的城市个数

制造业行业名称	2010 年	2012 年	2014 年	2016 年	2018 年
非金属矿物制品业	15	16	16	16	15
电气机械和器材制造业	12	12	12	12	13
农副食品加工业	12	13	13	14	13
橡胶和塑料制品业	12	10	11	12	10

制造业行业名称	2010 年	2012 年	2014 年	2016 年	2018 年
纺织服装、服饰业	11	11	11	13	13
化学原料和化学制品制造业	11	12	11	11	12
皮革、毛皮、羽毛及其制品和制鞋业	11	12	11	12	12
酒、饮料和精制茶制造业	10	10	10	12	12
木材加工和木、竹、藤、棕、草制品业	10	8	8	10	10
食品制造业	10	10	11	13	13
铁路、船舶、航空航天和其他运输设备制造业	10	6	7	7	7
通用设备制造业	10	9	11	12	13
有色金属冶炼和压延加工业	10	8	10	11	10
纺织业	9	10	10	11	12
金属制品业	9	9	9	10	13
医药制造业	9	7	8	6	6
专用设备制造业	9	10	12	13	11
废弃资源综合利用业	8	11	12	12	9
家具制造业	8	10	8	8	9
汽车制造业	8	7	7	7	6
印刷和记录媒介复制业	8	9	11	13	11
黑色金属冶炼和压延加工业	7	8	10	11	11
石油加工、炼焦和核燃料加工业	7	5	6	9	8
文教、工美、体育和娱乐用品制造业	7	8	11	11	11
烟草制品业	7	7	7	6	6
造纸和纸制品业	7	7	10	12	13
仪器仪表制造业	6	8	7	7	6
化学纤维制造业	5	7	7	9	9
交通运输、仓储和邮政业	5	4	7	5	5
计算机、通信和其他电子设备制造业	4	4	4	4	4
金属制品、机械和设备修理业	1	4	5	4	3
其他制造业	8	9	11	11	13

第四，区域内服务业行业集聚在城市间波动变化不大，传统服务业与现代服务业形成比较明显的两极分化特点。

表3-6显示，在长三角26个主要城市中，公共管理和社会组织，教育，卫生、社会保险和社会福利业，水利、环境和公共设施管理业，金融业在13—18个城市形成行业集聚，约占一半以上比例的城市，而其他服务业尤其是现代服务业行业仅在3—6个城市间形成集聚。从总体上看，与制造行业明显波动变化的趋势不同，2010—2018年服务业行业在城市间的波动变化不大，相对比较稳定。除了一些基本的公共服务、医疗服务和教育服务之外，服务行业中同构现象比较突出仍集中在金融业。从表3-7可以看出，2018年长三角区域金融业集聚主要分布在上海、无锡、镇江、杭州、宁波、嘉兴、湖州、金华、舟山、台州、马鞍山、池州和宣城。与金融业相比，科研、技术服务和地质勘查业和信息传输、计算机服务和软件业等现代服务业仅在少数3—4个城市形成行业集聚，2018年科研、技术服务和地质勘查业在上海、南京、杭州和嘉兴形成行业集聚，而信息传输、计算机服务和软件业则仅在上海、南京和杭州形成集聚。

表3-6 长三角26个主要城市服务行业区位熵大于1的城市个数

服务业行业名称	2010年	2012年	2014年	2016年	2018年
公共管理和社会组织	18	20	17	17	17
教育	17	15	16	18	18
卫生、社会保险和社会福利业	16	17	18	18	18
水利、环境和公共设施管理业	14	15	16	15	13
金融业	13	13	14	12	13
文化、体育和娱乐业	8	9	9	10	8
房地产业	6	5	5	7	6
交通运输、仓储和邮政业	5	4	7	5	5
批发零售贸易业	5	3	4	5	3
住宿餐饮业	5	5	6	6	5
科研、技术服务和地质勘查业	4	5	8	4	4
居民服务和其他服务业	2	2	5	5	6
信息传输、计算机服务和软件业	2	4	4	4	3
租赁和商业服务业	2	2	3	4	5

表 3-7　2018 年 26 个主要城市服务业主导行业的区位熵

城市	交通运输、仓储和邮政业	信息传输、计算机服务和软件业	金融业	批发零售贸易业	租赁和商业服务业	教育	卫生、社会保险和社会福利业
上海	1.818	1.778	1.398	2.187	2.393	0.781	0.805
南京	1.549	2.311	0.569	1.223	1.006	1.128	0.950
无锡	0.613	0.841	1.032	0.764	0.371	0.978	1.099
常州	0.670	0.341	0.980	0.526	0.739	1.394	1.353
苏州	0.617	0.492	0.547	0.715	0.463	0.643	0.711
南通	0.309	0.170	0.625	0.319	0.418	0.552	0.580
盐城	0.730	0.345	0.999	0.460	0.521	1.531	1.376
扬州	0.573	0.313	0.495	0.321	0.438	0.960	0.732
镇江	0.766	0.370	1.459	0.586	1.339	1.566	1.636
泰州	0.553	0.209	0.651	0.422	0.306	0.717	0.764
杭州	0.975	2.329	1.130	1.103	1.368	1.149	1.223
宁波	0.978	0.695	1.510	0.839	0.873	1.028	1.206
嘉兴	0.564	0.262	1.029	0.563	0.754	1.299	1.335
湖州	0.375	0.266	1.394	0.969	0.488	1.172	1.336
绍兴	0.300	0.147	0.593	0.343	0.238	0.895	0.884
金华	0.568	0.331	1.180	0.392	0.632	1.389	1.448
舟山	2.167	0.346	1.497	0.457	1.574	1.357	1.573
台州	0.311	0.204	1.625	0.439	0.332	1.145	1.218
合肥	1.394	0.856	0.619	0.832	0.472	0.958	0.915
芜湖	1.336	0.283	0.941	0.946	0.408	1.400	1.249
马鞍山	0.590	0.456	1.487	0.319	0.377	1.433	1.143
铜陵	0.848	0.282	0.886	0.456	0.535	1.878	1.569
安庆	0.638	0.476	0.888	0.580	0.249	2.001	1.579
滁州	0.675	0.211	0.645	0.458	0.192	1.922	1.564
池州	0.842	0.459	2.025	0.760	0.452	2.215	1.729
宣城	0.486	0.460	1.675	0.552	0.217	1.700	1.908

第五，区域内土地生产效率和劳动生产率总体呈逐年上升趋势，但是生产效率在区域内各城市差距悬殊。

图 3-1 显示，长三角地区产业生产绩效总体向好，地区差异也较大，上海的土地生产效率最高，其次是江浙地区的南京、无锡、苏州、杭州、嘉兴、泰州、台州、宁波等城市，而安徽省内的宣城、滁州、池州和安庆则是土地生产效率较低的城市。从分产业看，图 3-2 显示，农林渔业劳动生产率较高的城市主要是宁波、舟山、宁波和无锡，安徽省内多数城市则总体处于较低水平。图 3-3 显示，制造业劳动生产率在城市间的波动变化较大，其中生产效率较高的城市主要分布在铜陵、马鞍山、泰州和盐城，从整体上看，制造业生产效率在长三角三省一市并没有形成明显的差异，这与该地区的制造业同质同构现象严重也相吻合。图 3-4 显示，服务业劳动生产率较高的城市主要分布在上海以及上海周边的江苏地区，如南京、无锡、常州和苏州等城市，浙江省内的城市次之，而安徽省内的大多数城市服务业生产效率仍处于较低水平，由此也可以看出现代服务业与传统服务业的效率差距。

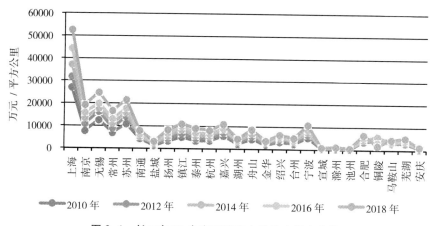

图 3-1　长三角 26 个主要城市土地生产效率变化

资料来源：作者根据历年《中国城市统计年鉴》计算结果绘制，图 3-2 至图 3-4 均同。

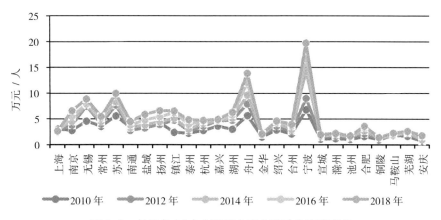

图 3-2　长三角 26 个主要城市农业劳动生产率变化

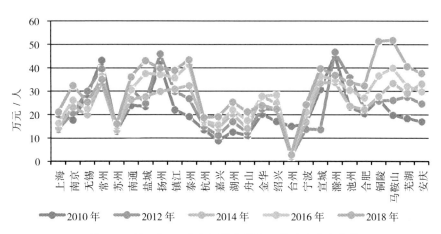

图 3-3　长三角 26 个主要城市制造业劳动生产率变化

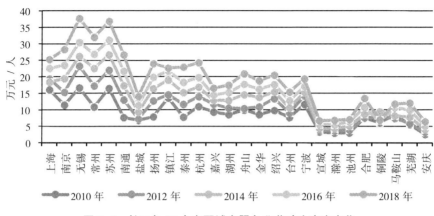

图 3-4　长三角 26 个主要城市服务业劳动生产率变化

3.2　长三角产业一体化发展的区域协同治理机制

3.2.1　长三角产业问题的协同治理现状

根据区域经济学理论，城市之间存在两种形式的分割：一是横向城市政府之间的竞争，表现在核心城市与其他城市缺乏分工，以及非核心城市间的无序竞争。在长三角地区，上海具有公认的核心城市地位，其他城市承认并主动接受上海经济辐射，上海与其他城市间形成了以垂直分工为主的产业分工体系。尽管如此，上海在制造业等方面还存在着与江浙方面的重构，江苏和上海的汽车行业之争便是一个明显的例证，而在上海周边邻近城市之间的竞争更为明显，比如在招商引资、产业结构、基础设施、环境协调等方面。二是纵向权力关系中的城市间竞争。由于政府间财权事权分割，县改市、市管县（市）等城市管理制度实施，具有行政隶属关系的城市政府之间也存在着对资源控制权的争夺，以及基础设施配套的不协调。"一横一纵"的城市间竞争，以及地方政府与中央等上级政府间的资源博弈形成了区域内的"十字型"竞争体系，割裂了都市圈内经济市场和城市间的分工网络，造成了城市间协调缺乏（王志锋，2005）。

城市间无序竞争和协调缺乏很难在区域内形成统一的大市场，地方保护和市场分割带来巨大的交易成本，难以实现区域内资源的有效配置。主要体现在以下几方面：

一是地方保护割断要素流动。目前，长三角城市之间的竞争在很大程度上是政府间的竞争。当政府作为地方经济发展的领导者和推动者时，行政权力对市场的干扰就不可避免。阻止本地资源流出和外地产品流入通常是地方政府的决策行为。这不仅直接损害了消费者利益，而且阻碍了资源空间配置效率的提升，从而造成各地经济效率的巨大损失。市场一体化通过消除区域内各种商品和要素流动的经济和非经济壁垒，促进区域统一大市场的形成，从而为区域内部资源配置的优化和效率提升、产业分工的细化和合理布局以及区域规模经济的有效发挥提供条件，并最终实现区域一体化发展。当前，在商品市场上，区域内对一些烟酒、汽车、家用电器等高税率商品设置市场壁垒和制定歧视性规定的做法还没有根除；在生产要素市场，区域内省（市）际间重要运输通道上不准外地车通行或对外地车设置收费关卡问题依然严重；多数产权交易市场都是"本地资产出手、本地资产接盘"，造成产权交易的人为地域割裂等。

二是产业同构和过度竞争导致资源浪费。由于缺乏区域合理规划与综合协调，地方政府在开发区、各类园区、机场等基础设施存在明显的重复建设，特别是对那些溢出性较强的区域公共品而言存在供给过剩的现象，从总体上缺乏统筹规划、各自为政，结果造成重复提供，这种做法不仅导致产业布局不合理，而且造成严重的资源浪费。开发区建设是我国改革开放的成功实践，对促进体制改革、改善投资环境、引导产业集聚、发展开放型经济发挥了不可替代的作用。近年来，长三角开发区类型不断拓展，数量逐渐增多，成为推动工业化、城镇化快速发展和对外开放的重要平台。与此同时，各类开发区数量过多、布局不合理、低水平重复建设、恶性竞争等问题较为突出，亟须出台政策加以统筹协调。根据2018年版《中国开发区审核公告目录》，截至2018年，长三角4省市已建成国家级经济技术开发区 146 个，其中上海有 20 个，浙江有 34 个，江苏有 71 个，安徽有 21 个；另外，长三角各地还拥有众多不同类型的省市级开发区，如上海有市级开发区 39 个，江苏、浙江和安徽各有省级开发区 103 个、82 个和 96 个。

三是重复布局催生无效配置。这里重复布局主要是指区域内公共物品提供上的重复博弈。区域大型公共物品建设不仅可以改善城市投资环境，而且其自身所具有的经济功能，也使其成为城市财政收入的重要来源。许多地方政府在提供区域公共品时，都不同程度地夸大需求，从而造成重复建设。长三角港口的过度提供就是一个典型案例。在长三角地区密布着 26 个以上的港口，包括上海港、宁波北仑港、大小洋山深水港等，而长江下游各沿江城市也几乎都在大力建设自己的港口，港口和码头的严重过剩，充分体现了建设中的结构性矛盾。再如，长三角地区仅上海就有 2 个国际机场，加上南京和杭州共 4 个国际机场；宁波、无锡和常州也各有自己的机场，这不仅造成了战略资源的浪费，也在客观上降低了长三角的区域整体实力和综合发展潜力，而各地政府盲目的投资冲动和扭曲的招商引资手段也是导致此类重复性建设的主要原因。

3.2.2　区域协同治理视角下的产业政策

有效推进产业发展需要配套产业政策，产业政策是政府对以市场机制为基础的产业结构、产业组织、产业技术和产业布局进行宏观管理调控，以实现经济社会发展目标的一系列政策。通过有效的产业政策可以纠正一部分市场失灵，促进经济资源配置效率的提高和产业结构优化升级，促进高新技术产业的发展。在当前中国经济发展新常态，有很多传统的产业由于历史、技术的原因而产能过剩，对此中国提出通过新旧动能转换实现产业结构优化升级，这就需要通过有效的产业政策推动市场解决一些关键技术问题，从而保证经济持续稳定增长。

当前长三角地区的产业分工同构度较高，并未形成细化的产业分工，其原因主要有两方面：一是由于长三角地区的经济发展基础、资源禀赋以及产业发展环境极为相似。二是地区间为争夺有限资源，在出台产业政策时也忽略了地区的差异性，比如开发区政策。比如，上海的经济发展程度较高，有丰富的人力资本和资金支持，现代化水平较高，在发展交通仓储邮电业、房地产业、租赁和商业服务业、居民服务和其他服务业以及科研、技术服务和地质勘查业等知识和技术密集型的现代服务业方面有明显优势，而淮南和淮北作为煤矿资源丰富的资源型城市，地产行业及租赁和商业服务业也占据非常重要的地位。产业同构客观上为产业集聚创造了有利条件，但产业集聚更应该注重产业链接和产城融合，而不是同一产业内企业的简单重复和集中，其终极目的是实现产业功能整合和提高资源利用效率。只有当企业之间进行充分的信息交流与合作，实现错位竞争、优势互补、链接发展，才能提升长三角地区的整体竞争力。目前长三角地区在利益驱动下进行了大量重复建设，造成资源大量浪费，也难以实现集群效应、增强品牌竞争力。

如何制定有效的产业政策是一个关键问题。关于产业政策的观点分歧较大，由于地方部门因为各自的定位而进行的博弈，而政策制定需要运用充分有效的决策信息和科学的方法程序予以论证预测，因此，产业政策的制定受到一系列主观因素和客观因素的共同影响，也因为如此，产业政策制定存在较大的困难也饱受争议。协同治理是解决主观问题和应对客观挑战的有效方式。治理是指政府组织企业和社会力量创造公共价值的战略、结构与运作方式；协同治理是指政府组织企业和社会力量创造公共价值的方式，体现了协同性（王有强，2016）。比如，长三角地区产业发展同构化严重，其原因在于各地区从本地区的发展入手，在产业功能布局方面"各自为政"，忽视了本地区产业在整个长三角区域发展中的结点作用，产业功能对接机制不完善，缺乏在统一空间范围下的统筹规划和区域之间的协作开展。

在一体化发展背景下，对区域优势产业进行优化整合是区域产业一体化的实施重点。根据各地区的自然资源禀赋、基础设施、产业基础和市场条件等方面的优势，选择具有适当规模和发展潜力的产业进行重点资源整合。然而，地方保护和市场分割下的资源非自由流动是区域经济不协调的一个重要表现，这严重制约了区域内产品、人才、企业自由流动，使资源无法顺畅流动，难以得到优化配置，严重制约了区域产业协调发展。因此，要协调区域关系、实现集体利益，就必须通过行政体制改革打破行政分割，建立统一开放的区域大市场，也能提供较充分的产业竞争环境。虽然长三角商品市场一体化推进速度较快，但由于商品销售市场准入机制尚未统一，依然存在诸多非贸易壁垒的保护。例如，发放许可证制度和政府采购中"优先购买本地产品"的规定等。另一个典型的例子就是，各城市在采购出租车时基本都优先选用当地企业的品牌，上海的出租车多是桑塔纳，江苏盐城的出租车多是东风悦达起亚，安徽芜湖的出租车多是奇瑞。区域协同治理是市场原则、共同利益上的公共机构与非机构的合作，通过构建区域统一市场，可以在一定程度上纠正政府对市场所进行的不当干预、发挥市场作为资源配置的决定性作用的过程，运用竞争政策纠正市场势力尤其是行政垄断势力，引导产业的资源整合、竞争合作与协调发展。政府则是推动区域间合作与协调的主要动力，比如制定统一的市场标准体系，当前区域竞争缺乏底线约束，缺乏统一的市场标准体系和能够促进要素自由流动的市场环境。

3.2.3 产业一体化发展的区域联动机制

区域产业一体化发展的总体思路是：选择在各自的区域经济中能够充当经济增长引擎的主导产业，建设各具特色，能够立足国内、面向国外的产业发展中心；依托具有区域竞争力产业的发展优势，倾力打造具有区域竞争力的国际产业中心；在改造和提升传统优势产业的基础上，重点布局及发展具有区域竞争力的产业和具有战略性的新兴产业，找准在各自经济区域中的定位，融入经济区域的发展（徐建中和荆立新，2014）。具体地，可以通过促进产业区域转移，发挥区域产业分工联动效应、产业集群联动效应、较充分的产业竞争以及地区优惠政策、资源溢出等产生的外部经济性等，促进长三角区域产业一体化发展。

第一，产业区域转移。产业转移是地区间产业分工形成的重要因素，也是转入区和转出区产业结构优化升级的重要途径。通过产业的水平转移，发达地区放弃失去比较竞争优势的产业，从事更加前沿、创新性的产业，而承接被转移出的产业的欠发达地区在该产业上正处于蓬勃发展阶段，将大力发展这些发达地区所欠缺的产业，于是形成了城市群内各地区之间的水平分工态势，各城市从事各自的特色产业并将产品或服务供应给缺少该产业的地区，不仅形成产业之间的互补，又实现了市场对接。同时，产业梯度转移促进了城市群内各地区的产品差异化，发达地区失去成本优势，逐渐把劳动、资本密集型产业转移出去，集中投资在技术密集型产业，或者由普通技术密集型产业转向高技术、知识密集型产业发展，生产产业中的高端产品，虽地区间仍生产相似的产品，但形成一定的产业层次分工，供应给不同层次的消费群，也避免了城市群内部的恶性竞争，是实现产业一体化的有效途径之一。

20 世纪 80 年代的上海经济区时期，长江三角洲地区微观经济层面进行的上海国有企业和江浙地区的乡镇企业之间的技术转移，有力地推动上海和江浙地区之间的产业区域转移，进而形成区域内部的产业水平分工。20 世纪 90 年代中后期，江浙民营企业积极向上海扩张，进一步强化了长三角区域内部的产业水平分工。产业协同意味着每一城市、地区根据自身要素禀赋结构来构筑相适应的产业结构，让市场机制在产业发展和转型中发挥主导作用，使追求利润最大化的企业进入具有比较优势的产业。随着经济的发展、技术创新水平提升，要素禀赋结构会同步升级，由此带动产业结构升级转型。上海的第三产业比重最高，目前上海的工业支柱为汽车制造业，汽车、高端装备制造、航天航空、海洋船舶、集成电路等先进制造业正在逐步推动上海第二产业的升级进程，江浙也正经历由结构链条中低端向中高端推进的改革进程。安徽以第二产业为主，随着皖江经济带产业转移政策的影响不断深入，高新技术产业将成为经济发展的新动力，支柱产业为装备制造。安徽目前依然是第二产业占比最大的产业结构，同时也是江浙沪第二产业外迁最大的受益省。

第二，产业分工联动效应。实现区域产业一体化的实质就是促使区域内各地区在合理分工的基础上，通过构建和延伸产业链获取产业联动效应，反过来各地区在产业链上分工联动发展能促进区域产业一体化的实现。产业联动是指以产业关联为基础，位于产业链同一环节或不同环节的企业之间进行的产业协作活动。产业联动使得处在产业链不同环节的企业，突破企业界限、产业界限、区域界限，能够实现企业关系、产业关系和区域关系的优化，获得"1+1>2"的协同效应。产业联动行为主要体现在产业分工与产业集群。产业分工强调的是各地区根据自己的优势发展区别于其他地区的优势产业，形成错位发展，避免重复建设、恶性竞争，因此，分工强调的是求异，但是在区域产业一体化的过程中，仅仅错位发展并不能实现一体化，更重要的是在错位的基础上，各地区的产业能够关联起来，相互配合相互支撑共同发展形成合力。而产业联动强调的恰恰是产业之间的互补、合作与相互作用的关系。因此，产业一体化的重要实现途径之一就是产业在地区间的分工联动，不仅根据各自的资源优势形成分工态势，更要在更大的范围内统筹考虑，从区域整体的目标出发，形成分工合理、优势互补、合作共赢的产业布局。

长三角地区已经由原来的垂直分工为主，转向了垂直分工和水平分工并行的分工格局，也就是说，在同一个产业领域下，不同的城市间存在环节上的分工协作，比如汽车制造行业。汽车制造业在上海有很高的集聚度，同时在周边地区乃至长江经济带中上游地区，也布局了较多汽车零部件生产基地，形成了垂直分工的产业链体系。从开发区数量看，2019年长江经济带沿线省市拥有汽车零部件开发区数量依次为安徽（15个）、湖北（13个）、江苏（8个）、浙江（6个）、湖南（5个）、上海和江西（各4个）、重庆和四川（各1个）。另一方面，江浙皖也布局了若干大型汽车集团，三个省份的汽车与上海的汽车平行发展，但在零部件和技术创新上又共享了上海的零部件配套和科技资源配套。从开发区面积看，2019年上海市汽车零部件开发区总面积排名全国第一，超过1万公顷。长江经济带汽车零部件开发区总面积在1000公顷以上省市还有安徽、浙江、湖北以及江苏。一体化追求的不是每个城市分别去发展独立的产业领域，形成多个产业散点，而应该兼顾垂直分工与水平分工，形成多张产业网络，这样才能实现资源的优化分配。

第三，产业集群联动效应。产业集群较强的持续竞争力在于其所拥有的竞争优势。这种竞争优势主要体现在两方面：一方面，通过集群内企业间的合作与竞争以及群体协同效应，将可以获得诸多经济方面的竞争优势，如生产成本优势、基于质量基础的产品差别化优势、区域营销优势和市场竞争优势；另一方面，通过中间机构和企业间的相互作用，将形成一个区域创新系统，提升整个集群的创新能力。而不同地区的产业集群也会发生相互作用，通过产业集群之间这种联动效应，形成最后的区域产业一体化。20 世纪 90 年代，在制造业向长三角地区集聚的初期阶段，长三角区域内产业同构化严重，恶性竞争激烈，即使政府致力于推进产业联动，产业联动发展的步伐始终缓慢；90 年代后期以后，随着产业集聚规模的不断增大，产业集聚效应开始显现，区域的产业联动政策和联动发展效应随之逐渐明显。

近年来长三角地区一体化已经历规划协调、要素合作和机制对接三个阶段，在商品市场、生产要素市场、产权交易市场等方面取得了一些成效。例如，在商品市场上，上海市出台《上海市鼓励企业设立服务全国面向世界的贸易型总部若干意见》，支持在汽车、钢铁、化工等领域建设一批辐射长三角及全国市场的功能性平台；苏浙皖沪四省市签订《长三角地区农产品流通战略合作协议》，还多次举办长三角农商、农超对接会，促进区域优质农产品的产销合作和高效流通。在要素市场上，以《长三角地区信用服务机构备案互认协议书》为重点，搭建地区信用体系建设和合作平台；同时，签订《泛长三角城市金融办共同维护区域金融安全稳定合作备忘录》和《泛长三角区域金融稳定与合作发展框架协议》，建立金融安全稳定信息共享机制，共同治理资本市场。2018 年，上海、苏州、嘉兴等九个长三角城市在全国范围内率先试点企业营业执照异地办理，这意味着在长三角科创走廊的九个城市都可以异地办理企业证件，降低了制度性交易成本。在产权交易市场上，长三角地区以并购融资为突破点，积极推动开设"长三角区域产权市场并购融资信息平台"，发布企业并购、增资和融资信息，提高并购效率。

第四，较充分的产业竞争。产业分工协作是达到产业一体化的途径之一，但较充分的产业竞争是区域产业分工合理化的根本途径。较充分的产业竞争包括区域之间和区域内部的产业间竞争，充分的市场竞争和资源流动必然导致区域产业分工按比较优势深化，由此形成的区域产业分工布局才更加合理，为产业一体化打下坚实的基础。对区域产业分工的计划调节只能在较充分的产业市场竞争基础上进行。在进行产业规划时一定要考虑到产业充分竞争的积极作用，通过计划安排来调整区域产业分工协作，强调避免区域产业的恶性竞争，由此忽视了利用市场自身的竞争手段来起到调节产业布局、合理化产业分工。这与缺乏产业间竞争机制、企业产权难以转移、要素存量难以重组、地区行政分割等方面有密切关系。为了打破地区封锁和行业垄断，建设长三角区域一体化大市场，形成具有国际竞争力的长三角世界级城市群，2014 年 12 月，江苏、浙江、安徽和上海共同签署了《推进长三角区域市场一体化发展合作协议》，从规则体系共建、创新模式共推、市场监管共治、流通设施互联、市场信息互通和信用体系互认六个方面加强区域合作。

为了进一步发挥长三角在区域市场一体化中的引领作用，2017 年 12 月，上海、江苏、浙江、安徽和江西共同签署了《2017 年深化长三角区域市场一体化发展合作机制备忘录》，按照"创新、协调、绿色、开放、共享"的发展理念和建设"中国商贸流通业改革、创新发展先导区、示范区"的共同目标，确定开展商业创新联合研究、推动商业设施投资合作、共促供应链区域平台建设、加快现代物流体系共建、联合培育区域重点展会、推动农产品市场一体化、加强市场应急保供协作、实施长三角互联网打假和推进区域信用体系建设等九个方面的合作内容。在一系列加强政府区域合作的政策推动下，有助于长三角区域打破行政区划界限的制约，打破地方保护和市场分割，实现资源的跨区域高效流动，推动产业的分工协作，提升区域经济发展的整体运行效率，从而为各产业协调发展提供良好的外部市场环境，建设开放、有序、公平、高效的统一市场体系，有效促进长三角区域市场一体化发展。

第五，外部经济性。地区优惠政策、资源溢出等产生的外部经济性，也是产业一体化的实现路径之一。比如，浦东开发开放时期上海享受的各项优惠政策不仅促进了上海本地经济发展，而且也对周边的江浙地区带来外部经济效应，其中一种是"搭便车"，最典型的如苏南的昆山地区，在浦东开发开放之际，利用邻近上海的区位优势，"搭便车"设置了"自费开发区"，吸引了大量原本是奔上海而去的外部资源。外部经济性的另一种表现是有形资源和无形资源的溢出。有形资源如中央给上海以优惠的引资政策，在促进进入上海的外资大量增加的同时，也增加了周边的江苏和浙江的外资流入。一些原来准备流向上海的人才"溢出"到了江苏和浙江，如 20 世纪 80 年代中西部地区一些希望返回上海工作的上海籍知识分子知识青年由于各种原因没有能够进入上海，转而进入江苏和浙江。还有，上海自身的经济发展水平，如高度发达的第三产业、各类专业人员完备程度、基础设施的完善程度等都会对周边地区产生外部经济性，从而形成区域经济一体化的正面效应。无形资源包括政策、制度、品牌、专有知识等，如20世纪80年代苏南地区乡镇企业的迅速发展对浙江北部和东北部地区产生示范效应，90年代中后期浙江民营经济的迅猛发展对江苏和上海的示范效应等，这些都是资源溢出产生外部经济性的例子（陈建军，2008）。现阶段，作为全球国际大都市，上海凭借多年形成的资源优势在长三角地区占据着核心位置，以上海为中心，辐射带动江苏、浙江以及安徽周边区域是一体化进程的关键。上海需要与长三角城市统筹共谋区域产业布局，实现错位发展。

3.2.4　产业发展的区域统筹规划与对接机制

长三角产业一体化发展的前提是统筹规划。当前，长三角产业发展缺乏统一的空间范围内的统筹规划，各地在较多领域的合作依然没有形成有效的合作机制，比如，缺乏地区间的规划协调机制，各省市在制定经济社会发展规划时，并没有形成有效的对接机制，各地规划制定没有考虑其在整个长三角区域的功能布局。产业规划尤其是各个城市的五年规划清晰地规定了本市产业发展的方向和目标，产业规划范围覆盖三次产业，从各个城市"十二五"和"十三五"规划中的主导产业、支柱产业、优先发展产业、重点发展产业和培育发展产业，可以清晰地掌握长三角产业发展的城市分布情况。这里，以上海和宁波为例探讨城市的产业规划布置。

上海在"十二五"规划中以大力发展服务业、培育发展战略性新兴产业、优化提升先进制造业、加快推进农业现代化为产业发展的重点方向。大力发展金融、航运物流、现代商贸、信息服务、文化创意、旅游会展等重点服务业。重点发展新一代信息技术、高端装备制造、生物、新能源、新材料等主导产业；积极培育节能环保、新能源汽车等先导产业；提高汽车、船舶产业核心竞争力；促进电子信息制造业转型升级；优化钢铁、石化产业，提升都市工业能级。加快转变农业发展方式，增强农业综合生产能力，完善农业服务和市场流通体系。而在"十三五"规划中，上海产业发展重点体现在提升现代服务业能级水平、促进文体旅等有机融合、落实"中国制造 2025"战略、改造提升传统优势制造业、实施"互联网+"行动等方面。增强金融业的影响力和辐射能力；促进基础软件、行业应用软件等信息服务业快速发展；着力提升法律、会计、审计、咨询等专业服务业水平，积极发展研发设计、检验检测认证等服务业。加快发展高品质的文化、健康、教育培训和养老等服务业，加快形成医疗服务、健康管理多元发展格局；构建多层次、多元化的教育培训体系。发展基于工业互联网的新型制造模式，向高端制造、智能制造迈进，成为世界级新兴产业创新发展策源地；实施战略性新兴产业重大项目，突破一批国家亟须、具有国际影响力的关键核心技术，在半导体装备材料、工业机器人、深远海洋装备等领域填补国内空白；发展壮大新一代信息技术、生物、高端装备等产业；全面提升上海极限制造、精密制造、成套制造能力。此外，做强汽车、船舶等传统优势产业集群；都市工业加快向文化创意产业转型升级；实现农业现代化；迈入全球金融中心前列；提升国际贸易中心服务辐射能级；提高国际航运中心综合服务能力等。

宁波在"十二五"规划中指出要积极发展现代农业，大力推进工业转型升级，择优发展临港工业，改造提升传统产业，全力打造纺织服装、家用电器、电子电器、精密仪器、汽车零配件等十大产业集群。加快发展现代服务业，加快发展国际贸易、现代物流、金融保险等为重点的生产性服务业；加快发展旅游休闲、社区服务、老年服务等就业容量大、市场前景广的生活性服务业；培育壮大文化创意、研发设计、现代会展等新兴服务业，大力发展总部经济、服务外包、电子商务等新兴业态；大力发展新装备、新能源、新材料、新一代电子信息四大主导型战略性新兴产业，积极培育海洋高技术、节能环保、生命健康和创意设计四大先导型战略性新兴产业。而在"十三五"规划中，宁波的产业发展要增强制造业核心竞争力，突破发展战略性新兴产业，聚焦发展新材料、高端装备、新一代信息技术三大产业，打造先导性和支柱性产业。积极推动生物医药、海洋高技术、节能环保、新能源等新兴领域创新和产业化，加快培育未来产业竞争优势；推动优势制造提升发展，打造华东地区重要能源产业基地。加快智能制造为主体的技术改造，提升汽车产业制造水平和整体竞争力。将优势制造主动嫁接互联网和工业设计，实现产业时尚化发展；促进服务业优质高效发展，大力推动贸易物流、现代金融、电子商务、创意设计等优势生产性服务业发展，积极培育科技服务、商务中介、服务外包、能源贸易等新兴服务业；提出十大千亿产业培育工程，包括绿色石化产业、新材料产业、高端装备制造业、节能环保产业、信息经济、时尚产业、贸易物流业、金融业、健康产业和旅游业；大力发展绿色都市农业等。

从总体上看，在上海的两次五年规划中，实现农业现代化、发展先进制造业和现代服务业是产业发展的目标和方向。然而，在长三角41个城市中，包括宁波在内的有约30个城市提出发展现代农业或绿色都市农业，例如杭州在两次规划中分别提出"发展高效生态农业"和"推进农业现代化"；有半数以上的城市将医药制造业、汽车制造业、高端装备制造业、新材料、新能源、节能环保产业列为主导产业或优先发展产业。以汽车制造业为例，上海将汽车产业作为其优势产业，宁波提出要提升汽车制造水平和竞争力，金华则提出打造"浙中汽车产业基地""国家级汽车产业基地"以及"重点扶持培育新能源汽车及零部件"。另外，包括上海和宁波在内的几乎每个城市都提到优先发展或大力发展现代服务业。例如，约有35个城市规划中提出优先发展、重点发展、培育发展或积极发展金融业，提出要发展现代物流业的城市更是多达39个（张学良和李丽霞，2018）。由此可见，长三角区域产业规划缺乏有效的对接机制，各个城市的产业规划还是各自为政，大多立足于本市经济发展需要，忽视自身在整个区域的功能布局，没有从更高的层次、更大的空间规划本市的产业发展方向。产业规划大而全，每个城市重点发展产业、优先发展产业和培育发展产业存在较为严重的趋同现象，缺乏统一的空间范围内的统筹规划。这也能反映出长三角区域地方政府间的合作始终未能取得突破性进展，特别是在触及地方政府根本利益的问题上难以突破，能够有效降低行政壁垒的政府间合作机制尚未形成，政府间竞争依然存在。

3.3 协同治理视角下长三角产业一体化发展政策建议

3.3.1 加强产业发展统筹规划，优化长三角产业空间布局

在高质量一体化发展的当下，长三角三省一市应共同制定区域发展规划以及各项具体措施，包括制定生产要素自由流动的区域市场一体化规划、区域产业一体化规划和区域各类共同投资建设规划等，促进形成统一协调的空间发展格局。明确各城市在高质量一体化发展中的定位，形成各城市分工合作错位发展的格局，最大限度地发挥优势互补。例如，充分发挥上海的金融与对外开放优势、江苏的科技研发和高端制造优势、浙江的电子商务以及小商品流转优势、安徽的生态资源和农业优势，破解长三角以往的产业同质同构问题，促进区域产业价值链的形成。在市场经济条件下，政府应该充分利用产业发展规划、信息以及财税、投资和产业政策等优势，引导产业结构调整和技术升级，但要注意选择正确的政府行为方式。特别是要遵循比较优势原则，出台相应的产业引导规划和政策，营造公平竞争的投资和创业环境，包括降低产业准入门槛、制定相应配套政策、提供金融、信息等优质服务等。

长三角三省一市是平行合作关系，应注重协同和衔接，整合资源，不断促进功能布局互动，形成分工合理、优势互补、各具特色的空间格局。上海与江浙皖之间的关系不再是简单的"中心—外围"关系，也不是单纯的接轨和融入上海或者上海辐射周边。上海应加快构建以服务业为主的现代产业体系，集中资源投资现代服务业和战略性新兴产业，不断强化服务、管理、集散、创新等城市职能，并借助上海总部经济发达的优势，鼓励企业将生产环节转移到江浙皖，形成合理的空间布局和产业链配套，从而将长三角地区打造成为交易成本和制造成本综合较低的区域。此外，未

来长三角一体化发展路径还可以借鉴国际成功经验，比如参照东京大都市圈的做法，通过贯穿各城市的轨道交通网络实现要素流通的自由化、构建具备较强自我支撑能力的多级城市圈层，形成多个制造中心、研发中心与投资中心的产业布局方式等（陈学海，2019）。

3.3.2　构建区域产业联动机制，促进更高质量一体化发展

在长三角一体化背景下，安徽可以结合自身的资源和劳动力优势，通过积极承接发达地区产业转移，这将给安徽的资源密集型和劳动密集型产业发展带来重要机遇。而发达地区可以通过整合科技资源和人力资本，利用转移出的产业腾出的发展空间和雄厚的资本，努力发展资本和技术密集型产业，尤其是战略性新兴产业和现代服务业。上海可以利用自由贸易区建设和自身作为"五大中心"的独特优势，重点打造"上海服务""上海制造""上海购物""上海文化""四大品牌"建设，充分发挥"四大品牌"效应在长三角高质量一体化发展中的引领作用，在促进自身经济发展的同时辐射带动长三角地区提升服务经济发展品质、推动制造业转型升级，支撑区域制造业和现代服务业优化升级。

近年各城市也不断增强自主创新能力，推动协同创新，如成立长三角智能制造协同发展联盟等。通过构建G60科创走廊、科创协同发展联盟等地区之间的产业联动机制，大力推进区域先进制造业的协同发展，促进长三角区域经济更高质量一体化发展。2018年11月九城市共同发布的《G60科创走廊九城市协同扩大开放促进开放型经济一体化发展的30条措施》中明确，G60科创走廊建设将围绕人工智能、集成电路、高端装备、生物医药、新能源、新材料、新能源汽车七大先进制造业产业，纵深推进现代产业体系高质量一体化建设。30条措施的落地将推动G60科创走廊对外开放水平达到一个前所未有的新高度，将有力推动G60科创走廊建设世界级先进制造业产业集群，不断完善上下游产业配套和各类市场体系，将区域间的协同创新、一体化水平推向新的高度，将突破各类行政壁垒，通过高铁、高速公路等物理形态一体化架构与各类软的制度建设，实现区域内九城市的同城效应（范剑勇，2018）。另外，目前长三角41个城市拥有146个国家级开发区和320个省级开发区，平均每个城市拥有3.6个国家级开

发区、7.8 个省级开发区。因此，如果以推动长三角地区开发区的协同发展为主要抓手，也可以在一定程度上带动长三角区域产业一体化发展。

3.3.3 充分发挥地区产业优势，提升国际大都市的产业能级

作为全球国际大都市，应充分发挥上海在长三角区域产业一体化发展中的示范带头作用。上海正在加快推进国际经济、金融、贸易、航运和科技创新"五个中心"建设，2020 年上海将基本建成与我国经济实力以及人民币国际地位相适应的国际金融中心，集聚各类重要金融机构，加快建设全球资管中心，大力发展金融科技，基本形成具有国际竞争力的金融机构体系，上海作为金融信息制高点可以带动三省其他产业的发展。具有全球航运资源配置能力的国际航运中心也将在 2020 年基本建成，江浙位于上海两翼具有沿海及港口优势，可以与上海共同构成国际航运中心网络，辐射服务内地的国际贸易。另外，2020 年上海还要促进创新链与产业链深度融合，全面实施集成电路、人工智能、生物医药"上海方案"，集聚高水平研发机构，加快形成一批聚焦关键核心技术、具有国际先进水平的功能型研发转化平台。江浙皖作为长三角腹地，可以依托大学研究机构，在现代农业、传统制造业、先进制造业、信息产业、人工智能等已成规模区域提质提效，或在初具雏形的区域导入相关支撑产业支持发展，以提高发展效率。

对上海产业发展而言，一是发展平台经济，打造超级枢纽，意味着上海将成为全球资源要素配置的场所，各种资源要素全球性流动，必然打破国家的界限，上海通过与国外城市的相互连接而进入全球网络，成为节点城市，从而具有了全球性城市的轮廓。二是上海不仅要向高端制造拓展，发展极端制造（如大飞机、芯片）代表着上海制造业的升级方向。极端制造是指极大型（如飞机模锻框架制造、万吨水压机加工模锻框架制造）、极小型（如芯片制造）以及极精密型（如发动机旋流槽、心脏搭桥及血管扩张器）等极端条件下的制造，主要用于制造极端尺寸或极高功能的器件。此类制造需要科技支撑，正与上海国际科创中心的资源禀赋相吻合。上海早已到了后工业时代，正处于经济形态更替中的服务经济向体验经济切换的阶段。三是现代服务业、平台经济、国际接口、体验经济、极端制

造业代表着契合上海比较优势的发展方向，将成为上海经济的新亮点，有助于逆转自身经济滑坡的同时，也能够与长三角地区其他城市错位协同、融合发展，从而破解长三角一体化中的同构竞争困局。

3.3.4 整合区域文化旅游资源，开拓文化旅游产业统一市场

旅游具有承载城市文化传播的主要功能，其在促进长三角产业一体化发展中发挥重要作用。2019 年《长江三角洲区域一体化发展规划纲要》提出，要共筑文化发展高地。加强文化政策互惠互享，推动文化资源优化配置，全面提升区域文化创造力、竞争力和影响力。要共建世界知名旅游目的地，深化旅游合作，统筹利用旅游资源，推动旅游市场和服务一体化发展。基于此，一是应以全域旅游化为导向整合资源，更好地发挥旅游业在生态环境保护中的"导向型"作用，在注重自然旅游资源保护的同时，加强受损山水林田湖草等修复以及景区景点环境综合整治，构建生态网络系统，推动区域环境大保护。二是通过推进"旅游+"，强化与农业、工业、商业、体育、科技、文化、教育和卫生等相关产业的融合发展，培育旅游新业态、新产品，构建特色突出、错位发展、分工协作、互补互促、布局优化的产业发展新格局。利用全域旅游融合区域水利、农业、林业、交通、环保、国土、规划、文化等行业资源优势，促进多部门统筹协调、区域联动，建立责任共担、利益共享的协调机制，并加强重点区域，尤其是省（市）际边界地带的联防联控。三是通过加强旅游领域深层次合作，形成"共建、共享、共赢"局面。长三角地区要把吸引远程游客作为未来拓展客源市场的重点，进一步完善大区旅游接待体系，在维持和巩固本地、省际客源市场的同时，放眼全世界，以打造国际级别的"长三角旅游目的地区域"为目标发展区域旅游业。

3.3.5 提升各地产业政策协调性，完善区域合作协调发展机制

区域政府之间的协调合作程度是影响区域经济一体化发展的重要因素。党的十九大报告明确提出实施区域协调发展战略，并且进一步指出

"建立更加有效的区域协调发展新机制"。基于此，一是加强各地政策的协同。要加强区域的"产城联动"，共同培育大市场，合力打造世界级城市群和产业集群。一体化宗旨在于分工协作、提高效率。三省一市要改变各自以横向产业做切分的政策制定模式，从纵向的价值链分布考虑细化政策。上海可以借鉴江浙地区对民营企业的长期优惠政策，加强民营企业发展的政策落地。二是深入推进"互联网+监管"。应全面推行"双随机、一公开"监管制度，提供技术支撑，实现综合监管和"智慧"监管。以信用信息共享为抓手，率先在区域内实现"守信者一路畅通，失信者寸步难行"的市场环境。三是促进要素的有效流动。加强经济社会运行大数据分析，联合制作、发布推送区域内重点产业、行业、企业发展所需的各类政务商务信息，编印《长三角区域产业政策一本通》等。联合中国铁路总公司办理类似高速公路 ETC 的乘车卡，为经常往返长三角地区的商务人士提供多重优惠。

此外，要推进区域经济一体化协调发展，必须加强区域内政府之间的协调与合作，以实现区域经济整体的经济效益提升和区域经济的协调发展。一是组建跨行政区的区域经济协调发展管理机构。例如，长三角区域合作办公室正式成立，极大促进了长三角区域协同发展。区域内各级政府要在开放联动、平等协商的基础上，树立区域公共问题和公共事务共同治理的价值理念；建立完善的包括具体激励与约束保障的规则体系及其良好运行的制度环境；建立制度化、常规化的多主体、多层次的管理与协调机构。二是设立长三角一体化发展基金，建立区域利益协调和平衡机制，以协调一体化过程中由于利益分配不均所产生的各种矛盾，实现区域经济一体化的利益协调与平衡。例如，2018 年底长三角协同优势产业基金正式成立，发起方包括央企、金融机构和来自长三角三省一市的多家民营企业和国有企业，聚焦推动长三角产业链深度融合，促进长三角加快形成面向未来的优势产业集群。

参考文献

［1］李清娟：《长三角都市圈产业一体化研究》，经济科学出版社 2007 年版。

［2］陈建军、陈怀锦、黄洁：《以协同治理引领推动大都市群协调发展》，《国家治理》2019 年第 1 期。

［3］陈建军、陈菁菁、陈怀锦：《我国大都市群产业—城市协同治理研究》，《浙江大学学报（人文社会科学版）》2018 年第 5 期。

［4］陈建军：《长三角区域经济一体化的历史进程与动力结构》，《学术月刊》2008 年第 8 期。

［5］高长春：《长三角区域创新网络协同治理思路和对策》，《科学发展》2018 年第 9 期。

［6］顾海兵、张敏：《基于内力和外力的区域经济一体化指数分析：以长三角城市群为例》，《中国人民大学学报》2017 年第 3 期。

［7］郭茜琪：《制度视角：从产业同构走向产业分工——长三角区域产业资源整合问题研究》，中国财政经济出版社 2008 年版。

［8］黄赜琳：《实现长三角产业高质量一体化发展》，《中国社会科学报》2020 年 6 月 17 日。

［9］刘志彪、吴福象等：《中国长三角区域发展报告 2015—2016》，中国人民大学出版社 2016 年版。

［10］唐亚林、于迎：《主动对接式区域合作：长三角区域治理新模式的复合动力与机制创新》，《理论探讨》2018 年第 1 期。

［11］唐亚林：《产业升级、城市群发展与区域经济社会一体化——区域治理新图景建构》，《同济大学学报（社会科学版)》2015 年第 12 期。

［12］唐亚林：《从同质化竞争到多样化互补与共荣：泛长三角时代区域治理的理论与实践》，《学术界》2014 年第 5 期。

［13］王有强：《从协同治理视角看产业政策》，《公共管理评论》2016 年第 2 期。

［14］王志锋：《创新区域治理机制　推动都市圈一体化进程》，《学习

与实践》2005 年第 3 期。

　　[15] 徐建中、荆立新:《区域产业一体化发展的支撑保障体系构建》,《理论探讨》2014 年第 4 期。

　　[16] 张学良、李丽霞:《长三角区域产业一体化发展的困境摆脱》,《改革》2018 年第 12 期。

　　[17] 张兆安:《大都市圈与区域经济一体化——兼论长三角洲区域经济一体化》,上海财经大学出版社 2006 年版。

4

长三角市场问题的协同治理与一体化

4.1 长三角市场一体化发展的阶段与特征

4.1.1 长三角市场一体化发展的阶段

改革开放以来，长三角地区经历了快速市场一体化过程，但由于区域外延不断扩展，内部发展的不平衡问题比较突出，长三角市场一体化在波动中不断推进。进入新时代，作为中国最具经济发展潜力的长江三角洲地区面临着更高质量一体化发展的新定位，率先服务和引领全国经济创新发展、协调发展、开放发展、绿色发展和共享发展，加快推进长江三角洲区域市场一体化发展既是大势所趋，也是内在要求。

通过对长三角市场一体化进程的关键事件进行脉络梳理，可以将长三角市场一体化的发展历程划分为四个阶段，如表4-1所示。

表4-1　长三角市场一体化进程

	时间	长三角市场一体化进程
初步探索阶段	1982 年	上海经济区成立，是长三角最早的雏形
	1983 年	第一次上海经济区规划工作会议召开，建立了上海经济区10市市长联席会议制度
	1984 年	安徽省加入上海经济区
	1986 年	江西和福建加入上海经济区，并通过《上海经济区章程》
	1988 年	国家计划经济委员会撤销上海经济区规划办公室

续表

时间		长三角市场一体化进程
自发合作阶段	1992 年	上海、南京、常州、南通、湖州、镇江、嘉兴、无锡、宁波、扬州、杭州、舟山、绍兴和苏州成立长三角 14 城市经协委（办）主任联席会
	1993 年	上海提出包括江苏、浙江和上海的长三角大都市圈构想
	1997 年	成立长江三角洲城市经济协调会
	2003 年	江浙沪在经济合作发展与经济技术交流方面达成一揽子协议
	2004 年	长江三角洲城市经济协调会由每两年开一次改为一年一次；首次建立议事制度，从务虚向务实议事转型
快速发展阶段	2005 年	长三角地区主要领导的定期会晤机制—座谈会成立；《苏浙沪三省市工商产业联动发展备忘录》签署，标志着长三角地区工商产业联动发展合作机制已经建立；江浙沪三地签订长三角地区消费者组织合作协议，异地消费纠纷 30 天处理
	2006 年	江、浙、沪三省市共同在网上组建人才市场；长三角区域大型科学仪器协作共享服务平台建设正式启动
	2007 年	江浙沪三地签署《长三角区域大通关建设协作备忘录》
	2008 年	国务院通过《关于进一步推进长江三角洲地区改革开放和经济社会发展的指导意见》；沪苏浙三地工商部门签署涉及交易执法、商标监管和合同监管方面的三项合作协议
	2009 年	长三角地区合作与发展联席会议第一次会议召开；沪苏皖高速公路电子不停车收费系统正式联网，并签署了《长三角高速公路电子不停车收费系统清算协议》；江浙沪皖市场监管部门负责人签署共建统一开放的大市场的合作交流备忘
	2010 年	国务院批复《长江三角洲地区区域规划》，明确提出要加快长江三角洲市场体系建设
	2011 年	江苏、浙江、安徽、上海三省一市在上海签署旅游一体化合作协议
	2012 年	长三角高速公路 ETC 互联互通在沪、苏、浙、皖等五省一市实现

	时间	长三角市场一体化进程
战略发展新阶段	2014 年	习近平总书记讲话强调要继续完善长三角地区合作协调机制；江苏、浙江、安徽和上海市商务部门负责人在上海共同签署了《推进长三角区域市场一体化发展合作协议》，协力推进"三共三互"工程
	2016 年	国务院批复《长江三角洲城市群发展规划 2016—2020》，明确提出以建设统一大市场为重点，推动市场体系统一开放
	2018 年	3 月，长三角区域合作办公室正式成立；4 月，习近平总书记对长三角实现更高质量一体化发展做出重要批示；6 月，《长三角地区一体化发展三年行动计划（2018—2020 年）》出台；11 月，习近平总书记发表重要讲话"支持长江三角洲区域一体化发展并上升为国家战略"
	2019 年	上海、江苏、浙江、安徽三省一市于上海签署了关于长三角区域市场体系一体化建设的合作备忘录，逐步实现"三联三互三统一"工程；长三角区域政务服务"一网通办"在长三角 18 个城市开通运行；12 月 1 日，中共中央、国务院印发《长江三角洲区域一体化发展规划纲要》

资料来源：作者整理。

1982—1991 年是长三角市场一体化初步探索阶段，由于计划经济体制背景下的地区市场分割难以打破，国家计划经济委员会于 1988 年 6 月撤销上海经济区规划办公室，长三角市场一体化的探索就此中断，但为以后长三角区域市场机制合作提供了宝贵经验。

1992 年，党的十四大提出以上海为国际经济、金融、贸易中心，推动长三角和整个长江流域地区的发展，由此长三角市场一体化进程重新启动，进入了自发发展的新阶段。1992 年成立了长三角 14 城市经协委（办）主任联席会，经过几年的发展，1997 年在此基础上成立的长江三角洲城市经济协调会成为长三角地区最重要的区域性经济合作组织，2004 年长三角经济协调会由两年一次改为一年一次，会议议题由旅游、商贸、科技、国企改革逐渐深入到机制建设的讨论上来，为政府间的协商和合作提供了更大的空间。1992—2004 年这一时期的长三角市场一体化具有明显的自发合作特征，发展速度不快，但是为长三角市场一体化的快速发展奠定了基础。

2005—2013 年是长三角市场一体化以制度建设为主要内容的快速发展

的阶段，推动了长三角商贸、人才、旅游、技术、知识产权以及监管等多个方面的市场一体化进程。在制度层面的建设上，形成了以长三角地区主要领导座谈会、长三角地区合作与发展联席会议和长三角城市经济协调会为决策层、协调层和执行层的"三级运作"机制，从政府合作、经贸洽谈、区域资源共享和公共治理等多个方面推动并保障了长三角区域市场一体化快速稳定的发展。在国家区域规划层面上，2010年国务院批复《长江三角洲地区区域规划》，在"体制改革与制度创新"中明确推动长三角市场一体化的建设，建立统一开放的人力资源、资本、技术等各类要素市场，实现生产要素跨区域合理流动和资源优化配置。提出建立有利于人才交流的户籍、住房、教育、人事管理和社会保险关系转移制度；提出支持产权交易市场合作、银行等金融机构跨地区经营的资本市场一体化建设；提出建立区域统一的技术市场，实施统一的技术标准，实行高技术企业与成果资质互认制度，除此之外还提出开展异地购票、异地托运、异地交费及异地"一卡通"业务。

2014年长三角区域市场一体化发展合作机制启动的标志着长三角市场一体化进入了战略发展的新时期。2014年12月11日，江苏、浙江、安徽和上海市商务部门负责人在上海共同签署了《推进长三角区域市场一体化发展合作协议》，从规则体系共建、创新模式共推、市场监管共治、流通设施互联、市场信息互通和信用体系互认六个方面加强区域合作，着力打破地区封锁和行业垄断，建设长三角区域一体化大市场。2016年《长江三角洲城市群发展规划2016—2020》以建设统一大市场为核心，着重推动要素市场一体化的建设，结合长三角的发展现实将产权交易市场、金融市场、建设用地交易市场以及人力资源在内的资源市场一体化作为长三角要素市场一体化的发展方向，更具针对性和前瞻性。2018年以来，习近平总书记对长三角高质量一体化的重要批示和重要讲话推动了长三角地区以消除区域分割、拆除要素资源的流动壁垒为目标，以完善产权制度和要素市场化配置为重点，在建立市场一体化发展机制上更广泛和更深入的合作。2019年上海、江苏、浙江、安徽三省一市于上海签署了关于长三角区域市场体系一体化建设的合作备忘录，体现了高水平建设统一大市场和高质量推进一体化的特点，在三省一市已有的基础上实现了更大范围的联动，覆盖从内贸到外贸、从商品流通到生活服务等各个领域的合作，真正在整个市场的全生命周期进行推动，迈入全新的阶段。

4.1.2 长三角市场一体化发展的特征

在系统归纳长三角市场一体化发展主线的基础上，对2005—2018年长三角市场一体化发展进程进行量化测度，并分析一体化发展的特征，构建包含商品市场、劳动力市场、资本投资市场、金融市场、知识产权交易市场和土地市场的一体化测度指标，对长三角市场一体化变动趋势及特征进行客观评价。

表4-2　市场一体化发展水平测度指标

大类	小类	具体测度指标
商品市场一体化	消费品市场一体化	消费品相对价格方差
要素市场一体化	劳动力市场一体化	职工平均实际工资相对价格方差
	资本投资市场一体化	固定资产投资品相对价格方差
	金融市场一体化	边界效应估计值
	产权交易市场一体化	专利转移数量
	土地市场一体化	（综合）土地相对价格方差

资料来源：作者整理。

4.1.2.1 商品市场一体化稳步推进

采用相对价格法计算的市场分割指数作为消费品市场一体化衡量指标，市场分割指数越小，表示消费品市场一体化水平越高。从图4-1中可以发现长三角商品市场一体化在经过快速发展后，进入平稳推进的阶段。2005年"长三角地区主要领导座谈会"的召开标志着长三角区域一体化发展进入制度建设的快速发展阶段。在地区层面上，2005年《苏浙沪三省市工商产业联动发展备忘录》签署，建立长三角地区工商产业联动发展合作机制；2007年江浙沪三地签署《长三角区域大通关建设协作备忘录》，共商共建长三角统一开放的大市场。在中央层面，2008年国务院发布《关于进一步推进长江三角洲地区改革开放和经济社会发展的指导意见》的主要原则中明确提出要"坚持一体化发展，统筹区域内基础设施建设，形成统一开放的市场体系，促进生产要素合理流动和优化配置"，从国家层面给予了长三角商品市场一体化的支持和重要助力。在中央和地方的共同推动下长三角商品市场一体化建设成效显著，并且随着 2010 年《长江三角洲地区区域规划》和 2016 年《长江三角洲城市群发展规划 2016—2020》的相继出台，以及面向未来的长三角高质量一体化发展目标的确立，长三角商品市场一体化稳步推进。

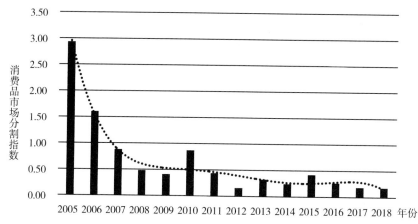

图 4-1　2005—2018 年长三角地区消费品市场分割指数及其变化趋势
资料来源：作者根据中经网数据库计算绘制。

采用《中国地区投入产出表》① 数据，对 2007 年和 2012 年长三角三省一市的区际贸易情况的变动进行考察，发现长三角三省一市的国内贸易均具有一定幅度的增长。总体上来看，长三角的国内贸易总额从 2007 年的146557 亿元上升到 223911 亿元，其中江苏省的国内贸易量居长三角首位，达到 74735 亿元，相比 2007 年上涨 54.77%；涨幅最大的是安徽省，国内贸易额从 2007 年的 17654 亿元扩大到 49476 亿元，超越了浙江省的国内贸易额，仅次于江苏和上海，排名第三；涨幅最小的是浙江省，与 2007 年相比上涨 10.87%。从图 4-2 中可以发现，长三角市场一体化对安徽省的发

---

① 《中国地区投入产出表》数据每五年公布一次，最新的数据截止到 2012 年。

展提供了重要机遇和市场，安徽省的国内贸易额上涨幅度最为明显，而以外贸经济为主的浙江省，国内贸易额的变动不太明显。

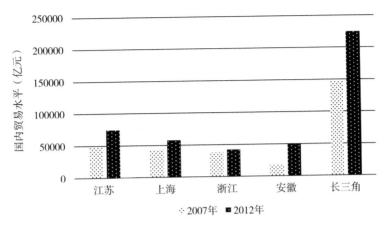

图 4-2 2007 年和 2012 年长三角三省一市国内贸易水平

资料来源：作者根据《中国地区投入产出表》数据计算绘制。

4.1.2.2 劳动力市场一体化趋势显著，仍具有较大发展空间

采用职工实际工资水平的相对方差测度长三角劳动力市场的分割指数及其变动趋势，市场分割指数越小，表示劳动力市场一体化水平越高。图4-3 所示，长三角劳动力市场分割指数在经过前期的快速下降后，呈现出小幅波动的变动趋势，并且结合图 4-1 可以发现，长三角地区消费品和劳动力市场一体化变动趋势具有较高的一致性，在关键时间点上的变动吻合，但劳动力市场的相对价格方差波动幅度较大，且高于消费品市场的分割指数，这表明商品市场的一体化发展水平优于劳动力市场。虽然长三角地区劳动力市场出现了由分割到整合的趋势，劳动力流动性显著增强。然而即使经过长三角市场一体化的快速发展阶段，2008 年长三角各省实际工资水平的方差与 1993 年美国样本方差的水平相同，作为中国市场化程度最高的地区，长三角劳动力市场一体化明显落后于美国的劳动力市场一体化的发展，劳动力要素一体化还有较大的发展空间。

4.1.2.3 资本跨区流动难度仍大，融资规模和融资结构差异显著

采用固定资产投资品相对价格方差来测度长三角固定资本投资市场的

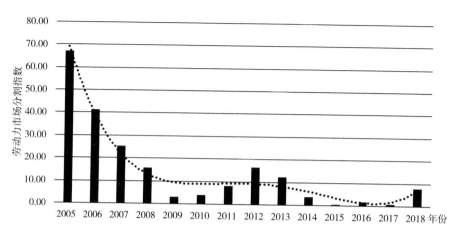

图4-3 2005—2018年长三角地区劳动力市场分割指数及其变化趋势

资料来源：作者根据中经网数据库计算绘制。

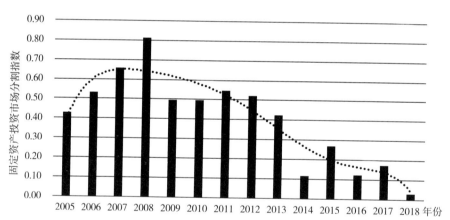

图4-4 2005—2018年长三角地区资本投资市场分割指数及其变化趋势

资料来源：作者根据中经网数据库计算绘制。

一体化水平，市场分割指数越小，表示资本投资市场一体化水平越高。图4-4显示，长三角资本投资市场分割指数在经过短暂上升后，呈现出波动下降的趋势，资本投资市场一体化持续推进，大致可以划分为两个阶段：初期阶段为2005—2008年，资本投资市场一体化水平出现短暂但显著的下降，到2008年达到最低水平。其原因主要在于随着2001年中国加入

WTO，市场化与经济全球化进程为中国扩大了国际市场。作为中国经济全球化的重要窗口，以上海为核心的长三角经济发达城市的产业发展迅猛，产业同质化加剧了地区间的竞争，尤其是对资本的竞争。2008 年金融危机的爆发加剧了资本市场的竞争，地区间资本市场分割的状况进一步凸显。第二个阶段为 2009—2018 年，为应对金融危机，中国政府从我国的国情出发，决定从 2008 年第四季度到 2010 年底，增加 4 万亿元人民币投资用于加快民生工程、基础设施、生态环境建设和灾后重建。这一计划提高了资本市场流动性，释放积极信号，与 2008 年相比，2009 年长三角资本市场分割指数显著降低。虽然在长三角市场体制深化改革的背景下，长三角资本市场一体化进程不断推进，但是仍呈现出波动的特征，这主要是受制于当前行政区主导经济下的政府隐性干预和我国资本市场运作模式、监管和调控体制等方面的市场分割，作为主要生产要素的资本在区域内未能实现自由流动。

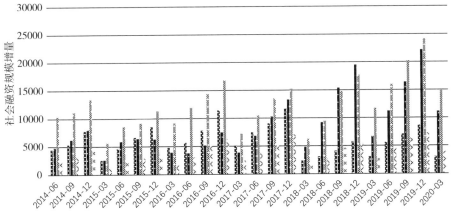

图 4-5　长三角三省一市社会融资规模增量及其变化趋势

资料来源：作者根据中经网数据库计算绘制。

为比较长三角各地区的社会融资结构情况，从中经网数据库中选取 2014 年第二季度至 2020 年第一季度长三角三省一市的社会融资数据，并进行不同地区融资规模的比较。如图 4-5 所示，长三角地区社会融资总规模呈现上升趋势。江苏省社会融资规模及其增长速度均居于首位，浙江省社会融资的规模和增长速度在 2017 年超越上海位居第二，仅次于江苏，两省之间就融资规模而言差距不断缩小，安徽社会融资规模逐年上升，在 2020 年第一季度安徽省的社会融资规模超过上海。从长三角融资构成来看（见图 4-6），长三角融资主要是以贷款为主，作为直接融资重要方式的股权融资和企业债融资规模较小。对长三角三省一市的融资构成进行分别考察，发现由于产权制度和工业化发展阶段的差异，上海、浙江和江苏的直接融资比重较高，而安徽主要以贷款为主要的融资方式；在跨地区的股权和债券融资方面，长三角地区除上海证券交易所平台外，区域平台间并不支持跨地区融资，长三角地区间资本自由跨区流动的难度仍较大。

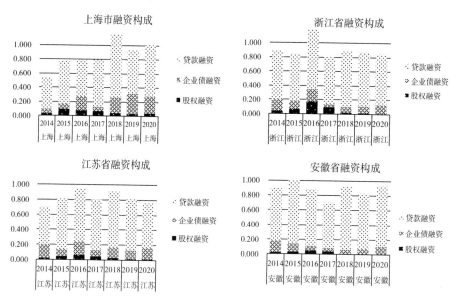

图 4-6　长三角三省一市融资构成及其变化趋势

资料来源：作者根据中经网数据库计算绘制。

4.1.2.4　金融市场壁垒存在省际差异，整体上一体化程度不够

参考武英涛等（2019）的研究，基于一价定律对长三角金融市场的边界效应进行测度，如果长三角地区各行政边界相邻的省市（城市）间的债务融资成本在控制相关变量后在统计上仍存在显著差异，则可以认为金融市场间存在行政边界壁垒。如果随着长三角金融协调工作的推进和经济一

体化的发展，长三角金融市场的行政边界壁垒应表现出逐渐减小的趋势，则可以认为长三角地区金融市场一体化进程的成效显著，反之则不显著。图4-7和图4-8分别反映了长三角相邻省际金融市场壁垒和相邻城市的金融市场壁垒水平及其变动趋势。

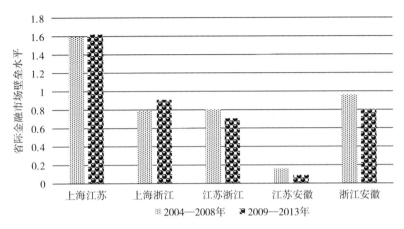

图4-7 长三角相邻省际金融市场壁垒及其变化趋势

资料来源：作者根据武英涛等（2019）测度结果绘制。

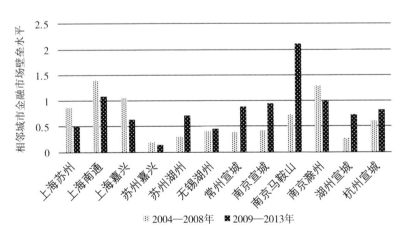

图4-8 长三角相邻城市金融市场壁垒及其变化趋势

资料来源：作者根据武英涛等（2019）测度结果绘制。

由图4-7可见，长三角相邻省际金融市场壁垒非常显著，且分阶段来看并没有减小的趋势，在一定程度上说明上海与江苏、浙江推进金融市场一体化协调工作的效果并不显著。除此之外，上海证券市场规模不断扩大及自贸区等带来的金融快速发展，使得其超过了江苏、浙江与安徽的金融发展平均水平，从而表现出相对差距更大。从趋势来看，江苏与浙江、安徽与江苏、安徽与浙江的金融市场边界壁垒却有减弱的趋势，除了这些省市间金融市场的相互融合包括银行间网络的不断相互深入等，也与这些省市的金融市场发展水平差距缩小有关。由图 4-8 可以看出，各配对相邻城市间金融市场也存在行政边界壁垒。首先，从行政边界壁垒程度来看，苏州—嘉兴边界壁垒相对最小，而南京与相邻的安徽省相关城市（即宣城、马鞍山和滁州）相对最大；上海—南通行政边界壁垒也相对较大，尽管从地理位置来看上海与南通是接壤相邻，但因一江之隔，在交通等方面具有相对较大劣势，从而上海—南通边界壁垒显著符合预期，不过，随着轻轨、沪通高铁等交通设施的逐步建设完善，预期边界壁垒将会减小（从分阶段数据来看，也有减小的趋势）。其次，从分阶段变化趋势来看，金融市场的边界壁垒减小的配对城市并不多，只有上海及周边城市（上海—苏州、上海—南通、上海—嘉兴，苏州—嘉兴）在 2004—2013 年两个阶段表现出显著的减小趋势，除南京—滁州外，其他配对城市都有加剧趋势。这说明上海虽然与苏浙整体平均的金融市场发展有拉大趋势，但与周边紧邻城市的市场一体化程度在加大，而与上海相对较远的城市金融市场发展水平差距进一步加大。

4.1.2.5 专利转移以跨区转移为主，专利转移规模逐年攀升

长三角高质量一体化发展的关键驱动因素是核心城市因创新要素流动而形成的区域创新空间网络以及由此产生的知识溢出效应。作为区域高质量发展的根本驱动力的技术创新，主要有两个途径：一是本地 R&D 活动的知识生产与积累，二是从其他城市获得技术转移和知识溢出。采用数据挖掘技术从国家知识产权局数据库中的"专利信息服务平台"获取城际专利权及专利所有权变更（专利转移）数据对长三角知识产权交易市场一体化进行测度（见图 4-9）。如果随着长三角一体化进程的推动，长三角内部专利转移规模不断提高，知识产权的交流愈发密切，则表明长三角知识产权市场一体化程度提高。从图 4-9 中可以发现，短短十多年间，长三角

专利转移规模持续攀升，从 2003 年的 1901 件增至 2015 年的 159456 件，年平均增长率为 40.59%。在专利转移的流向上，如图 4-10 所示，长三角专利转移以跨区转移为主，城市内的专利转移反而较少，两者间差距进一步拉大。形成这一现象的原因，一方面是市场需求决定的，另一方面也离不开知识产权市场制度的完善和优化，进而加速了知识产权市场的一体化。

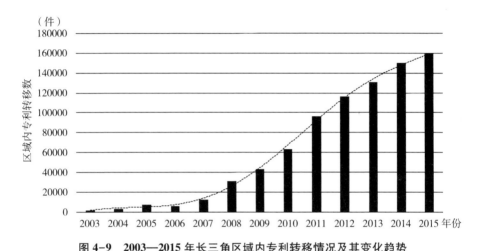

图 4-9　2003—2015 年长三角区域内专利转移情况及其变化趋势

资料来源：作者从国家知识产权局数据库获取数据并绘制。

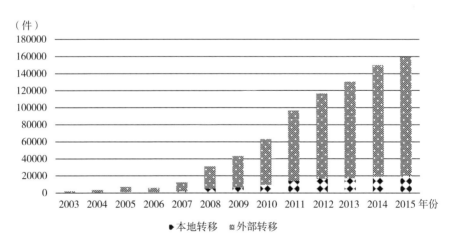

图 4-10　2003—2015 年长三角专利流向情况及其变化趋势

资料来源：作者从国家知识产权局数据库获取数据并绘制。

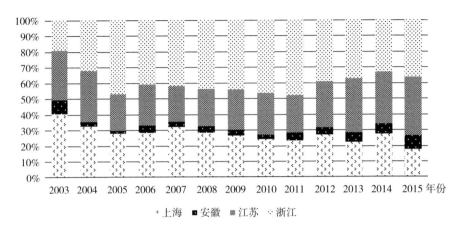

图 4-11　2003—2015 年长三角专利流出情况及其变化趋势

资料来源：作者从国家知识产权局数据库获取数据并绘制。

从专利流出的角度对长三角区域内专利转移的情况进行考察（见图 4-11），发现在 2003 年以后上海市的专利转出与其他城市相比，出现增长不足的趋势，上海市专利转出份额失去了在长三角三省一市中的主导地位；浙江凭借发达的民营经济所创造的市场需求和逐步完善的专利转移制度一度占据了长三角超过 40% 的专利转出，江苏发挥省内的高校资源优势，奋起直追，后来者居上，分别在 2009 年和 2013 年超过上海和浙江，其专利转出份额成为长三角第一。数据还发现，专利转出已从一线大型城市转向二、三线中型城市发展，宁波、苏州和无锡的专利转移数量超过了杭州和南京。

4.1.2.6　土地市场化交易程度提高，但一体化仍然受阻

表 4-3　长三角三省一市土地供应出让情况

年份	协议出让（宗数）					划拨（宗数）				
	上海	江苏	浙江	安徽	长三角	上海	江苏	浙江	安徽	长三角
2009	62	1984	625	910	3581	633	2057	2768	672	6130
2013	42	1902	959	832	3735	484	2888	5064	3646	12082
2017	16	981	1154	438	2589	566	3848	3827	3184	11425

续表

年份	招拍挂出让（宗数）					租赁（宗数）				
	上海	江苏	浙江	安徽	长三角	上海	江苏	浙江	安徽	长三角
2009	533	6997	7127	2852	17509	—	55	114	1	170
2013	348	11226	7343	6170	25087	—	10	204	—	214
2017	248	7699	6025	4116	18088	—	20	3	4	27
年份	出让土地面积（公顷）					新增土地面积（公顷）				
	上海	江苏	浙江	安徽	长三角	上海	江苏	浙江	安徽	长三角
2009	2460.24	26106.93	12675.99	9235.18	50478.34	1039.18	15793.45	9671.47	5931.94	32436.04
2013	1337.49	36171.21	15493.39	19150.35	72152.44	512.92	16805.95	8513.96	9508.49	35341.32
2017	1005.59	24372.37	14285.22	13927.71	53590.89	734.01	12186.22	5726.21	7221.67	25868.11

资料来源：作者根据《中国国土资源统计年鉴》数据计算绘制。

随着长三角区域经济的快速发展，区域内各城市经济发展对土地资源的需求非常旺盛。目前我国城市土地一级出让市场包括无偿划拨、协议、招标、拍卖、挂牌和租赁方式，长三角土地市场出让情况如表4-3所示。从表中可以看出，在所有土地出让方式中市场化交易程度较低的无偿划拨与协议方式出让的土地数量远低于招拍挂出让的宗数，这表明长三角土地市场的土地资源市场化配置较之前有了较大的进步，并且长三角出让土地总面积中新增土地出让面积比重呈现出明显下降，这也意味着农用地征用为国有建设用地的情况得到遏制。因此，长三角区域主要城市土地出让情况主要有两个特点：一个是市场化交易程度提高，改变了以往以划拨与协议等政府配置土地方式占主导的情况，另一个是以外延式扩张为主的土地资源利用模式向集约式的土地利用模式转变。

采用城市综合地价的相对方差测度长三角城市土地市场分割及其变动趋势。如图4-12所示，长三角土地市场分割指数在波动中上升，这说明即使土地市场交易的活跃程度有了较大提升，但长三角土地市场一体化仍然受阻。这既与区域经济快速发展对土地资源的需求旺盛有关，也与当前我国城市土地资源管理体制以及地方政府对土地市场过度干预导致的地价水平扭曲有着密切的关系。尤其是地方政府为了招商引资，通常以低于成

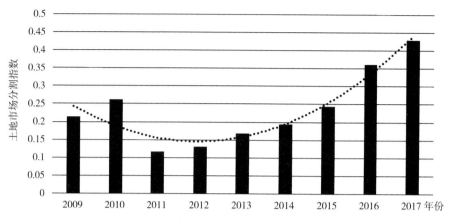

图 4-12　2009—2017 年长三角土地市场分割指数及其变化趋势

资料来源：作者根据《中国国土资源统计年鉴》数据计算绘制。

本价出让工业用地，这种工业用地低地价出让优惠政策又导致了我国工业用地价格与实际价格的严格偏离，工业用途地价的严重扭曲又导致了工业用地的低效利用，这种各地方政府以低地价招商引资的恶性竞争，直接导致区域土地资源的低水平重复投资建设以及大量土地资源的粗放利用，阻碍了土地市场一体化。

4.1.3　长三角区域市场一体化发展的最新进展

2018 年 11 月，国家主席习近平在首届中国国际进口博览会开幕式上提出，将支持长江三角洲区域一体化发展并上升为国家战略，着力落实新发展理念，构建现代化经济体系，推进更高起点的深化改革和更高层次的对外开放。2019 年 1 月 3 日，上海、江苏、浙江、安徽三省一市在沪签署长三角地区市场体系一体化建设合作备忘录。根据备忘录，三省一市将大力实施"营商环境联建、重点领域联管、监管执法联动，市场信息互通、标准体系互认、市场发展互融，逐步实现统一市场规则、统一信用治理、统一市场监管"的"三联三互三统一"工程，共同推动长三角地区市场体系一体化建设，尤其是开展在中国国际进口博览会等重大活动、统一企业登记规范、开展失信联合惩戒、加强食品安全监管协作、推动检验检测认证结果互认互通等方面的合作，建立跨区域市场监管合作机制，联合探索新业态包容审慎监管，共同营造良好营商环境，促进区域市场融合发展。2019 年 5 月 30 日，上升为国家战略的《长江三角洲区域一体化发展规划纲要》正式发布，提出要建设更加有效的一体化体制机制，实现资源要素有序自由流动，统一开放的市场体系，逐步消除行政壁垒，降低制度性交易成本的目标。

4.1.3.1　商品市场一体化建设方面

以"人货场"一体化新零售网络建设为契机，加快推动商品流通一体化发展。为实施《长三角地区市场创新发展三年行动计划（2018—2020年)》，长三角地区在市场创新发展、口岸通关协作、联动服务保障进博会等方面成果斐然。线上线下一体化的长三角新零售网络搭配全球领先的长三角智慧物流体系，将长三角物流网络从"天"级推进到"小时"级，打造新零售"三公里理想生活圈"。零售端供应链创新、企业与新零售大数据平台合作以及互联网、大数据与实体经济深度融合创造了智慧零售、跨界零售、无人零售、绿色零售等智能化融合型新零售业态，助力长三角建设世界领先的"人货场"一体化新零售网络。同时，建立长三角商业节庆活动联动机制，推动长三角地区老字号品牌联动发展，共同做大长三角消费市场。

以上海自贸试验区、虹桥区域为保税展示交易平台，为长三角对接国际市场提供渠道和服务。通过联手举办贸易对接、投资推介活动，加快长三角国家级及省（市）级经济技术开发区合作共建，加强政策、人才、资源、公共服务对接，构建具有国际竞争力的长三角产业集群。

以农产品流通"保安全"为特色，促进农产品流通一体化。农产品安全信息追溯平台和追溯码链条信息使得农产品来源可追溯、去向可查证、责任可追究，辐射带动长三角地区农产品安全整体水平。同时，《长三角地区农产品流通战略合作协议》促进了长三角地区农产品产销对接，提升"菜篮子"保障能力。

以完善长三角信用合作机制与平台建设为突破口，促进信用服务市场一体化。长三角三省一市目前已建立起"1+2+X"（"1"指长三角区域信用体系专题例会机制；"2"指高层研讨会和"长三角合作与发展共同促进基金"项目；"X"指不定期举办的重大活动）的组织工作架构。重点领域联动奖惩机制建设也在快速推进中，上海方牵头推进的旅游领域，江苏方牵头推进的食品药品领域，浙江方牵头推进的环保领域，安徽方牵头开展的产品质量领域，联合签署了《长三角区域食品药品安全领域信用联动奖惩合作备忘录》，并编制形成了《长三角区域环境保护领域信用联动奖惩合作备忘录》《长三角地区产品质量领域守信联合激励和失信联合惩戒管理办法》和《长三角区域产品质量领域信用联动奖惩工作方案》。在平台建设方面，三省一市共同签署《长三角信用平台共建共享合作协议》，共同打造升级"信用长三角"网络共享平台，与"信用中国"网站、国家信用信息共享平台开展对接。信用合作机制与平台的搭建促进了区域信用服务市场日趋成熟，"三省一市"共同建立长三角区域信用服务机构联盟，培育一批具有一定规模和市场公信力的信用服务机构，目前已共同签署了《上海、江苏、浙江信用服务机构备案互认协议书》，实现备案互认的信用服务机构已从 87 家发展为 244 家，形成统一的信用服务行业规范，推进了长三角区域信用服务市场一体化发展。

4.1.3.2　要素市场一体化建设方面

以促进人才流动、提供政策保障为着力点，推动人才市场一体化。2018 年以来，浙江与苏、皖、沪共同签署了《三省一市人才服务战略合作框架协议》《长三角人才一体化发展城市联盟章程》等协议，凝聚人才一体化发展共识，协同推进人才发展体制机制改革，共同培育人才一体化发展市场，协同确立长三角区域在全球人才竞争中的比较优势。依托长三角人才的品牌，浙江作为全球人才创业创新选择地的影响力日益显现。目前，上海、江苏和浙江两省一市人才市场网站已经开展互相链接，共同建设网上人才交流市场，推动职称资格互认和衔接，强化了人力资源服务协作。共同构建了包括 600 多名高级专家的培训教育师资库，探索建立了长三角地区公务员培训体系及相互挂职锻炼制度。同时，为促进人才有序自由流动，长三角地区已开展养老保险待遇资格协助认证、医保异地就医直接结算服务监督、工伤认定和劳动能力鉴定和社会保险关系转移接续等方面的合作。

以科研创新要素聚合为支撑，推动科创一体化。上海张江、安徽合肥两大综合性国家科学中心，长三角乃至全国的诸多尖端实验共享仪器设备和科创资源。为支持跨区域研发合作，长三角三省一市推出了"科技创新券"异地补贴，并已在多个城市实现了通用通兑。在"长三角科技资源共享服务平台"上，大型科学仪器已超过30000台。

以企业为服务对象，推动要素市场一体化。2018年9月，上海（松江）、苏州、嘉兴、湖州、杭州、金华、合肥、宣城和芜湖九个长三角城市在全国范围内率先试点企业营业执照异地办理。G60科创走廊实现"线上+线下"相结合：线上，在九城市政务服务网开设"一网通办"栏目；线下，在九城市的行政服务中心设立"一网通办"综合服务窗口。这意味着在长三角科创走廊的九个城市都可以异地办理企业证件，降低了制度性交易成本。

4.1.3.3　产权市场建设方面

以信息平台建设为抓手，推进产权市场一体化。近些年来，随着跨区域并购融资业务的增长，长三角地区着重以并购融资为突破点，积极推动开设"长三角区域产权市场并购融资信息平台"，发布企业并购、增资、融资信息，提高并购效率。2019年12月长三角产权交易共同市场信息发布平台正式上线，上海、江苏、浙江、安徽三省一市的18家产权交易机构共同参与，以网站和公众号为媒介，涵盖项目中心、竞价大厅、路演大厅、数据分析、市场动态、党建联建、政策规则等功能模块。此外，长三角还开展了排污权、碳排放等领域的产权市场，如上海环境能源交易所的碳排放权交易目前已纳入钢铁、电力、化工、建材、纺织、航空、水运、商业宾馆等27个工业和非工业行业的310家重点排放企业参与试点。截至2017年底，上海碳交易市场累计成交总量8741万吨，累计成交金额逾9亿元，共有600余家企业和机构参与。

4.1.3.4　市场监管一体化建设方面

借助信息数字技术，从检测检验、信息共享和执法落实方面推进市场监管一体化。长三角地区市场一体化建设认证认可检验检测领域专项工作方案提出，将加强数据共享，加快检验检测认证服务平台建设；实现信息互通，探索建设检验检测信用监管体系；服务区域联动，创新区域检验检测认证合作监管；发挥带动效应，构筑服务重点产业发展新格局。长三角

18 个地区市场监管局联合签署《长三角区域市场监管联动和信息共享长效机制的合作备忘录》，通过共享网络市场相关监管信息，建立网络商品质量抽检信息共享机制、网络案件线索共享机制、电子取证共享机制三项制度，实现"一个标准、一次检验、结果共享、区域通行"，降低政企管理成本。在执法落实上，三省一市市场监督管理局联合签署了《长三角地区市场监管联动执法实施办法》，强调了协作互助、优势互补、信息互通、资源共享、提高效率的原则，同时明确线索移送、执法协助、执法联动、执法互认、信息通报的工作机制和相关保障机制。

4.2 长三角市场一体化发展中存在的主要问题

长三角区域市场一体化持续推进，取得了一系列成就，如今已成为我国一体化程度最高的区域。然而，我们也要清醒地认识到，长三角市场一体化发展水平仍处于初级阶段，还存在很大的改进空间，本节将分别从商品市场一体化和要素市场一体化两个层面展开分析。

4.2.1 长三角商品市场一体化发展中存在的主要问题

在产品市场一体化进程中，加强产品市场一体化建设和产品市场一体化管理是两项最为基础的工作，然而对于长三角区域，在这两个方面目前均存在诸多不足之处，以下我们将分别进行阐述。

4.2.1.1 商品市场一体化建设

目前长三角区域产品市场一体化建设虽然在我国处于前列，如"江浙沪皖包邮区"等。然而由于长三角区域相似的经济发展水平、资源禀赋和制度背景使各地区的发展环境同质化，一般而言，区域产业结构趋同有利于推动产业集聚、形成规模经济，但另一方面，产业趋同也容易引起同质化竞争和重复投资，不利于实现产业的区域有序分工和梯度转移。根据联合国工业发展组织（UNIDO）提出的相似系数计算公式，上海市与江苏省产业结构相似系数为0.82，上海市与浙江省相似系数为0.76，浙江省与江苏省相似系数更高达0.97，江苏省与安徽省相似系数为0.08。若区域内产业同构程度过高，必将在一定程度上导致资源浪费，尤其是在各个产业园区建设发展中还容易在招商引资方面带来同质竞争，进而降低区域协同的整体效益。而长三角区域产业同构化发展以及由此引发的一系列重复建设和利益冲突，正是目前长三角产品市场建设的问题所在，具体可以从产业规划对接、信息互联互通、流通设施、对外贸易等方面展开分析。

（1）各区域间缺乏有效的产业规划对接机制导致产业同质化

建设产品市场一体化的前提是实现区域间产业规划的一体化，这是由于产业规划不仅是描述未来区域内产业发展的蓝图，更是形成未来产业布局的基础。然而在进行产业规划时，各个城市大多从自身经济发展出发，因而往往会忽视整个区域的产业功能布局，从而导致产业规划存在"以我为主"的特征，这一现象在长三角区域也相当普遍。如在"十三五"规划中，长三角很多城市均提到要发展战略性新兴产业、现代服务业和现代农业，然而并未突出不同产业差异性和分工协作。而这一现象则必将导致大幅度降低资源配置效率，进而阻碍产品在长三角区域内的合理流动。例如，江苏的研发类生产性服务业无法与上海高端制造业配套，更难以享受上海跨国公司总部集聚的外溢效应。

（2）统一市场信息平台和信息互联互通有待于进一步完善

首先，在信息基础设施领域，虽然近年来长三角区域内的相对差异有所缩小，但不同省份之间的绝对差异依旧巨大，例如对于长途光纤密度，虽然自2009年以来长三角内部的差异有所缩小，变异系数从2009年0.68持续下降到2018年的0.49，然而从绝对量看，上海市依旧远远高于其他三个省份（见图4-13）。

其次，在市场信息基础数据库领域，目前长三角区域尚未建立统一市场主体信息平台，由于信息数据接口不统一，缺乏统一采集、统一数据目录、统一安全措施的基础数据库，从而很难实现企业在长三角区域跨城市乃至跨省区"一网通"办理事宜，同时也限制了长三角区域物流信息化发展，在一定程度上阻碍了电子商务的规模化和规划化发展，进而影响长三

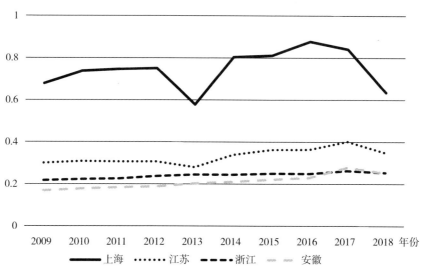

图 4-13　2009—2018 年长三角三省一市长途光纤线路密度

资料来源：根据《中国第三产业统计年鉴》提供的各年数据计算。

角区域各领域电子商务创新应用与商业转型升级，甚至会对长三角区域整合产业链，融合价值链，发展平台经济产生负面影响。

最后，由于缺乏统一数据平台，直接导致长三角区域信用体系发展缓慢，进而使得长三角区域银行对异地放款的资金流向监管异常困难，进一步阻碍企业跨城市和跨省份贸易和并购行为。

（3）市场流通设施有待进一步改进

2000 年以来，以公共交通为代表的市场流通设施建设取得了一系列成果，为促进更高质量一体化发展奠定了优越的交通载体条件。如图 4-14 所示，长三角三省一市铁路交通网密度的变异系数总体呈现出下降的趋势，公路交通网密度的变异系数始终维持在较低水平。进一步观察发现，铁路交通网密度的变异系数远远高于公路交通网，长三角地区间铁路交通地区分布差异较大，公路交通网密度的变异系数始终维持在 0.2 左右。然而，我们也要清晰地认识到，长三角区域交通等流通设施还存在诸多改进空间：其一，各种运输方式协调发展和线网互联不足，流通枢纽能级有待进一步提升，缺乏有效的智慧引领和协调联动机制，更加绿色、安全、舒

适、便捷、智慧的出行体系和经济、高效、智能的物流体系有待进一步
完善。

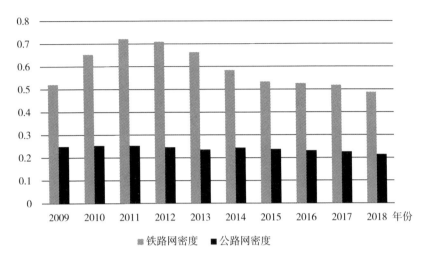

图 4-14 2009—2018 年长三角三省一市铁路和公路网密度变异系数

资料来源：根据《中国统计年鉴》提供的各年数据计算。

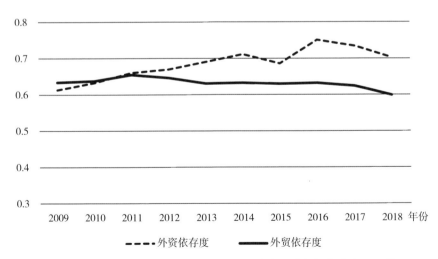

图 4-15 2009—2018 年长三角三省一市外资和外贸依存度变异系数

资料来源：根据中国国家统计局提供的各年数据计算。

（4）对外协同开放程度有待提升

国际贸易一体化是缓解各个地区之间的经济竞争，共同分享国际大市场的重要手段。如图 4-15 所示，可以看出，长三角区域外资依存度和外贸依存度的区内差异均较高，其中外资依存度近年来还呈现上升趋势。这说明各个地方的投资环境差异依旧很大，也就是说在利用税收优惠、土地或产业补贴等政策手段进行招商引资时也存在很强的"各自为政"的倾向，缺乏有效的对外开放协同体系。而在对外贸易方面，由于改革开放以来，苏浙沪对外贸易的"爆炸式"增长，导致外向化程度高的产业在苏浙沪高度集聚，并加速了这些地区"世界工厂""国际制造基地"的形成，客观上加大了其与安徽的差异。

现阶段推进长三角地区对外开放协同发展，既要注重建立相互协调的价值链分工体系，促使苏浙沪皖合理分布于价值链的不同环节，共同参与全球竞争；同时还要克服过去对一些投资周期短、资金回收快的"短平快"项目"一哄而上"的现象，避免为争夺相对有限的市场和资源各自为战和恶性竞争。

4.2.1.2　商品市场一体化监管

除了商品市场建设方面，长三角区域产品市场一体化监管方面也存在改善的空间。造成这一现象的主要原因是长三角区域内地方政府的合作机制并不完善。自 1992 年建立长三角 15 个城市经协委（办）主任联席会议制度以来，长三角区域各级地方政府积极寻求合作。长三角城市经济协调会不断扩容，目前的成员已经达到 34 个城市。协调会的建立在一定程度上促进了政府间的合作，降低了城市间的市场分割，但是受限于行政区经济的发展模式，长三角区域地方政府间的合作始终未能取得突破性的进展，在触及地方政府根本利益的问题上难于突破，能够有效降低行政壁垒的政府间合作机制尚没有形成。特别是在市场监管方面，地方政府的市场监管往往"各自为政"，进而尚未建成统一的规则体系，无法实现市场监管共治与信用体系互认，进而在统一信用治理、统一市场规则标准互认、统一市场监管和执法联动、政策协同协商，知识产权共同保护、打击盗版侵权等方面均有待于进一步提高一体化程度。

4.2.2 长三角要素市场一体化发展中存在的主要问题

除了商品市场一体化发展中存在诸多问题，长三角区域也存在很多不足，本节以下将从劳动力市场、资本市场、技术与产权市场和土地市场四个方面分别阐述。

4.2.2.1 劳动力市场存在的问题

在劳动力市场方面，长三角区域劳动力市场一体化仍存在较大障碍。城乡或不同城市或地区之间的户籍壁垒和公共服务供给不均等，仍是劳动力自由流动的主要阻碍。长三角不同地区间的工资均等化还远未实现，地区间劳动力市场依旧呈现较为严重的分割状态。重要的原因就是户籍制度仍未有效改革，区域公共服务仍未实现真正的对接共享，流动人口难以获取公平有效的教育、医疗、社会保障公共服务，加上区域公共服务质量差距较大，导致劳动力市场分割的问题愈发突出，就业和社会保障的不公平进而引发社会不公平，从而延缓城市化进程，降低新型城镇化质量。以下将具体从进入制度壁垒、法律保障缺失和非公平竞争机制三个层面进行分析。

（1）进入制度壁垒

进入制度壁垒是指户籍制度、社会保障制度和就业政策处于城乡分割和城市间分割状态。进城务工人员以及来自长三角其他城市的务工人员，由于不能获得本地的城市户籍、社会保障和正规就业资格，而无法正常进入该城市劳动力市场。即使在一些户籍政策已经松动的城市，由于社会保障制度和劳动政策的城乡差距以及不同城市间的差距较大，对外来务工人员造成进入壁垒，使那些来自农村以及长三角其他城市的劳动者无法与该城市劳动者享有同等的就业机会和待遇，无法进入该城市正规就业市场。

（2）法律保障缺失

法律保障缺失是指来自农村或长三角其他城市的劳动者尚未得到完全的劳动法律保障。这是由于劳动力流动缺乏法律保障。我国的社会保障福利还不能随劳动者的迁移而转移，但是外来务工人员在城市的就业岗位难以固定，流动性较大，工作岗位一旦变动，原岗位的福利就很有可能遭受损失。

（3）非公平的竞争机制

非公平竞争机制是指由于劳动力市场长期的制度性分割，形成了社会上的一种不合理认知：同样的工作岗位，即使在劳动能力和生产质量同等的情况下，外来务工人员的劳动待遇和享受的基础公共服务也低于本地市民，从而造成人力资源无法优化配置。由于缺乏公平竞争，劳动力价格不能真实有效地反映劳动力资源的稀缺程度和市场供求关系，从而制约了劳动力合理利用及其效率提升，同时加剧了劳动力市场制度性分割的严重程度。

4.2.2.2 资本市场存在的问题

在我国的城市群中，长三角地区的资本市场规模是最大的，该地区的资本市场能够影响到整个国家的经济发展状况，可以说，长三角资本市场的发展在我国发挥着领头羊的作用，长三角资本市场的健康良好发展能够为京津冀、环渤海地区以及珠三角等城市群提供有益的经验，所以长三角资本市场的良性健康发展具有重大意义。然而，在长三角区域资本一体化发展过程中，还存在以下几方面的问题：

（1）资本流动与金融业发展不平衡

长三角地区涵盖了上海、浙江、江苏和安徽四个省市，其中江浙沪地区经济发展水平明显要高于安徽，在整个长三角地区，资本的流动与金融业的发展也表现出一种不平衡性。同时在上海、南京、苏州以及合肥等城市集中了大量的资本，而其他城市的资本相对来说较少，金融业的发展也是主要集中于长三角地区的一些代表性的中心城市，整体上来看整个资本市场还存在不平衡性。从经济学基本原理看，金融资源集聚是资本逐利行为的必然，这也就意味着三省一市的金融市场还存在着系统性差异，而上海如何发挥长三角金融业的龙头地位，如何将江浙皖发展成为承接上海金融中心建设的承接地和腹地，仍然是需要解决的问题。

（2）资本市场结构有待完善

发达的区域资本市场一定是多层次的市场体系，它的结构比较完整，功能比较完备。然而，长三角的资本市场体系却是非常单一，以债券市场为主的资本市场，发展严重滞后的股票市场，创新投融资体系更是缺乏。相较于全球其他的发达国家的城市群，整个资本市场应该是多元化的发展状态，债券市场高度发达，而股票和创新融资相对滞后可以说是一个比较畸形的、还有很大提升空间的资本市场。一个健康的市场，应该是债券、股票以及创投融资等并驾齐驱，共同繁荣进步的，但是就目前来看，长三角地区的金融市场中，其市场结构还不太完善，这主要体现在债券资本占据了长三角资本市场的核心位置，股票市场还需要进一步发展，在创投融资的方式创新上也比较落后，并未不断出现有创新性的融资方式。

（3）资本市场监管不统一

长三角地区资本市场监管不统一也是制约资本市场发展的重要原因。本地政府在本地区证券管理中占有重要地位，虽然在国家大的经济政策的框架之下，地方相关的市场规则制度不尽相同，但是就现实的状况来看，长三角各地政府会针对本地区资本市场现状制定出适合当地的监管细则，这就造成了长三角各地区资本市场监管不统一，不利于信息传递和资本流动，制约了长三角地区金融市场一体化发展。市场监管不统一现象主要是由于长三角地区的行政壁垒所导致。

4.2.2.3　技术和知识产权市场一体化存在的问题

作为经济发展的重要引擎，长三角三省一市对辖区内科技创新均给予高度重视。自 2009 年至 2018 年，长三角区域在科技创新领域的投资持续增加，年复合增长率高达 19.43%。而上海市无论在总量或是增速维度，均处于领先地位，其中年复合增长率高达 31.27%（如图 4-16 所示），可以看出上海市在长三角区域科创领域的龙头地位。这一现象同时也反映出长三角三省一市在科技创新领域的差异依旧巨大，且从 2009 年至 2018 年，省份之间的差异还呈现逐渐扩大的趋势。具体而言，对于上海市，由于其拥有的政策优势、区位优势及人力资源优势等吸引了大量优质外资，出口导向型经济快速发展，创新发展模式方面具体包括区域创新系统以现代服务业为主导、区域创新系统有完善的金融市场支撑、外资研发与政府推动共同发力等特征。对于江苏省，从"苏南模式"到大规模的外资引进，其创新模式具有以外资主导高技术产业导向和以企业为主体的产学研合作的特征。对于浙江省，由于其拥有全国最发达的民营经济，且民营经济已成为浙江经济发展的主要推动力量，从而其创新模式具有以市场需求为导向、主动整合外部资源进行技术创新以及显著的区域企业集群化特征。对于安徽省，由于其相较于其他两省一市，经济与社会发展起步较晚，经济总量也较低，从而其科创模式具有重点发展基础前沿科学研发及其应用，尤其注重战略性新兴产业集聚发展的特征。由此可以看出，目前长三角区域的创新模式依旧存在"各自为政"的特点，虽然具有一定程度的互补性，但是由于创新本身存在的高风险性及行政区划内客观存在的政策差异，使得长三角地区缺乏协同创新模式，区域创新系统的协同发展仍然处于较为初级的阶段。

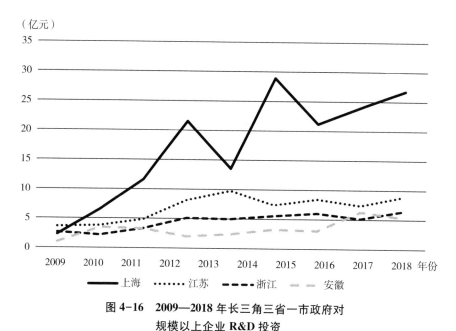

**图 4-16　2009—2018 年长三角三省一市政府对
规模以上企业 R&D 投资**

资料来源：根据《中国高技术产业统计年鉴》提供的各年数据计算。

另一方面，在科技成果交易领域，输出技术和吸纳技术可以在一定程度上反映科技创新的溢出和极化效应，通过分析相关数据，我们可以看出整个长三角区域科技创新的协同性和一体化程度依旧不高，同样存在很大的改进空间：

在输出技术方面，如图 4-17 所示，截至 2018 年，长三角区域输出技术成交合同金额高达 3128.6 亿元，相较于 2009 年，年复合增长率达17.2%。其中上海市交易合同金额最高，这也体现出上海市在科创领域的溢出效应最为显著,江苏省增长速度最快,年复合增长率高达24.8%,近年来交易合同金额已经接近上海市。而浙江省和安徽省的交易合同金额则相对较低,安徽省历年增长率相对平稳,而浙江省在2005年之后开始快速增长,造成这一现象的原因很可能是,随着移动支付、互联网金融发展,以"新零售""在线经济""数字经济"为代表的新经济、新业态和新模式的发展,浙江省积极打造"互联网+"创新创业中心,特别是随着以"阿里巴巴"为代表的大型互联网公司的兴起,浙江省在科技创新领域的溢出效应日渐显著。另一方面,在吸纳技术方面,如图4-18所示,从2009年到2018年,整个长三角区域总体呈现上升趋势,年复合增长率为20.5%。从整体上看,江苏省吸纳技术成交合同金额最高,很可能是其研发类生产性服务业占比较高的结果,由此产生了较强的极化效应,而上海市由于高端制造业占比较高,处于价值链的相对高位,随着产业梯度转移,溢出效应相对较强而极化效应则相对较弱,甚至存在相对低端的研发类生产性服务业向江苏和浙江转移的倾向。而浙江省自2015年起吸纳技术成交合同金额持续上升的原因则同样很可能是线上经济模式快速发展的结果。而安徽省无论是在输出技术和吸纳技术方面,均与长三角其他两省一市存在较大差异。这也从另一个层面反映出长三角区域在科技创新协同发展仍处于初级阶段,尚未形成"1+1>2"的效果,反而出现了"抢人大战"等恶性竞争现象。

在科技飞速发展的当代,知识产权的作用在不断凸显,对于经济的促进也愈发明显。长三角作为中国经济发展的核心区域,加强知识产权保护已经成了一种共识。近些年来,随着互联网技术的飞速发展,知识产权的价值和作用不断凸显,各区域间更是积极加强知识产权市场一体化发展。根据国家知识产权局的数据,长三角三省一市专利局行政执法的知识产权案件数量不断增加,目前已经从2013年的3575件,上升到2018年时的28066件,年复合增长率高达41.0%。在这些案件中,处理难度较大的专利纠纷案件占案件总量的比重有所增加,在2013年,该类案件占比仅为26.9%,而到了2018年,该类案件的占比已经达到61.3%。这表明,各级相关部门对知识产权保护高度重视。同时知识产权案件总体数量持续增长也反映了各地为了追求高质量的经济增长,深入推进创新驱动的同时,加

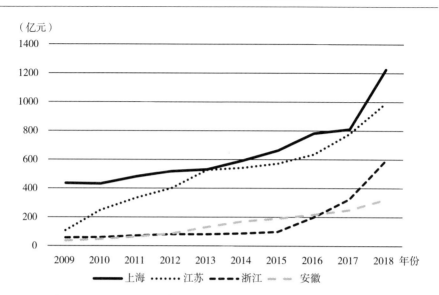

图4-17 2009—2018年长三角三省一市输出技术成交合同金额

资料来源：根据中国科技部、中国国家统计局提供的各年数据计算。

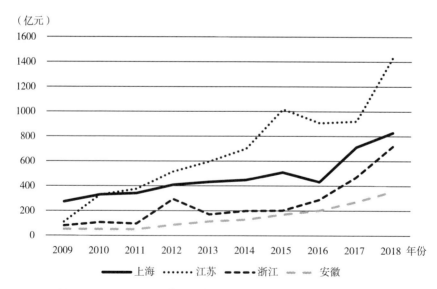

图4-18 2009—2018年长三角三省一市吸纳技术成交合同金额

资料来源：根据中国科技部、中国国家统计局提供的各年数据计算。

强行政执法力度。另一方面,长三角三省一市的各级法院受理案件和审结知识产权案件的数量不断攀升。在案件受理方面,相较于 2013 年,上海市 2018 年增加了 3.4 倍,江苏省增加了 2.2 倍,浙江省增加了 2.9 倍,安徽省增加了 4.4 倍。而在案件年度受理总数方面,浙江省最高,安徽省最少。从增长速度看,安徽省最高,江苏省最低。以上数据表明,知识产权保护与地方经济发展紧密联系,长三角地区知识产权司法保护越来越被重视。然而,我们也应当清醒地认识到,长三角区域的技术和知识产权市场一体化仍存在着司法审判标准不统一、行政协同保护浮于表面等问题,具体表现在以下两个层面。

(1)司法保护方面

虽然长三角在区域间知识产权司法保护协调领域进行过一些尝试,如在最新签订的《长三角地区共同优化知识产权营商环境合作意向书》中,三省一市将进一步加强长三角地区跨地区知识产权行政与司法协同保护,推进建立线索通报、案件协办、联合执法、定期会商等制度,长三角地区已在南京、苏州、杭州、宁波、合肥建立了 5 个相对独立、跨区管辖的知识产权法庭,结合 2014 年建成的上海知识产权法院,长三角地区已形成了"一院五庭"的知识产权司法保护体系。并且在 2019 年 6 月 22 日,江苏省、浙江省、安徽省高级人民法院召开了"长江三角洲地区智慧法院信息数据资源共享平台"建设工作协商会议,共同推进长三角智慧法院信息数据资源共享平台建设工作,促进实现跨域立案,为长三角司法保护一体化的建设打下坚实基础。但是,对于知识产权的司法保护,其核心在于达成司法审判标准的统一,虽然长三角地区的知识产权法院、知识产权法庭均已设置,法官的职业技能也有所提升,对于案件的判断也更为准确,却也难以形成较为统一的标准,尚未形成跨区域管辖。如上海市知识产权法院的受案范围,虽在 2018 年 6 月发布的《上海市高级人民法院关于调整基层法院知识产权案件、行政案件和未成年人刑事案件集中管辖的公告》中进行调整,确立了"三审合一"以及基层法院相对集中(跨区)管辖变化等,但其受案范围局限于上海市。对于长三角的知识产权侵权案件,各省裁判标准仍存在差异,致使司法保护力度不一,长期以来制约着长三角知识产权司法保护水平。例如贴牌加工,三省一市各地法院的审判标准长期以来得不到统一。

（2）行政保护方面

虽然长三角知识产权行政保护协同体系在 2009 年已开始构建，其代表性事件为上海、江苏、浙江、安徽四地知识产权局共同签订《长三角地区知识产权发展与保护合作框架协议书》，提出长三角地区知识产权发展与保护状况新闻发布会在每年"4·26 知识产权宣传周"期间轮流在三地召开，在长三角各地区间建立起沟通的桥梁。在此之后的十年里，已逐渐形成了以政府间行政协议为主，区域协作立法和跨区域协调组织为辅的行政协同保护机制。但在跨区域知识产权行政协同保护协议的落实方面，由于三省一市在行政级别上平等，致使实践中相应的政策实施其他省份无权干涉和监督。此外，对于不同种类的知识产权，长三角三省一市所设置的行政管理机构也不同，造成了各机构之间在执法职能、信息传递、行政管理、涉外事务等方面的不协调，从而不利于知识产权的协同保护。

4.2.2.4　土地市场存在的问题

由于我国实行城乡土地二元结构，因而长期存在城乡土地市场分割，在长三角区域也是如此。土地作为一种特殊的生产要素，其具有资源、资本、资产的"三资"属性，同样也经历着"生产—贸易—交易"这一相同的市场化过程，因此也可以看作是土地市场环境中的一种"商品"。因此，城乡土地市场一体化实际上不仅是市场机制、体系发育完善的过程，也是这一过程作用下结果一体化的过程。2020 年，中共中央国务院发布《构建更加完善的要素市场化配置体制机制的意见》，希望通过加大改革力度，降低经济发展的成本和阻力，激活市场化潜力，应对可能出现的全球化危机。推进土地要素市场化配置是文件中最突出的内容，说明土地管理制度改革在未来推进要素市场化配置改革中的权重和地位。然而目前城乡土地市场一体化尚处于初级阶段，虽然目前长三角区域，如浙江省湖州市德清县进行过一些试点尝试，但距离实现"同地、同权、同价"这一关键性制度目标，还有很长的路要走。其重点在于农村土地以什么样的方式进入城市的开发和建设。这既涉及如何认定农村集体土地的所有权问题，也涉及如何降低开发成本，以利于城市化进程和产业发展，更关系到如何通过市场化方式保护农民利益，让农民更多分享城市化红利。虽然当前各地指标交易模式不同程度呈现出市场化的倾向，取得了积极的制度效果，但也存在市场化程度不足和机制扭曲的问题。具体表现在这样几个方面：

其一，交易价格实施政府指导价。指标交易价格往往采取政府指导价而非市场竞价，这意味着当事人无法自主定价，或由转让方和受让方进行议价协商，交易价格被人为固化。其二，指标流转使用的区域局限。在各地实践中，指标流转使用的区域局限性仍然没能得到一般化的克服。只有在政策特许的语境下，部分地区的指标才有限地突破了地域限制，得以有条件地跨县、跨省流转使用。区域局限性有违"要素市场化"的基本逻辑，限制了指标价值的充分发现，还带来新的问题。其三，指标流转的二级市场目前还不健全。地方大多只重视建立指标的一级市场，对开发二级市场持谨慎态度。其四，耕地占补平衡重数量轻质量。耕地占补平衡不仅要确保复垦耕地的数量，而且要确保复垦复耕的质量。但是城乡建设用地增减挂钩占用基本上都是城镇、近郊的水浇地，都是良田，属于优质耕地。而拆旧复垦复耕的土地基本上都是偏远农村的土地，存在复耕质量相对差，偏远分散，面积小，且撂荒的问题。

此外，具体到长三角区域，还存在一些问题。首先，人口城镇化与土地城镇化的空间不均衡。随着长三角区域工业化进程加快，城镇化速度进一步提高，然而，长三角各城市资源环境承载能力和城镇化发展不协调之间的矛盾越来越严重。除了上海市由于没有更多的土地资源可以用来支撑城市扩张，近年来长三角其他区域用地规模增长速度过快，远超国际公认的合理限度。各地区土地城镇化速度过快，远远高于人口城镇化速度，两种发展速度不协调，并且在不同区域内的不协调程度不一致，各个城市为了寻求发展，都尽量地扩大城市用地面积，而这一现象往往会造成土地资源配置低效。其次，土地利用结构与产业结构重复现象突出。纽约（3.75%）、伦敦（4.72%）、悉尼（12%）、新加坡（6.8%）、芝加哥（7.18%）这些城市的工业用地占比均不高。而长三角区域的工业用地比例均在18%以上，不利于各地区城市功能的发挥和整体效益的提高。这是因为各个城市的政府为了招商引资，相互压低工业用地价格、投入更多的产业用地，由此带来资源配置的不合理和公共福利水平的低下，以及各省之间相互恶性竞争的状况。最后，土地市场还存在价格高涨，发展不平衡问题。自 2015 年起，长三角区域的房价快速上涨，由此导致土地出让价格快速上升。图 4-19 为 2009—2018 年长三角三省一市的年平均土地出让价格。长三角区域土地出让平均价格已从 2009 年的 5000 元/平方米左右，上升到 2018 年的 15000 元/平方米左右。且不同城市间土地出让价格也存在显著性差异，上海市的土地出让价格尤其高涨，在 2017 年甚至一度突破20000 元/平方米。差异化地价不仅造成了长三角区域土地市场的不平衡，由此产生的巨大房价差异，引发长三角区域不同城市间居民财产性收入产生巨大差异，由此产生的不稳定性和不均衡性，将对整个长三角区域高质量一体化发展产生负面影响。

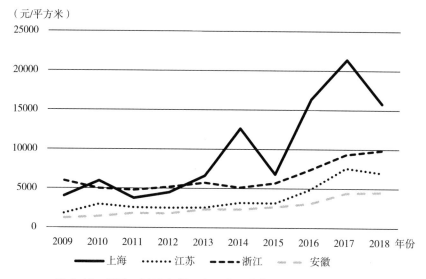

图 4-19　2009—2018 年长三角三省一市年平均土地出让价格

资料来源：根据中国国家统计局、中国指数研究院的各年数据计算。

4.3 长三角市场一体化发展的
协同治理对策

4.3.1 基于组织制度层面的协同治理对策

在长三角区域市场一体化进程中，组织与制度是城市间协同治理的基础，并对于建立统一、高效与有序的市场发挥着十分重要的作用。因此，通过构建完善的法律制度、优化政府职能与分工、完善政府间合作组织以及培育民间协调组织等措施，推动长三角区域市场一体化建设与治理。

4.3.1.1 构建完善的法律制度与良好的法治秩序

作为城市与区域发展的重要保障，完善的法律制度不仅有利于保护企业等微观经济个体的合法权益，而且对于建立统一开放的市场体系并形成良好的法治环境具有十分重要的作用。尽管长三角区域在大气污染联防联治与流域治理等生态环境保护方面开展了区域法治建设，但因片面追求本地区利益最大化而缺乏在市场层面进行城市间法治合作，尚未形成区域法律一体化的格局。尤其是长三角区域涉及三省一市四个省级行政区，地区间法律法规的制定与执行等方面均存在较大的差异，甚至在市场准入、产权保护以及行政处罚等方面存在明显的冲突，严重制约生产要素的自由流动与集聚，并影响区域市场一体化发展。因此，有待于通过构建完善的法律制度，整合区域不同地方的法律资源并创新其法治建设，从而将长三角区域市场一体化发展纳入法治轨道。具体而言，可以在立法、司法以及执法等多个方面推动区域市场法律体系的完善。

首先，针对长三角区域市场分割严重等重大问题，在中央授权的前提下，长三角区域开展区域性立法并尝试出台统一的区域性反垄断法与市场准入等法律制度与规则，从而减少地区保护主义。同时，对各地区现行的法律制度进行梳理与审查，并要求各层级地方政府及时修改不利于区域市场一体化发展的不当规定与做法，从而减少地区市场分割与垄断现象，并让要素市场、产品市场以及技术市场更加自由化。其次，建立长三角区域性行政执法协调机制，并赋予高等级行政机关跨区域对市场调查与处罚的权力，从而破解行政执法受限与行政辖区范围的弊端并提高区域市场一体化运行效率，从而推动区域统一的市场诚信体系建设。再次，构建相对统一的区域司法联席会议制度，实现司法适用与鉴定等方面区域性一体化。如各地方政府可建立结论互认、标准统一的司法鉴定制度，从而为区域企业与个体经济活动开展提供方便并减少法律带来市场分割现象。最后，树立长三角区域市场一体化发展理念，统一其基本的管理制度，消除阻碍城市间人财物等资源流动与集聚的法律制度障碍。尤其是建立共同的市场标准及其生产质量监督法律体系，减少对城市间商品与货物检验次数并消除地区间市场差别待遇等问题，从而为区域市场一体化发展奠定基础。

4.3.1.2 优化政府职能，充分发挥市场在资源配置的决定性作用

改革开放以来，我国通过权力下放与市场化等改革，赋予城市较多社会经济发展的自主权，并且促进了大城市以及城市群的崛起。然而，由于职能转变不彻底，在公共服务供给与区域性市场培育以及经济发展等众多领域，长三角各地区政府依然占据着主导性地位，从而使得政府职能过于庞杂而难以集中有限资源推动区域性市场建设。这种过于庞大的政府职能，不仅降低了政府行政效率，而且不利于市场机制的发挥以及长三角区域资金、技术以及信息等资源的高效率配置，进而阻碍了长三角地区市场一体化的发展。因此，未来长三角区域市场一体化发展仍需要政府进一步转变政府职能，减少政府对市场经济微观层面的过度干预，充分发挥市场在资源配置中的决定性作用，从而使得生产要素在区域快速流动与集聚，并推动区域市场一体化的不断发展。

首先，通过全面推行负面清单制度，明确政府权力边界，减少长三角区域政府对市场过度干预并打破地区间行政分割。通过优化政府职能，建立起政府行政审批目录清单、政府行政权力清单、投资审批负面清单、政府部门专项资金管理清单、行政事业性收费目录清单和部门职责清单等六

项政府权力清单①，规范政府行为并压缩政府权力，从而充分保障市场在资源配置中的决定性作用。其次，在明确政府与市场关系基础上，也要让政府与市场相互配合。尤其是公共物品提供等市场失灵方面，及时发挥政府的作用并对微观市场主体的行为进行校正，从而保证长三角区域形成高效有序的一体化市场。同时，在产业发展与集聚等经济方面，则需要充分发挥市场的决定性作用并加强政府对经济事务的"事中、事后管理"，减少政府对企业跨地区交易与并购行为的限制，从而促进区域有效政府与有效市场建设。最后，积极推动区域国有企业改革，通过市场经济打破"行政区经济"。尤其是开放竞争性行业，并鼓励民间资本参与国有企业改制重组，充分发挥市场作用来发展混合所有制经济并鼓励企业跨区域产业转移与并购重组，助推区域高效、公平和有序市场竞争的形成与完善。

4.3.1.3 建立与完善区域跨政区政府合作机构

在我国城市群形成与发展中，政府往往起着主导性作用，并影响着其一体化发展。然而，由于缺乏正式的跨政区政府合作机构，导致其一体化进程发展缓慢。同时，区域市场一体化发展面临信息不对称、监管不完善等问题，严重阻碍城市间经济发展与市场一体化进程。尤其是针对城市间激烈的利益冲突，需要建立正式的组织机构与仲裁制度，以行政强制力约束不同层级政府的行为，综合管理区域公共事务，并且整合城市间不同利益诉求。具体而言，可通过在国家、区域以及城市多维尺度建立正式的跨政区协调机构，并整合职能部门间行政资源与开展合作，为区域市场一体化建设与发展提供组织保障。

首先，在国家尺度可建立跨部委的区域治理委员会，其成员主要由国务院发展和改革委员会、住房和城乡建设部以及自然资源部等的相关代表组成，专门负责区域协调立法、重大项目审批以及跨省区司法审判等社会经济重大事务协调。其次，在省级尺度，三省一市政府不仅可设立区域开放与保护机构，并赋予较高的行政层级与权力，推动党和政府重大决策的贯彻落实。再次，也可以建立市场协调、产业发展以及环境保护等特定领

---

① 刘志彪：《反行政垄断和行政分割：统一市场建设的突破口和主体内容》，《财经智库》2016年第1期，第121—128页、第143—144页。

域专门领导小组，以促进产业合理分工、土地执法监督以及污染联防联控等具体事务协调，从而推动城市间政府信息沟通与共享并调动其推进市场一体化的积极性与主动性。最后，鼓励各职能部门跨地区交流与合作，建立以部门单位为主导的区域合作组织，从而推动部门职能优化与行政效率提高。尤其是面对食品安全、信用监管以及执法办案等复杂事务，城市间职能部门可开展共建信息共享平台并构建全区域智慧监管模式，并将信息查看权限赋予区域不同职能部门，从而实现市场监管的区域一体化。

4.3.1.4 培育与发展区域民间协调组织

目前，在我国区域市场一体化发展中，政府往往作为重要的参与者，而企业、公众以及 NGO 等参与广度与深度较为不足，一定程度上影响了合作民主化与科学性。因此，引入多元社会主体参与到长三角区域合作议程并监督政策执行，从而提高市场一体化发展的效率与政策的接受度。尤其是在区域快速发展中，非正式的领导小组凭借其灵活性与低成本等特点，为成员间合作提供便利的信息交流并推动着市场一体化共识形成。

具体而言，首先建立区域产业发展协会等特定行业组织，为该地区企业与居民提供合作信息，并通过联合行动促进区域资源共享与市场协作。尤其是对长三角区域企业服务联盟、青年创新创业联盟以及非物质文化遗产联盟提供一定的资金支持与政府扶持，鼓励这些民间协调组织在特定领域积极发挥自身作用，搭建人员与企业交流合作平台，从而发挥行业协会等民间组织的中介作用，助推长三角区域市场一体化发展。其次，成立由专家学者等成员构成的研究咨询类组织，为长三角区域市场一体化发展建言献策，并为市场监管、产业合作以及项目制定与实施等事项提供政策建议。最后，搭建公众参与区域市场监管与合作事项的平台，广泛动员并引导公众参与重大事项的咨询、听证以及监督等环节，增强政策的民主化程度并提高民众接受程度。

4.3.2 基于机制构建层面的协同治理对策

作为长三角区域市场一体化的关键，协调治理机制的建设与创新直接关系到区域整体发展水平的提高，也对企业生存与发展产生重大影响。因此，通过构建市场监管机制、成本共担与利益分享以及竞争机制等推动长三角区域形成统一有序、高效公平的市场环境，进而推动长三角区域高质量一体化发展。

4.3.2.1 基于市场监管机制的区域协同治理

近年来，长三角地区政府虽然在 2014 年与 2019 年分别联合签署了《推进长三角区域市场一体化发展合作协议》与《长三角市场体系一体化建设合作备忘录》等文件，并在商标保护与网络侵权等领域开展联合执法监管行动。然而，长三角城市间依然存在监管标准不统一、监管范围不明确以及跨政区联合监管不足等问题，不仅阻碍生产要素的自由流动与集聚，而且制约了长三角区域市场一体化的发展。尤其是在市场质量监管中，长三角各地区为保护本地区经济发展仍执行不同的监测与认证体系，导致部分产品被重复监测，甚至被拒绝进入特定地区市场。因此，亟待推动三省一市建立监管互认、执法互助，并形成权责一致、运转高效的跨区域市场监管合作机制。具体而言，主要包括以下几个方面。

首先，充分利用大数据理念与技术，建设市场协同监管信息共享平台，促进政府行业管理和监管执法信息的归集、交换和共享。同时，加强长三角区域跨政区间政府信息、商务信息以及社会信息等多领域与多层次信息交流与整合，打破城市间"信息分割"现象，实现长三角区域跨政区信息共联共享。尤其是在标准互认、信用共建以及执法互助等重点领域，加快区域综合监管平台建设，实现地区间与部门间监管信息与监管服务的无缝对接。其次，建立事前预防、事中监管、事后奖惩的全流程动态市场监管机制，推广"科技+制度+保护+诚信"协调治理机制。如在签署市场一体化合作协议的基础上，长三角各地区政府可制定相应的市场监管细则，明确市场监管范围并建立统一监管标准，从而做好市场监管的事前预防。同时，建立长三角区域共享的"信用清单"制度，及时对违反社会信用体系的企业和个人进行处罚并公示，强化市场监管的事后处罚机制。再次，建立常态化区域联合市场执法机制，优化案件移送、受理、反馈、监督、公开等工作机制。充分利用电子信息平台和大数据技术，开展网上服务与办公，减少市场监管的程序并优化跨政区执法案件的审理等事务。

4.3.2.2 基于成本共担与利益共享机制的区域协同治理

在全球化背景下，城市与区域竞争的加剧，使得单一城市难以依靠自身的资源吸引全球资本，而需要通过市场合作整合资源与实现利益共享。尤其是，在流域污染治理与基础设施建设等存在明显外部性领域，城市间因承担成本与获取收益存在不均衡性，导致其合作难以开展并阻碍了区域市场一体化建设。因此，可以通过构建成本共同与利益共享的治理机制推动区域市场一体化进程。具体而言，成本共担与利益共享机制主要包括利益协商机制、利益分配机制以及利益补偿机制三个方面。

第一，建立常态化与制度化的交流对话平台，逐渐形成公平和公正的成本共担与利益协商机制。由于发展的不均衡性，城市间在合作过程中难以进行公平的对话与利益协商，甚至处于弱势地位的城市需承担较高的成本却获得较少收益。因此，需通过构建公平和公正的成本共担与利益协商机制，充分保障城市间话语权与合作事项的决定权，并通过协商不断解决城市间合作出现的成本负担与利益分配的具体问题与矛盾。第二，加强顶层设计，组建长三角区域市场一体化成本共担与利益共享专家委员会，建立区域科学合理的成本与利益分配机制。尤其是理顺城市间权属收益关系，合理分配城市间在资源共享等方面的权利与义务，调动不同主体参与市场合作的积极性。第三，健全利益补偿机制，通过转移支付等制度合理补偿利益受损地区。尤其是在市场监管与产业合作等方面，城市间享受的收益与付出的成本，往往存在一定的差异。这些问题的解决往往难以依靠单一城市，而需要通过协调城市间利益与责任，甚至受益地区补偿其他地区，进而实现区域跨政区合作可持续推进。第四，设立区域市场一体化发展共同基金，并建立相应的使用与绩效评估机制。其中，基金的来源可依据各城市的财政收入与重大项目中所获得的收益，从而通过资金的再分配鼓励与带动长三角区域成本共担与收益共享。

4.3.2.3 基于自由竞争机制的区域协调治理

作为市场运作的基本机制，自由竞争机制不仅有利于促进生产要素在区域自由流动与集聚，而且有利于形成统一开放、竞争有序的区域市场，从而逐渐突破区域发展的"行政区经济"。目前，长三角区域市场一体化发展面临的地方保护主义与市场分割等问题，很大程度上是由于尚未形成自由竞争的市场机制。该机制通过反对过度行政干预与不合法市场垄断，限制了政府对于市场经济的干预并协调企业间竞争，进而有利于营造自由竞争的市场环境并推动要素地区流动并软化行政边界，进而推动长三角区域一体化发展。① 具体而言，可以通过建立统一市场竞争规则、鼓励企业跨政区投资与并购以及产业集聚与转移等机制促进区域自由竞争机制的形成，从而推动区域协调治理。

首先，制定统一与健全的市场竞争规则，坚决取缔不公平竞争与行政垄断。在统一竞争机制的作用下，长三角区域内部歧视和保护措施被取消，从而促使企业通过提高效率获得相应收益并带动区域整体市场环境的优化。② 同时，重点保护投资者正当利益，在税收优惠等方面公平对待不同所有制企业，从而形成良好的市场竞争环境并提高区域市场的发展活力。其次，改变按行政区划的经营限制，鼓励企业跨区域投资与并购，并在特定地区形成产业集群。作为市场经济发展的主体，企业通过跨政区投资与并购可以将企业间交易转为企业内部交易，从而降低交易成本并产生明显的市场一体化效应。再次，产业集群也有利于实现集聚经济与突破市场发展的行政边界约束，并成为市场一体化重要的空间载体。如长三角区域 G60 科创走廊凭借着发达交通网络与政策支持，吸引了众多高新技术产业沿发展轴带集聚，而不是局限于某个城市，从而较好通过产业集聚弱化边界效应并推动区域市场一体化协同治理。最后，制定优惠政策鼓励产业转移，优化产业结构并提升产业链价值。产业转移通过促进转出区域和转入区域之间的分工，使得城市间联系更加密切并促进区域市场一体化发展。同时，通过产业转移在不同的地区也可以产业集聚，并形成区域经济多个增长极，从而由于区域内部差距缩小并推动城市间协调发展。

4.3.3　基于政策协调层面的协同治理对策

在区域一体化发展过程中，地区间政策不统一、执行不到位以及权威性不足等问题阻碍生产要素流动与集聚，并对区域市场一体化进程带来不利影响。因此，为提高区域政策协同性，一方面需要基于政策过程视角协

---

① 刘志彪：《长三角区域市场一体化与治理机制创新》，《学术月刊》2019 年第 10 期，第 31—38 页。

② 陈文、游钰：《论区域经济一体化与竞争机制的完善》，《武汉大学学报（哲学社会科学版）》2010 年第 3 期，第 469—474 页。

调城市间政策制定、执行以及反馈等多个环节,另一方面对城市间财税政策、户籍政策以及医疗政策等进行统一与规范,从而共同促进区域市场一体化发展。

4.3.3.1 政策过程视角的区域协同治理

作为复杂的系统过程,政策协调涉及政策制定、政策执行以及政策反馈等多个方面。然而,由于传统行政管理体制的束缚,长三角地区政府仍以实现本地区经济增长为主,尚未形成区域整体协调发展的理念,进而阻碍了城市间市场一体化建设进程。因此,城市间政府需要政策制定形成区域共识,并加强政策执行环节的监督与管理,从而提高政策的科学性与有效性并促进区域市场的协同治理。

首先,在城市间政策制定过程中,城市间需通过长三角经济协调会进行充分的沟通与交流,并逐渐形成协调发展与互利共赢的共识,并在此基础上制定市场交易、管理以及监管等方面政策,并将其法律化以提高政策的权威性与可持续性。同时,充分利用互联网技术构建政府间信息交流平台,加强沟通交流与互动并形成行动者网络,从而化解城市间市场建设的问题。其次,针对区域政策治理过程协调困难等问题,长三角城市间需构建多层次与强有力的政策执行组织,并依据管理权限做好相应的职能分工,从而提高政策执行的效率。如作为高尺度行动者通过扮演裁判者和协调人的角色,中央和省级政府及时对区域市场一体化政策执行进行协调与管理,并减少因利益纠纷产生的矛盾。各地方政府则应积极培育区域合作发展的市场机制,营造成熟与开放的市场经济环境,向区域内各类群体和组织提供基于地方合作发展的政策、信息等公共服务。最后,建立政策执行效果的反馈方面,并对政策行为进行及时修正。尤其是对于不积极执行政策与违背政策的地方政府采取一定的处罚措施,提高区域一体化市场建设的紧迫性与重要性。

4.3.3.2 政策内容视角的区域协同治理

公共政策作为国家协调社会经济活动的重要手段,对于推进长三角区域市场一体化进程具有十分重要的意义。尤其是提高财税政策、市场监管政策以及户籍与医疗等具体政策内容方面协同性,从而促进生产要素在城市间自由流动与集聚并提高资源配置效率，并扩大区域跨政区合作的利益基础。然而，目前长三角区域内部政策协同性水平仍较低，甚至存在不同的地区间政策内容互相冲突的情形，极大限制长三角区域一体化市场的建设。尤其是在招商引资与市场监管方面，城市间政府为实现自身利益往往采取最有利于自身的政策，而忽略其他地区的合法权益，并对城市间统一市场建设产生不利影响。

因此，需提高多层次政府对区域政策协同的重视，并通过强有力的监管与评估等措施提高其实施效果。第一，在财税政策方面，改革现有的财税体制，完善转移支付力度并取消不合理的税收优惠政策。尤其是取消"即征即退""财政返还"等妨碍区域公平竞争的招商引资政策，营造良好的区域发展环境，应该加快区域税收优惠政策向产业税收优惠政策转变，从而营造良好的市场竞争环境并推动区域市场一体化发展。[1] 第二，为建设区域统一市场，长三角城市间联合会议应高度重视市场监管政策的协同性，制定统一的交易规则与市场认证等制度，从而从政策层面提高区域市场建设的协同性。第三，提高区域户籍、医疗以及就业等具体政策协同性，减少区域政策的冲突。放开放宽除个别超大城市外的城市落户限制，试行以经常居住地登记户口制度。建立城镇教育、就业创业、医疗卫生等基本公共服务与常住人口挂钩机制，推动公共资源按常住人口规模配置。同时，提高政策协同性更需要实施有效的政策组合，发挥财政政策、投资政策、产业政策、土地政策、农业政策、人口政策、环境政策等政策合力，从而促进区域一体化市场的发展。

4.3.3.3   空间规划视角的区域协同治理

作为特殊的公共政策，空间规划将资源和投资项目安排到具有高度竞争力的区域，成了促进区域发展与市场一体化建设的重要策略。尤其是主体功能区划不仅为区域分工提供了空间基础，而且能够统筹规划区域分工的整体格局，增强区域之间的联系，更好地发挥主体功能区对促进一体化的作用。通过建立完善的国土空间规划体系，强化不同层级规划的衔接

---

[1]   王郁琛：《促进长三角高质量一体化发展的税收分享政策研究》，《税收经济研究》2019年第3期，第34—40页。

性，从而以空间规划引导将资源与项目引导到特定地区并提高其配置效率，也成为推动区域生产要素高效流动的重要策略。具体而言，可以通过以下措施提高区域市场协同治理能力并实现区域高质量发展。

第一，将制定区域市场一体化发展规划为重要突破口，强化国土空间总体规划和专项规划、上级规划和下级规划之间的有机衔接，形成上下左右齐抓共管的合力，着力突破市场一体化发展中的薄弱点、脱节点和梗阻点。[①] 尤其是提高区域不同层级规划的衔接性，并且要求专项规划的制定与实施需以区域总体规划为基础，并且低层级规划内容不能违背高层级规划，减少区域不同层次规划内容之间的相互冲突。第二，要制定科学合理的区域产业跨政区转移规划。作为一种市场行为，产业跨政区转移有利于提高资源利用效率，并促进区域市场一体化发展。尤其要切实结合长三角地区产业发展已有条件和基础，在区域产业规划指导下，针对培育长三角经济新的经济增长极的要求，对长三角内部产业跨区域转移进行全面规划。第三，加强规划实施动态监测分析，不断完善规划监测评估机制，建立中期评估和总结评估机制，健全规划动态调整修订机制，确保规划有用、管用、好用。第四，保障社会公众知情权，完善社会监督机制，加大督查力度，加强规划实施考核评价，建立规划实施的监督考核机制。明确中央政府的协调责任、省市政府的主体责任、市县政府的落实责任，建立责任追究制，保障规划确定目标任务不折不扣得到贯彻落实。

4.3.4 基于不同要素市场层面的区域协同治理对策

完善要素市场化配置是建设统一开放、竞争有序市场体系的内在要求，也是推进长三角区域市场一体化战略要点。因此，通过推进资本、土地、劳动力以及产权等多元要素市场一体化机制，激发要素市场活力并提高要素配置效率。

4.3.4.1 推进资本市场的一体化

作为区域经济发展的重要保障，资本市场为区域市场一体化发展提供

---

① 黄征学、肖金成、李博雅：《长三角区域市场一体化发展的路径选择》，《改革》2018 年第 12 期，第 83—91 页。

重要的资金等资源，并推动区域经济的发展。尽管长三角区域资本市场发展较好，但依然存在资本交易信息不对称、监管不完善以及开放程度不足等问题，严重制约着长三角区域资本自由流动与效率提高。对于资本市场发展较为良好的长三角，在接下来的发展中应该加强资本市场的交易秩序，公开资本市场信息，增加资本市场监管力度，使之规范有序地发展。具体做法主要包括如下方面。

首先，亟待深化区域内各类资本市场的分工协作机制，推动三省一市建立统一的抵押质押制度，推动长三角城市间支付结算、异地存储、信用担保等业务同城化，显著降低跨行政区金融交易成本。其次，增加有效金融服务供给，并健全多层次资本市场体系。尤其是需要构建多层次、广覆盖、有差异、大中小合理分工的银行机构体系，优化金融资源配置，放宽金融服务业市场准入，推动信用信息深度开发利用，增加服务小微企业和民营企业的金融服务供给。再次，建立县域银行业金融机构服务"三农"的激励约束机制。推进绿色金融创新。完善金融机构市场化法治化退出机制。最后，主动有序扩大金融业对外开放。一方面稳步推进人民币国际化和人民币资本项目可兑换，逐步推进证券、基金行业对内对外双向开放，有序推进期货市场对外开放。另一方面逐步放宽外资金融机构准入条件，推进境内金融机构参与国际金融市场交易。①

4.3.4.2 推进劳动力市场一体化

作为区域经济发展重要的要素，劳动力市场一体化是整合区域间人才资源的重大战略举措，是促进长三角区域经济提升、产业结构升级的重要推动力。然而，长期以来，由于受到行政区经济的束缚，长三角城市间劳动力市场开放与共享等方面依然存在较为严重的本位主义和各自为政的现象，这不仅制约了人才效能的最大发挥，也成为长三角地区高质量发展的重要障碍。因此，亟待通过深化户籍制度改革、畅通劳动力和人才社会性流动渠道以及完善技术技能评价制度等方面促进劳动力跨政区流动，从而实现区域内人才资源的合理利用和优化配置。

首先，深化户籍制度改革。推动超大、特大城市调整完善积分落户政

---

① 《中共中央 国务院关于构建更加完善的要素市场化配置体制机制的意见》。

策，探索推动在长三角区域率先实现户籍准入年限同城化累计互认。其次，畅通劳动力和人才社会性流动渠道。健全统一规范的人力资源市场体系，加快建立协调衔接的劳动力、人才流动政策体系和交流合作机制。营造公平就业环境，依法纠正身份、性别等就业歧视现象，保障城乡劳动者享有平等就业权利。完善人事档案管理服务，加快提升人事档案信息化水平。再次，完善技术技能评价制度。创新评价标准，以职业能力为核心制定职业标准，进一步打破户籍、地域、身份、档案、人事关系等制约，畅通非公有制经济组织、社会组织、自由职业专业技术人员职称申报渠道。最后，加大人才引进力度。畅通海外科学家来华工作通道。在职业资格认定认可、子女教育、商业医疗保险以及在中国境内停留、居留等方面，为外籍高层次人才来华创新创业提供便利。

4.3.4.3 推进土地市场的一体化

土地要素市场一体化在推动长三角区域协同发展及区域供给侧结构性改革中起重要的基础性、调节性作用。土地市场不完善、土地价格扭曲都不利于区域市场一体化的发展。因此，通过以下措施推动长三角区域土地市场建设，进而避免城市间竞相引资而出现变相压低土地价格的不合理现象。

首先，建立健全城乡统一的建设用地市场。加快修改完善土地管理法实施条例，完善相关配套制度，制定出台农村集体经营性建设用地入市指导意见。[①] 全面推开农村土地征收制度改革，扩大国有土地有偿使用范围。建立公平合理的集体经营性建设用地入市增值收益分配制度。建立公共利益征地的相关制度规定。其次，深化产业用地市场化配置改革。健全长期租赁、先租后让、弹性年期供应、作价出资（入股）等工业用地市场供应体系。在符合国土空间规划和用途管制要求前提下，调整完善产业用地政策，创新使用方式，推动不同产业用地类型合理转换，探索增加混合产业用地供给。再次，鼓励盘活存量建设用地。充分运用市场机制盘活存量土地和低效用地，研究完善促进盘活存量建设用地的税费制度。最后，完善

---

① 毛汉英：《京津冀协同发展的机制创新与区域政策研究》，《地理科学进展》2017年第1期，第2—14页。

土地管理体制。完善土地利用计划管理，实施年度建设用地总量调控制度，增强土地管理灵活性，推动土地计划指标更加合理化，城乡建设用地指标使用应更多由省级政府负责。探索建立全国性的建设用地、补充耕地指标跨区域交易机制。

4.3.4.4　推进技术市场的一体化

尽管长三角区域已建立产权交易服务平台，但城市间科创成果转化与技术资源共享等方面仍存在地区间协同、协作力度不够，机制缺乏等问题，进而导致区域技术市场一体化难以发挥较好的作用。因此，通过以下措施推动长三角区域技术市场一体化，推动科技创新资源自由流动并促进经济快速发展。首先，完善科技创新资源配置方式。改革科研项目立项和组织实施方式，坚持目标引领，强化成果导向，建立健全多元化支持机制。完善专业机构管理项目机制。加强科技成果转化中试基地建设。其次，培育发展技术转移机构和技术经理人。加强国家技术转移区域中心建设。支持科技企业与高校、科研机构合作建立技术研发中心、产业研究院、中试基地等新型研发机构。积极推进科研院所分类改革，加快推进应用技术类科研院所市场化、企业化发展。建立国家技术转移人才培养体系，提高技术转移专业服务能力。最后，促进技术要素与资本要素融合发展。积极探索通过天使投资、创业投资、知识产权证券化、科技保险等方式推动科技成果资本化。鼓励商业银行采用知识产权质押、预期收益质押等融资方式，为促进技术转移转化提供更多金融产品服务。

4.3.4.5　推进数据要素市场的一体化

随着互联网技术的快速发展，数据在国民经济运行中发挥着越来越重要的作用，甚至成为新的生产要素。数据要素不仅能促进生产效率，同时，数据本身就是生产力的重要组成部分，是推动许多新兴产业发展的基础。因此，通过以下措施推动长三角区域数据要素的开放与共享，并提高其利用效率。首先，推进政府数据开放共享。优化经济治理基础数据库，加快推动各地区各部门间数据共享交换，制定出台新一批数据共享责任清单。研究建立促进企业登记、交通运输、气象等公共数据开放和数据资源有效流动的制度规范。其次，提升社会数据资源价值。培育数字经济新产业、新业态和新模式，支持构建农业、工业、交通、教育、安防、城市管理、公共资源交易等领域规范化数据开发利用的场景。发挥行业协会商会作用，推动人工智能、可穿戴设备、车联网、物联网等领域数据采集标准化。最后，加强数据资源整合和安全保护。探索建立统一规范的数据管理制度，提高数据质量和规范性，丰富数据产品。研究根据数据性质完善产权性质。制定数据隐私保护制度和安全审查制度。推动完善适用于大数据环境下的数据分类分级安全保护制度，加强对政务数据、企业商业秘密和个人数据的保护。

参考文献

［1］蔡恩泽：《推进长三角产权交易，借势城市群规划新发展》，《产权导刊》2016 年第 8 期。

［2］陈海盛、赵期华：《提升"信用长三角"建设水平》，《党政论坛》2020 年第 2 期。

［3］陈江华、李建瑞：《高质量发展背景下长三角知识产权一体化保护研究》，《合肥学院学报（综合版）》2020 年第 1 期。

［4］陈楠、李清娟：《打破流动壁垒，促进长三角人才市场一体化》，《群众》2019 年第 18 期。

［5］陈文、游钰：《论区域经济一体化与竞争机制的完善》，《武汉大学学报（哲学社会科学版）》2010 年第 63 卷第 3 期。

［6］陈寅、王嘉伟：《长三角一体化背景下 G60 科创走廊的创新要素流动探究》，《江南论坛》2020 年第 1 期。

［7］戴垠澍：《城乡建设用地市场一体化对区域土地利用变化的影响机理研究》，南京大学硕士学位论文，2019 年。

［8］高丽娜、蒋伏心：《长三角区域更高质量一体化：阶段特征、发展困境与行动框架》，《经济学家》2020 年第 3 期。

［9］洪浣宁、张淑贤、黄日阅：《发挥金融要素市场集聚优势，服务长三角一体化发展国家战略》，《浦东开发》2018 年第 11 期。

［10］黄征学、肖金成、李博雅：《长三角区域市场一体化发展的路径选择》，《改革》2018 年第 12 期。

［11］嵇尚洲：《长三角区域一体化举措与路径》，《科学发展》2017年第 3 期。

［12］李伟：《长三角知识产权保护一体化的思考》，《中国发展》2019 年第 6 期。

［13］李永盛：《长三角区域实体经济一体化发展的短板及对策》，《科学发展》2019 年第 6 期。

［14］刘志彪、孔令池：《长三角区域一体化发展特征、问题及基本策略》，《安徽大学学报（哲学社会科学版）》2019 年第 3 期。

［15］刘志彪：《反行政垄断和行政分割：统一市场建设的突破口和主体内容》，《财经智库》2016 年第 1 期。

［16］刘志彪：《长三角更高质量一体化发展的三个基本策略问题分析》，《江苏行政学院学报》2019 年第 5 期。

［17］刘志彪：《长三角一体化发展的基础在市场一体化》，《学习时报》2019 年 9 月 30 日，第 7 版。

［18］刘志彪：《长三角区域市场一体化与治理机制创新》，《学术月刊》2019 年第 10 期。

［19］毛汉英：《京津冀协同发展的机制创新与区域政策研究》，《地理科学进展》2017 年第 1 期。

［20］潘业媚：《长三角资本市场发展现状及对策》，《现代商业》2019 年第 7 期。

［21］王慧娟、兰宗敏、王锡朝：《长三角区域协同发展的特征、问题与政策建议》，《经济研究参考》2018 年第 59 期。

［22］王郁琛：《促进长三角高质量一体化发展的税收分享政策研究》，《税收经济研究》2019 年第 3 期。

［23］吴佩、姚亚伟、赵海鹏：《长三角区域资本市场一体化发展现状与对策》，《金融理论与实践》2018 年第 10 期。

［24］武英涛、茹训诚、张云：《长三角金融市场一体化中的行政边界壁垒测度——基于企业债务融资成本的实证研究》，《河海大学学报（哲学

社会科学版）》2019 年第 5 期。

［25］徐军海：《在长三角人才市场一体化进程中展现新作为》，《群众》2019 年第 15 期。

［26］姚亚伟：《加快区域资本市场建设　助力长三角一体化发展》，《中国社会科学报》2019 年 2 月 26 日，第 4 版。

［27］张明斗、毕佳港：《城乡劳动力市场的制度性分割及一体化建设研究》，《城市》2020 年第 4 期。

［28］张学良、李丽霞：《长三角区域产业一体化发展的困境摆脱》，《改革》2018 年第 12 期。

［29］张学良、林永然、孟美侠：《长三角区域一体化发展机制演进：经验总结与发展趋向》，《安徽大学学报（哲学社会科学版）》2019 年第 1 期。

［30］张燕：《长江经济带土地市场分异特征及一体化可行性研究》，中国矿业大学硕士学位论文，2016 年。

［31］张月友：《长三角一体化离不开区域市场一体化》，《安徽日报》2018 年 12 月 18 日，第 11 版。

5

长三角交通问题的协同治理与一体化

交通高质量一体化是长三角区域高质量一体化发展的重要组成部分和必要之路。现阶段，长三角区域以高速公路、高速铁路和航空为基础的综合立体骨干交通网基本形成。然而，长三角区域也面临交通设施发展不均衡，地区分布差异显著；区域交通协同不紧密，地区间衔接效率低下；综合协调机制不完善，地区间存在无序竞争等困境，需要进一步解决和完善。目前，欧美国家通过立法、行政、经济等手段，编制交通规划、打破行政壁垒、形成紧密的区域交通协调机制、建立交通一体化发展的投融资机制等方式推进交通协同治理与一体化发展。从国外典型的交通协同治理案例来看，美国 MPO 交通协同治理、东京都市圈和伦敦都市圈交通协同治理的成功经验为提出长三角交通协同治理及一体化对策提供了思路。一方面，长三角三省一市需要树立交通一体化协调发展理念；强化交通一体化顶层设计；统一交通管理法规、政策与标准；编制交通一体化规划；建立交通一体化管理机制；给予财政、税费等相关扶持政策，构筑多元化投融资体制；整合与共享交通运输信息。另一方面，上海都市圈应该以打造"1 小时交通圈"为目标，构建多层次轨道交通网络；以补齐都市圈航空运输短板为重点，构建高效协同的多机场系统；以打破行政区划壁垒为手段，推动都市圈毗邻地区交通一体化。这两个方面的对策形成了一个完整的体系，可以全面促进长三角交通协同治理及一体化水平的不断提升。

5.1 长三角交通一体化发展面临的主要问题

5.1.1 交通设施发展不均衡，地区分布差异显著

从省级区域来看，长三角三省一市交通基础设施发展水平失衡。如表

5-1 所示，上海市铁路网密度、高铁网密度、公路网密度、高速公路网密度、高铁网密度、内河航道网密度以及民航机场密度指标均显著高于其他三省，交通设施发展水平最高。从交通运输方式客运量看，三省一市之间差异巨大，存在发展洼地短板。安徽省的铁路客运量、公路客运量和水运客运量等指标显著低于其他两省一市（见表 5-1）。而且，省域内部交通运输发展水平不一，苏北、浙西、皖西北等区域交通发展相对滞后（刘勇凤和耿彦斌，2019）。例如：铁路发展水平呈现"东部沿海沿江地区高于内陆地区、高铁沿线地区高于苏北、浙西南、皖西等铁路服务相对薄弱地区"的特征。

表 5-1　长三角三省一市交通运输发展情况（2018 年）

指标	单位	上海	江苏	浙江	安徽
铁路营业里程	公里	466	3062	2813	4324
铁路网密度	公里/百平方公里	7.3496	2.8563	2.6638	3.0855
高铁营运里程	公里	110	846	1485	1403
高铁网密度	公里/百平方公里	1.7349	0.7892	1.4063	1.0011
公路里程	公里	13106	158729	120662	208826
公路网密度	公里/百平方公里	206.7029	148.0681	114.2633	149.0126
高速公路里程	公里	836	4711	4421	4836
高速公路网密度	公里/百平方公里	13.1851	4.3946	4.1866	3.4508
内河航道里程	公里	2091	24380	9761	5641
内河航道网密度	公里/百平方公里	32.9785	22.7425	9.2434	4.0253
民航机场个数	个	2	9	7	5
民航机场密度	个/十万平方公里	31.5432	8.3955	6.6288	3.5679
铁路客运量	万人	12267	21204	21870	12337
公路客运量	万人	3151	97025	72013	50770
水运客运量	万人	427	2383	4497	240

资料来源：《中国统计年鉴 2019》、长三角三省一市统计年鉴。

从地级市角度来看，呈现出经济发展水平高的城市，交通基础设施较完善（熊娜等，2019）。例如：上海、南京、杭州、苏州等经济发达的核心城市之间交通建设比较完善、交通条件比较便利，有高铁、轻轨、地铁、有轨电车等；经济欠发达城市交通建设比较滞后、交通条件较为闭塞。铁路建设以上海、南京、杭州、合肥及其周边地区为主，苏北、皖北、皖南以及浙江境内沪昆线以南、以北地区建设滞后。东西向铁路运输能力不足，京沪、沪昆、京九、陇海、华东二通道等铁路能力利用率已接近或超过 100%，极大地制约了区域之间和对外的货物运输。机场数量差异大，机场大多数位于经济最为发达的沪苏浙地区，尤其是沪宁、沪杭沿线，而安徽省多数城市均至今仍然没有机场，呈现沿海地区—内陆地区，机场数量逐步降低的空间格局特征（见表 5-2）。例如：上海拥有虹桥国际机场和浦东国际机场 2 座机场，而淮北、亳州、宿州等城市还没有建设机场，成为长三角综合交通体系机场建设的洼地。

表 5-2　长三角地级市机场数量（2018 年）

城市	机场数量	城市	机场数量	城市	机场数量	城市	机场数量
上海	2	镇江	0	舟山	1	六安	0
南京	1	泰州	0	台州	1	马鞍山	0
无锡	1	宿迁	0	丽水	0	芜湖	0
徐州	1	杭州	1	合肥	1	宣城	0
常州	1	宁波	1	淮北	0	铜陵	0
苏州	0	温州	1	亳州	0	池州	1
南通	1	嘉兴	0	宿州	0	安庆	1
连云港	1	湖州	0	蚌埠	0	黄山	1
淮安	1	绍兴	0	阜阳	1		
盐城	1	金华	1	淮南	0		
扬州	1	衢州	1	滁州	0		

资料来源：全国机场生产统计公报。

5.1.2　区域交通协同不紧密，地区间衔接效率低下

目前，长三角区域间各种交通方式之间缺乏有效衔接，信息不能共享，各种交通资源的综合利用效率不高，缺乏有效地衔接（邵瑛，2012）。整体上看，长三角地区交通运输网络衔接水平不高，三省一市缺少统一的

区域综合交通规划，尚处在各谋利益、各自为政的状态（范克龙，2019）。省际通道衔接项目建设推进缓慢，互联互通基础设施建设不统一，省际接口数量少，存在大量省际公路衔接瓶颈，甚至省界处公路的技术标准和等级不对接，无法实现交界地区路网融合（刘勇，2009）。跨海跨江通道数量总体偏少，部分城市过江绕行距离较长，既有过江通道能力基本饱和。干线铁路网密度低、内河高等级航道网衔接不畅。长三角地区"1+5"都市圈之间的快速交通网络能力和线路配置有待提升。另外，干线公路与城市道路衔接不足，城区进出路段拥堵状况严重，同时也影响干线公路的正常运行和快速化功能。具体来看，长三角地区存在多式联运发展水平较低、港航一体化发展程度较低、机场间统筹合力尚未形成以及"断头路"较多等问题。

（1）多式联运发展水平较低

目前，国际上海铁集装箱联运比例通常在 20%左右，而宁波—舟山港集装箱铁水联运比例仅为 0.8%（刘勇凤和耿彦斌，2019）。海铁联运、公铁联运、滚装运输、空陆联运等发展缓慢，多式联运换装环节多，装备现代化水平不高、信息互联共享亟待提升，运输服务规则不协调。长三角地区综合性交通枢纽衔接不畅，联程联运服务水平较低，旅客出行换乘不便。同一个城市内不同枢纽之间缺乏有效连通，如浦东机场与虹桥机场间通过城市轨道连接，旅客换乘中转时间超过 1 小时；杭州东站与萧山机场之间也缺乏快速轨道联系，影响了机场的对外辐射能力；浦东机场未配套高铁或者城际轨道，造成旅客前往长三角其他城市时，需要多次换乘。新建的高铁站多位于城市郊区，尤其县级高铁站远离县城的比例很高，但高铁通车时，配套的综合客运枢纽站通常不能同步运营，造成综合配套不完善，旅客换乘不便利，公共交通设施缺乏。长三角地区土地、空域、通道线位资源紧张，上海、浙江、苏南等地区可利用的建设用地十分有限，上海开发强度超过 40%，萧山国际机场因空域问题，双跑道至今未能独立运行。内河水运节能环保优势没有充分发挥，内河标准化船型研制推广尚显薄弱，加大了长三角地区绿色交通的发展压力。

（2）港航一体化发展程度较低

长三角港口群处于"一带一路"和长江经济带的交汇地带，以及南北干线和长江干线的交叉点，沿海港口 19 个，内河港口 10 个（熊娜等，2019）。以上海港、舟山港为龙头，以 8 个主要沿海港口、26 个内河规模以上港口为支撑，统筹整合港口资源，形成了南京港、镇江港、张家港、南通港四大枢纽港和以上海、杭州、南京为主的大型远洋运输集散港口。上海港为国际航运中心，舟山港为南翼副中心，南京港为江海联运中转枢纽，苏州港为上海集装箱主枢纽。

但是，长三角地区港航一体化发展程度较低，岸线资源利用缺少统筹规划，港口建设同质化现象严重，港口群货物争夺竞争激烈，重点货类运输系统布局有待完善，液化天然气（Liquefied Natural Gas，LNG）接卸能力不足，部分港口服务能力过剩，港口企业间合作不充分。上海航运中心高端服务业能力不强，主要业务依旧集中在船舶运输和港口级水上运输服务等，船运经纪和船舶融资、船舶保险、海事仲裁、航运信息咨询服务等现代高端航运服务业尚不发达，国际化程度较低。铁路、水路疏港比例偏低，尤其是进港铁路较少，长三角区域中货物铁水联运比例超过 10% 的只有连云港，且集装箱铁水联运量的比例不超过 5%（刘勇凤和耿彦斌，2019）。

（3）机场间统筹合力尚未形成

长三角区域航空航线网络结构依托上海、南京、杭州、合肥四大枢纽 19 座机场，通航机场 41 座，形成了"沿江沿海环太湖"的"1+2+3+N"的层级结构（熊娜等，2019）。其中，上海浦东、上海虹桥、杭州萧山、南京禄口、宁波栎社、温州龙湾、合肥新桥 7 个吞吐量千万级机场组成大型综合航空枢纽机场，苏州无锡硕放机场、扬州泰州扬泰机场、南通机场、常州奔牛机场等组成中小型辐射机场。每万平方公里机场密度 0.9 个，旅客吞吐量超过 2.10 亿人次（吴威等，2018）。机场群中浦东机场、虹桥机场、杭州机场的网络覆盖范围与厚度地位显著。

然而，区域空域资源限制比较突出，机场设施保障能力不足，国际服务能力亟待增强，机场间统筹合力尚未形成，集疏运方式单一（国家发展改革委和交通运输部，2020；章轲，2020）。浦东机场国际竞争力亟待提升，远程国际航线覆盖面、通达性与亚洲竞争枢纽比存在差距，国际旅客吞吐量占比不高。宁波等机场航站楼、货运场站等硬件设施建设相对滞后，虹桥、杭州等机场周边可用土地资源不足，地面可扩展空间有限。杭州、南京、合肥机场航线网络不够密集，航线结构不尽合理，国际中远程航线偏少。大部分机场基本上只有一条疏港公路与主城区相连，轨道交通建设严重滞后，公路同时承担城市或区域交通的功能，影响机场服务辐射能力。

（4）"断头路"较多

省际之间断头路现象依然比较严重，城市间、行政区间的交通联系尚未实现高效通畅（陈文彬等，2019）。随着经济的快速发展和城市化进程的迅速推进，长三角的交通出行总量迅猛增长，出行距离大幅增加。长期以来，由于缺乏统一规划，长三角区域内各省市只着眼于本地区的快速路网规划和建设，较少注重彼此之间的衔接，路网上存在的"断链"较多，到处都有自己的"局域网"，大大降低了各区域之间的连通。目前，长三角尚未形成全域一体化的干线路网体系，缺少支持多种交通方式高效转换的枢纽体系。此外，在长三角已存在的道路衔接中，大部分存在或多或少的衔接不对称，或者"断头路"的现象。

5.1.3　综合协调机制不完善，地区间存在无序竞争

近几年，长三角三省一市交通部门对一体化机制进行了大胆的探索，从最初的单纯项目推进，到项目推进与制度建设并重的理念，已经有了一定飞跃，也为完善工作机制提供了有益的思路。但是，目前长三角地区缺乏跨部门、跨地区、多层面的交通运输规划、实施协调机制，共建共治共享的交通运输治理体系不健全，标准不统一（万英发，2010）。

目前，长三角交通运输体系规划中缺少统筹协调机制，存在较大不足（熊娜等，2019）。具体表现为协调机构权威性差、约束力弱。长江三角洲交通运输体系涉及公路、水路、铁路、航空等多种运输方式，而在我国上述运输方式的行业管理中，目前存在政出多门、多头管理的现象，既有国务院有关交通管理各部委职能的条块分割，又有中央政府和地方政府行业主管部门职能的交叉。同时，交通运输与城市、国土、海洋、水利、电力、环境保护、金融、信息、口岸等行业部门之间关系密切。在交通运输体系规划中，各主管部门往往从自身角度出发，各自为政，缺乏跨部门、

跨地区、多层面的交通运输规划协调机制，造成有限的运输资源浪费。比如，交通运输部代表了国家利益，国务院在发布〔2008〕30 号文以后，明确不再新设长三角经济社会一体化推进机构，交通运输部就是长三角交通一体化的最权威机构；再如，长三角港口之间竞争远比道路运输激烈，一些港口城市交通部门代表了地方政府利益，也必须考虑他们的需求；各地道路运输协会是区域市场主体利益的代言人，应发挥好各地道路运输协会积极性。但是现行的一体化工作机制没有很好兼顾这些利益需求，单纯由三省一市交通主管部门"独唱"，难以得到各方有效地支持和呼应（刘勇凤和耿彦斌，2019）。如何改变现有局面，通过谋求共同利益最大化、营造"共赢互惠"的局面，是未来必须解决的问题。

长三角还存在区域间政策环境不一致、标准体系不完善等问题（张治栋等，2018）。各行政区对财政、税收、就业等经济发展产生的利益诉求差异，使有效的责权利配置机制和可持续的成本收益合理分配与循环增长机制难以形成。各省市分别依据各自的规划和相关标准推进交通基础设施建设，形成规划等级和建设时序衔接壁垒。各地交通管理、法规及执法标准不一，口岸执法部门信息互换、监管互认和执法互助还存在一定障碍（熊娜等，2019）。

5.2 协同治理视角下区域交通治理模式分析

美国、日本、英国等国家通过立法、行政、经济等手段，创新交通运输组织模式，突破行政壁垒和体制束缚，促进交通协同管理。

5.2.1 利用法律手段推进交通协同治理

区域交通一体化并不是新生事物，国外利用法律手段推进区域交通一体化已有了较为成功的实践经验。这里对国外交通一体化立法经验进行分析，从而为长三角交通一体化协同立法总结出建设经验，对于长三角区域具有十分特殊的借鉴意义。国外通过立法手段促进区域交通一体化设最为典型的地区是东京都市圈、纽约都市圈和伦敦都市圈（赵骅琪，2019）。

（1）东京都市圈

广义的东京都市圈包括东京都和周边三县（神奈川县、千叶县、埼玉县）以及北关东（群马县、茨城县、山梨县和杨木县），共一都七县。狭义的东京都市圈包括东京都及其邻近的神奈川、埼玉和千叶三县（一都三县）。东京都市圈的建设与发展历程，与日本经济发展历程息息相关。东京都市圈成立于1958年，时值日本战后经济复苏时期，为了推动首都及周边地区的发展，日本政府决定建立东京都市圈（国务院发展研究中心课题组，2016）。随后伴随着日本经济危机、经济高速增长、经济泡沫，东京都市圈的范围有所调整。

东京都市圈交通规划立法大致经历了三个阶段（赵骅琪，2019）：第一阶段，即1925—1958年。1925年颁布的《东京特别都市计划》，是日本第一个关于城市轨道交通的规划，提出了东京五条高速公路的建设。此后东京地区高速建设发展迅速，并于1957年制定了区域内11条地铁线路发展建设的规划。交通建设而促进了人口和资源向东京的流动，使东京逐渐成为日本的经济、政治、文化中心，从而为东京都市圈的成立奠定了基础。第二阶段，即1958—2000年，东京都市圈逐渐成型。东京真正意义上的综合交通枢纽形成于20世纪60—70年代，当时也是东京交通拥堵最为严重的时期（余柳和刘莹，2013）。东京人口的膨胀使得东京的交通、住房、环境压力逐渐增大，为了缓解东京的人口压力，政府决定逐步建立以东京为中心的放射性轨道交通线。在此阶段，日本政府对以东京都为中心的交通进行了四次主要的交通规划（见表5-3）。第三阶段，即2000—2015年，发展完善阶段。在此阶段，日本政府发布了东京都市圈的第五次规划（马祥军，2009）。提出了"分散型的网络结构"的概念，强调在以东京都市圈进一步建设的基础上，通过大环状联合轴的建设形成各区域相对独立但联系紧密的分散型网络结构，从而以交通带动东京都市圈的向外辐射，带动周边乃至全国交通和经济的发展。2006年，日本政府颁布了新的《首都圈整备计划》，再一次强调了东京都市圈的国际化发展和大环状联合发展轴的建设。

表5-3 形成阶段四次交通规划

	第一次规划	第二次规划	第三次规划	第四次规划
规划时间	1958—1975 年	1968—1975 年	1976—1985 年	1986—2000 年
规划目标	以东京都为中心的放射状道路网规划	东京都中心部与周边区域的连续道路网的规划	城市交通、环状高速公路的规划	各城市高速公路延伸与衔接的规划
主要内容	联结东京站、新宿、涉谷及羽田机场大道修建，以形成半环与放射线相结合的路网结构，并对即将城市化的东京外围地带，采用放射与环状相结合的道路网，构成城市的基本骨架	高速公路以干射线为主，同时开通东京与横滨之间的高速公路主要干线	继续完成放射线道路与对外高速公路连接，同时开始加强中央环状线以及自动经外环高速公路的建设	中央环线、外环、圈央道三条环状高速公路的续建设

资料来源：赵骅琪：《京津冀交通一体化规划协同法律问题研究》，北京交通大学硕士学位论文，2019 年。

东京都市圈的交通一体化协同立法的主要经验有：第一，交通协同立法紧跟时代潮流。日本政府时刻关注东京都市圈和国内外的经济发展状况，敢于面对规划中遇到的新问题，适时制定新的交通法律，以此来引导东京都市圈交通一体化的进一步发展（杨文义，2015）；第二，注重轨道交通建设。东京都市圈是世界上轨道交通最发达的地区之一。轨道交通具有良好的人口资源承载能力，支撑了东京都市圈的发展（孙洪涛和戴新鎏，2015；冷炳荣等，2016）。而且对环境污染较小，运输效率高，对于缓解道路拥堵、环境污染等城市问题具有重要意义；第三，注重机场交通建设。东京都市圈内有东京国际机场和成田国际机场。日本在交通协同立法对机场建成的位置、机场道路的建设、与其他出行方式的衔接都纳入了考量，从而使得东京都市圈的两大机场的航空运输量不断增长，以机场交通为中心的综合交通方式的一体化规划大大促进了东京都市圈的交通一体化的建设。

（2）纽约都市圈

纽约都市圈以纽约市为中心，都市圈由纽约、费城、波士顿、巴尔的摩、华盛顿五大城市以及 40 个 10 万人以上的中小城市组成（徐阳，2010）。纽约都市圈是世界性的金融贸易中心，是世界上经济最为发达的地区之一。纽约都市圈的交通规划立法由不同层级的部门制定（赵骅琪，2019）。在纽约市内，主要有纽约市城市规划局、纽约市交通局两大机构。2007 年纽约市政府着手开展城市总体规划研究，规划主题称为 "A Greener, Greater New York"，规划期限为 2030 年，主要包括土地、水、能源、空气、气候变化和交通 6 个部分。2008 年，纽约市交通局颁布《纽约市交通发展战略规划》，规划的目标是通过提升和扩展可持续交通基础设施建设和服务，以及交通需求管理措施，为市民和游客提供高效、可持续的交通系统。在美国，都市圈的交通规划立法的实行必然面临各州之间司法、行政管辖权的冲突。为了规划的顺利施行，各部门须要建立高效协调的合作机制，纽约都市圈主要通过建立分层级的规划立法制定部门来解决这一问题，在交通规划立法制定部门之间划定了较为清晰的规划权责分担。

纽约都市圈促进区域交通一体化协同立法措施有：第一，注重各层级政府部门的分工与合作。在纽约都市圈，不同层级的规划立法制定和实施部门有：纽约市城市规划局、纽约市交通局、大都会交通局、纽约市大都会交通署、纽约市区域规划协会①等（见表 5-4）。这些不同的部门在不同的层次上分工明确，确保各层级的交通规划都能得到有效地实施。第二，注重交通管理。交通部门通过交通拥堵收费、违章停车管、交通设施维修等手段提高现有交通资源的利用效率，这也有利于资源的可持续利用，减少环境污染。第三，对交通建设融资渠道的创新。寻求多渠道的交通资金运转渠道，为交通规划建设提供充足的资金支持，反过来也用交通建设来带动资金的流动和经济的发展。第四，注重对交通规划的评估和监督。建立专门的实施评价指标体系，对规划的可行性和实施效果进行评估，确保交通规划的顺利实行。第五，注重公共交通的建设和发展。纽约市居民采取公交、地铁和铁路通勤出行的比例达到了一半以上，公共交通设施的发达减缓了上下班地面私家车出行的压力，保障了道路的通畅（张晓东和高扬，2014）。

---

① Regional Plan Association of New York，https：//www. rpa. org/.

表5-4 纽约地区交通规划机构主要职责和规划

层级	机构	主要职责	主要规划
城市级	纽约城市规划局（NYCDP）	城市区划和土地利用	纽约市规划
	纽约市交通局（NYCDOT）	城市交通和人员管理	
大都会级	大都会交通局（MTA）	纽约市地铁和公交的建设与运运营	统一公共交通政策，公交和地铁的运营和地铁的调度规划
	纽约市大都会交通署（NYMTC）	纽约市、长岛和哈德逊区域交通规划	区域交通规划；交通改善项目；统一工作方案
都市圈级	区域规划协会（PRA）	为都市圈提供改善生活质量和经济竞争力的建议	发表有影响力的大都市圈规划报告

资料来源：赵骅琪：《京津冀交通一体化规划协同法律问题研究》，北京交通大学硕士学位论文，2019年。

（3）伦敦都市圈

伦敦都市圈以伦敦为中心，由伦敦、谢菲尔德、利物浦、曼彻斯特等5个城市和周边30多个城镇组成（韩慧和李光勤，2015）。都市圈总面积为4.5万平方公里，其占到了英国总面积的18.4%。1969年，伦敦建立了大伦敦城市议会（Greater London Council，GLC），来负责伦敦地区各类规划的制定和实行。2000年，伦敦设立了大伦敦管理局（Greater London Authority，GLA）①，由市长和议会组成，每四年选举一次，大伦敦管理局于2004年、2008年、2011年和2015年分别颁布了四个版本的《大伦敦地区空间发展战略》（以下简称《伦敦规划》）。最新版《伦敦规划》于2016年3月由大伦敦管理局颁布，在交通规划建设方面，规划重视建设大伦敦绿廊格局。规划提出要通过空间设计和绿植种植，在交通有序建设的同时，为人们留出具有可辨识性的居住空间与活动场所；此外，规划提出要大力建设方便有效的交通系统，鼓励人们选择步行和自行车交通，建设战略性步行线和自行车高速路规划。在具体规划上，提出要建设自行车专用

① Greater London Authority，https：//en. wikipedia. org/wiki/Greater_ London_ Authority.

道，增加自行车租赁、停放设施，通过规划使人们的步行和自行车出行路线更为快捷、安全，景色优美。至 2026 年，自行车出行方式被期望达到所有出行方式的 5% 以上。

伦敦都市圈推进交通一体化的法律手段主要有：第一是注重交通绿化带的建设。1944 年的阿伯克隆比《大伦敦规划》就已经对伦敦地区交通绿化带有了重视，此后的伦敦地区交通规划都将绿化带和绿廊格局作为交通建设的重要一环，并编写了专门的《绿化带指南》予以规制（丁成日，2015）。通过交通绿廊格局的建设，一方面可以提高人民的生活质量，扩大人民的生活空间；另一方面能缓解交通污染、光污染、噪音污染等城市化问题。第二是重视提升人民生活幸福感（赵骅琪，2019）。鼓励人民选择自行车出行，重视建设自行车专用道，增加建设自行车租赁、停放基础设施。这既为区域人们生活提供了更为广阔的空间，也有利于提高区域人口的身体素质，而且在长期看来，是解决交通拥堵，减少环境污染的绝佳方式，低碳出行是世界性的发展趋势（宁越敏，2003）。第三是重视规划的更新与管理。对于伦敦都市圈的交通规划，政府设立了专门的机构来制定和管理，即大伦敦管理局。大伦敦管理局由市长和议会组成，这有利于伦敦地方发展现状和国家发展政策的协调沟通。大伦敦管理局不仅负责规划的制定，还监管环境保护、土地规划和其他公共事务。这在一定程度上也促进了区域交通规划的制定对土地、环境、文化、人口的综合考量。大伦敦管理局每隔 4 年对伦敦规划进行更新和增改，有利于规划紧跟时代潮流，并解决交通规划建设中的新问题，促进发展。

5.2.2 利用行政手段推进交通协同治理

美国的分权体制在促进自由精神的普及和创造性方面发挥了不可估量的作用。但是，区域协调方面使美国政府面临不小的挑战，经过长期的努力，包括在经济协调发展、社会建设领域、交通一体化发展等方面，目前美国政府已初步形成了一套相对有效的行政管理体制（杜霞，2013）。在解决区域间的各类交通一体化协调问题时，美国政府除了通过法律程序缔结州际协定或采用非正式的州际行政协议外，还会编制区域交通规划、成立一系列专项政府公共权力机构和政府联合会等，对区域交通实质性协调起到重要的作用。

（1）交通规划发挥整合区域协调的职能

大都市区规划组织的交通规划作为一个系统工程，内容充实、完整、周密、系统。交通规划制定必须要全面考虑各种可能影响的因素，主要包括经济发展、环境公平、财政预算、联合运输、土地使用、公共安全和环境保护等方面的因素。因此，在某种层面上，交通规划总揽了市政建设、产业发展、社会事业、房产开发、人居环境、社区建设和公共服务等各个方面，包罗万象。交通规划对规划的整合性由此得到体现，也因此促使大都市区规划组织发挥了综合地协调区域发展的作用（杨莉和刘霓，2015）。

（2）建立大都市区规划组织机构

政府联合会是行使联邦基金相关法案要求的一系列协调、审核与计划事务，从而将全面的区域协调工作真正落到实处的协调组织。大都市区规划组织（Metropolitan Planning Organization，MPO）属于政府联合会的其中一类，其成员来自区域内多个地方政府的各相关部门（万英发，2010）。MPO 主要负责与大都市区交通规划和相关基金申请有关的规划和协调工作，其职责权利的行使具备相关法律法规的保障和相应的资金来源，可以对区域协调产生实质性的作用（周鹤龙，2002）。同时 MPO 的成员，由包括地方推选的公务员、州官员、非营利组织的代表、交通工作者、私人部门和普通大众等多个不同的地方政府机构成员以及公众构成，这也决定了它能代表多方面的利益，有利于发挥协调作用。

5.2.3　利用经济手段推进交通协同治理

交通基金是美国大型基础设施建设的主要资金来源，源于通行费、债券以及州、地方和联邦的各种燃料消费税等。尽管不同项目的资金来源可能有所不同，其使用程序却是统一的。交通基金的使用分配在一定程度上成为美国政府层面进行都市区交通协调的重要手段（周素红和陈慧玮，2008）。

1990 年的《多模式地面运输效率法案》（*Intermodal Surface Transportation Efficiency Act*，ISTEA）要求通过大都市区规划和项目筛选，将一部分地面交通项目的资金用于人口超过 20 万的大都市区（程楠等，2011）。这意味着在大都市区中，各地方都有机会通过组建 MPO，参与并获取大笔的交通基础设施投资。之后，在 1998 年的《21 世纪交通公平法案》（*Transportation Equity Act for the 21st Century*，TEA-21）中，鼓励协作的机制得到进一步加强（王雪松和彭建，2012）。TEA-21 依法担保了 1980 亿美元的水陆交通投资资金的使用，这些资金每 6 年重新审核一次。资金在重新分给各州之前，需审核是否与一些计划的要求相符合，如全国高速公路系统（National Highway System，NHS）、地面交通计划（Surface Transportation Program，STP）和缓解拥挤与提高空气质量计划（the Congestion Mitigation and Air Quality Improvement Program，CMAQ）。该法案还规定，必须将环境、土地利用和社会经济发展等因素纳入交通整合规划中，并通过交通基金的分配机制刺激和激励各州进行都市区交通整合规划和相关政策的制定（周素红和陈慧玮，2008）。

基金在按照 TEA-21 法案要求的程序划拨给州政府前，就分派给不同项目。这些项目包括州际交通系统建设和维护项目、桥梁修缮和修复计划、路面交通项目（州交通规划中所计划的扩建资金和保险资金）、联邦土地高速公路项目和缓解交通堵塞与改善空气质量的计划等。MPO 在资金分配中扮演着重要的角色。同时，在 TEA-21 中有一定的灵活性，以实现一些项目相互间的资金流转。例如，STP 的资金可用于公共交通系统巴士；州际计划资金可以转换给别的计划，只要这些项目都符合州际高速公路投资等要求。

在申请交通基金之时，法案要求 MPO 组织编制三个层次的规划和计划，包括期限为 20 年的交通规划（Plan）、3 年的交通改进计划（Transportation Improvement Plan，TIP）和 1—2 年的工作计划（Unified Planning Work Program，UPWP）等（杨莉和刘霓，2015）。其中，TIP 被纳入交通基金划拨申请程序中必备的材料，并且规定了交通规划、交通改进计划和具体的工作计划存在承接关系。首先，交通规划需要清楚说明项目投资周期、各阶段所需的资金量及 MPO 对项目运作的有关财政计划。财政计划可以包括联邦高速公路局（The Federal Highway Administration，FHWA）和联邦公共交通管理局（Federal Transit Administration，FTA）的预期收入，以及州政府、区域或地方资源，私人和用户收费。财政计划必须合理，而且要有一个策略以保证所需的金额在 20 年间都是有能力有渠道获取的。其次，在交通规划基础上，每两年修编一次交通改善计划，明确为期三年的投资计划，并提交给联邦高速公路局或联邦运输署申请拨款，而具体的工作计划（UPWP）则制定相应的实施程序和实施计划。

财政资金的申请和获取流程如图 5-1 所示（周素红和陈慧玮，2008）。大都市区内的各个地方政府可直接通过 MPO 提交 TIP 申请获得投资资金，主要用于轨道交通建设，资金不通过州政府由 MPO 组织直接发放，MPO 必须确定每个项目将使用哪些资金组合（来自联邦、州、地方的资金）；同时，若所在的区域属于空气质量保护区和监控区，MPO 制定的 TIP 必须符合交通整合要求，将其纳入各州每两年向 FHWA 或 FTA 提交州的交通改善计划（State Transportation Improvement Plan，STIP）中，通过 STIP 申请获得投资资金，并由州政府发放。各州提交的 STIP 必须包括 MPO 提供的 TIP，且若要修订 STIP，则必须先修订 TIP。FHWA 和 FTA 通过审核 STIP 核定相关交通基金的支付，了解哪些项目正在进行，如有需要，应该采取什么措施以保证项目能提前完成，并监督交通资金的分配。

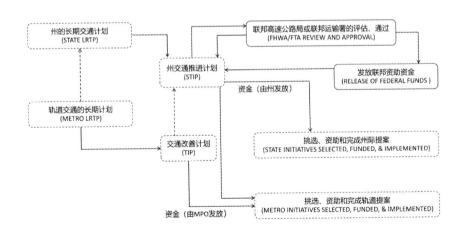

图 5-1 联邦交通基金申请发放基本流程

资料来源：周素红、陈慧玮：《美国大都市区规划组织的区域协调机制及其对中国的启示》，《国际城市规划》2008 年第 6 期，第 93—98 页。

此外，TEA-21 还提供分配给州和 MPO 的规划资金，包括州政府规划和研究资金、规划资金，其中规划资金通常将组成 MPO 的大部分预算，这些资金用于进行必要的研究和编制交通规划及交通改善计划。

可以说，美国联邦交通基金的划拨有明确的负责机构和执行程序，而基金数量之大使得各地方政府难以置身事外而不参与到 MPO 的规划中，这无形中增强了 MPO 的执行力。

5.3　国际区域交通协同治理经验分析

5.3.1　美国 MPO 交通协同治理经验分析

（1）MPO 出现的背景

美国的政府层级包括联邦（federal）、州（state）和地方（1ocal）三级（程楠等，2011）。其中地方政府由各州自主设立，一般包括县（county）、自治市（municipality）和镇（town 或 township）政府。进入 20 世纪以后，美国的城市化进程加快。人口集中、地域连片经济发展程度高的大都市区已成为发展趋势，大都市区覆盖的地域迅速冲破了地方性市镇、县甚至州的行政边界。在大都市区层面上开展交通规划研究并使其成为相关资源配置的主要依据，是美国社会城市化与运输化进程阶段性转变的必然要求。由于缺少与大都市区相对应的一级政府来统筹需要进行长远战略谋划的公共事务，因此必须创建能够与地域范围相对应的职能机构，也就是说，没有正式的政府也要创建能承担起相应职能的准政府机构。在此背景下，大都市区规划组织地位逐步确立。

（2）MPO 的组织形式

MPO 主要有 4 种形式（万英发，2010）：一是政府协会，为全美普遍形式，除制定交通规划外，还执行其他任务，协会由区域地方政府联合组成，各地可选派一位或以上代表，通过把区内主要决策者联合起来，强化区域性规划职能。二是相对独立的机构。主要致力于交通规划，其领导小组成员由地方政府和州政府当选的官员任命。三是县政府内 MPO。在一些较小的或政治体制上较为单纯的都市化地区，MPO 依附于县的政府机构内，这些县的区界往往涵盖了整个规划地区。还有第四类 MPO。基本上是由交通规划师和交通工程师组成的地域性机构，其人员大部分由州政府配备和领导。

（3）MPO 的职能与运作方式

大都市区规划组织具有六项核心职能（程楠等，2011）。第一，为区域内与交通系统相关的公共机构和私人群体提供一个协商平台，为有效率的规划决策创建一个公平的环境。第二，提供评价规划方案的技术支持，以便按照区域交通的复杂程度、约束条件和现实可行性来进行判别。第三，编制并定期修订长期的都市区交通规划（Metropolitan Transportation Planning，MTP）。主要目标是确认未来至少 20 年的区域交通运输需求，并通过每 5 年一次的修订预测未来的交通发展趋势，同时提出长期交通战略和投资的重点，以保证系统的高效运转和大都市区内居民生活品质的改善。第四，编制符合大都市区长期交通规划并符合财务预算条件的大都市区交通改进计划（Metropolitan Transportation Improvement Program，MTIP）。要确定未来 6 年中能够确保投资的所有项目，包括技术设计方案、资金预算和明确的来源。MTIP 每 2 年修订一次，以准确反映联邦资助项目在时间安排、投资额以及资金来源等方面发生的变化。第五，根据大都市区的长期交通规划和中期改进计划编制每个年度的统规划执行方案 UPWP，确保在执行方案中的规划项目能够顺利建成，同时要确保所有下年度预期开工项目的相关空气质量影响符合国家标准。第六，在行使以上五项核心职能中都尽力争取实现普通公众和所有受到规划影响的群体的广泛参与。

图 5-2 是美国交通规划中各主体关系示意图。图中显示，国会制定政策并通过联邦交通立法，决定交通规划的方针、原则与程序，并决定未来一段时期内联邦交通资金的数额及分配方式，联邦运输部则是联邦政策与立法的执行机构。各州要制定并向联邦运输部上报州的长期交通规划（Statewide Transportation Planning，STP）和中期改进计划（Statewide Transportation Improvement Program，STIP），同时要接受州内各大都市区 MPO 上报的大都市区长期交通规划 MTP、中期改进计划 MTIP 和年度规划执行方

案 UPWP 并负责汇总（周素红和陈慧玮，2008；程楠等，2011）。各 MPO 负责的大都市区 MTP、MTIP 和 UPWP 三个主要工作文件之间分别存在目标、指导、细化及执行的对应关系。例如，对规划中的建设项目预算有严格规定：没有分别在长期规划和中期改进计划中经过论证的项目不可能进入年度执行方案，不可能得到建设资助；而没有可靠资金保障的项目也难以进入长期规划和中期改进计划。严格的规划责任和资源分配制度在程序上保证了规划预算制度的严肃性。

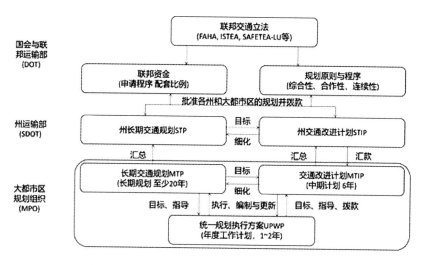

图 5-2　美国交通规划中各主体关系示意图

资料来源：程楠、荣朝和、盛来芳：《美国交通规划体制中的大都市区规划组织》，《国际城市规划》2011 年第 5 期，第 85—89 页、第 108 页。

不同大都市区的 MPO 组织构成有差异，有的规模较大，机构与人员众多，也有些小型大都市区人口已符合获得联邦资助的要求，于是只设立了人员较少的 MPO 机构（周鹤龙，2002）。每个 MPO 都是根据地方政府机构之间所达成的协议而设立，并没有一致的编制和工作方式，然而任何 MPO 都有一个包括各方代表，负责审议并投票决定是否通过 MTP、MTIP、UPWP、预算及其他重要规划文件的核心决策机构—政策委员会（Policy Committee）。政策委员会是 MPO 的最高决策主体，其成员一般包括当地行政官员、交通运营机构（authority）的代表、州运输和环保部门官员以及无投票权的联邦机构官员等。为使政策委员会能够有效工作，一般还设立技术委员会（Technical Committee）成员通常由地方、州和联邦政府的一般公务员组成，还可能包括相关利益方以及各种运输方式和当地居民的代表，负责向政策委员会提出与规划相关的技术咨询建议。MPO 自身的职员则分别任职于技术研究处、公共关系处、行政办公室等。大一些的 MPO 自己有力量进行规划方案的研究与准备，包括自己开发、维护复杂的预测模型，而其他小型的 MPO 就可能将技术性的准备工作委托给专业性咨询公司去完成。无论内部机构和工作方式如何设置，任何 MPO 都要完成法律所要求的程序，使其所在大都市区交通规划的 3C（Comprehensive, Cooperative & Continuing）原则和程序得到贯彻。

（4）MPO 的作用

大都市区规划组织的出现是美国城市化和运输化进程与原有州、县及市镇行政体制产生矛盾，因而在行政组织上进行调整的结果。城市化对美国的社会经济形态产生了深远影响，联邦政府希望形成有针对性的政策，包括规定总人口达到 5 万以上的城市化地区就可进入非乡村行列，有权力自主决定与城市未来形态好结合的交通发展进程，可直接享受联邦对大都市区的资助待遇，而不必像农村和城市间的交通问题那样须交由州政府统一解决（王雪松和彭建，2012）。但政策也要求城市化地区自己必须能够主动规划未来。MPO 的实质是通过建立政府机构之间的协商决策机制，解决城市交通规划这类需要跨行政区划和部门职能边界，并需要综合战略性视角及协调能力的问题。它是美国社会自治制度在交通规划所需要的综合性、合作性与连续性原则上的体现，也是联邦政府力图有效引导与影响地方交通发展的一种途径。

经过数十年的不断演变，MPO 已成为针对大都市区域长远交通规划的具有实质性资金分配权的政府间协作机构。这些年也有不少地区根据需要设立了其他领域的政府间组织，但至今都未能获得像 MPO 那样的地位，这使得 MPO 成为美国区域性机构中唯一被法律明确要求必须在全国范围内所有大都市区都要发挥作用的组织。这也许能说明在交通规划领域强调综合性、合作性和连续性原则的重要性，而且必须找到相应的责任组织形式。而从效果来看，MPO 也的确发挥了一定的积极作用。在联邦政府的政策引导和资金杠杆作用下，MPO 为区域合作提供了一个相对有效的平台，通过大都市区内各相关条块政府机构的制度化磋商与共同决策，以及确保畅通的利益集团与公众参与渠道，能够更好地了解和把握地方需求，进而合理地整合联邦、州和地方政府的资金，提高资源的配置效率。MPO 通过特定的组织机构、决策程序和工作文件（MTP、MTIP 和 UPWP），确保城市化和运输化所必需的 3C 原则的顺利实现，成为美国交通规划体制中一个突出的特色（周鹤龙，2002）。

（5）MPO 对我国的借鉴意义

大都市及城市群在社会经济发展和交通运输发展中的重要性已经日益凸显，大都市及城市群的交通发展问题以及相关关系处理的复杂性也越来越显著。政府必须承担起交通运输发展规划的责任，特别是长期规划要起到统领交通发展的作用，并协调好交通运输与工业化、城市化进程中的各种关系。综合性、合作性和连续性的 3C 原则需要具有相应职权和形式的政府组织才能得以切实贯彻。综合交通规划必须打破原有的行政边界，既要处理好新形成的大都市区与原有市镇以及区域上下层级政府之间的关系，也要处理好同一大都市区内交通规划与交通管理、城市规划、土地管理、人口与经济管理以及环境监控等不同行政机构之间的关系（程楠等，2011）。中央、州（省）、城市等不同层级政府在交通规划体系中要明确分工，并以立法的形式确定交通资源的分配原则、流程和去向。必须学习借鉴别国交通规划及其组织的经验，但要弄清其赖以存在的政治、文化、历史背景，并根据我国社会经济发展以及城市化、运输化进程和行政组织特点进行管理体制的创新。

5.3.2 东京都市圈交通协同治理经验分析

日本全国分为 47 个一级行政区，行政级别相当于中国的省、自治区和直辖市，包括一都（东京都）、一道（北海道）、二府（大阪府、京都府）、四十三县。日本共有三大都市圈：关西都市圈、名古屋都市圈和东京都市圈。其中关西圈由京都府、大阪府、兵库县、奈良县组成。名古屋圈则是由岐阜县、爱知县、三重县组成。东京都市圈也称"首都圈"，由东京都、埼玉县、千叶县、神奈川县共"一都三县"组成。这是世界上人口最多、城市基础设施最为完善的第一大都市圈，城市化率超过80%（杨文义，2015）。日本东京都城市圈以东京为中心，覆盖周边半径80公里的区域，总面积1.3万平方公里，仅占国土面积的3.5%，人口超过3400万，为全国的27%，GDP总量达到全国的1/3[①]，是世界上人口密度最高的地区。

5.3.2.1　东京都市圈交通运输综合一体化发展现状

东京在1958年、1968年、1976年和1986年分别进行了四次综合交通规划，通过大都市圈综合交通系统的规划和建设，强化了大都市周边城市和卫星城市的规模和职能，使都市圈由原来的单中心发展模式向多核心、职能分工模式转变，将东京中心区过度集中的人口、行政、经济、文化等职能适当分散到包括埼玉县、千叶县、神奈川县、茨城县在内的整个大都市圈甚至更大的范围内（龙昊，2019）。由此，形成"多心多核"的新型城市圈结构，达到缓解因城市中心功能过度集中而引发的城市问题。与此相对应，东京都市圈的交通体系也由集中、放射的路网布局向分散、环状的格局发展。优先建设环状线路，主要作用是疏导过境交通、绕行交通，合理分配交通流，改善中心区交通拥挤状况，使城市职能适当向外分散。东京都市圈的交通网络体系建设，立体交通一体化的形成，历来为人所称道。在第二次世界大战后重建的过程中，东京都市圈构建了高速公路——城区地铁——城市轻轨——城际高铁为主体的城市立体交通网络。目前，东京都市圈交通一体化主要体现在大力发展轨道交通、交通系统智能化、机场分离又交融、港口分工协作4个方面（霍晓庆，2015）。

一是大力发展轨道交通。轨道交通带动城市发展的理念贯穿了东京都市圈基本规划的整体过程。在每次东京都市圈基本规划中，都将优先公共交通原则作为第一原则，并且国家和政府提供了大额补贴投资于东京都市圈的轨道交通建设上。东京都市圈的城市轨道交通建设中，比如，尤其是重点强调对于东京的市郊铁路，补助金制度在日本地铁建设中被采用，国家和地方政府对其负担36%的补贴，而对单轨、导向轨等新型交通方式，强调国家对其补贴可以达到2/3。正因如此，形成了东京都市圈发达的轨

---

① Statistics Bureau of Japan，http：//www.stat.go.jp/.

道交通体系，并且已经撑起了东京都市圈内多核心多功能的分散型的结构（孙洪涛和戴新鎏，2015）。

陆路交通整体规划首先是集中于东京都与周边县市的 9 条放射状形高速道路的衔接与运行。后来主要体现在首都圈的三大环状道路即首都高速中央环线、东京外围环状道路（外环）、首都圈中央联络公路（圈央道）的建设，用以连接呈放射状形的 9 条高速道路，改善了整个首都圈的路网功能。最终形成了"三环九射"的分散型网状地面交通体系（李燕和王芳，2017）。

在整个完善的首都圈交通体系中，首都圈的轨道交通主要体现在城市电气铁道、地下铁道及轻轨等。城市电气铁道有 JR 和私铁，遍布首都圈内，尤其是环状铁路 JR 山手线，在很大程度上缓解了交通线的客流量，而后修建的中央线，横穿山手线，又减轻了山手线的交通压力（周建高等，2015）。地下铁道的建设，以环状 JR 山手线为基础，每条线路与其在上车站处交会。例如首都圈内私营铁路交通线以及地下轨道铁路交通线与JR 线共同汇集形成的大型换乘交通枢纽：如池袋、新宿和涩谷等，以及由较多道路路线与部分 JR 线及其他私营铁路线的相互直通运转，贯穿整个首都圈交通体系，整体服务于整个首都圈。东京圈的轻轨主要是对铁路和地铁的补充完善。例如连接羽田机场和 JR 山手线滨松町站的主要交通工具是东京单轨铁路。导向轨交通是主要经停车站有台场海滨公园、船舶博物馆、国际展览中心、青海等的无人驾驶的交通系统。三者之间的环环相扣、相辅相成贯通了整个东京圈的交通体系。

轨道交通不仅分布面广而且出口也很多，方便了行人，提高了人们的乘坐意愿，从而减少交通拥堵。轨道交通的性价比非常高，乘坐电车不仅可以精确时间，花费时间少，而且费用至少比驾车低一半。更重要的是轨道交通的严密与完善，使其与港口、机场方面形成完美的对接，这使东京圈形成一个便捷、有效的立体交通一体化体系。

二是交通系统智能化。陆路交通的不断建设与完善，加快了交通一体化的实现，信息通信技术也在道路交通上得到灵活运用（霍晓庆，2015）。一是 ETC，即电子不停车收费系统。其路桥收费方式是目前世界上最先进的，指装有车载器的车辆在通过 ETC 专用车道收费站时，自动识别车辆、自动录入车辆信息（入口），当车辆通过后（出口），系统自动从预先留用绑定的 IC 卡或车辆户主的银行账户上扣除相应的资金。由于其不停车提高了通行能力，而且智能化、成本低，从而被广泛应用。二是 VICS，即道路交通情报通信系统。此系统主要是通过无线数据传输、GPS 导航设备和 FM 广播系统，搜集实时路况信息和交通诱导信息，并向政府相关交通部门、交通信息服务企业以及有需求的交通出行者及时传达，以备充分了解交通信息、调整路线，从而使得交通更为高效便捷，实现部门之间交通信息高度集成共享。日本智能化的交通系统的全面使用带来了巨大的经济效益，随着高速公路通行率的不断提高、交通系统的智能化，不但减轻了用户负担，而且收费站员工数量也有所减少，使得近年来高速公路管理公司的利润实现了两位数的增长。

三是机场分离又交融。东京都市圈有羽田和成田 2 个机场，羽田机场距离中区较近（苗彦英和张子栋，2015）。羽田、成田机场虽然有国内国际航线的主分工，但是在航线上也不乏交融，尤其在机场各方面交通一体化建设中，机场建设既分离又交融。首先是东京都市圈机场国际航空网络的扩充。为强化成田机场作为代表日本的国际交流据点的机能，2006 年 9 月开始实施向北延伸平行跑道至 2500 米（原为 2180 米）的整备工作，2009 年 10 月完工启用，使起降大型客机或远航至美国西海岸成为可能，2010 年 3 月年起降容量从 20 万次扩大至 22 万次，新开辟了澳门、卡尔加里、多哈、迪拜以及阿布扎比等航线，从而使国际通航城市数增加至 95 个。截至 2019 年冬航季，成田机场共通航 118 个海外城市，国际航线 121 条，国际联通 41 个国家，3 个地区（港澳台）①。

其次是羽田、成田机场的建设。羽田机场是约 66% 的国内航空旅客使用的国内航空运输网络的枢纽，但是现在的运输量已接近上限，基于国内、国际航空运输需求的不断增长，所以新设了 4 条跑道，从而使其达到了每年起降能力增加至 44.7 万次（白天 40.7 万次）的阶段性目标。在增加的起降数当中，既要考虑到国内、国际两方面的需求增长，也要谋求国际定期航班的通航。东京都市圈在容量扩大的同时，羽田机场与 12 个国家

---

① 资料来源：http://news.carnoc.com/list/511/511533.html。

或地区，成田国际机场与 22 个国家或地区，就新航线的开通、增加班次方面达成了协议。另外，在推进羽田机场 24 小时国际据点机场化的同时，进一步扩大了成田机场国际航空网络，以争取确立其亚洲屈指可数的枢纽机场的地位，从而创造"开放的天空"，从而使首都圈城市间及与世界各国的业务往来及拓展更加便捷，进一步提升首都圈的国际竞争力。2015 年 4月，成田机场第三航站楼投入使用，主要目的是便于廉航航空进驻。当初预设每年接纳旅游的能力为 750 万人次。随着旅客的增多，现有接待能力已满足不了需求，尤其是 2 楼大厅经常出现人满为患的状态。2019 年 9 月5 日，第三航站楼的扩建工程完工，改善了拥堵现状。

日本国内、国际机场的扩充以及其既分离又交融的建设，使得首都圈的空运更加发达，羽田机场每天约有 230 个航班进出港，与札幌、福冈、大阪、广岛、那霸、青森等 37 个日本国内主要城市空港有航班往返，每天共起落约 460 次，每年航空往来旅客总人数约 6600 万人，而日本国内航空旅客总人数约 9300 万人，羽田机场约占到了一半以上。东京成田国际机场也丝毫不逊色，年旅客吞吐量仅次于羽田机场，位居日本航空第二位，但其货运吞吐量相当惊人，位居日本货物吞吐量排行第一、全球第三。

四是港口分工协作。在东京湾环形海岸线上分布着东京、川崎、横滨、横须贺、木更津以及千叶六大世界级特大型港口（李睿，2015）。2004 年，为了强化集装箱港湾的国际竞争力，实现在成本和服务水平上超越亚洲主要港口的目标，东京启动了超级中枢港湾项目，在全国范围内指定东京港、川崎港、横滨港三个港口协同开展大规模终端一体运营 IT 化等战略活动。此后在同釜山港等亚洲其他各国港湾日趋激化的国际竞争中，基于国民生活和产业活动必要的物资和产品，需构建一个通达世界各地的、低成本、迅捷且有实效的运输网络，于是在 2010 年将阪神港（大阪港和神户港）、京滨港（东京港、川崎港及横滨港）选定为国际集装箱战略港湾。为强化两个港湾的枢纽功能而进行集装箱终端等基础设施建设、货物向两港的汇聚以及基于港湾运营的软硬件一体化等综合性的措施正在集中实施中，以增强其机能。2012 年 12 月，横滨港方面指定了特例港湾运营会。目前，在东京湾形成了港湾联协推进协议会，由日本政府的国土交通省一下属机构牵头，东京湾所有的地方政府一起参加，协议会事务局设置在横滨市。还有由各海运公司和港区开发公司、沿港工厂企业共同参与的东京都港湾振兴协会。东京湾的一条成功经验就是，东京湾各城市的开发均需服从于已经达成协议的规划案，如果提出更改的请求，必须获得东京湾区开发管理的主要协商机构——东京湾港湾联协推进协议会成员的一致同意（李政道，2018）。

东京湾港口群经过多年的规划与发展，六大港口分别根据自身基础条件和特色，经历了竞争——规划——协作的过程，最终形成了合理化的职能分工，如表5-5所示，六大港口在分工协作、要素禀赋、优势互补的基础上形成不同组合，在各自保持自身独立经营的基础上，对外形成统一的竞争主体，共同揽货，整体宣传。经过这样的分工协作，六大港口便形成了一个统一的多功能复合体，不仅充分利用了港口资源，更增强了港口额整体竞争力。例如：东京港的定位是重点发展集装箱业务的输入型港口，横滨港的定位是国际贸易港、工业品输出港和集装箱货物集散港，千叶港的定位是能源输入港和工业港，木更津港的定位则是地方商港和旅游港（王爱华，2017）。

表5-5 东京湾主要港口职能分工表

港口	港口级别	基础和特色	职能
东京港	国际战略港湾	超级中枢港湾；日本首都圈最大的经济中心、金融中心、交通中心	最大输入港、货柜处理港口、集装箱港
横滨港	国际战略港湾	超级中枢港湾；京滨工业区的重要工业港，以重化工业、机械为基础	国际贸易港、工业品输出港、集装箱港口
千叶港	重要特定港口	新兴港口；京叶工业区的重要工业港，以重化工为主	最大进口港、工业港
川崎港	重要特定港口	京滨工业地带的中心工业港，能源供应基地	能源运输港
木更津港	重要港湾	服务境内的君津钢铁厂，发展为工业港，旅游资源丰富	地方商业港、旅游港
横须贺港	重要港湾	第一军港，海军基地，少部分服务当地企业	军港、贸易港

资料来源：王建红：《日本东京湾港口群的主要港口职能分工及启示》，《中国港湾建设》2008年第1期，第63—66页。

5.3.2.2 经验借鉴

东京都市圈发展过程中，最成功的经验就是"先造铁道再造城"。为了缓解城市中心人口过度集中、资源配置高度紧张的局面，从 20 世纪 60 年代起，日本开始大规模修建轨道交通，以达到引导城市功能、人口向周边地区疏解的目的，这也是"公共交通导向性开发模式（TOD）"的早期实践，轨道交通体系与住宅区同步开发建设，保证人们入住时就可以享受轨道交通的便利，起到了很好的效果（杨文义，2015）。如今，这里拥有全世界最密集的轨道交通网，综合交通体系建设相当完善，各种交通工具之间基本实现了无缝对接。快速、准时的轨道交通（地铁和电车）是人们出行主要依赖的交通工具，上班族、学生轨道交通的乘客量占到总数的 86%，高峰时段，这一比例可以达到惊人的 91%，居全球之首。整个东京都市圈就是在这些轨道上融为一体，被形象地称为"东京血脉"。轨道交通、航空体系输送人流，高速公路、港口码头承载物流，堪称城市圈交通一体化的楷模。

东京都市圈交通建设成功经验可以归纳为以下几个方面：一是由中央政府制定区域交通规划，这一方式更具效率和权威（万英发，2010）。在第二次世界大战后初期，日本就非常重视对东京都市圈的交通规划和综合治理。1950 年，日本制定了《首都建设法》；1951 年，日本设立了首都建设委员会，负责首都建设规划的制定和实施；1956 年，日本《首都圈整备法》正式实施，该法为首都圈整治的基本法。截至目前，日本依据该法共制定了六次首都圈基本计划（张季风，2020）。东京都市圈城市规划大概每十年修订一次，而且每次都十分关注城市公共交通体系建设，经过多年探索，制定了以轨道交通为主，综合运用其他交通方式的整体规划。合理分布于地面、地下、空中 3 张交通网络纵横交错、并行不悖。地面网由城市道路组成，主要解决城市内部交通问题；地下网全是公共交通，已成为市民出行最便捷、准时、廉价的交通方式；空中网主要由新干线、高速公路和电车组成，解决中长距离交通运输问题。二是得益于强有力的主管部门（李昕阳，2017）。日本的国土交通省统管全国的交通运输，该部门成立于 2001 年，是由原来的运输省、建设省、北海道开发厅以及国土厅等四大行政机构合并而成，主要负责国家有关土木建筑、国内外海陆空运输事务管理、国土整治、开发利用等，职能非常强大。三是各种交通运输方式紧密衔接，换乘方便快捷。城市圈内部建有众多大型的综合交通枢纽，可以让人们在市郊铁路与中心城区交通间进行方便地换乘。城市道路（高速公路）与地铁相互连接，地铁与部分国铁干线及其他私营铁路线之间可以直通运转，公共交站点与地铁站相互呼应。站与站间距较短，可供选择的线路也多样化，同一通道上往往由快线、普通线、高速线等多条功能各异的线路构成，为人们出行提供多样化的选择。此外，在大力发展公共交通的同时，还通过各种强硬政策来控制私人机动车的拥有和使用，比如缴纳高昂的车辆登记税、提高汽油税等。

5.3.3 伦敦都市圈交通协同治理经验分析

伦敦大都市圈是指以伦敦—利物浦为轴线，包括伦敦、伯明翰、谢菲尔德、曼彻斯特、利物浦等大城市和众多中小城镇构成的地域范围，总面积约 4.5 万平方公里，人口约 3650 万（姜策，2016）。其空间结构上包括四个圈层：第一圈层是内伦敦，包括伦敦金融城及内城的 12 个区，是都市圈的核心层；第二圈层是大伦敦地区，包括内伦敦和外伦敦的 20 个市辖区，构成标准的伦敦市统计区；第三圈层是伦敦大都市区，包括伦敦市和附近郊区的 11 个郡；第四圈层是伦敦都市圈，即包括上述等邻近大城市在内的大都市圈地域。为了缓解交通压力，伦敦都市圈采取了轨道交通和高速公路并重的发展策略，形成了轨道交通网络和放射状的高速公路格局，放射路与同心圆直交成为伦敦都市圈交通体系的主要特征。

5.3.3.1 伦敦大都市圈交通一体化现状

伦敦是世界上最早建设城际铁路的城市，它的公共交通体系主要由地铁、国铁、常规公交、轻轨、有轨电车、轮渡等构成。其中地铁与国铁构成了主要骨架，其他交通方式构成了辅助公交系统。伦敦大都市圈的铁路和公路网络相辅相成，城际铁路体系促进了都市圈的扩张与发展，而其与公路体系的协调发展则构成了大都市圈相对完善的综合交通体系（郑碧云，2015）。

地铁系统。伦敦拥有历史悠久、规模庞大的地铁系统，目前共有 12 条线路，275 个车站，线路全长 408km，每天客运量超过 300 万人次，主要服务于伦敦中心区以及伦敦外围区北部。

市域铁路系统。伦敦大都市圈的市域铁路系统即英国国家铁路（BR）以伦敦中心区的地铁环线为起点，呈放射状向整个东南地区辐射，线网密度高、分布均匀，总长3000多公里（其中约74%的线路在中心城以外的地区），形成了近20条主要通道，几乎覆盖了所有主要城市，实现了郊区市域铁路与中心区地铁的衔接换乘。

公路系统。伦敦大都市圈的公路网呈典型的由中心向外放射状形态，其中三条主要的对外通道分别通往伯明翰、布里斯托尔和法国。高速公路总长510公里左右，公路干道网总长约1300公里。伦敦大都市圈的公路网呈十几条放射状通道并均匀分布整个都市圈，同时，放射状干道公路之间通过联络线相连，形成郊区与郊区之间的横向联系通道。

5.3.3.2 经验借鉴

伦敦都市圈交通体系中最值得借鉴的是其多种交通方式的合理共存和高效运营。即伦敦都市圈是以轨道交通和公交并重的交通一体化发展模式（祝宝君，2005）。

密集的市域铁路线网（郑碧云，2015）。伦敦大都市圈的市域铁路线路网稠密，放射状均匀分布的线网使铁路成为郊区到中心区的重要交通方式。上下班高峰期从四面八方到伦敦市中心的通勤人数达120万人，市域铁路的运输效率甚至高于地铁。密集的市域铁路线网及中心区对小汽车交通的各种限制措施，有效地缓解了伦敦大都市圈中心区的拥堵问题，同时也提高了区域整体的运营效率。

公交优先的策略（李仁涵，2007）。轨道交通体系虽然是大都市圈非常重要的交通方式，但若是没有良好的常规公交体系的支持，是无法形成高效的交通体系的。伦敦都市圈坚持公交优先的发展策略，提升常规公交、轻轨、有轨电车、轮渡等交通方式的重要地位，合理规划建设大都市圈交通体系，是值得借鉴的重要成功经验。伦敦大都市圈是世界上最早进行轨道交通规划的地区之一，在经历了机动化带来的交通拥堵、环境污染等负面影响后，开始着力于公交优先的策略，并制定了很多相应的政策和措施。首先，针对城市中心区人口和产业过度集中、小汽车通勤出行比例过高的问题，实施道路拥挤收费，通过价格机制调节交通流在时间和空间上的分布（邓涛涛，2012）。其次，提升公交系统的服务水平、整合公共交通换乘枢纽、公交票价一体化、中心区交通拥挤收费政策、中心区停车管理政策等。最后，在用地开发上积极实施 TOD 模式，将交通设施的建设与用地规划相结合，以公共交通引导城市发展。

5.4 推进长三角交通一体化发展的对策思路

5.4.1 三省一市推进长三角交通一体化发展的策略

要跳出交通看交通，以更高的站位、更广的视角、更实的举措、更新的理念来推进交通一体化，通过强化协作机制、创新合作模式化解深层次体制机制障碍，构建安全、便捷、高效、大容量、低成本的互联互通综合交通网络（杨文义，2015）。在此基础上，在紧密联系合作中不断优化区域内交通资源配置，逐步达成区域内人流、物流双向无阻碍流动，以此来支撑和引导区域社会经济的跨越发展。交通一体化不仅是将不同城市用高速公路和城际铁路连接起来那么简单，而是要打破行政区划限制，在理念、法律、政策、标准、规划、管理机制、资金和信息诸方面实现一体化。

（1）树立长三角交通一体化协调发展理念

树立长三角交通一体化协调发展理念，是最重要的一项举措（邓焕彬，2012；顾大松，2019）。思想是指挥行动的中枢，要树立长三角一盘棋协调发展的观念，加强宣传和引导，从而在思想上自觉推进长三角交通一体化，行动上主动落实长三角交通一体化的措施（王维，2006）。长三角交通一体化主要是政府层面提出、推进和落实的，因此政府部门从上层决策到下层实施机构的每个层面，都要充分认识区域交通一体化对长三角地区未来发展的重要性，清楚长三角交通一体化是实现长三角经济一体化的基础和先决条件。要打破行政区域界限的分隔，突破本位主义思想，破除过重关注本地区局部利益的思想束缚。各地区要跳出本行政区划的局限，站在全区域的角度思考问题和做出决策，以达到全区域交通资源的最优配置和效益最大化。这就要求全区域要统一思想，同心协力推进长三角交通一体化工作，决策者要从更高、更广的视角提出长三角交通一体化的战略性目标和工作计划；实施者要按区域一体化的要求采取有效措施加以落实；利益相关方要密切配合，合力推进，不以私利为唯一判断标准，适当的让步或妥协是必要的。

（2）强化长三角交通一体化顶层设计

长三角交通一体化建设务必打破自家"一亩三分地"的传统观念，强化一盘棋意识。由于行政壁垒严重，长三角三省一市谁都不可能轻易放弃自己的主张，长三角交通一体化的关系，不仅是四方的关系，而且还是中央与三省一市的关系，中央层面的顶层设计才是解决问题的治本之策（熊娜等，2019）。通过中央的统筹和适度放权，激发地方政府参与区域交通协同发展的活力和自主性，使地方政府出于自身利益的考量而愿意突破固有行政区划的羁绊，主动参与到区域交通一体化建设中来。加快推进长三角交通一体化进程，需加大高层协调力度。说到底，没有中央的参与，很多难题根本无法解决，长三角交通一体化还是如镜花水月，看上去很美好，事实上遥不可及。应凭借长三角一体化发展被列入国家发展战略，习近平总书记亲自谋划、推动的东风，尽快成立长三角交通一体化领导小组，协调三省一市及国务院有关部门共同参与（熊娜等，2019）。从国家战略层面做好顶层设计，着眼区域整体资源禀赋特征，系统考虑四地功能定位、产业分工，从优化城市的空间布局和空间结构出发，统筹构建现代化、立体化的综合交通系统，建立和完善行之有效的区域交通发展协调机制，让四地都能按照这个规划跳出自己的"一亩三分地"，打破行政区划壁垒，并确保规划能长期贯彻、扎实推进（杨文义，2015；沈尚，2019）。

（3）统一长三角交通管理法规、政策与标准

统一的政策、法规可以打破地方保护主义，以及突破区域行政壁垒，使长三角各项交通法规所调整的社会关系、规定内容以及责任承担协调统一（方雪妃，2006）。统一标准和处罚幅度一致，做到无差别对待，有利于长三角各地交通基础设施的优势互补，以及交通一体化建设发展的互利

共赢（国家发展改革委和交通运输部，2020）。围绕长三角三省一市交通一体化的中心任务，针对具有普遍性、全局性、根本性的问题，加速推进统一法规、政策与标准的节奏。在长三角三省一市推进交通一体化的过程中，做到解决问题要有法可循。

取消现行限制交通一体化发展的有关规定（方雪妃，2006），包括：一是修订和废止限制长三角三省一市内异地经营者发展、妨碍公平竞争的各种制度和规定。二是取消客运班线经营的地域限制和"对等对开"规定，允许客运企业异地申请客运班线和参加客运线路经营权服务招投标，促进长三角三省一市交通运输市场的统一开放（国家发展改革委和交通运输部，2020）。三是与政府其他相关部门协调，统一城市长三角内车辆牌照。四是与政府其他相关部门协调，取消长三角内异地车辆进出其他城市的限制规定，统一长三角内车辆进出其他城市城区的公路收费站的收费标准。

统一交通运输市场监管与执法制度（方雪妃，2006），包括：一是进一步规范长三角交通运输市场监管，建立"交通运输服务质量公示制度""交通运输服务质量承诺制度""交通运输行业自律制度"等。加强交通、公安、财政、工商、物价等部门的协调配合，对违反长三角交通运输制度的单位和个人依法开展集中整治。二是落实行政执法责任制，推进行政执法规范化，统一执法尺度，规范自由裁量权，强化行政许可、监督检查、行政处罚（处理）等操作规范。三是建立交通运输联动机制，实行运政稽查联动，共同维护交通运输市场秩序（梅剑飞和顾巍钟，2019）。四是统一交通运输监督和服务电话号码，以便长三角交通一体化能够更好地接受社会监督。

统一道路客运税费标准（如客运附加费、养路费、运管费等），取消高速公路主线省界收费站（林涛，2019）。具体指全面清理长三角各地区交通运输税费政策，统一长三角内交通运输税费标准，由长三角41个城市交通、工商、税务、物价等部门进行协调，避免因税费政策的差别造成各地区的不公平竞争和恶性竞争。进一步取消各地方擅自出台的不合理、不合法的收费项目。

统一交通运输的市场准入与退出制度（刘勇，2009），包括：一是长三角内41个城市应制定统一的推进区域交通运输市场一体化发展的鼓励、引导和扶持政策，统一服务、执法等标准和规范，促进区域统一交通运输市场的形成。二是严格执行长三角内统一交通运输的市场准入与退出制度，各地不可以再自行设置相关市场准入障碍。三是建立从业人员培训管理机制，加强从业人员培训、资格审查、考试管理。建立对违反长三角内统一交通运输标准的从业人员强制退出机制。

（4）编制长三角交通一体化规划

综合交通规划是国家经济社会规划体系中引领交通发展全局的具有较高战略层次的规划，是推动综合运输体系快速发展的重要前提（邓焕彬，2012）。而长三角交通一体化规划是建设和管理的指导性文件。长三角亟须一个统领长三角地区交通建设和管理全局的交通一体化规划来指导，因此编制专项《长三角区域综合交通一体化规划》非常必要和迫切（王维，2006）。这个规划需要各地区密切配合、合力推进，要打破行政区划的限制，以长三角41市整体为编制范围，充分考虑长三角地区与长江经济带的对接，同时辐射泛长三角地区，以区域交通一体化更好地促进区域经济一体化。除了编制上述的全区域交通总规解决区域一体化的全局问题外，还要编制市与市之间的路网衔接规划等详规，以解决路网衔接等微细问题，实现长三角区域各市交通的全面对接，推进长三角交通一体化协调发展（王郁，2019；刘志彪和孔令池，2019）。

（5）建立长三角交通一体化管理机制

应当按照群策群力、互惠共赢的原则，创新长三角区域交通一体化工作推进机制，完善多方参与机制、建立统一部门实施执行相关法律、政策与标准，以适应长三角地区改革开放和经济社会发展"三大定位"的需要（万英发，2010；王郁，2019）。为此，应重点抓好以下工作：

一是完善多方参与机制。强化综合统筹力度，建立健全央地、中央部门之间协同推进机制，协调解决跨区域重大交通基础设施规划、建设、运营等关键问题，完善跨部门查验互认、资源共享等重大政策。发挥区域合作机构作用，充分调动三省一市积极性，优化轨道交通网络一体化布局，统筹推进省际公路、航道等互联互通，协同推进重大项目（国家发展改革委和交通运输部，2020）。邀请交通运输部、各地交通管理机构、骨干交通运输企业、行业协会和研究机构参与工作机制，各地运管机构范围定到41个城市之间。交通运输部负责指导督促、协调困难、组织试点和经验推广等；行业协会负责督促企业加强自律，开展人才培训与职业技能培训，开展相关认证服务等；骨干企业应积极配合支持政府主管部门工作，提高产业能级和运输效率，确保道路运输基础保障作用；研究机构开展相关研究，为推进一体化提供智力支持和技术储备。

二是建立长三角交通一体化协调委员会。目前发达国家中心城市的交通管理普遍采用"统一管理、两个层面（决策层、执行层）、三大职能（管理、建设、执法）"的大交通管理模式，这种大交通管理模式，有利于构筑与中心城市交通发展需求相适应的体制框架，并从根本上解决制约社会经济和运输生产力发展的体制性障碍和中心城市交通管理主体众多、部门分割、职能交叉等问题（杨佩昆和吴兵，2003）。目前，长三角区域交通一体化是跨省行政区的相互协调，困难重重。因此，长三角应该建立权威性的协调机构，主要就跨省（市）的交通发展进行协调（刘勇，2009；赵庆杰，2015；章轲，2020）。例如：由交通运输部组织协调，在交通运输部下设置长三角交通一体化协调委员会（简称"协调委员会"）。协调委员会由长三角三省一市交通运输主管部门的主要负责人组成。协调委员会应有相应的管理权限，并与其他相关机构（如三省一市交通运输厅、交通委员会）相互协作，形成区域联盟。

协调委员会设轮值主席，由长三角三省一市的交通运输主管部门负责人轮流担任，负责召集会议、签订交通一体化发展合作协议并监督合作协议的落实等事宜。协调委员会会议每半年举行一次，若出现临时需要协调的交通一体化方面的重大问题，轮值城市负责人应召开协调委员会临时会议予以解决。

协调委员会应适应长三角三省一市交通运输一体化发展的趋势，遵循经济发展的内在规律，协调交通运输的社会效益与经济效益，突破现有行政区域限制，按照优势互补、互惠互利、共同发展、多方共赢的原则，推进交通运输一体化进程，推进交通运输信息化建设，提高信息化水平，促进道路旅客运输资源的跨区域整合，促进长三角三省一市交通运输企业的规模化、集约化经营。

协调委员会对长三角三省一市内交通运输发展有决策权,采取先由委员会协调、平衡、通过,再按规定向交通主管部门申报、审批的原则,经协调沟通达成的各项合作协议按编号进行落实。协调委员会按照交通运输的相关政策、法规,统一市场准入条件,统一市场监管力度,维护市场秩序,逐步形成长三角交通运输大市场,推进长三角的交通运输行业协会和企业沟通交流,形成良好的合作与共赢的环境。

协调委员会下设秘书处、专题工作小组和外联工作组(方雪妃,2006)。秘书处负责处理长三角交通一体化日常事务,秘书长由轮值主席指派,非轮值省(市)的办公室主任作为秘书处成员,与秘书长进行沟通协调。专题工作小组具体负责研究、决定和执行相关具体合作事宜。外联工作组负责调查、研究交通运输一体化中与其他政府职能部门需要协调的地方,及时上报协调委员会,再由协调委员会向上级主管部门汇报,以便最大限度地处理好与其他部门之间的关系,建立使各方满意的解决方案。

三是建立长三角交通运输监管委员会。协调委员会建立专门机构执行交通一体化的监管信息通报和协查制度(方雪妃,2006)。例如:协调委员会内设长三角交通一体化监管委员会(简称"监管委员会")。监管委员会采用轮流回避抽签方式确定到各地监查的委员,监查委员负责将执行结果和监查报告直接汇报协调委员会主席。监管委员会负责监督各地是否认真落实长三角交通一体化的相关决议。长三角内凡是违反交通一体化的理念、规划、法规、政策、标准的行为,均应由监管委员会及时备案,按月汇总,并通告长三角各城市以互动协查。

(6)给予财政、税费等相关扶持政策,构筑多元化投融资体制

一是给予财政、税费等相关扶持政策。长三角各级政府要加大对长三角交通一体化的财政支持,对长三角内交通运输基础设施、企业及其他项目应有相应的财政补贴和财政直接投资(王郁,2019)。各级政府部门(如交通、财政、公安、建设、国土资源、工商、物价等部门)的财政扶持应同时纳入长三角区域一体化总体规划、交通一体化规划等相关规划中。建立长三角交通一体化专项建设基金,用于长三角交通一体化规划建设必须实施的重点项目的财政投资、贷款贴息等。注重资金、资产利用率和投资回报率,全面考虑实际需求和效益,避免重复建设和盲目建设。保

障交通运输一体化发展和管理资金。此外，还需要保障必要的交通运输管理经费。为了促进长三角交通一体化，各级政府还应该制定相应的税收减免、税收分成、税收返还等激励政策。鼓励各地以市场化为导向，积极吸引民资、外资参与交通基础设施建设，采取减免税收、返还、贴息等方式确保交通基础设施的顺利实施。

二是构筑多元化投融资体制。投融资体制是经济体制的重要组成部分，是投融资活动的运行机制和管理制度的总和，主要包括投资主体行为、资金筹措、建设管理和宏观调控。按照交通运输领域中央和地方财政事权划分改革的总体要求，运用多元化投融资手段，统筹投融资与建设、运营、管理关系，开展交通基础设施投融资模式创新（国家发展改革委和交通运输部，2020）。作为资本密集型行业，资金是长三角交通一体化发展的重要驱动要素。然而，受投融资体制建设相对滞后，投融资方式较少，建设资金来源渠道比较单一等因素的影响，资本市场对交通运输的资金支持缺乏力度。资金短缺仍然是制约长三角交通一体化发展的关键性因素。因此，为了促进长三角交通运输体系一体化发展，要尽快构筑多元化的投融资体制（贾凤娇和陈震寰，2019）。具体应从以下几方面着手：第一，拓展投资主体。由主要依靠国家、地方政府向由国家、地方政府、银行、企业、个人组成的多元化投资主体转变。完善对投资人和投入资本的激励、保障制度，提高政府对民营资本的扶持力度，确保投资人的合理收益和合法权益，激发民营资本投资交通运输业的热情，充分合理地发挥民间资本的作用，第二，扩充投资渠道。目前，长三角交通一体化发展的资金主要来源于政府财政支出和银行贷款，资本市场和其他融资渠道对交通运输业的支持比较有限，资金供需矛盾仍然比较突出。一是发行三角交通一体化债券。债券收益稳定、风险小的特点对中小投资者有很大吸引力，同时可以大大缓解地方政府的融资债务压力。二是整合交通运输行业优质资源，推动交通运输企业上市融资。三是有效利用直接融资手段。在项目建设上，可以充分借鉴 BOT（Build-Operate-Transfer，建设—经营—移交）、BTO（Build-Transfer-Operate，建设—移交—经营）、TOT（Transfer-Operate-Transfer，移交—经营—移交）、TBT（Transfer-Build-Transfer，移交—建设—移交）、PPP（Public-Private Partnership，公私合作关系）、ABS

（Asset Backed Securitization，资产证券化）等模式的成功经验（熊娜等，2019；王郁，2019）。四是有效利用外资。长三角在交通一体化的发展中应当利用好国外金融资本，尤其是世行贷款等优惠贷款项目。第三，提高投融资管理和宏观调控能力。随着市场经济的不断深入，原有的投融资管理模式也需要与时俱进，不断地调整和完善。与市场经济相匹配的投融资体制应当是以市场调配为基础，以企业法人为主体。政府由直接参与逐步向宏观管理过渡。政府在投融资管理方面将突出其宏观管理职能：建立、健全相关法律规范，规范、监督投融资行为，规避、防范投融资风险，培育、发展中介组织，培育、完善投融资体系，从而为投资者创造优越的投资环境。

（7）整合与共享交通运输信息

加快长三角交通运输信息资源的整合，实现各地交通运输管理信息系统的对接和信息资源的共享（王维，2006；国家发展改革委和交通运输部，2020）。对已开发成功的信息子平台，应加强联合，实现信息资源互补、共享和对接；对尚未开发的信息子平台，应开展联合开发，建立若干个信息服务中心，通过应用计算机网络、通信技术，建成覆盖长三角交通数据库并实现互换、客运异地联网售票系统。

建立交通市场供求信息定期发布制度。将交通运输生产情况、运输经营主体数量、运力布局与结构、班线分布、跨省和省内主干线以及农村客运市场的运输供求状况等季度性地向社会发布，引导社会资金理性投资。

实现长三角交通管理网站的链接，及时向社会公布交通行业管理的情况和资料。运用现代信息技术手段，特别是先进的计算机技术和网络技术，加快行政管理科学化步伐，打破时间、空间和部门限制，优化办事程序，提高工作效率，提高政府管理与服务的规范性和透明度，提供科学的监督与检查手段，使交通运输行业管理建立在高效、廉洁、科学的基础之上。

建立交通信息通报制度，加强经验交流（林涛，2019）。及时相互交流、互换各三省一市的发展规划、工作计划、政策规定、经验做法以及工作动态等情况和资料，定期或不定期召开经验交流会议，在区域内推广先进经验（田娜娜，2017）。

加强信息化人才培养，建立人才引进和培养机制。根据建设需要，有计划地培养和引进一定数量的从事信息化建设的专门人才，在数量上、质量上要适应现代信息技术迅猛发展的形势和信息化工作的要求，培养既熟悉交通运输业务，又具备信息技术的复合型人才，同时在行业内大力推行信息知识培训和技能教育，提高从业人员的技术水平。

5.4.2 上海都市圈推进长三角交通一体化发展的措施

（1）以打造"1小时交通圈"为目标，构建多层次轨道交通网络

以"1小时交通圈"为目标，构建多层次的轨道交通网，全面形成上海与长三角主要城市及上海都市圈内部的"1小时交通圈"。

一是加快铁路对外通道和铁路枢纽建设。新建沪杭客专三四线（莘庄—上海南站）、沪苏湖、沪乍杭铁路，推进沪通（南通至安亭段和太仓至四团段）铁路建设和浦东铁路复线电气化改造，加快研究沪甬跨海二通道，实现上海都市圈内与宁波、舟山和南通等城市的快速高效交通联系（上海市人民政府，2016）。

二是提高公路网络服务能力，优化与都市圈内苏州、南通、嘉兴、湖州等城市的道路衔接，加强新城与周边城镇、郊区城镇干线公路建设。整合优化长途客运站布局，推进综合货运枢纽、货运通道的规划建设，形成与长三角主要城市1小时道路交通圈。

（2）以补齐都市圈航空运输短板为重点，构建高效协同的多机场系统

构建以上海都市圈为共同运输市场的多机场系统，促进各机场高效协同，提升多机场整体容量，适应航空需求持续较快增长。

一是加快提升空港能级。加快建设上海虹桥国际机场直达上海浦东国际机场的交通路线，打造虹桥—浦东一体的综合航空交通枢纽，提升机场辐射能级。同时，要加快完善航线网络，积极开辟新航线，提升航空网络通达性。

二是促进都市圈内各机场的合理分工、高效协同。积极推进上海都市圈机场群的协同运营。例如：上海2座机场以中长距离出行为主导、舟山机场以服务旅游为主导的都市圈机场群协同发展格局。

三是要加强与长三角其他城市机场的合作（卢山和金益波，2020）。加强与南京、杭州等其他枢纽机场联动，充分发挥上海 2 座机场的国际航线优势，完善都市圈与其机场之间的快速通道联系，实现借港出境；加强与长三角其他城市主要机场及航空公司合作，推进中转联程航线建设，共享航线资源。

（3）以打破行政区划壁垒为手段，推动都市圈毗邻地区交通一体化

以都市圈整体思维为导向，以打通断头路和毗邻城镇公交一体化为抓手，打破行政区划壁垒，促进都市圈交通更高质量一体化。

一是加快打通毗邻区域断头路。全面摸排上海都市圈毗邻区域中各类"断头路"和"瓶颈路"，推进"断头路"连通和"瓶颈路"改造扩容，畅通交界地区公路联系，提升都市圈路网联通程度。

二是探索组建合资公交公司。借鉴杭州至湖州德清毗邻公交运营模式（卢山和金益波，2020；黄建峰，2020），加强与都市圈内其他城市相关部门联系；组建专门的管理部门来协调管理都市圈内跨地区毗邻公交的发展工作；探索成立城市合资公交公司，以风险共担、利益共享的方式推进都市圈内毗邻公交发展。

三是积极构建两级毗邻公交体系。构建都市圈内毗邻城市城区间、相邻城镇间两级城际公交体系，作为城际轨道的重要补充。其中城间线路为毗邻城市城区间中长距离提供出行服务，采用"直达快线和区间线"并行模式运营。城镇线路为相邻城镇间中短距离出行服务，采用"普线"模式或"专线公交"模式运营，保证资源的有效利用。

参考文献

［1］中共中央、国务院：《长江三角洲区域一体化发展规划纲要》，2019 年 12 月 1 日，见 http://www.gov.cn/zhengce/2019－12/01/content_5457442.htm?tdsourcetag＝s_ pcqq_ aiomsg。

［2］陈文彬、王梅、虞同文：《长三角区域交通一体化研究》，《交通与港航》2019 年第 6 期。

［3］程楠、荣朝和、盛来芳：《美国交通规划体制中的大都市区规划组织》，《国际城市规划》2011年第5期。

［4］邓涛涛：《交通体系内外联动：世界五大城市群的经验》，《中国社会科学报》2012年6月6日，A6版。

［5］丁成日：《世界巨（特）大城市发展——规律、挑战、增长控制及其评价》，中国建筑工业出版社2015年版。

［6］邓焕彬：《珠三角区域一体化下交通协调发展研究》，清华大学博士学位论文，2012年。

［7］杜霞：《区域公共产品提供中的行政协调机制研究》，南京理工大学硕士学位论文，2013年。

［8］范克龙：《打通"瓶颈路"，织密立体交通网》，《安徽日报》2019年12月9日，第1版。

［9］方雪妃：《武汉城市圈道路旅客运输一体化研究》，武汉理工大学硕士学位论文，2006年。

［10］顾大松：《以交通治理变革示范长三角一体化发展》，《中国交通报》2019年3月22日，第3版。

［11］国家发展改革委、交通运输部：《长江三角洲地区交通运输更高质量一体化发展规划》，见 https://www.ndrc.gov.cn/xxgk/zcfb/ghwb/202004/t20200427_1226858_ext.html。

［12］国务院发展研究中心课题组：《东京都市圈的发展模式、治理经验及启示》，《中国经济时报》2016年8月19日，第5版。

［13］韩慧、李光勤：《大伦敦都市圈生态文明建设及对中国的启示》，《世界农业》2015年第4期。

［14］黄建峰：《长三角一体化背景下省际毗邻公交的实践与思考》，《人民公交》2020年第1期。

［15］霍晓庆：《日本首都圈交通一体化效应及启示研究》，河北大学硕士学位论文，2015年。

［16］姜策：《国内外主要城市群交通一体化发展的比较与借鉴》，《经济研究参考》2016年第52期。

［17］贾凤娇、陈震寰《跨区域城际交通一体化政策研究及建议——

以长三角城际铁路建设为例》，《交通与港航》2019 年第 6 期。

［18］冷炳荣、王真、钱紫华、李鹏：《国内外大都市区规划实践及对重庆大都市区规划的启示》，《国际城市规划》2016 年第 6 期。

［19］李仁涵：《我国大都市交通圈发展模式的研究》，同济大学博士学位论文，2007 年。

［20］李睿：《国际著名"湾区"发展经验及启示》，《港口经济》2015 年第 9 期。

［21］李昕阳：《京津冀协同治理视域下交通一体化政策研究》，东北财经大学硕士学位论文，2017 年。

［22］李燕、王芳：《北京的人口、交通和土地利用发展战略：基于东京都市圈的比较分析》，《经济地理》2017 年第 4 期。

［23］李政道：《粤港澳大湾区海陆经济一体化发展研究》，辽宁大学博士学位论文，2019 年。

［24］卢山、金益波：《长三角一体化背景下宁波都市圈交通发展的若干建议》，《宁波经济（三江论坛）》2020 年第 5 期。

［25］林涛：《加强协同创新 推进长三角交通一体化》，《中国社会科学报》2019 年 2 月 26 日，第 4 版。

［26］刘勇：《与空间结构演化协同的城市群交通运输发展——以长三角为例》，《世界经济与政治论坛》2009 年第 6 期。

［27］刘勇凤、耿彦斌：《长三角地区交通运输综合一体化发展现状与问题》，《综合运输》2019 年第 9 期。

［28］刘志彪、孔令池：《长三角区域一体化发展特征、问题及基本策略》，《安徽大学学报（哲学社会科学版）》2019 年第 3 期。

［29］龙昊：《交通互联：夯实长三角高质量一体化基础》，《中国经济时报》2019 年 6 月 18 日，第 1 版。

［30］马祥军：《都市圈一体化交通发展战略研究》，上海交通大学硕士学位论文，2009 年。

［31］梅剑飞、顾巍钟：《畅通一条路 集聚成一群》，《新华日报》2019 年 5 月 22 日，T02 版。

［32］苗彦英、张子栋：《东京都市圈轨道交通发展及特征》，《都市快

轨交通》2015 年第 2 期。

　　［33］宁越敏：《国外大都市区规划体系评述》，《世界地理研究》
2003 年第 1 期。

　　［34］上海市青浦区人民政府：《上海市青浦区国民经济和社会发展第
十三个五年规划纲要》，2016 年 1 月 15 日。

　　［35］上海市人民政府：《上海市综合交通"十三五"规划》，2016 年
9 月 28 日。

　　［36］邵瑛：《长江三角洲区域交通一体化规划研究》，《上海城市规
划》2012 年第 2 期。

　　［37］沈尚：《深入贯彻落实习近平总书记重要指示精神　推进长三角
交通运输更高质量一体化发展》，《中国水运报》2019 年 5 月 8 日。

　　［38］孙洪涛、戴新鎏：《东京都市圈轨道交通对京津冀城际铁路规划
的启示》，《中国铁路》2015 年第 7 期。

　　［39］田娜娜：《长三角综合交通信息资源整合一盘棋》，《中国交通
报》2017 年 3 月 1 日。

　　［40］万英发：《长三角道路运输一体化推进策略研究》，上海交通大
学硕士学位论文，2010 年。

　　［41］王爱华：《国内外港口一体化发展经验借鉴》，《水运管理》
2017 年第 12 期。

　　［42］王维：《长三角交通基础设施一体化研究》，《学海》2006 年第
6 期。

　　［43］王建红：《日本东京湾港口群的主要港口职能分工及启示》，《中
国港湾建设》2008 年第 1 期。

　　［44］王雪松、彭建：《美国大都市区最新综合交通规划比较研究》，
《国际城市规划》2012 年第 1 期。

　　［45］王郁：《打造区域综合交通网络，促进长三角高质量一体化发
展》，《第一财经日报》2019 年 1 月 17 日，A11 版。

　　［46］吴威、王聪、曹有挥、梁双波、张璐璐：《长江三角洲地区机场
体系基础设施效率的时空演化》，《长江流域资源与环境》2018 年第 1 期。

　　［47］熊娜、郑军、汪发元：《长三角区域交通高质量一体化发展水平

评估》，《改革》2019 年第 7 期。

　　[48] 徐阳：《陕西省区域经济发展与交通运输体系一体化研究》，长安大学博士学位论文，2010 年。

　　[49] 杨莉、刘霓：《大都市区治理——以交通规划与空间规划为例》，《国外社会科学》2015 年第 5 期。

　　[50] 杨佩昆、吴兵：《交通管理与控制》，人民交通出版社 2003 年版。

　　[51] 杨文义：《京津冀交通一体化对策研究》，河北大学硕士学位论文，2015 年。

　　[52] 余柳、刘莹：《东京综合交通枢纽布局规划研究与启示》，《交通运输系统工程与信息》2013 年第 1 期。

　　[53] 张季风：《日本如何进行都市圈建设——以东京圈为例》，《人民论坛》2020 年第 5 期。

　　[54] 章轲：《划重点！长三角交通运输更高质量一体化将这样推进》，《第一财经》2020 年 4 月 28 日。

　　[55] 张晓东、高扬：《纽约市综合交通规划解析及其对北京的启示》，《道路交通与安全》2014 年第 1 期。

　　[56] 张治栋、吴迪、周姝豆：《生产要素流动、区域协调一体化与经济增长》，《工业技术经济》2018 年第 11 期。

　　[57] 赵骅琪：《京津冀交通一体化规划协同法律问题研究》，北京交通大学硕士学位论文，2019 年。

　　[58] 赵庆杰：《大都市区交通规划与空间规划政策的协调》，《国外社会科学》2015 年第 5 期。

　　[59] 周鹤龙：《美国大都市区交通规划及其启示》，《国外城市规划》2002 年第 5 期。

　　[60] 周建高、刘成哲、何玉宏：《东京都市圈轨道交通发展及其启示》，《城市》2015 年第 3 期。

　　[61] 周素红、陈慧玮：《美国大都市区规划组织的区域协调机制及其对中国的启示》，《国际城市规划》2008 年第 6 期。

　　[62] 郑碧云：《国际大都市圈交通体系对上海大都市圈的启示》，浙

江大学硕士学位论文，2015年。

　　[63] 祝宝君：《沈阳经济区交通一体化发展对策研究》，东北大学硕士学位论文，2005年。

6

长三角生态环境问题的
协同治理与一体化

区域生态环境是指一定范围内影响人类生存与发展的大气、水资源、土地资源等数量与质量的总称，是关系到社会和经济持续发展的复杂系统。作为人类活动的承载物，生态环境在为区域经济发展提供动力的同时也面临着生态环境污染的挑战。伴随区域发展战略地位的日益提高，推动生态共建环境共治、实现区域生态环境保护与治理一体化也随之被提到新的高度。

6.1 长三角区域生态环境总体状况

6.1.1 长三角区域大气环境质量及特征

大气是一种公共物品，为人类所共享，良好的大气环境是人类生产与生活活动的基础与保障。然而，伴随城市化进程的推进、化石能源消费的增长以及人民生活水平的提高，人类活动产生的污染排放对大气环境造成了严重影响，甚至威胁到人们的生产与生活。因此，治理大气污染、改善大气环境成为当前的重要工作。

6.1.1.1 大气环境有关的概念

（1）大气环境质量

大气环境质量反映了大气受污染的程度，即大气中所含污染物质的多少。在未受人为影响的情况下，在水平方向上的空间中大气的组成成分几乎没有差异，大气质量的优劣主要取决于受人类污染的程度。大气质量主要用空气中污染物的含量来衡量，以对人体健康影响的程度为尺度。2012年，国家发布了评价大气质量的新标准，即《环境空气质量标准》

（GB3095-2012）和《环境空气质量指数（AQI）技术规定（试行）》（HJ633-2012），并于2013年开始在全国范围内实施。

（2）大气污染

大气污染，是指大气中一些物质的含量达到有害的程度，导致其化学、物理、生物或者放射性等方面特性发生改变，从而影响大气的有效利用，危害人体健康与财产安全以及破坏自然生态系统、造成大气质量恶化的现象。

大气污染来源可以分为固定污染源和移动污染源两类。前者是指工农业生产、生活活动中由设备装置、燃料燃烧设施和固定操作作业等向大气排放的污染物；后者主要包括机动车船等交通运输工具在运行时向大气排放的污染物。

（3）大气环境质量指标

空气质量指数（Air Quality Index，AQI）：描述了空气清洁或者污染的程度，以及对健康的影响。环保部门计算AQI通过五个主要污染标准：地面臭氧、颗粒物污染（也称颗粒物）、一氧化碳、二氧化硫以及二氧化氮。

细颗粒物（$PM_{2.5}$）：指环境空气中空气动力学当量直径小于等于2.5微米的颗粒物。其粒径小，面积大，活性强，易附带有毒、有害物质（例如，重金属、微生物等），且在大气中的停留时间长、输送距离远，因而对人体健康和大气环境质量的影响更大。

可吸入颗粒物（PM_{10}）：指环境空气中空气动力学当量直径小于等于10微米的颗粒物。因其在环境空气中持续的时间长，对人体健康和大气能见度的影响都较大。

二氧化硫（SO_2）：其具有酸性，可与空气中的其他物质反应，生成微小的亚硫酸盐和硫酸盐颗粒。当这些颗粒被吸入时，它们将聚集于肺部，容易引发呼吸系统症状和疾病、呼吸困难；与眼睛接触时，会造成红肿和疼痛。此外，二氧化硫是形成酸雨的主要成分。

氮氧化物（NOx）：其主要来自高温燃烧过程，比如机动车尾气、锅炉废气的排放等。NOx对环境的损害作用极大，它是形成酸雨的主要物质，也是形成大气中光化学烟雾的重要物质和消耗O_3的重要因子。

臭氧（O_3）：臭氧是强氧化剂，对植物、动物及很多结构材料（如塑胶、橡胶）有害。它还会伤害肺组织，严重时甚至会导致肺出血而死亡，因此当空气中臭氧含量过高时，一般建议老人和幼儿不宜在户外进行剧烈运动，以免吸入过量臭氧。低层空气中臭氧有时被称为"有害的"臭氧，其主要源于汽机车排气中二氧化氮产生的光化学烟雾。由于工业和汽车废气的影响，在大城市周围农林地区地表臭氧会形成和聚集。地表臭氧对人体，尤其是对眼睛、呼吸道等有侵蚀和损害作用，对农作物或森林也有害。

6.1.1.2　长三角区域大气环境质量现状及特征

1）长三角区域大气环境质量现状

根据生态环境部发布的《2018 中国生态环境状况公报》，2018 年长三角地区环境空气质量优良天数比例仅为 74.1%，平均超标天数比例为 25.9%，与此同时，全国平均环境空气质量优良天数比例为 79.3%，京津冀地区优良天数比例范围为 50.5%，汾渭平原地区优良天数比例范围为 54.3%。对比可知，长三角地区大气环境质量优于京津冀地区与汾渭平原地区，但略低于全国平均水平。

《2018 中国生态环境状况公报》显示，长三角地区环境空气质量超标天数中以 O_3、$PM_{2.5}$、PM_{10} 和 NO_2 为首要污染物的天数分别占污染总天数的 49.3%、44.3%、4.5% 和 2.2%。可以看出，长三角地区的大气环境污染物主要为 O_3 和 $PM_{2.5}$。与此同时，京津冀地区环境空气质量超标天数中，以 O_3、$PM_{2.5}$、PM_{10} 和 NO_2 为首要污染物的天数占比分别 46%、40.7%、12.8% 和 0.8%；汾渭平原地区以 $PM_{2.5}$、O_3、PM_{10}、NO_2 和 SO_2 为首要污染物的天数占比分别 44.7%、36.4%、18.7%、0.5% 和 0.2%。

长三角地区大气污染一体化和同步化趋势较为突出。具体而言，2013—2018 年江浙沪三地环境空气质量指数整体呈现显著的上升趋势，大气环境质量逐步提高，而安徽省大气环境质量整体则呈现下降趋势，可喜的是，2018 年安徽省大气环境质量出现回升（见图 6-1）。

长三角 41 市环境空气质量指数优良率差距较大，如表 6-1 所示，2018 年长三角 41 市中，黄山市空气质量指数优良率达到 98.4%，徐州市仅为 56%。此外，长三角 41 市空气质量指数优良率整体不高，超过全国

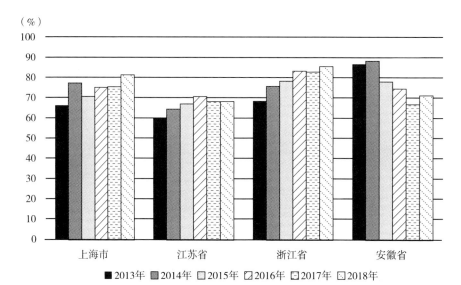

（%）

图 6-1　2013—2018 年长三角三省一市环境空气质量指数优良率

资料来源：各省市生态环境状况公报。

平均水平的城市仅有 12 个，其他 29 个城市空气质量指数优良率均低于全国平均水平。

表 6-1　2018 年长三角 41 市环境空气质量指数优良率

城市	AQI 优良率（%）	评价	城市	AQI 优良率（%）	评价
黄山	98.4	A	杭州	73.7	B
温州	95.1	A	六安	73.2	B
丽水	95.1	A	合肥	71.8	B
舟山	94.8	A	湖州	71	B
台州	93.7	A	无锡	70.7	B
衢州	88.8	A	镇江	70.1	B
宁波	87.7	A	南京	68.8	B
宣城	86	A	马鞍山	68.5	B
金华	84.4	A	阜阳	67.7	B
铜陵	81.6	A	常州	67	B

续表

城市	AQI 优良率 (%)	评价	城市	AQI 优良率 (%)	评价
上海	81.1	A	滁州	66.3	B
南通	79.7	A	芜湖	65.2	B
池州	79.1	B	扬州	64.4	B
盐城	77.8	B	蚌埠	63.3	B
绍兴	77.8	B	宿迁	63	B
淮安	77.3	B	淮南	61.6	B
连云港	77.2	B	亳州	61.1	B
嘉兴	76.7	B	淮北	58.9	B
安庆	74.5	B	宿州	58.9	B
苏州	73.7	B	徐州	56.2	B
泰州	73.7	B	全国平均	79.3	

资料来源：《2018 中国生态环境状况公报》与各市环境状况公报、国民经济和社会发展统计公报。

注：A 指 AQI 优良率高于全国平均水平，B 指 AQI 优良率低于全国平均水平，城市根据 AQI 优良率由高到低排序。

2）长三角区域大气污染现状和污染源分析

长三角地区大气污染以臭氧污染与颗粒物污染为主。《2018 中国生态环境状况公报》指出，长三角地区空气质量超标天数中以 O_3、$PM_{2.5}$、PM_{10} 为首要污染物的天数分别占污染总天数的 49.3%、44.3%、4.5%，其中 O_3 和 $PM_{2.5}$ 污染的治理更是长三角地区大气污染治理的重中之重，也是长三角大气环境质量改善的主要抓手。

（1）长三角区域 $PM_{2.5}$ 与 PM_{10} 现状和污染源分析

①长三角区域 $PM_{2.5}$ 与 PM_{10} 现状

2012 年 2 月，环境保护部批准《环境空气质量标准》（GB3095 - 2012），新标准增设了细颗粒物（粒径小于等于 2.5μm）浓度限值并调整了可吸入颗粒物（粒径小于等于 10μm）浓度限值，加强了对 $PM_{2.5}$ 与 PM_{10} 的监测力度。2013 年，"雾霾"成为年度关键词，当年 1 月，4 次雾霾过程笼罩 30 个省（区、市）。自此，以 $PM_{2.5}$ 与 PM_{10} 为代表的颗粒物成为大气环境质量的重要参照指标。《2018 中国生态环境状况公报》显示，长三角地区环境空气质量超标天数中以 $PM_{2.5}$ 和 PM_{10} 为首要污染物的天数分别占污染总天数的 44.3% 和 4.5%，两者为首要污染物的天数占污染总天数的 48.8%。自 2013 年实施新《环境空气质量标准》以来，长三角三省一市的 $PM_{2.5}$ 和 PM_{10} 年均浓度整体呈下降趋势（如图 6-2、图 6-3 所示）。2013—2018 年，浙江省 $PM_{2.5}$ 和 PM_{10} 年均浓度降幅最大，其中 $PM_{2.5}$ 年均浓度由 61 微克/立方米降至 33 微克/立方米，降幅高达 46%；PM_{10} 年均浓度由 91 微克/立方米降至 52 微克/立方米，降幅高达 43%。

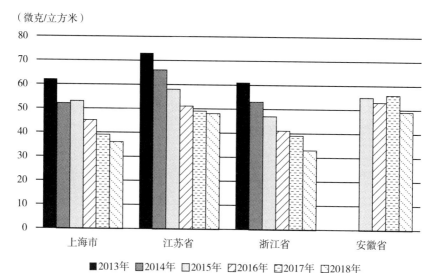

图 6-2　2013—2018 年长三角三省一市 $PM_{2.5}$ 年均浓度

资料来源：各省市生态环境状况公报、环境状况公报。

注：安徽省数据自 2015 年开始公布。

　　虽然治霾效果已初见成效，但是长三角 41 市的 $PM_{2.5}$ 与 PM_{10} 的现状仍旧不容乐观。如表 6-2 所示，2018 年，从 $PM_{2.5}$ 的角度来看，除宁波、温州、金华、衢州、舟山、台州、丽水和黄山 8 个城市以外，其他 33 市 $PM_{2.5}$ 年均浓度均超过国家环境空气质量二级标准，其中安徽省和江苏省整体超标较为严重；从 PM_{10} 的角度来看，共有 16 个城市达到国家环境空气质量二级标准的要求，有 25 个城市超标，其中徐州、扬州和淮北 PM_{10} 年均浓度超过 90 微克/立方米，超标较为严重。

（微克/立方米）

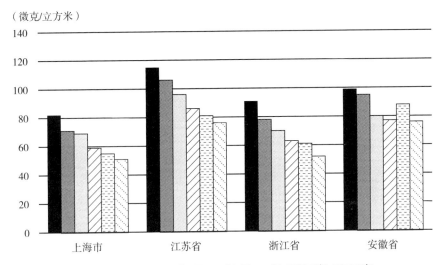

■2013年 ■2014年 □2015年 ▨2016年 ▤2017年 ▦2018年

图 6-3 2013—2018 年长三角三省一市 PM₁₀ 年均浓度

资料来源：各省市生态环境状况公报。

表 6-2 2018 年长三角 41 市 PM₂.₅ 与 PM₁₀ 年均浓度

单位：微克/立方米

城市	$PM_{2.5}$年均浓度	评价	PM_{10}年均浓度	评价
上海	36	超标	51	达标
南京	43	超标	75	超标
无锡	43	超标	75	超标
徐州	62	超标	104	超标
常州	50	超标	73	超标
苏州	42	超标	65	达标
南通	41	超标	63	达标
连云港	44	超标	67	达标
淮安	50	超标	>70	超标
盐城	41	超标	73	超标
扬州	49	超标	90	超标
镇江	54	超标	76	超标
泰州	47	超标	74	超标

续表

城市	PM$_{2.5}$年均浓度	评价	PM$_{10}$年均浓度	评价
宿迁	53	超标	76	超标
杭州	40	超标	68	达标
宁波	33	达标	52	达标
温州	30	达标	58	达标
嘉兴	39	超标	63	达标
湖州	36	超标	60	达标
绍兴	42	超标	66	达标
金华	34	达标	54	达标
衢州	33	达标	54	达标
舟山	22	达标	40	达标
台州	29	达标	53	达标
丽水	28	达标	46	达标
合肥	48	超标	72	超标
芜湖	49	超标	68	达标
蚌埠	>35	超标	85	超标
淮南	55	超标	86	超标
马鞍山	45	超标	76	超标
淮北	57	超标	91	超标
铜陵	49	超标	75	超标
安庆	46	超标	65	达标
黄山	24	达标	42	达标
滁州	50	超标	80	超标
阜阳	55	超标	89	超标
宿州	62	超标	88	超标
六安	45	超标	79	超标
亳州	56	超标	93	超标
池州	44	超标	67	达标
宣城	44	超标	64	达标

资料来源：各省市统计年鉴、生态环境状况公报。

注：环境空气质量二级标准：PM$_{2.5}$：35 微克/立方米，PM$_{10}$：70 微克/立方米。

②长三角区域 $PM_{2.5}$ 与 PM_{10} 污染源分析

$PM_{2.5}$ 的成分较为复杂，其来源主要有自然源和人为源两种，其中后者危害较大。自然源包括扬尘（含有氧化物矿物和其他成分）、海盐（颗粒物的第二大来源，其组成与海水的成分类似）、植物花粉、孢子和细菌等。自然界中的灾害事件，如火山爆发向大气中排放了大量的火山灰，森林大火或裸露的煤原大火及尘暴事件都会将大量细颗粒物输送到大气层中。人为源包括固定源和流动源。固定源包括燃料燃烧源，如发电、冶金、石油、化学、纺织印染等工业过程以及供热、烹调过程中燃煤、燃气或燃油排放的烟尘。流动源主要是各类交通工具在运行过程中使用燃料时向大气中排放的尾气。

PM_{10} 的形成主要有两个途径：其一，各种工业过程（燃煤、冶金、化工、内燃机等）直接排放的超细颗粒物；其二，大气中二次形成的超细颗粒物与气溶胶等。其中，第一种途径是可吸入颗粒物的主要形成源，也是可吸入颗粒物污染控制的重要对象。

在分析颗粒物污染源时，烟（粉）尘排放量是我们的主要分析对象。如表6-3所示，从烟（粉）尘排放量的角度来看，2013—2018年长三角三省一市烟（粉）尘排放量呈现倒"U"型变化趋势。2013—2014年，长三角三省一市烟（粉）尘排放量整体较高，且呈显著增长趋势，其中，2014年上海市、江苏省和安徽省增长率均超过50%。2015—2018年，长三角三省一市烟（粉）尘排放量呈显著下降趋势。对比2013年和2018年的烟（粉）尘排放量可发现，上海市降幅高达65%，江苏省降幅为33%，浙江省降低61%，安徽省降低42%。如表6-4所示，从烟（粉）尘排放的角度来看，2018年长三角三省一市烟（粉）尘排放结构中，工业排放为最大来源，而机动车排放与生活排放所占比重相对较低。

表6-3 2013—2018年长三角三省一市烟（粉）尘排放

单位：万吨

	2013年	2014年	2015年	2016年	2017年	2018年
上海	8.09	14.17	12.07	7.95	4.70	2.81

续表

	2013 年	2014 年	2015 年	2016 年	2017 年	2018 年
江苏	50	76.37	65.45	47.17	39.08	33.28
浙江	31.97	37.97	33.04	18.23	15.34	12.51
安徽	41.86	65.27	54.60	32.13	28.08	24.17

资料来源：各省市统计年鉴、生态环境状况公报。

表 6-4　2018 年长三角三省一市烟（粉）尘排放结构

单位：万吨

	总量 （万吨）	工业 （万吨）	生活 （万吨）	机动车 （万吨）	集中污染治理 （万吨）
上海	2.81	1.62	0.04	1.16	0.001
江苏	33.28	28.97	1.45	2.83	0.03
浙江	12.51	10.48	0.42	1.61	0.01
安徽	24.17	19.31	2.81	2.05	0.003

资料来源：各省市统计年鉴、生态环境状况公报。

　　进一步地，作为烟（粉）尘排放的最主要来源，工业烟（粉）尘排放是我们的重点分析对象。表 6-5 显示，2018 年，长三角 41 市中烟（粉）尘排放量最大和最小的城市分别为无锡和温州，排放量分别为 52929 吨、1585 吨；万人烟（粉）尘排放量最大和最小的城市分别为无锡和温州，排放量分别为 106.5 吨、1.91 吨；单位 GDP 烟（粉）尘排放量最大和最小的城市分别为池州和温州，分别为 19.67 吨/亿元、0.26 吨/亿元。由于 2018 年长三角 41 市烟（粉）尘排放数据缺失较多，笔者通过对比 2012 年与 2017 年长三角 41 市的工业烟（粉）尘排放数据来反映长三角地区工业烟（粉）尘排放变动情况。通过对比我们可以看到，除无锡、常州、连云港、马鞍山、铜陵、黄山和池州 7 个城市以外，其他 34 个城市烟（粉）尘均呈下降趋势。其中，上海烟（粉）尘减排力度最大，总排放量由 2012 年的 87100 吨降至 2017 年的 30262 吨，降幅高达 56838 吨；而马鞍山的烟（粉）尘排放增幅较大，总排放量由 2012 年的 31525 吨增长到 2017 年的 68362 吨，增幅高达 36837 吨。整体而言，长三角 41 市烟（粉）尘排放量、万人烟（粉）尘排放量、单位 GDP 烟（粉）尘排放量整体呈下降趋势。

表 6-5 2012 年、2017 年、2018 年长三角 41 市烟（粉）尘排放量

	2012 年			2017 年			2018 年		
	烟（粉）尘排放量	万人烟（粉）尘排放量	单位 GDP 烟（粉）尘排放量	烟（粉）尘排放量	万人烟（粉）尘排放量	单位 GDP 烟（粉）尘排放量	烟（粉）尘排放量	万人烟（粉）尘排放量	单位 GDP 烟（粉）尘排放量
	吨	吨	吨/亿元	吨	吨	吨/亿元	吨	吨	吨/亿元
上海	87100	61.04	4.32	30262	20.80	0.99	16163	11.06	0.49
南京	40679	63.71	5.65	40233	59.08	3.43	35914	51.53	2.80
无锡	48169	102.47	6.36	57762	117.16	5.49	52929	106.50	4.63
徐州	45883	46.32	11.42	44761	43.08	6.78	21252	20.34	3.15
常州	35837	98.24	9.03	54916	144.90	8.30	32258	84.45	4.58
苏州	54382	83.95	4.53	47694	69.02	2.75	39669	56.35	2.13
南通	36399	47.57	7.98	7821	10.24	1.01	4518	5.92	0.54
连云港	16570	32.43	10.33	19086	35.81	7.23	13397	25.09	4.83
淮安	19740	36.10	10.28	7225	12.88	2.17	6904	12.31	1.92
盐城	23694	28.81	7.59	14543	17.61	2.86	13182	15.98	2.40
扬州	12286	26.80	4.19	7745	16.84	1.53	11899	25.92	2.18
镇江	18080	66.62	6.87	6825	25.18	1.70	5755	21.24	1.42
泰州	17765	35.08	6.58	6728	13.32	1.42	5929	11.79	1.16
宿迁	37509	66.94	24.64	12361	20.92	4.73	8642	14.62	3.14
杭州	33015	47.13	4.23	16343	21.68	1.30	11629	15.02	0.86
宁波	32135	55.63	4.88	19722	33.04	2.00	17865	29.63	1.66
温州	19164	23.95	5.22	3575	4.33	0.66	1585	1.91	0.26
嘉兴	25206	73.17	8.72	10953	30.77	2.50	7540	20.94	1.55
湖州	25398	97.16	15.26	15039	56.54	6.07	14289	53.52	5.26
绍兴	15693	35.60	4.29	9538	21.39	1.88	5597	12.52	1.03
金华	28418	60.39	10.48	15062	30.99	3.91	13135	26.86	3.20
衢州	23625	93.45	24.30	19637	76.11	14.75	16716	64.79	11.37
舟山	5305	54.58	6.22	1766	18.21	1.45	—	—	—

续表

	2012 年			2017 年			2018 年		
	烟（粉）尘排放量	万人烟（粉）尘排放量	单位GDP烟（粉）尘排放量	烟（粉）尘排放量	万人烟（粉）尘排放量	单位GDP烟（粉）尘排放量	烟（粉）尘排放量	万人烟（粉）尘排放量	单位GDP烟（粉）尘排放量
	吨	吨	吨/亿元	吨	吨	吨/亿元	吨	吨	吨/亿元
台州	13016	22.02	4.47	8784	14.54	2.00	8151	13.47	1.67
丽水	15234	58.01	17.04	9154	34.03	7.32	7219	26.74	5.18
合肥	41120	57.87	9.87	13599	18.30	1.94	—	—	—
芜湖	48381	126.19	25.82	27089	69.82	9.14	26815	68.93	8.18
蚌埠	9082	24.69	10.20	3788	9.94	2.44	—	—	—
淮南	21847	89.61	27.95	12568	32.23	11.85	—	—	—
马鞍山	31525	138.03	25.59	68362	298.52	39.98	—	—	—
淮北	25604	117.29	41.26	8980	41.38	9.72	7289	33.44	7.40
铜陵	18788	253.21	30.24	21112	123.46	18.81	21106	123.43	17.27
安庆	10479	16.89	7.71	7370	13.80	4.31	—	—	—
黄山	1892	12.84	4.45	2309	15.60	3.78	2348	15.76	3.46
滁州	37392	82.71	38.52	7835	17.26	4.88	—	—	—
阜阳	12199	11.73	12.67	7584	7.09	4.83	—	—	—
宿州	13981	21.45	15.28	6758	10.30	4.61	—	—	—
六安	14616	20.58	15.92	4620	7.86	3.96	—	—	—
亳州	5455	8.90	7.62	3140	4.82	2.73	2033	3.09	1.59
池州	13624	84.15	32.64	14235	87.87	22.80	13475	83.18	19.67
宣城	45508	162.76	60.08	12771	45.61	10.77	10832	38.82	8.22

资料来源：根据《中国城市统计年鉴》数据计算而得。

（2）长三角区域臭氧污染现状和污染源分析

①长三角区域臭氧污染现状

近年来，臭氧污染作为主要环境污染之一，越来越多地被政界与学界关注。《2018 中国生态环境状况公报》指出，2018 年全国 338 个地级及以上城市中，以 O_3 为首要污染物的占 3.6%，与 2017 年相比，O_3 浓度和超标天数比例均上升。值得注意的是，2018 年长三角地区以 O_3 为首要污染物的天数占总超标天数的 49.3%，臭氧污染已经成为长三角地区大气环境的首要污染物。

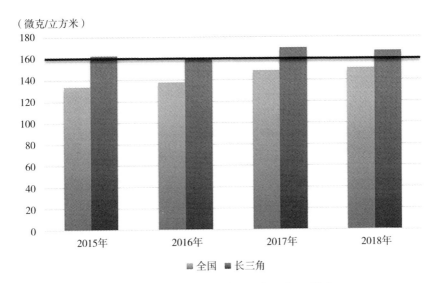

（微克/立方米）

图 6-4　2015—2018 年全国和长三角 O₃ 浓度

注：图中横线表示环境空气质量二级标准；《2018 中国生态环境状况公报》对于长三角地区的统计口径产生变动，2015—2017 年，长三角地区包含上海市、江苏省和浙江省 25 个地级及以上城市，2018 年，长三角地区包含上海市、江苏省、浙江省和安徽省 41 个地级及以上城市。

资料来源：《2015 中国环境状况公报》《2016 中国环境状况公报》《2017 中国生态环境状况公报》《2018 中国生态环境状况公报》。

据图 6-4 我们可以看出，2015 年、2016 年，长三角地区 O₃ 浓度一直维持在国家环境空气质量二级标准附近，而自 2017 年开始，O₃ 浓度出现显著增长并超过二级标准限值，达到 170 微克/立方米，2018 年降至 167 微克/立方米，仍旧超过二级标准限值。反观全国平均水平，2015—2018 年，全国 338 个地级及以上城市 O₃ 浓度均值始终低于二级标准。

据图 6-5 可以看出，2018 年长三角三省一市中，江苏省和安徽省臭氧超标情况较为严重，上海市与浙江省表现较好。具体来看，上海市臭氧年均浓度为 160 微米/立方米，达到国家环境空气质量二级标准；江苏省 13 个城市中除南通市外，其余 12 市 O₃ 浓度超标；浙江省宁波、温州、衢州、舟山、台州和丽水 6 个城市 O₃ 浓度达到二级标准。值得注意的是，臭氧浓

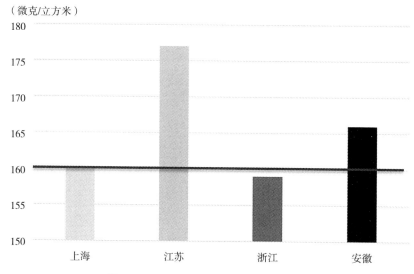

图 6-5　**2018 年长三角三省一市 O_3 浓度**

注：图中横线表示环境空气质量二级标准。
资料来源：各省市生态环境状况公报。

度呈现明显季节变化特征，表现为夏季最高、冬季最低，换言之，夏季长三角三省一市均受到臭氧浓度偏高的影响。

②长三角区域臭氧污染源分析

臭氧是影响夏季空气质量的主要污染物，现阶段我国臭氧污染的根本原因是挥发性有机物和氮氧化物等臭氧前体物维持在较高的浓度水平，在强日照、高气温、少云量、弱风力、少降雨等不利气象条件下加速光化学反应，造成臭氧浓度超标。此外，长三角地区夏秋季强光照、高温的气候特点以及长三角地区大量的机动车尾气的排放使得长三角地区面临 O_3 浓度超标的威胁。

氮氧化物是一种重要的臭氧前体物，如图 6-6 所示，2013—2018 年长三角地区二氧化氮浓度整体呈现下降趋势，而安徽二氧化氮浓度则呈微弱上升趋势。2018 年，上海、江苏、浙江和安徽二氧化氮年日均值分别为 42 微克/立方米、38 微克/立方米、32 微克/立方米和 35 微克/立方米，较 2013 年分别下降 13%、7%、24% 和上升 21%。

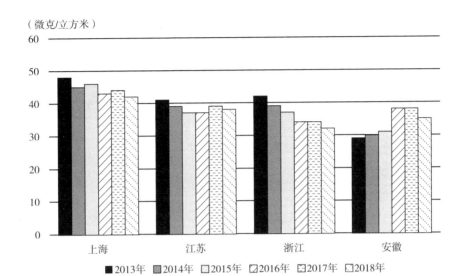

（微克/立方米）

图6-6 2013—2018年长三角三省一市NO₂浓度

资料来源：各省市生态环境状况公报。

表6-6 2018年长三角三省一市氮氧化物排放结构

指标 地区	总量 （万吨）	工业 （万吨）	生活 （万吨）	机动车 （万吨）	集中污染治理 （万吨）
上海	17.51	2.67	0.26	14.54	0.03
江苏	78.85	40.93	0.67	37.06	0.18
浙江	39.21	17.82	0.16	21.17	0.06
安徽	48.51	23.20	0.79	24.50	0.02

资料来源：各省市统计年鉴、生态环境状况公报。

如表6-6所示，长三角地区氮氧化物排放主要来源为工业排放与机动车排放。具体而言，上海以机动车排放为主，所占比重为83%。江苏、浙江与安徽以工业排放与机动车排放为主，其中，江苏省工业排放比重为52%，机动车排放比重为47%；浙江省工业排放占比45%，机动车排放占比54%；安徽省工业排放占比48%；机动车排放占比51%。

3) 长三角区域大气环境质量特征

长三角地区大气环境质量整体较低但正在逐步提高。从空气质量指数优良率的角度来看，2018 年长三角 41 市中有 11 个城市空气质量指数优良率超过 80%，有 29 个城市空气质量指数优良率低于全国平均水平。《2018 中国生态环境状况公报》显示，长三角地区空气质量超标天数中以 O_3 和 $PM_{2.5}$ 为首要污染物的天数分别占污染总天数的 49.3% 和 44.3%，O_3 和 $PM_{2.5}$ 污染的治理成为大气环境治理的重中之重，也是长三角大气环境质量改善的重要抓手。

通过分析 $PM_{2.5}$ 和臭氧的特征可知，长三角地区的 $PM_{2.5}$ 和臭氧污染具有显著的季节趋势，其中，秋冬季节 $PM_{2.5}$ 污染较为严重，夏秋季节则易引发臭氧污染。从 $PM_{2.5}$ 的角度来看，烟（粉）尘排放是 $PM_{2.5}$ 的重要来源，其中，工业烟（粉）尘排放和机动车烟（粉）尘排放是长三角 $PM_{2.5}$ 污染的两大元凶。2018 年，长三角 41 市中除宁波、温州、金华、衢州、舟山、台州、丽水和黄山 8 个城市以外，其他 33 市 $PM_{2.5}$ 年均浓度均超过国家环境空气质量二级标准，其中安徽省和江苏省整体超标较为严重。从臭氧的角度来看，氮氧化物废气排放是长三角地区臭氧污染的重要来源，工业生产排放的氮氧化物以及机动车、船尾气排放的氮氧化物和挥发性有机物是造成长三角地区臭氧浓度居高不下的重要原因。

6.1.2　长三角区域水环境质量及特征

6.1.2.1　水环境有关的概念

长三角地区地处长江流域下游，拥有优良的水资源条件。然而，随着长三角地区人口的不断流入以及经济规模的不断扩张，生活污水以及工业污水排放不断增加，长三角水环境面临巨大挑战。伴随长三角一体化上升为国家战略，加强长三角区域水环境联防联控，防治水污染、保护水环境成为提高长三角区域环境质量的一项重要工作。

（1）水环境质量

水环境质量是指水环境对人群的生存以及社会经济发展的适宜程度，通常指水环境遭受污染的程度。为贯彻《环境保护法》和《水污染防治法》，加强地表水环境管理，防治水环境污染，保障人体健康，我国在

2002 年制定《地表水环境质量标准》（GB3838-2002）以及《地表水和污水监测技术规范》（HJ/T91-2002），并于 2006 年批准《生活饮用水卫生标准》（GB5749-2006）。

（2）水环境质量指标

①地表水环境质量标准

《地表水环境质量标准》（GB3838-2002）依据水域环境功能和保护目标，将地表水按功能高低依次划分为五类：Ⅰ类主要适用于源头水、国家自然保护区；Ⅱ类主要适用于集中式生活饮用水地表水源地一级保护区、珍稀水生生物栖息地、鱼虾类产场、仔稚幼鱼的索饵场等；Ⅲ类主要适用于集中式生活饮用水地表水源地二级保护区、鱼虾类越冬场、洄游通道、水产养殖区等渔业水域及游泳区；Ⅳ类主要适用于一般工业用水区及人体非直接接触的娱乐用水区；Ⅴ类主要适用于农业用水区及一般景观要求水域。对应地表水上述五类水域功能，将地表水环境质量标准基本项目标准值分为五类，不同功能类别分别执行相应类别的标准值。

②水污染衡量指标

水污染的衡量指标种类繁多，一般常用的水污染衡量指标包括：氨氮、化学需氧量、五日生化需氧量、总磷和总氮浓度等。

氨氮，是水体中的营养素，可导致水富营养化现象产生，是水体中的主要耗氧污染物，对鱼类及某些水生生物有毒害。氨氮主要来源于人和动物的排泄物，生活污水中平均含氮量每人每年可达 2.5—4.5 公斤。雨水径流以及农用化肥的流失也是氮的重要来源。另外，氨氮还来自化工、冶金、石油化工、油漆颜料、煤气、炼焦、鞣革、化肥等工业废水。

化学需氧量（COD），是在一定的条件下，采用一定的强氧化剂处理水样时，所消耗的氧化剂量。它是表示水中还原性物质多少的一个指标。水中的还原性物质有各种有机物、亚硝酸盐、硫化物、亚铁盐等，但主要的是有机物。因此，化学需氧量又往往作为衡量水中有机物质含量多少的指标。化学需氧量越大，说明水体受有机物的污染越严重。

五日生化需氧量（BOD5），是指在一定时间内，微生物分解一定体积水中的某些可被氧化物质，特别是有机物质所消耗的溶解氧的数量。它是反映水中有机污染物含量的一个综合指标，以毫克/升、百分率或 ppm 表示。如果进行生物氧化的时间为五天就称为五日生化需氧量（BOD5），相应地还有 BOD10、BOD20 等。

总磷（TP），是指水中磷的总含量，是水样经消解后将各种形态的磷转变成正磷酸盐后测定的结果，以每升水样含磷毫克数计量，是反映水体营养化的指标。

总氮（TN），指水中各种形态无机和有机氮的总量，是衡量水质的重要指标之一，常被用来表示水体受营养物质污染的程度。

6.1.2.2　长三角区域水环境质量现状及特征

长三角地区湖泊众多，水网稠密，水资源非常丰富。从自然地理的角度来看，长三角地区可分为三个流域区：长江干流区、太湖干流区和巢湖干流区。优渥的水资源条件为长三角地区的经济和社会发展作出了巨大贡献，同时长三角地区水环境也面临着较大的污染压力。

（1）长三角区域江河水系污染现状和污染源分析

①长三角区域江河水系污染现状

长三角地区地表水污染总体较轻。从地表水监测断面水质情况来看，2018 年，江苏、浙江、安徽三地的地表水监测断面以 I—Ⅲ 类水质断面为主，所占比重分别为 68.3%、84.6%、69.5%；上海地表水监测断面以 Ⅳ—Ⅴ 类水质断面为主，占比为 65.8%（见表 6-7）。从降低劣 Ⅴ 类水质断面比重的角度来看，上海与安徽分别降低 11.1% 和 1.3%，江苏与浙江维持不变。整体而言，2017—2018 年长三角地区地表水环境质量得到改善。以上海为例，2018 年上海市主要河流水质较 2017 年有所改善，其中，高锰酸盐指数平均值为 4.6 毫克/升，同比上升 2.2%；氨氮平均浓度为 0.94 毫克/升，同比下降 31.4%；总磷平均年浓度为 0.206 毫克/升，同比下降 1.9%。

表 6-7　2017—2018 年长三角三省一市地表水监测断面总体状况

指标\地区	I—Ⅲ类水质断面比重（%）		Ⅳ—Ⅴ类水质断面比重（%）		劣Ⅴ类水质断面比重（%）	
	2017 年	2018 年	2017 年	2018 年	2017 年	2018 年
上海	23.2	27.2	58.7	65.8	18.1	7
江苏	71.2	68.3	27.8	30.7	1	1

指标 地区	Ⅰ—Ⅲ类水质 断面比重（%）		Ⅳ—Ⅴ类水质 断面比重（%）		劣Ⅴ类水质 断面比重（%）	
	2017 年	2018 年	2017 年	2018 年	2017 年	2018 年
浙江	82.4	84.6	17.6	15.4	0	0
安徽	73.6	69.5	21.4	26.8	5	3.7

资料来源：各省市生态环境状况公报。

据表 6-8 我们可以看到，2018 年长三角地区主要江河水系水质情况较2017 年进一步改善，其中，黄浦江、长江口、淮河流域、钱塘江、曹娥江、甬江、瓯江、飞云江、苕溪、新安江流域Ⅰ—Ⅲ类水质断面比重均为100%。部分水系存在少量污染，主要污染物包括氨氮、总磷、化学需氧量以及五日生化需氧量。以上海为例，黄浦江主要指标中氨氮和总磷浓度分别下降 12.4%和 2.1%；苏州河主要指标中氨氮和总磷浓度分别下降26.2%和 13.5%；长江口主要指标中五日生化需氧量上升 11%，总磷浓度下降 12.2%，氨氮浓度下降 3.4%。

表 6-8　2017—2018 年长三角三省一市主要江河水系水质概况

		Ⅰ—Ⅲ类水质 断面比重（%）		Ⅳ—Ⅴ类水质 断面比重（%）		劣Ⅴ类水质 断面比重（%）		主要污染指标
		2017 年	2018 年	2017 年	2018 年	2017 年	2018 年	
上海	黄浦江	83	100	17	0	0	0	氨氮、总磷
	苏州河	0	0	43	86	57	14	氨氮、总磷
	长江口	100	100	0	0	0	0	五日生化需氧量、氨氮、总磷
江苏	环太湖流域	73	73.3	27	26.7	0	0	总氮、总磷
	淮河流域	100	100	0	0	0	0	总磷、化学需氧量、氨氮
	长江流域	68.9	73.3	24.4	20	6.7	6.7	—

续表

		I—Ⅲ类水质断面比重（%）		Ⅳ—Ⅴ类水质断面比重（%）		劣Ⅴ类水质断面比重（%）		主要污染指标
		2017 年	2018 年	2017 年	2018 年	2017 年	2018 年	
浙江	钱塘江	100	100	0	0	0	0	—
	曹娥江	100	100	0	0	0	0	—
	甬江	100	100	0	0	0	0	—
	瓯江	100	100	0	0	0	0	—
	飞云江	100	100	0	0	0	0	—
	苕溪	100	100	0	0	0	0	—
	椒江	81.8	90.9	18.2	9.1	0	0	—
	鳌江	75	50	25	50	0	0	—
	京杭运河	57.1	42.9	42.9	57.1	0	0	化学需氧量、五日生化需氧量、氨氮
	平原河网	38.1	54.8	61.9	45.2	0	0	氨氮、总磷、化学需氧量
安徽	长江流域	88.1	89.3	11.9	8.3	0	2.4	—
	淮河流域	56.1	57	24.9	39.5	9	3.5	—
	新安江流域	100	100	0	0	0	0	—
	环巢湖流域	69.7	69.7	12.1	15.1	18.2	15.2	—

资料来源：各省市生态环境状况公报。

②长三角区域江河水系污染源分析

长三角区域江河水系污染源可分为工业污染源、农业污染源和生活污染源三种。数据显示，长三角地区河道水质中氨氮、化学需氧量和总磷超标严重，农药化肥的使用、工业废水的排放以及生活污水的排放是造成长三角江河水系污染的主要原因。如表 6-9 所示，2018 年长三角三省一市废水排放主要来源为工业废水排放与生活废水排放。如表 6-10 所示，2018年长三角三省一市化学需氧量排放主要来源为生活排放。如表 6-11 所示，2018 年长三角三省一市氨氮排放主要来源也是生活排放。

表6-9 2018年长三角三省一市废水排放

单位：亿吨

	总量	工业	生活	集中污染治理
上海	20.98	2.91	18.02	0.04
江苏	58.43	14.36	44.03	0.04
浙江	46.39	11.99	34.33	0.07
安徽	23.95	4.26	19.66	0.03

资料来源：各省市统计年鉴、生态环境状况公报。

表6-10 2018年长三角三省一市化学需氧量排放

单位：万吨

	总量	工业	农业	生活	集中污染治理
上海	12.05	1.02	0.27	10.74	0.03
江苏	68.45	9.29	1.25	57.77	0.13
浙江	39.16	5.65	0.25	33.11	0.14
安徽	52.66	2.80	0.59	49.25	0.02

资料来源：各省市统计年鉴、生态环境状况公报。

表6-11 2018年长三角三省一市氨氮排放

单位：万吨

	总量	工业	农业	生活	集中污染治理
上海	3.27	0.06	0.01	3.21	0.002
江苏	9.61	0.68	0.05	8.88	0.01
浙江	6.31	0.22	0.04	6.05	0.02
安徽	5.93	0.29	0.01	5.63	0.002

资料来源：各省市统计年鉴、生态环境状况公报。

（2）长三角区域湖泊污染现状和污染源分析

①长三角区域湖泊污染现状

长三角地区不仅河道交错、水系发达，而且湖泊众多，其中以江苏省的太湖与安徽省的巢湖最为人所熟知。

据《2018中国生态环境状况公报》与《2018年度江苏省生态环境状

况公报》显示，2018 年，太湖湖体总体水质处于Ⅳ类（不计总氮）、轻度污染、轻度富营养状态，主要污染指标为总磷。其中，在监测的 17 个水质点位中，Ⅲ类占 5.9%，Ⅳ类占 64.7%，Ⅴ类占 29.4%，无Ⅰ类、Ⅱ类和劣Ⅴ类。与 2017 年相比，Ⅲ类水质点位比例下降 5.9%，Ⅳ类上升11.8%，Ⅴ类下降 5.9%，其他类均持平。湖体高锰酸盐指数和氨氮年均浓度均处于Ⅱ类；总磷年均浓度为 0.087 毫克/升，处于Ⅳ类；总氮年均浓度为 1.38 毫克/升，处于Ⅳ类。与 2017 年相比，高锰酸盐指数、氨氮浓度稳定在Ⅱ类以上，总氮浓度下降 16.4%，总磷浓度上升 7.4%。湖体综合营养状态指数为 56.0，同比下降 0.8，总体处于轻度富营养状态。2018 年4—10 月太湖蓝藻预警监测期间，通过卫星遥感监测共计发现蓝藻水华聚集现象 119 次。与 2017 年同期相比，发生次数略有增加，但最大和平均发生面积分别减少 48.6%和 35.3%。此外，环湖河流水质良好，在监测的 55个水质断面中，Ⅱ类占 32.7%，Ⅲ类占 47.3%，Ⅳ类占 20.0%，无Ⅰ类、Ⅴ类和劣Ⅴ类。与 2017 年相比，Ⅱ类水质断面比例上升 16.3%，Ⅲ类下降7.2%，Ⅳ类下降 1.8%，Ⅴ类下降 7.3%，其他类均持平。

据《2018 中国生态环境状况公报》与《2018 年安徽省生态环境状况公报》显示，2018 年巢湖湖体总体平均水质为Ⅴ类、中度污染、呈轻度富营养状态，主要污染指标为总磷。其中，东半湖水质为Ⅳ类、轻度污染、呈轻度富营养状态；西半湖水质为Ⅴ类、中度污染、呈轻度富营养状态。在监测的 8 个水质点位中，Ⅳ类占 50.0%，Ⅴ类占 50.0%，无Ⅰ类、Ⅱ类、Ⅲ类和劣Ⅴ类。与 2017 年相比，Ⅳ类水质点位比例上升 12.5%，Ⅴ类下降 12.5%，其他类均持平。此外，环湖河流水质良好。监测的 14 个水质断面中，Ⅱ类占 21.4%，Ⅲ类占 57.1%，Ⅴ类占 7.1%，劣Ⅴ类占 14.3%，无Ⅰ类和Ⅳ类。与 2017 年相比，Ⅰ类水质断面比例持平，Ⅱ类上升 14.3%，Ⅲ类下降 7.2%，Ⅳ类下降 7.1%，Ⅴ类上升 7.1%，劣Ⅴ类下降 7.1%。

②长三角区域湖泊污染源分析

以太湖与巢湖为例，长三角湖泊污染指标以总磷为主。在对长三角河流污染源进行分析时我们发现，农业施用的农药化肥，工业废水、生活污水的排放会造成长三角地区江河水系污染物超标。而江河中融入的氮、磷等营养物质会随着水系进入湖体致使湖泊富营养化，并形成沉积物；沉积淤泥中的氨氮磷物质会不断释放，继而导致湖泊污染物超标。

（3）长三角区域水环境质量特征

长三角地区地表水污染较轻，从地表水监测断面水质情况来看，江苏、浙江和安徽三地的地表水监测断面以Ⅲ类以上水质断面为主，水质状况优良；上海地表水监测断面也以Ⅰ—Ⅴ类水质断面为主，劣Ⅴ类水质断面占比较小。但是，长三角地区水环境依旧存在一定程度的污染。

长三角地区丰富的水资源为地区经济的发展带来了诸多便利，分布广泛的湖泊以及纵横交错的水网在带来经济效益的同时也为水环境污染埋下了隐患。如前所述，长三角地区水污染主要来源于工业废水、生活污水的排放以及农药化肥等污染物。长三角地区江河水系融入氮、磷等营养物质后，会随着水流进入湖体使其逐渐富营养化，并形成沉积物，继而导致湖泊污染物超标。沉积淤泥中的氨氮磷物质会不断释放，并会伴随水循环将污染物再带回江河水系。

6.1.3　三角区域土壤环境质量及特征

长三角地区位于长江下游冲积平原，地理条件优良，土地资源丰富。据统计，长三角地区土地总面积约为 36 万平方公里，其中，农用地占比70.8%，农用地中以耕地和林地为主，耕地和林地分别约占各类土地面积的 35.2%、26.8%。具体来看，上海和江苏的农用地以耕地为主，浙江的农用地以林地为主，安徽则是农用地耕地与林地并重。总体而言，长三角土地资源丰富，农用地占比较高，以耕地、林地为主，为长三角地区社会经济发展提供了基础保障。然而，农药的大量使用导致农用地重金属超标严重，对长三角地区的土地造成了严重危害。2014 年，环境保护部与国土资源部联合发布《全国土壤污染状况调查公报》，该公报指出南方土壤污染重于北方，其中长江三角洲地区土壤污染问题较为突出。因此，长三角地区各省市将土壤污染治理作为生态环境治理的一个重点，着力开展土壤污染状况普查以及治理等相关工作。（张希栋，2019）

6.1.3.1　土壤环境有关的概念

（1）土壤环境质量

土壤环境质量通常是指土壤遭受污染的程度，而土壤环境质量标准则是土壤中污染物的最高容许含量。污染物在土壤中的残留积累，以不造成作物的生育障碍、在籽粒或可食部分中的过量积累（不超过食品卫生标准）或影响土壤、水体等环境质量为界限。为贯彻《中华人民共和国环境保护法》，保护土壤环境，管控土壤污染风险，2018 年我国批准《土壤环境质量农用地土壤污染风险管控标准（试行）》《土壤环境质量建设用地土壤污染风险管控标准（试行）》两项标准为国家环境质量标准。

（2）土壤污染

土壤污染是指土壤生态系统由于人为活动，有意或无意地将对人类和其他生物有害的物质施加到土壤中，其数量超过土壤的净化能力，从而在土壤中逐渐积累，致使这些成分明显高于原有含量，引起土壤质量恶化、正常功能失调，甚至某些功能丧失的现象。从环境科学的角度来看，人类活动所产生的污染物会通过多种途径进入土壤，当污染物向土壤中输入的数量和速度超过土壤净化作用的能力时，自然动态平衡即遭到破坏，造成污染物的积累过程占优势，就会引起土壤的组成、结构和功能发生变化，微生物活动受到抑制，有害物质或其分解产物在土壤中逐渐积累并通过"土壤→植物→人体"或"土壤→水→人体"间接被人体吸收，进而危害人体健康。

（3）土壤污染物

土壤污染物是指输入土壤环境中足以影响土壤环境正常功能、降低农作物产量和品质、有害于人体健康的物质。根据污染物的性质，原环境保护部自然保护司（2013）将土壤环境污染物大致分为无机污染物、有机污染物、生物性污染物和放射性污染物四大类。

①无机污染物

土壤无机污染物包括对生物有危害作用的元素和化合物，主要是重金属、营养物质和其他无机物质等。有害重金属主要有汞、镉、铅、铬、铜、锌、镍以及类金属砷、硒等；营养物质主要指氮、磷、硫、硼等；其他化合物质主要有氟卤化物、酸、碱、盐等。其中尤以重金属的污染危害最为严重，因为其具有潜在威胁性，一旦污染了土壤，就难以彻底消除，并易被植物吸收，通过食物链进入人体，危及人类健康。

②有机污染物

土壤有机污染已成为国际关注的热点问题，有毒、有害的有机化合物在土壤环境中不断积累，到一定时间或在一定条件下可能给整个生态系统带来灾难性后果。

土壤有机物污染，其污染来源包括石油、农药、畜禽饲养、木材防腐剂、能源燃烧引起的多环芳烃（PAHs）污染等多种类型。目前在世界范围内大量使用的农药约有 50 余种，如有机氯类、有机磷类、氨基甲酯类、苯氧羧酸类和苯酰胺类等。此外，酚类物质、氰化物、石油、多环芳烃、多氯联苯、二噁英、洗涤剂、高浓度耗氧有机物等也都是重要的土壤有机污染物。

③生物性污染物

未经消毒处理的人畜粪便与企业生产、城市生活垃圾和排污水中含有大量的细菌、病毒、真菌、寄生虫等，它们可通过各种途径进入土壤。土壤是人畜共患传染病的传播途径，人类通过接触土壤和生吃被污染的蔬菜、瓜果就可感染疾病。

④放射性污染物

土壤环境中放射性物质有自然来源和人为来源。自然界中天然放射性元素和同位素主要由 40K、87Ra、14C。人类对天然放射性元素的照射水平已适应，主要是人工放射性物质污染对人体健康构成威胁。在一般情况下，这些放射性元素在土壤中的污染并不严重。但意外发生的裂变、泄漏事件，如原子武器散落的放射性微粒，核试验、核泄漏、铀矿采冶和放射性同位素的生产和利用等均可使土壤受到污染。

6.1.3.2 长三角区域土壤环境质量现状及特征

（1）长三角区域土壤农业源污染现状和污染源分析

①长三角区域土壤农业源污染现状

2015 年，浙江大学"土壤复合有机污染特征、界面行为及修复技术原理" 973 项目组分析调查了长三角农田土壤污染现状，结果发现，长三角地区 243 个土壤样本全部检出农药成分。

②长三角区域土壤农业源污染源分析

在农业生产中，为追求农作物增产需要不断地施用化肥、农药，同时为给农作物提供更好的生长环境，还需要使用农用塑料膜、地膜等。然而，化肥、农药和地膜等的使用是一把"双刃剑"，在为植物生长发育营造良好生长环境、提供营养物质的同时也为土壤环境污染埋下了隐患。

表 6-12　2013 年、2018 年长三角三省一市化肥施用概况

单位：万吨

	农用化肥施用量		氮肥		磷肥		钾肥		复合肥	
	2013 年	2018 年	2013 年	2018 年	2013 年	2018 年	2013 年	2018 年	2013 年	2018 年
上海	10.8	8.4	5.3	3.8	0.8	0.6	19.9	17.2	96.6	95.7
江苏	326.8	292.5	165.7	145.6	44.7	34.0	7.3	6.1	23.2	22.9
浙江	92.4	77.8	50.5	40.1	11.4	8.6	31.4	27.9	157.9	160.1
安徽	338.4	311.8	113.5	95.6	35.6	28.2	24.5	21.9	32.4	31.4

资料来源：《2014 年中国农村统计年鉴》《2019 年中国农村统计年鉴》。

据表 6-12 可以看出，江苏、安徽两省农用化肥施用量较大，而上海、浙江两地农用化肥施用量较少。整体而言，长三角地区农用化肥施用量呈现下降趋势，上海、江苏、浙江和安徽的农用化肥施用量分别由 2013 年的 10.8 万吨、326.8 万吨、92.4 万吨和 338.4 万吨下降至 8.4 万吨、292.5 万吨、77.8 万吨和 311.8 万吨。农用化肥施用量的减少对土壤农业源污染的控制有着积极作用。此外，上海、江苏和安徽的氮肥、磷肥、钾肥、复合肥施用量都有不同程度的下降，而浙江的复合肥施用量则呈现微弱的上升趋势。此外，通过对比长三角地区化肥的施用量情况可以看出，上海和浙江化肥施用量中复合肥占比最大，江苏与安徽则以农用化肥为主。

表 6-13　2013 年、2018 年长三角农膜、农药使用概况

	农用塑料膜使用量（吨）		地膜使用量（吨）		地膜覆盖面积（公顷）		农药使用量（吨）	
	2013 年	2018 年	2013 年	2018 年	2013 年	2018 年	2013 年	2018 年
三省一市	295827	297404	122111	120190	1225922	1182046	266148	210679
上海	19436	14781	5566	3453	21961	14003	5019	3177

	农用塑料膜 使用量（吨）		地膜使用量 （吨）		地膜覆盖面积 （公顷）		农药使用量 （吨）	
	2013 年	2018 年	2013 年	2018 年	2013 年	2018 年	2013 年	2018 年
江苏	116846	116064	45344	44963	598391	592749	81157	69600
浙江	64663	68731	28940	28624	165559	154577	62198	43725
安徽	94882	97828	42261	43150	440011	420717	117774	94177

资料来源：《2014 年中国农村统计年鉴》《2019 年中国农村统计年鉴》。

据表 6-13 可以看出，从农用塑料膜使用量和地膜使用量的角度来看，2016—2018 年长三角三省一市农用塑料膜使用量整体呈上升趋势，而地膜使用量呈下降趋势。值得注意的是，浙江与安徽两省农用塑料膜使用量呈现显著的上升趋势，分别由 2013 年的 64663 吨、94882 吨增长至 2018 年的 68731 吨、97828 吨，安徽地膜使用量则由 2013 年的 42261 吨增长至 2018 年的 43150 吨。从地膜覆盖面积的角度来看，长三角三省一市地膜覆盖面积整体呈下降趋势，各省市地膜覆盖面积均有不同程度的下降。此外，长三角三省一市的农药使用量呈现显著的下降趋势，其中上海和浙江的农药使用量下降明显，分别由 2013 年的 5019 吨和 62198 吨下降至 2018 年的 3177 吨和 43725 吨。

（2）长三角区域土壤重金属污染现状和污染源分析

①长三角区域土壤重金属污染现状

随着城市化和工业化的快速发展，经济发展与环境污染之间的矛盾日益突出，其中重金属污染与人类健康的有关问题更是备受关注。土壤不仅是重金属迁移转化的"源"，同时也是重金属污染的"汇"。因而，土壤重金属研究不仅能反映土壤污染程度，而且能够反映区域生态环境质量（曹伟等，2010）。赵其国和骆永明（2015）指出，我国区域农田土壤重金属污染严重，其中西南（云南、贵州等地）、华中（湖南、江西等地）、长江三角洲以及珠江三角洲等地区较为突出。

②长三角区域土壤重金属污染源分析

长三角地区土壤重金属污染较为严重，其中工业废水和固体废弃物对土壤重金属污染具有较大的影响。工业废水中含有许多有毒、有害物质，成分十分复杂，如若未经妥善处理而让其流入土壤，会造成土壤环境的严重污染。固体废弃物在土壤表面堆放或处理，不仅占用土地面积，而且可通过大气扩散或降水淋滤，使周围地区的土壤受到污染，主要造成土壤环境的重金属污染。

表6-14　2018年长三角三省一市一般工业固体废弃物概况

	产生量 （万吨）	综合利用量 （万吨）	综合利用率 （％）
上海	1668.77	1552.84	93.05
江苏	11810.00	11110.00	93.63
浙江	4748.84	4581.04	96.14
安徽	13076.78	11756.23	89.90

资料来源：各省市统计年鉴、生态环境状况公报。

如表6-9所示，2018年长三角三省一市废水排放主要来源为工业废水排放与生活废水排放。如表6-14所示，2018年长三角三省一市一般工业固体废弃物产生量较大，可喜的是综合利用量也比较高，三省一市综合利用率整体超过90%，其中浙江更是达到了96.14%。

（3）长三角区域土壤环境质量特征

长三角地区土壤污染主要表现为农业源污染和土壤重金属污染。

从农业源污染的角度来看，化肥、农药和农膜等的使用对长三角地区土壤环境的污染影响显著。具体而言，在长三角地区的化肥施用中，农用化肥和复合肥所占比重较大，但整体呈现下降趋势；农药的使用量也在逐年减少，其中上海、浙江的农药使用量下降趋势最为显著；在长三角地区的农膜使用中，农用塑料膜、地膜的使用量整体均呈下降趋势。

从重金属污染的角度来看，长三角地区的污染源主要来自工业排放和生活排放。工业废水以及工业固体废物的排放对长三角的土壤重金属污染影响较大。值得注意的是，生活废水的排放量显著超过工业废水排放，并且相较于工业废水排放，生活废水排放相对更加分散。

6.2 长三角区域生态环境问题
协同治理的模式及问题

以长三角一体化上升为国家战略为契机，长三角三省一市全面开展污染防治攻坚工作，区域污染联防联控取得阶段性成效。在区域污染联防联控方面，长三角区域生态环境协同治理模式取得了显著成果，在一些方面也仍存改善空间。

2018年，长三角区域大气和水污染防治协作聚焦打好污染防治攻坚战，努力做足"联"字文章，修订协作小组工作章程，明确发挥上海龙头带动作用，完善会议协商、分工负责，联合执法和协调督促等机制，加强大气和水协作与长三角一体化发展合作平台的联动对接，强化了协作规划。长三角地区出台《长三角区域空气质量改善深化治理方案（2017—2020年)》《长三角区域水污染防治协作实施方案（2018—2020年)》和近期重点任务清单，滚动实施。大气方面，提前落实区域油品升级，提前实施船舶驶入四个核心港口水域换用低硫油，修订印发《长三角区域重污染天气预警应急联动方案》，联合制定实施首个《长三角区域秋冬季大气污染综合治理攻坚行动方案》。水方面，开展太湖蓝藻水华和省际边界水葫芦联合防控，完善太浦河水资源保护省际协作机制，印发太浦河水质预警联动方案，沪苏浙协作推动22条段界河协同整治。在强化合作方面，联合开展区域水源地和大气执法互督互学，组建长三角区域生态环境协作专家委员会和生态环境联合研究中心，签订区域环境保护标准协调统一工作备忘录，环保领域实施信用联合奖惩合作备忘录。

2019年，长三角三省一市深入学习贯彻习近平总书记关于长三角一体化发展和生态环境保护的系列重要指示精神，以长三角一体化上升为国家战略为契机，加快落实污染防治攻坚战决策部署。上海积极发挥龙头作用，努力做好长三角区域污染防治协作小组办公室的各项服务协调工作，进一步加强与长三角一体化发展合作机制的联动，推动区域生态环境共保联治。在大气方面，长三角区域全面加强大气污染联防联控。长三角区域同步提前实施轻型车"国六"排放标准、换用"国六"汽柴油，全面落实"三油并轨"。落实《长三角区域柴油货车污染协同治理行动方案（2018—2020年)》和《长三角区域港口货运和集装箱转运专项治理（含岸电使用）实施方案》。2019年起船舶进入排放控制区水域全面实施换低硫油措施。落实首轮区域秋冬季大气污染综合治理攻坚行动，完成国家要求的"两个3%"改善目标。在水方面，持续推进水污染联防联控。印发实施《太浦河水资源保护省际协作机制——水质预警联动方案》。建立太湖、淀山湖湖长协商协作机制。在推进生态环境制度协同创新方面，长三角地区实现区域重点地级城市预报预警信息、空气质量常规站、超级站和重点污染源在线监测数据共享。签署《协同推进太湖流域水环境综合治理信息共享工作备忘录》，太湖流域水环境综合治理信息共享平台已正式投运。在强化区域联防联控基础方面，长三角三省一市于2019年4月20日举办首届"绿色长三角"论坛，签署《加强长三角临界地区省级以下生态环境协作机制建设工作备忘录》，青浦、吴江、嘉善政府签署《关于一体化生态环境综合治理工作合作框架协议》。

6.2.1 长三角区域大气环境协同治理的模式及问题

6.2.1.1 长三角区域大气环境的协同治理模式

自2014年起，根据国务院《大气污染防治行动计划》相关精神，为加强长三角区域大气污染联防联控，经国务院同意，建立长三角区域大气污染防治协作机制。2014年1月，长三角三省一市会同中央八部委成立了长三角区域大气污染防治协作小组，并首次召开长三角区域大气污染防治协作机制工作会议。

自2014年以来，长三角区域对接和联防联控工作得到重视，三省一市将联防联控合作机制切实落到实处，在区域法规制定、标准对接、目标协同、任务实施和技术协作等方面做出诸多努力。2018—2019年，长三角区域大气环境协同治理工作再上一个台阶，在科研助力、区域协作以及重点防控方面实现新的突破。

在科研助力方面，长三角区域大气环境协同治理突破体现在以下三点：首先，上海市加快建设大气复合污染成因与防治重点实验室，实验室深入研究了长三角区域的 $PM_{2.5}$ 和 O_3 污染特征及其来源，建立了长三角区域大气污染源排放清单，对长三角区域近年来的能源、产业、VOCs、机动车、非道路移动机械和船舶等重点源进行了深入分析，提出了"以强化 $PM_{2.5}$ 和 O_3 协同控制，兼顾源头防控和末端治理为原则，以煤炭总量控制、产业结构调整、移动源强化控制和 VOCs 深化治理为重点"的区域大气污染防治路径，为区域环境空气质量改善提供了重要支撑。随后，《长三角大气质量改善与综合管理关键技术研究》构建了长三角大气复合污染科学观测网的基本框架，利用实地调查、地面与卫星观测获取大气细颗粒物及其化学组成的系统性资料，初步揭示了长三角地区大气细颗粒物的污染特征，识别了长三角大气污染的输送规律，建立了区域大气颗粒物和 VOCs 排放的信息数据库和排放清单；并基于各城市空气质量状况和城市间大气污染相互影响程度，设计城市空气质量达标与区域空气质量改善的情景方案；合理地构建长三角区域复合型大气污染联合防治长效机制与技术方法体系，为切实改善长三角区域大气复合污染状况提供科技支撑。最后，国家重点研发计划"长三角 $PM_{2.5}$ 和 O_3 协同防控策略与技术集成示范"项目于 2019 年正式启动，该项目以全面改善长三角区域空气质量为目标，研究关键大气污染物排放与 $PM_{2.5}$ 和 O_3 污染的非线性响应关系，优化区域 $PM_{2.5}$ 和 O_3 污染的协同防控技术，提出科学有效的协同控制路径和技术方案，以支撑 2025 年前后长三角区域 $PM_{2.5}$ 全面达标，有效遏制 O_3 污染上升态势。

在区域协作方面，长三角三省一市在应急联动、联合督察方面做出新的努力。2018 年 1 月 28 日早晨，长三角北部徐州等城市开始出现空气重污染过程，重污染团随冷空气向南扩散，逐步覆盖长三角大部分区域，三省一市在长三角区域大气污染防治协作小组办公室的组织下及时发布了相应等级的重污染预警，启动有关应急响应措施。其中，安徽省于 1 月 29 日 12 时启动了省级黄色预警，2 月 2 日 10 时解除预警；江苏省于 29 日 8 时启动省级蓝色预警，30 日 8 时升级为黄色预警，2 月 2 日 22 时解除预警；上海市于 1 月 31 日 6 时 30 分启动了黄色预警，2 月 2 日 21 时解除预警；

浙江省于 31 日 18 时启动了省级蓝色预警，2 月 3 日 0 时解除预警。2019 年，为了解长三角水域船舶排放控制区在两省一市贯彻实施和工作开展情况，特别是核心港口 10 月 1 日提前实施进入排放控制区范围换烧低硫油的执行情况，上海组合港管委办组织上海市交通委、江苏省交通运输厅、浙江省交通运输厅、上海海事局、江苏海事局、浙江海事局等单位开展船舶排放控制联合督查，交通运输部海事局、长三角区域大气污染防治协作小组办公室派员参加开展多区域多部门联合督察，推动各地工作开展保持一致，也为下一步制定保障政策，探索建立联合执法机制和协同推进实施工作奠定了更加扎实的基础。

在重点防控方面，长三角地区为有效治理秋冬季大气污染，针对重点污染物、重点污染源实施了严密的防控部署。2018 年，长三角水域船舶排放控制区推进工作小组各成员单位在保障航运市场平稳运行、按进度落实船舶排放控制政策的基础上，以绿色发展为引领，积极完善沟通联络机制，加强联防联控，创新监管手段，加大燃料油抽检力度，推进替代性措施落地。数据显示，自 10 月 1 日船舶进入排放控制区核心港口更换低硫油以来，长三角核心港区二氧化硫等污染物浓度开始出现较为明显的下降趋势。2019 年，长三角区域大气和水污染防治协作小组办公室于 10 月 20 日召开专题会，为打好污染防治攻坚战，在工业企业深度治理、锅炉综合整治、扬尘综合治理以及运输结构调整等方面做出全方位布控。

6.2.1.2 长三角区域大气环境协同治理模式存在的问题

（1）地区之间治理压力不均衡

伴随长江三角洲区域一体化发展上升为国家战略，长三角区域进一步扩容，上海、浙江、江苏和安徽三省一市 41 个地级及以上城市全部纳入长三角一体化范畴。值得注意的是，长三角三省一市在经济社会发展与大气污染防控方面存在一定的不均衡。

在经济社会发展方面，从人均 GDP 的角度来看，2018 年长三角地区人均 GDP 最高的城市是无锡，人均 GDP 为 17.40 万元，人均 GDP 最低的城市是阜阳，人均 GDP 为 2.14 万元，差距较大；从产业结构的角度来看，长三角地区整体呈现"三、二、一"的结构模式，然而安徽省的芜湖、马鞍山、淮北、铜陵和滁州五个城市第二产业比重超过 50%；从能源消费的角度来看，2017年江苏省能源消费量为31430.41万吨标准煤，远高于上海、浙江与安徽，约占长三角地区能源消费总量的41%；从人均能源消费的角度来看，2017年全国人均能源消费量为3.23吨标准煤/人，长三角三省一市平均值为3.46吨标准煤/人，安徽省人均能源消费为2.09吨标准煤/人，上海、江苏和浙江分别为4.90吨标准煤/人、3.91吨标准煤/人和3.72吨标准煤/人，安徽人均能源消费量显著低于全国水平以及长三角三省一市平均值。

在大气污染防控方面，从环境空气质量指数优良率的角度来看，2013—2018年江浙沪三地整体呈现显著的上升趋势，大气环境质量逐步提高，而安徽省大气环境质量整体则呈现下降趋势；从$PM_{2.5}$年均浓度的角度来看，2018年上海、江苏、浙江和安徽$PM_{2.5}$年均浓度分别为36、48、33与49微克/立方米，江苏省与安徽省$PM_{2.5}$年均浓度显著高于上海与浙江；从臭氧年均浓度的角度来看，2018年上海、江苏、浙江和安徽臭氧年均浓度分别为160、177、159与166微克/立方米，江苏与安徽臭氧年均浓度超过国家二级标准。

据上述分析可以看出，长三角区域经济发展方式与发展阶段存在差距，此外三省一市在大气污染防控方面所面临的问题难易不均。长三角经济社会发展不均衡一方面会影响不同地区的环境规制强度，对区域间环境协同治理的标准统一以及规划制定提出更高要求；另一方面，地区间的发展差距会导致政府、企业的环境治理资金投入存在较大差异，经济发达地区能够投入较多的资金和技术用于环境治理，而经济相对落后地区则环保资金和技术投入能力有限（程进和周冯琦，2019）。长三角三省一市大气污染防控目标不统一，其中《上海市清洁空气行动计划（2018—2022年)》指出$PM_{2.5}$年均浓度目标为37微克/立方米，《江苏省打赢蓝天保卫战三年行动计划实施方案》提出$PM_{2.5}$年均浓度控制在46微克/立方米以下，《浙江省打赢蓝天保卫战三年行动计划》设定浙江省设区市$PM_{2.5}$年均浓度目标为35微克/立方米，《安徽省打赢蓝天保卫战三年行动计划实施方案》指出$PM_{2.5}$年均浓度目标为48微克/立方米，2018年上海与浙江提前完成目标，而江苏和安徽尚未完成，这也反映出不同地区的防控压力不同。基于经济社会发展与大气污染防控两方面的地区不均衡，长三角区域大气环境协同治理需要认真衡量地区之间不同的治理压力。

（2）移动源污染控制有待完善

移动源污染控制可归纳为长三角区域机动车移动源污染控制和船舶移动源污染控制两个方面。在机动车移动源污染控制方面，长三角地区在机动车油品升级政策和新能源汽车推广政策上仍需进一步加强。首先，长三角三省一市已于 2019 年实现了全面销售"国六"标准车用汽柴油，然而由于监管不到位，江苏和安徽出现非法销售劣质油品的问题。如何联合打击劣质燃油销售，确保"国六"标准燃油全面普及成为推动交通污染协同控制的关键。然后，在新能源汽车推广方面，2018 年上海投放新能源公交车 1899 辆，新能源物流车 7300 余辆，作为先行者，上海的先进经验值得在长三角地区推广。在船舶移动源污染控制方面，2018 年 8 月，上海组合港管理委员会办公室牵头协调印发《长三角水域核心港口船舶减排工作过渡期方案》，对低硫油的使用范围要求从"到港"前移到"驶入"，这对船舶和监管部门都提出更高要求。2018 年 12 月，交通运输部发布《关于印发船舶大气污染物排放控制区实施方案的通知》，提出扩大船舶控制区的范围，将长三角所有沿海区域均纳入排放控制区。两项要求的提出切实推进了船舶大气污染物排放控制，然而还存在三点不足：其一，长三角所有沿海区域均被纳入排放控制区要求，然而长江水域船舶各类污染物排放还未实现全方位监控，长江流域船舶污染防治未能同步接轨；其二，长江内河港口涉及上海、浙江和安徽多个地区，但地区间关于 LNG 运输、加注、使用的标准不一，不利于推进长三角地区 LNG 加注站建设；其三，沿海港口和内河港口岸电基础设施建设相对滞后，难以保证稳定和充足的岸电供应。（周伟铎，2020）

6.2.2　长三角区域水环境协同治理的模式及问题

6.2.2.1　长三角区域水环境的协同治理模式

由于水污染的特殊性，跨界河流治理成为区域水环境治理的关键问题。2015 年 4 月 2 日，国务院发布《水污染防治行动计划》明确指出，加强部门协调联动，建立全国水污染防治工作协作机制，定期研究解决重大问题。2017 年 3 月 20 日，生态环境部召开发布会，介绍我国水污染防治工作进展及下一步工作安排。围绕《水污染防治行动计划》，国家建立了全国水污染防治工作协作机制，京津冀、长三角、珠三角等区域分别建立了水污染防治联动协作机制，新安江、九洲江、汀江（韩江）、东江等流域建立了跨省界上下游生态补偿机制，北京、河北、浙江、广东等9省（市）实现了行政区内全流域生态补偿。同时发布会还指出将进一步建立健全全国水污染防治工作协作机制。

2016年12月，长三角区域大气污染防治协作小组第四次工作会议暨长三角区域水污染防治协作小组第一次工作会议审议通过《长三角区域水污染防治协作小组工作章程》。在长三角区域水污染防治协作小组这一框架下，三省一市积极探索多层次、多形式的协作，如苏州吴江区与嘉兴秀洲区建立"联合河长制"，推动跨省界河湖联防联控；南京与马鞍山建立"石臼湖共治联管水质改善工作机制"；南通市政府与上海市崇明区政府签署全面战略合作框架协议，共同建设长江口生态保护战略协同区；等等。此外，2018—2019年，长三角区域水环境协同治理进一步推进，在完善生态补偿机制和共享综合治理信息两方面进行了有益尝试。

在完善生态补偿机制方面，长三角三省一市在长江经济带流域生态补偿方面付诸努力。2018年，财政部、生态环境部、发展改革委、水利部在重庆联合召开长江经济带生态保护修复暨推动建立流域横向生态补偿机制工作会议，安徽省、浙江省有关城市交流了新安江流域横向生态补偿工作经验，江苏省、浙江省内有关城市签订了流域横向生态保护补偿协议。此外，财政部、环境保护部、发展改革委、水利部联合印发《中央财政促进长江经济带生态保护修复奖励政策实施方案》，以共抓大保护、不搞大开发为导向推动长江经济带发展。该方案明确指出重点对长江经济带11省市实行奖励政策，具体奖励三方面工作：一是流域内上下游邻近省级政府间协商签订协议，建立起流域横向生态补偿机制；二是省级行政区域内建立流域横向生态补偿机制；三是流域保护和治理任务完成成效突出。奖励资金实施先预拨、后清算，政策导向上体现早建早奖、早建多奖。

在共享综合治理信息方面，太湖流域作为长三角区域一体化发展、长江经济带等重大国家战略的交汇点，处在追求更高水平、更高质量发展的关键阶段。建立太湖流域水环境信息共享机制，推动水利、生态环境协同治理，是落实《长江三角洲区域一体化发展规划纲要》的要求，是推动区域一体化发展从项目协同走向区域一体化制度创新的迫切需要，是打造水资源水生态水环境信息共享样板的"破冰之举"。2019 年 3 月 20 日，长三角区域水污染防治协作小组办公室和水利部太湖流域管理局联合召开太湖流域水环境综合治理信息共享专题会，研究推进太湖流域水环境综合治理信息共享工作。江苏省水利厅和生态环境厅、浙江省水利厅和生态环境厅、上海市水务局和生态环境局负责人和代表参加会议。会上，太湖局展示了太湖流域水环境综合治理信息共享平台，参会各方就建立太湖流域水环境综合治理信息共享机制、工作方案等有关事宜进行了深入讨论。2019 年 9 月，为推进长三角地区水污染协同治理和信息共享，落实《太湖流域水生态环境综合治理信息共享备忘录》相关工作要求，太湖流域管理局在上海组织召开联席会议，江浙沪两省一市联合加快推进太湖流域水环境综合治理信息共享。联席会上太湖流域管理局介绍了太湖流域水环境信息共享平台建设情况并进行了平台演示；与会代表共同探讨了工作推进中的问题与对策；讨论通过了《太湖流域水环境综合治理信息共享管理办法》和《太湖流域水环境综合治理信息共享平台管理维护制度》。

6.2.2.2　长三角区域水环境协同治理模式存在的问题

（1）地区间利益协调有待完善

长三角地区水资源丰富、湖泊众多、河道分布密集，这也导致流域上、下游不同地区之间易出现跨界水污染。以长江为例，其干流依次流经安徽、江苏、上海三地，其中安徽境内长江流域水体质量一般，而江苏、上海的水体也必将受其牵连。在长三角区域水污染防治协作小组的牵头组织下，从苏州吴江区与嘉兴秀洲区"联合河长制"的应用到南京与马鞍山"石臼湖共治联管水质改善工作机制"的建立，还有长三角地区跨流域跨区域生态补偿机制的建设，都彰显了长三角区域水环境治理的联治思想。然而，在水环境协同治理需要注意长三角区域不同地区利益诉求并不一致，长三角三省一市在经济社会发展以及水环境污染方面具有不同的目标与压力。目前，在长三角地区主要依靠的是非制度化的区域环境合作协调机制，在应对环境合作问题时，区域间一般采取集体磋商或应急联络形式，没有固定的谈判机制，在涉及实质性利益问题时存在无法进行实质性操作的可能，影响了区域环境协同治理的深层次开展（程进和周冯琦，2019）。

（2）水环境协同治理法律体系不完善

协同治理是一个多元主体、多重目标的复杂的系统性工作，完善的法律法规则是保障协同治理的基础与保障。有关水污染防治的法律体系，首先，全国层面的《水污染防治法》《水法》和《环保法》等法律是体系基础；然后，国务院及其部委制定的行政法规、部门规章是重要补充；最后，还有省市自制的地方性法规、规章。以上三个层面的内容共同组成了水污染防治的法律体系。

长三角地区水污染的协同治理主要依靠地方性法规和规章，然而不同地区在规章内容、篇章设置以及主要制度等均存在显著差异。一方面，长三角三省一市在水污染排放总量控制、排污许可、排污缴费制度和饮用水水源保护等方面都存在差异。另一方面，在跨界水污染治理上，《浙江省水污染防治条例》对于跨界水污染治理的规定强调发展改革委员会的主导作用，《江苏省水污染防治条例（草案）》则未针对跨界水污染防治规划方案，上海则依据《中华人民共和国水污染防治法》相关条款开展水污染防治工作。

针对水污染治理问题，不同的地方政府在处理问题时的立场与目标不一致，难以形成一致的利益共同体，这就容易导致在跨省水污染纠纷的执法和司法上，无法做到公平公正执法、同案同判，在一定程度上阻碍了长三角地区水环境协同治理法律体系的建设（马存利，2020）。

6.2.3 长三角区域土壤环境协同治理的模式及问题

6.2.3.1 长三角区域土壤环境的协同治理模式

目前，长三角区域土壤环境协同治理相较于大气与水环境协同治理仍处于初步阶段，2018—2019 年长三角三省一市在土壤环境调查、土壤环境保护等方面做出新的成绩。

《2018 上海市生态环境状况公报》指出，2018 年，上海市全面完成农用地土壤污染状况详查中的采样、制样、分析测试工作，有序推进重点行业企业用地调查工作，并基本完成企业基础信息采集任务。根据原环境保护部和原农业部《农用地土壤环境管理办法（试行）》（部令第 46 号）有关要求，上海市生态环境局会同市农业农村委，印发《关于加强本市农用地土壤环境管理工作的通知》，进一步规范本市对农地开展的土壤环境调查、优先保护、安全利用、风险管控等活动。根据《农用地土壤环境质量类别划分技术指南（试行）》的要求，上海市生态环境局研究制定了《上海市农用地土壤环境质量类别划分技术方案（试行）》，为后续开展本市农用地土壤环境质量类别划分提供技术支持。

《2019 上海市生态环境状况公报》指出，2019 年，一方面，上海市贯彻落实《中华人民共和国土壤污染防治法》：一是建立建设用地土壤环境管理制度。市生态环境局印发《上海市建设用地地块土壤污染状况调查、风险评估、效果评估等报告评审规定（试行）》《上海市建设用地地块土壤和地下水污染状况调查、风险评估、效果评估等报告评审专家库管理办法》《关于规范建设用地土壤污染状况调查、风险评估、效果评估等报告第三方评审规定的通知》《上海市建设用地地块土壤污染风险管控和修复工作指南（试行）》等一系列文件，完善了评审程序，规范了评审专家行为，统一了评审标准和规范。二是加强重点监管单位监管。上海市生态环境局出台了《关于开展本市土壤污染重点监管单位土壤和地下水污染隐患排查工作的通知》《上海市土壤污染重点监管单位土壤和地下水污染隐患排查工作指南（试行）》等文件，加强对本市土壤污染重点监管单位土壤污染防治工作的监督指导。三是加强农用地土壤环境管理。上海市农业农村委会同市生态环境局、规划资源局联合印发《上海市优先保护类耕地集中区域土壤环境保护工作方案》等文件，在农用地土壤环境质量类别划定的基础上，积极落实农用地分类管理。另一方面，上海市推进落实《上海市土壤污染防治行动计划实施方案》，顺利完成了"土十条"年度重点工作。一是完成农用地详查成果集成工作，完成耕地土壤环境质量类别划定工作，稳步推进本市重点行业企业用地土壤污染状况调查。二是加强源头防控，积极推进涉重金属行业污染防控，全年化肥、农药使用量实现负增长。三是落实农用地分类管理，确定并推进受污染耕地安全利用。四是加强建设用地准入管理，建立并公开了建设用地风险管控和修复名录。五是强化信息公开，公布了全市 163 家土壤环境污染重点监管单位名录。

《2018 年度江苏省生态环境状况公报》指出，2018 年，江苏省对国家网 82 个土壤背景点位开展了土壤环境质量监测。82 个土壤背景点位中，有 72 个未超过《土壤环境质量农用地土壤污染风险管控标准（试行）》（GB15618-2018）风险筛选值，达标率为 87.8%。超标点位中，处于轻微污染和中度污染点位个数分别为 9 个和 1 个，占比分别为 11.0% 和 1.2%，无轻度污染和重度污染点位。无机超标项目主要为镉、砷、铜、镍和铬，有机项目未出现超标现象。

《2019 年度江苏省生态环境状况公报》指出，2019 年，江苏省对国家网 766 个农用地点位开展了土壤环境质量评价。766 个土壤农用地点位中，有 737 个未超过《土壤环境质量农用地土壤污染风险管控标准（试行）》（GB15618-2018）风险筛选值，占比为 96.2%。29 个点位超过风险筛选值（但不超过风险管制值），占比 3.8%。其中，22 个点位重金属含量超过风险筛选值，占 2.9%；7 个点位有机污染物（滴滴涕）含量超过风险筛选值，占 0.9%。

《2018 年浙江省生态环境状况公报》指出，2018 年，浙江省完成农用地详查并首个通过国家专家技术评审。浙江省在全国率先开展农用地土壤超标点位"对账销号"行动，全面铺开重点行业企业用地土壤污染详查。此外，浙江省启动实施 41 个重点污染块修复工程，治理修复污染土壤 23.2 万平方米；推进重金属污染减排，全省重点行业重点重金属排放量较 2013 年削减 11.83%；并开展涉镉等重金属行业排查整治 1200 余家。值得一提的是，台州市土壤污染综合防治先行区建设走在全国前列。

《2019 年浙江省生态环境状况公报》指出，2019 年，浙江省完成重点企业用地土壤污染状况调查第一阶段任务，发布《浙江省建设用地土壤污染风险管控和修复名录（第一批）》，组织完成重点污染地块治理修复项目 25 个、治理污染土壤和地下水 65.1 万立方米。此外，台州市土壤污染综合防治先行区建设走在前列，全国土壤污染防治现场会在台州市召开。

《2018 年安徽省生态环境状况公报》指出，2018 年，安徽省建立长效机制，扎实推进净土保卫战。针对长江安徽段部分地区发现的固体废物非法倾倒等突出环境问题，省委、省政府部署开展固体废物污染排查整治专项行动，至 2018 年底，全省共排查发现固体废物环境问题 1763 个，完成整改 1753 个，并以此为契机建立固体废物污染防控长效机制，切实加强固体废物全过程管理。认真组织实施"清废行动 2018"，生态环境部反馈安徽省的 88 个问题全部完成整改，着力抓好土壤污染状况详查等"五推"工作，完成农用地土壤污染状况详查。此外，安徽省加强重金属污染防控，开展涉镉等重金属重点行业企业排查整治，有序推进土壤污染治理与修复试点。

《2019 年安徽省生态环境状况公报》指出，2019 年，安徽省全面实施"土十条"，突出重点区域和行业监管，有效防范土壤环境风险；全面完成农用地土壤污染状况详查，开展农用地土壤环境质量类别划定；推进重点行业企业用地土壤污染状况调查；建立疑似污染地块和污染地块名录，发布建设用地土壤污染风险管控和修复名录，建立相关部门联动监管机制，强化建设用地准入管理；组织实施 12 个土壤污染治理与修复技术应用试点项目；组织开展医疗废物处理处置专项检查和危险废物专项治理，持续开展"清废行动 2019"和固体废物堆存场所专项整治；建立重点行业重金属全口径清单，开展涉镉等重金属重点行业企业排查整治；推进废铅蓄电池和中小微企业危险废物收集和转运试点，分步推进尾矿库污染防治；严控洋垃圾入境，推动铜陵市列入首批"无废城市"建设试点。持续做好全省危险废物申报登记工作，2019 年，全省 4702 家工业企业申报危险废物产生量 172.70 万吨，全省危险废物利用处置量 172.00 万吨，省内运行电子联单 9.06 万份，转移危险废物 108.15 万吨。稳步提升危险废物利用处置能力，到 2019 年底，全省共有危险废物利用许可证 65 张，利用能力 394 万吨/年，共有处置类危险废物经营许可证 26 张，处置能力 53.23 万吨/年，全省危险废物利用处置能力能够满足产废需求。

6.2.3.2 长三角区域土壤环境协同治理模式存在的问题

（1）土壤污染环境基准与土壤风险评估和管理存在缺陷

一方面，土壤环境基准能够有效反映土壤环境污染行为的污染效应，是制定土壤环境标准的基础。遗憾的是，我国土壤环境基准尚存缺陷，现有土壤环境背景值和环境基准无法保证土壤环境质量标准的制定；此外，土壤环境质量标准与全国土壤类型和土壤利用方式存在脱钩，阻碍了土壤环境标准化和差异化管理。另一方面，在土壤风险评估和管理方面，场地土壤和地下水健康风险评估模型缺乏我国土壤中污染物的毒性和毒理参数以及本土化参数，容易导致风险控制值与修复目标值制定不合理，阻碍了土壤风险管控。值得注意的是，当前我国生态风险评估方法与环境迁移风险评估方法尚不完善，难以有效保护土壤安全与地下水安全（骆永明和滕应，2020）。

（2）农村土壤环境污染监管有待加强

土壤环境污染具有潜伏性、积累性、长期性的特点。整体而言，我国土壤环境污染日趋严峻，呈现新老污染物并存、无机有机复合污染的局面，农村土壤环境污染状况亦不容乐观。具体而言，从行业转移的角度来看，土壤环境污染出现了有毒化工和重金属污染由工业向农业转移的局面；从城乡二元的角度来看，土壤环境污染出现了由城区向农村转移的局面；从地理特征的角度来看，土壤环境污染出现了由地表向地下转移、由上游向下游转移的局面。此外，农村土壤环境的恶化不仅会影响当地居民，而且会伴随农产品的生产、销售产生溢出效应，使土壤环境污染沿着食品链发生转移。

考虑到土壤环境污染作用的长期性以及污染影响的溢出效应，长三角地区在农村土壤环境污染静态与动态监管方面仍存不足。在静态监管方面，长三角三省一市已基本各自完成农用地土壤污染状况详查，仍需进一步制定相关土壤环境保护工作方案来维持与修复农用地土壤环境。在动态监管方面，空气质量与水环境质量相关数据实时更新，并且可追溯污染转移情况，而土壤环境污染在此方面仍需改进。

6.3 长三角区域生态环境问题一体化协同治理的整体思路及政策建议

本章第三部分基于第一部分的大气、水和土壤环境的现状描述与污染源分析以及第二部分的协同治理模式现状与存在的问题，结合国内外大气、水和土壤环境治理的先进经验提出长三角区域生态环境问题一体化协同治理的整体思路和政策建议。

6.3.1　长三角区域生态环境一体化协同治理的整体思路

（1）区域共治与地区自治相结合

在区域共治方面，进一步健全长三角区域大气环境、水环境以及土壤环境联防联控机制，基于"水气联防""河长制"等的成功经验巩固联防联控成果；拓宽生态补偿机制的应用范围，将水环境生态补偿机制的成功经验合理应用于土壤环境保护。在地区自治方面，基于地区间经济社会发展与生态环境保护目标与压力不均衡的现实情况，对不同地区进行差异化要求与管理，采取灵活多变的污染防控措施。

（2）生态环境协同治理重点突破

"射人先射马，擒贼先擒王"，污染防控与治理工作需要优先整治关键污染物、污染源、污染行业以及污染区域。在大气环境治理中，长三角地区 $PM_{2.5}$ 与 O_3 作为区域重点污染物是长三角地区大气环境治理工作的重中之重。在水环境治理中，工业废水以及生活污水的排放与处理则是长三角地区水环境改善的工作重点。在土壤环境治理中，农村土壤环境监管的完善则是长三角地区土壤环境保护工作中有待加强的方面。

（3）以绿色经济发展推动生态环境改善

深入贯彻绿色发展理念，通过调整区域产业结构、转换经济增长动力带动绿色经济发展。一方面，在资源与环境的双重约束下，通过培养新的经济增长点、改变生产方式以及提高生产效率实现集约增长。另一方面，积极探索"资源—产品—再生资源—再生产品"的循环经济发展模式，实现生产资料的高效利用。

6.3.2　长三角区域生态环境一体化协同治理的政策建议

（1）完善协同治理机制

长三角区域经济发达、文化相近、地理相连，具备优越的区域合作条件。自 2014 年长三角区域大气污染防治协作机制工作会议首次召开至今，长三角区域生态环境一体化协同治理不断发展，形成"区域自发推进，多中心协同"的治理模式。然而，当前长三角区域生态环境协同治理制度化程度较低，未形成系统统一的区域性法律法规；此外，当前协同治理机制为"决策—协商—执行"范式，未针对治理结果引入"考核"环节，规范化程度较低，应努力构建"决策—协商—执行—考核"的协同治理机制。

为完善生态一体化协同治理机制，一方面，在修订现行环境保护的政策法规时，由国家相关部门牵头，三省一市共同参与协商，初步制订区域性生态环境治理立法计划，从而统一区域内环境保护法律规范和标准；进一步地建立区域生态环境联合监管执法机制，从而统筹制定区域环保政策法规。另一方面，建立健全长三角区域生态环境协同治理问责机制，综合考量经济发展、生态环境等指标，通过构建长三角区域生态环境协同治理绩效评估体系，合理评估各地区生态环境治理压力、协同治理能力，切实提高长三角区域生态环境协同治理水平（程进和周冯琦，2019）。

（2）优化区域利益协调机制

鉴于长三角区域内发展目标与利益诉求的不一致，为促进区域生态环境协同治理、制定区域共同目标，采用行之有效的经济手段来优化区域利益协调机制便成为解决生态环境问题的一种新思路。

为优化区域利益协调机制，首先，采用科学统一的核算标准与公平公正的量化手段对长三角不同地区的生态环境进行评估与核算；其次，根据评估与核算结果，科学分配区域排放配额、制定生态环境保护任务，从而在一致目标下将协同治理工作有效的分配至不同地区；最后，完善交易市场和信息公开体系，提高生态环境补偿的市场化程度与配置效率，并对地区生态环境保护进行有力的监督（张文博和周冯琦，2020）。

（3）发挥一体化示范区先行带动作用

以长三角生态绿色一体化发展示范区建设为契机，探索长三角区域生态环境协同治理的优化方案。首先，加快制订长三角生态绿色一体化发展示范区总体方案，明确示范区在产业结构布局、地区利益协调与环境协同治理等方面的目标。其次，以绿色发展为导向推进绿色技术发展，积极引进绿色创新企业并推动现有企业绿色转型，扶持生态环境保护、环境污染治理相关产业发展。再次，以长三角生态绿色一体化发展示范区建设为契机，对示范区生态环境治理方案进行有益的尝试，形成可复制可推广的协同治理方案体系。最后，根据示范区的先进经验，分阶段分地区逐步推广应用优化版协同治理方案（张文博和周冯琦，2020）。

参考文献

［1］曹伟、周生路、王国梁、孙波：《长江三角洲典型区工业发展影响下土壤重金属空间变异特征》，《地理科学》2010 年第 2 期。

［2］程进、周冯琦：《长三角区域环境协同治理的挑战与对策分析》，《长三角蓝皮书（2019）》。

［3］骆永明、滕应：《中国土壤污染与修复科技研究进展和展望》，《土壤学报》2020 年第 5 期。

［4］马存利：《长三角地区水污染"共治"及法律制度问题》，《嘉兴学院学报》2020 年第 3 期。

［5］张文博、周冯琦：《基于生态环境视角下的长三角一体化发展现状及趋势研究》，《长三角蓝皮书（2020）》。

［6］张希栋：《长三角地区推进生态环境治理的问题与对策》，《生态治理蓝皮书（2019）》。

［7］赵其国、骆永明：《论我国土壤保护宏观战略》，《中国科学院院刊》2015 年第 4 期。

［8］周伟铎：《长三角区域协同打赢蓝天保卫战的机制路径与对策》，《上海蓝皮书（2020）》。

7

长三角公共服务问题的协同治理与一体化

7.1 长三角区域公共服务资源
现状与存在的主要问题

7.1.1 长三角区域公共服务资源现状

7.1.1.1 长三角区域教育资源现状

长三角区域教育资源总体而言有所改善，人口增长相对缓慢，教育类基础设施增加速度相对较快。截至 2018 年底，长三角共有普通中学 9425 所，其中上海 833 所、安徽 3494 所、江苏 2765 所、浙江 2333 所，共有 78.11 万名普通中学的专任教师，上海 59346 人、江苏 286386 人、安徽 23.75 万人、浙江 19.79 万人，普通中学在校学生数逐年下降，2018 年底为 937.94 万，在校学生数/专任老师数的比值从五年前的 4 左右下降到 3.5；普通小学共有 16032 所，其中上海 721 所、安徽 7908 所、江苏 4103 所、浙江 0.33 万所，普通小学专任教师数为 84.26 万人，上海 5.68 万人、安徽 31.61 万人、江苏 24.93 万人、浙江 21.04 万人；共有普通高等教育学校 450 所，其中上海 64 所、安徽 110 所、江苏 167 所、浙江 109 所。[①]

7.1.1.2 长三角区域医疗资源现状

长三角是我国医疗资源最丰富的地区之一，其医疗机构配置、医疗机构利用及医疗机构人力资源配置均处于全国领先水平。根据 2018 年数据统计，长三角共拥有卫生机构 96232 家，其中上海 5298 家、安徽 24926 家、江苏 33253 家、浙江 32755 家；据 2018 年医疗机构总床位数数据统计，长三角医疗机构总床位数为 129.89 万张，上海为 14.72 万张，安徽、江苏和浙江的床位数分别为 328123 张、491522 张和 332116 张；长三角卫生技术

---

① 数据来源于 2019 年《中国城市统计年鉴》和长三角三省一市 2019 年统计年鉴。

人员总人数为 171.97 万人，执业医师总人数为 60.11 万人，上海卫生技术人员和执业医师人数分别为 20.65 万人和 7.49 万人，安徽卫生技术人员和执业医师人数分别为 33.3492 万人和 12.6782 万人，江苏卫生技术人员和执业医师人数分别为 59.0044 万人和 23.3250 万人，浙江卫生技术人员和执业医师人数分别为 58.9703 万人和 16.6144 万人。[1]

7.1.1.3 长三角区域养老资源现状

长三角区域加速深度老龄化，养老设施相对紧张。上海社会科学院城市与人口发展研究所发布报告显示，长三角常住老年人口规模快速扩张，每年增加 100 万以上老年人口，截至 2018 年底，长三角三省一市老年人口共 4593 万，占总常住人口的 18%[2]，远高于全国平均水平，上海、江苏、浙江老龄化程度位列全国前六。随着长三角地区总人口规模进入负增长以及老年人口规模的持续增长，老龄化水平将持续处于高位运行，预计到 2035 年，长三角三省一市老年人口将增至 7500 万，达到常住人口的 33%。面对不断增长的巨大养老需求，长三角养老公共资源数量明显不足，据不完全统计，截至 2018 年底，区域内共有 7801 家养老机构，但只有 110 多万张床位和 10 多万个社区居家养老服务设施。[3] 其中，江苏全省养老机构 2346 家，约 43 万张床位；浙江全省养老机构 1666 家，约 32 万张床位；安徽全省养老机构 1829 家，约 25 万张床位；上海全市养老机构共计 712 家，上海全市老年医疗机构（老年医院、老年护理院）共计 40 所，约 14 万张养老床位[4]。

7.1.2 长三角公共服务一体化存在的问题

7.1.2.1 全局性问题

传统的长三角公共服务供给模式是以经济、社会属地管辖体制为基础所形成的地方政府各自为政的政府垄断供给模式，以政府财政资源为支撑，以公共权力为后盾，通过权威手段和计划手段提供公共服务。当前，

---

[1] 数据来源于 2019 年《中国城市统计年鉴》和长三角三省一市 2019 年统计年鉴。

[2] 根据长三角三省一市民政局（厅）提供数据计算。

[3] 根据长三角三省一市民政局（厅）提供数据计算。

[4] 数据来源于 2019 年《中国城市统计年鉴》和长三角三省一市 2019 年统计年鉴。

这种模式面临不少问题，影响了区域一体化发展进程。

（1）公共服务资源分布不均，人口空间格局两极分化

教育、医疗卫生、文化、体育、公共交通等优质公共服务资源在中心城区或区域中心城市高度集聚。公共服务业的空间分布差异改变了由就业机会决定的人口分布格局，造成长三角地区人口空间格局不断极化。一般来说，常住人口分布与就业分布呈正相关。但是由于上海、南京等中心城市公共服务资源更为集聚，吸引了大量以居住为目的的人口迁移；而一般城市由于公共服务资源较少，虽然经济发展带动了就业岗位的增长，但是新增就业人口没有带来相应的抚养人口的增长，从而导致了人口与经济增长分布的空间不匹配。与经济趋于分散化的态势不同，人口主要流向沪宁杭甬和苏锡常等特大城市和大城市，中小城市经济和就业增长并未带来预期的人口集聚。

（2）区域公共服务需求不断提升，民营资本参与度不足

受制于政府垄断供给体制，在我国公共服务主要是由政府及各级各类国有企事业机构来提供，长三角区域也是如此，私人部门参与配置区域公共服务资源的数量以及投资区域公共服务的活动范围极为有限。无论是从数量、种类还是质量来看，长三角区域居民对于各类社会公共服务的要求都在不断提高，公共财政资源支出压力越来越大，难以凭一己之力提供充足的、多元化的公共服务产品。

以养老服务为例，长三角区域养老需求持续增大，但供给模式仍较为单一，供给主体多来自公共部门。长三角近4600万老人中已经有相当一部分人需要通过社会化公共服务得到养老照护，以上海为例，约有6%—7%的老年人通过政府购买社区照顾服务养老，3%—4%的老年人入住养老服务机构集中养老。但是，除浙江外，三省一市7810家养老服务机构目前还是以政府公办为主，民办机构占比不到三分之一。

一方面，长三角区域公共服务的提供集中在政府公共部门手中，供给由政府垄断与主导；另一方面，政府垄断模式难以反映受益地区对区域公共服务的实际需求状况，地方政府及其官员往往依据各自的"政绩"和"利益"的要求进行决策，形成区域公共服务供给不足与供给过剩并存的尴尬局面，有些同一性质的公共服务在同一区域内的不同地区被重复提

供，尤其是一些可能实现赢利的基础设施类区域公共服务出现了供给过剩的情况。

（3）不同地区主体之间的协调难度很大，合作协调机制不够完善

我国的公共服务体系是与财税体制挂钩的，中央与地方财政事权和支出责任的划分，决定了整个公共服务的负担分配框架，决定了提供主体区分的基本格局。一般而言，中央政府提供全国性公共服务，地方政府提供地方性公共服务，而跨地区或外溢性公共服务则由受益地区政府之间协商解决，或者中央政府通过转移支付负担一定比例的经费。长三角区域的公共服务提供主体主要就是中央政府以及各级地方政府，各自负担自己行政区划内的公共服务，长三角本身并没有一个统一的公共服务提供主体。在此背景下，推进长三角公共服务一体化，还是以构建三省一市或区域内城市之间的合作协调机制为主。

当前，对于地方性公共服务而言，三省一市的合作协调机制还不够成熟，存在不少问题：区域各种协调组织大多由政府直接出面，对于行政权力的作用过分强调，忽视了行政权力外的其他力量；合作的实体化程度和可操作性不够，协调组织较为松散，缺乏有效的日常协调运作机制，合作的方式大多停留在协议、协调会、联席会、洽谈会、高层互访等；区域内地方政府间公共服务的资源配置范围和公共财政支出责任划分不清。此外，现有行政体制和政绩评价体系使得区域公共服务的外部性进一步凸显。区域公共服务协调合作涉及包括区域政府在内的多元利益主体，在现有的行政体制和政绩评价体系之下，各利益主体均希望自身利益最大化，都希望由其他地区提供区域公共服务来推动区域经济一体化，使得合作困难尤为突出，单个行政主体的关注点聚焦于本行政区域内部的公共服务，从而形成区域公共服务供给不足与供给过剩同时存在的尴尬局面，既浪费了区域内的公共资源，又不利于经济区域的整合发展。

（4）补偿激励机制缺位，推进主体积极性不高

政府层面，利益分配机制尚未厘清，缺乏补偿激励措施，各级政府积极性不高。长三角公共服务一体化的道路上不可避免地面临地方利益与区域利益的冲突，现行的合作框架并没有明确且具体可行的利益共享和补偿机制。以异地就医项目为例，建立区域内无障碍医疗结算体制是各城市政

府为参保的外地安置人员构想的福利愿景，但由于缺乏相应的激励补偿机制和对动用本地医疗资源和医保基金的忧虑，使得此项工作难以获得实质性进展。

公共方面一体化推进工作未被纳入政绩考核，相关实施主体也积极性不高。长三角"三省一市"政府内部仍以对部门的常规性工作考核为主，各地接轨上海涉及面大，尚不在具体考核范围之内。由于缺乏考核，地方的积极性呈现不稳定状态，各政府部门在具体推进工作时，缺乏有效的目标导向和激励机制，直接影响到各地的对接效率和效果。长三角区域尚未形成统一的政府监管体系，没有配套的专项公共服务机制与政策做支撑，很多决策在执行过程中无法保证很好的落实，各种规范性文件的规范与约束功能由于合作各方的象征性或选择性执行而未充分发挥。

（5）数据壁垒仍然存在，信息共享平台尚未打通

近几年，长三角地区启动了新一轮政府效能改革和政务服务提升工程，如上海的"全网通办、全市通办、全域共享"、江苏的"不见面审批"、浙江的"最多跑一次"改革等，均取得了显著成绩。但是，数据壁垒和平台隔离在省（市）行政区域内仍然存在，这极大地影响了各地政府服务效率和一体化进程。在异地上学项目上尚存在很多壁垒，异地就医项目也由于信息交流平台的不完善难以获得实质性进展。

7.1.2.2 教育领域问题

虽然长三角区域教育合作进程在加快，但是由于以各级地方政府为代表的诸多利益主体的存在，长三角目前仍是一种以行政区经济为主体的发展模式，很多设施还处于分割状态，在一体化进程中也还存在诸多棘手的矛盾问题。

（1）缺乏有效的合作机制

长三角区域在教育方面仍缺乏有效的合作机制，具体来说，存在以下问题，一是区域合作没有常态化的制度基础，各地都只能在自己管辖的范围内以政策的形式来推动本地区教育的发展，相互之间政策不协调。二是教育同质现象较明显，造成教育资源的浪费，比如长三角区域内很多高校在学科、专业设置和人才培养等方面千篇一律，没有不同的特色。三是区域合作始终未能摆脱道义上的约束，利益的激励少。四是区域合作关系的

规范化、科学化不够，形式上的规定多，实质约束少。五是区域合作的相关配套政策供给不足，使地区间的协作关系难以落实。六是区域合作政策标出的重点问题、重点区域、重点领域不够明确等。

（2）政府主导与市场化的矛盾

政府主导模式市场灵敏度不足，导致了由下而上的需求模式与由上而下供给模式的冲突。当前，长三角区域内部仍存在阻碍教育资源流动的体制性障碍，影响了具体细分教育市场的扩张，妨碍了存量教育资源进一步优化配置，未来，应吸引更多的民间主体参与教育投资，从而增加和丰富优质教育资源供给。

（3）教育资源分配格局失衡

截至2018年底，上海集聚了长三角45.5%的211院校、22.7%的国家级重点中学、28.6%的国家示范性高等职业院校，以及23.7%的普通高等学校专任教师和19.2%的普通高等学校在校生；若考虑上海、南京、杭州三座城市，相关比重将依次增至86.4%、45.5%、64.3%、67.4%和61.2%；此外，上海、南京、苏州、杭州、宁波等城市万人在校大学生数明显超出其他城市。在医疗服务方面，上海集聚了长三角24.4%的三级甲等医院和19.6%的医生，加上南京、杭州这两项比重分别达到55.6%、39.0%。在科技文化服务方面，上海集聚了长三角53.0%的国家重点实验室和29.0%的R&D经费，加上南京、杭州这一比重将达到95.2%和47.1%；此外，上海每百人公共图书馆藏书达到504册，分别是南京、杭州的2倍左右，是无锡、常州、镇江、舟山等城市的5倍左右，而扬州、泰州、台州等城市与上海的差距达到10倍左右。近年，长三角区域教育支出增幅巨大，但空间分布也不均衡。截至2018年底，长三角区域整体教育支出为3453.74亿元，相比较于2012年的1524.99亿元出现了大幅上涨，涨幅达126.48%，支出排在前三位城市的教育支出占到了区域内教育支出的39%。在校生人均教育支出第一的上海（3.33万元）是排在最后的池州（0.85万元）的3.9倍。①

---

① 数据来源于2019年《中国城市统计年鉴》和长三角三省一市2019年统计年鉴。

7.1.2.3　医疗领域问题

（1）医疗资源分布不均，优质资源高度稀缺

长三角区域资源分布不均，各城市发展差距明显，长期积累的区域发展矛盾十分突出，尤其在社会公共服务领域问题更为严重。作为社会公共服务的重要组成部分，医疗卫生服务一直都受到各界的广泛关注。上海、杭州、南京、合肥等城市有全国最先进的医疗技术、医疗设备和医疗人才，是长三角城市群其他城市难以企及的。医疗资源不均衡直接导致了优质大医院患者众多，而小医院无人问津的局面，大量患者涌入上海、杭州等城市，加重这些城市就医难的局势，带来交通拥堵、人口密集、环境污染的"大城市病"，产生"虹吸效应"。

（2）人才合作和培养效果不佳

引进医疗卫生人才合作机制被认为是实现医疗一体化的突破口。医疗人才合作模式的建立旨在引进先进的管理经验、雄厚的技术力量和高素质的人才队伍，努力实现长三角城市群医疗水平均质化。然而，目前医疗与人才的合作效果不尽如人意。首先，人才合作模式单一化。其次，医疗合作单位距离远，路途及时间成本高，技术操作性差导致医疗人才合作流于形式，难以调动参与者的积极性使其主动学习。最后，缺乏资金支持，医疗人才合作的经费短缺，资金基本来自合作医院自筹经费，难以长期维持合作关系。

医疗卫生人才的培养对推动和实现人力资源优化和提升管理效率有着至关重要的作用。医院人才培养模式的建立旨在促进区域间的人才交流与培训，从而实现区域医疗技术水平和服务水平的均质化。当前医院人才培养存在诸多问题阻碍了长三角医疗一体化的进展。首先，目前卫生人才培养存在地域化局限。部分省市由于地域条件的局限和经济发展的滞后，导致人才聚集能力的疲弱，不仅使现代医疗人才层次不高，长期人才吸引力也受到制约。其次，卫生人才的培养局限于模式化。所有的培养方案都是按照既定的活动进行，然而医务人员的工作特性决定了医疗人才教育需要引入更加灵活、即时的培养方式，比如参加一台手术、一次学术会议或听取别人的经验分享等。最后，医疗人才培养合作水平低。以往省内卫生人才培养都是各医疗机构自行制定培养方案，如利用上海、杭州等优势资源

仅仅体现在进修方面，且进修渠道并没有随着一体化而进一步深化，由此导致的合作水平不佳，合作效果不甚理想，尚未形成一个有效的合作机制。

（3）医联体运作模式不成熟

医联体作为新兴的医疗运作模式，目前还没形成一个成熟的模式。医院之间的双向转诊还存在明显的脱节，大医院的专家不到社区，导致大医院门诊仍满负荷，而社区基层接不住病人。双向转诊是区域医疗联合体分级诊疗的重要一环，但现行的省、市医保和新农合的相关规定，导致相同层级的医疗机构，转诊住院的起付线、补偿机制不同，制约了患者双向转诊。另外，医联体中各个医疗机构成员间关系不紧密，联合体成员单位互派人员参与到对方单位诊疗中的行为，在现行的卫生行政部门管理规定还未全面展开。再有，双向转诊工作的制度设计和流程还需完善。

（4）长三角区域医保制度一体化有待优化

长三角医疗保险一体化是长三角医疗一体化的重要部分。在全国医疗保险制度还呈现碎片化的状态下，在短时间内率先在长三角实现其一体化不是一件容易的事。首先，长三角医保一体化资金筹集和管理成本高、难度大。缴费比例和报销比例各不相同，长三角区域的医保资金又没有统一的管理。我国自有医保制度以来，由于发展不均衡等现实原因不能全面统筹，采取的是省辖市、自治区和县级的统筹，就造成了统筹地区间政策各不一样，导致现在医保支付标准和待遇、管理都存在很大的差距。加上各地的财政收支不同，资金池较为分散，以至异地结算变得不太可能。其次，医疗保险一体化体系的资金管理和政府监管难度，由于之前的筹资方式不同，在短时间内很难进行有效的整合统一。并且，在长三角医疗保险经办管理方面，如何统一管理，是否设立一个长三角区域联合基金管理机构，都还没有结果，这就难以满足医保一体化的需要。长三角三省一市的医疗保险制度本身也存在很大不同，分别由不同的部门设置和管理，每个地区都有自己的实施规则和收费标准，在报销中也规定了不同的医保定点机构和药品可报销的目录，每个地区医保的计算机系统也安装得不一样，所以从布局设计再到管理评估，都有很大差别，如果要统筹，这些机构都要进行整合，会增加国家成本和转换的人力物力，甚至引起不必要的社会资源浪费。

7.1.2.4　养老领域问题

（1）养老社会保险异地发放及报销存在诸多障碍

一是养老保险转移费时费力。异地养老的养老保险转移由于缺乏统一的全国性法规和可供具体操作的细则，流入地、流出地常常会出现政策上的冲突，难免产生"踢皮球"现象，这对异地养老者来说是很不利的。较长的手续办理过程与漫长的等待反映了养老金异地发放程序的复杂和低效率。流动老人领取养老金需要本人拿身份证定点办理，在工作所在地和养老地之间往返费时费力，对其身体健康会带来不利影响。按照2019年8月国务院办公厅印发的《全国深化"放管服"改革优化营商环境电视电话会议重点任务分工方案》，2019年底前实现养老保险关系转移接续业务网上办理。虽然网上办理为养老保险的转移接续带来便利，异地老人来回奔波的麻烦有望大大减少。但不同行政区之间的落实程度存在差异，在已落实的地区仍存在着平台个人信息与真实缴费状况不匹配的现象。养老保险转移接续的难题仍不能彻底解决。

二是医疗保险区域性分割。基于年龄因素，老年流动人口各项机能减退、抵抗力下降，患病风险高。多项调查表明，我国超半数60岁以上的老年人患有慢性疾病，部分70岁以上的老年人甚至患有多种不同的慢性病。虽然2016年医疗保险信息已基本全国联网，各主要城市均已部分实现异地医保结算，但现阶段直接结算仅限于住院部分，非住院部分的门诊就医还是采取现金垫付、回原居住地报销的方式。在长三角地区，以上海老人前往浙江嘉兴养老为例，只有先在上海进行备案，才能享受异地医保结算一系列的便利，但备案后老人的医保卡可能无法继续在上海的医疗机构直接进行拉卡结算。在一些老人看来，备案之后就相当于"把医保转到嘉兴去了"，而且他们认为嘉兴和上海在医疗资源、医疗水平上是存在差距的，因此很少有老人能下决心离开上海前往异地养老。这种现象不仅集中在长三角地区异地养老的模式中，而是全国异地养老普遍存在的问题，例如在"候鸟式养老"中，尽管海南省在医保异地结算合作范围率先实现了省级统筹全国覆盖，但在流入地住院仍不能在本地报销，必须带着住院证明回户籍地报销，需要提供的证件繁多、中间手续复杂，让很多"候鸟老人"

在没有子女陪伴的情况下来回奔波数次，事情办下来往往精疲力竭。报销的复杂性和差异性增加了流动老人异地就医的风险，在满足老年人需求方面还是任重而道远，流动老人依旧面临看病难、看病贵等困难。

（2）异地养老的社会福利存在壁垒

一是社会养老福利队伍数量不足，服务质量参差不齐。据 2018 年民政部社会福利和慈善事业促进司的数据显示，全国养老护理机构人员数量不足 100 万人，其中持证养老护理人数不足 2 万人，而需求量则在 15 万人，可见养老机构内部护理人员缺失严重。目前，很多民营养老机构缺乏专业的老年护理员，从事护理工作的人多为 40—50 岁的妇女，每年人员流动比例达到 50%。在上海，近 5 万养老护理人员中拥有国家资格证书的仅占17%①，养老服务能力不足客观上造成了异地养老群体的排斥。同时，养老服务水平的提升需要对养老产业的扶持。就长三角区域一体化战略下的社会养老服务而言，上海是重要的技术和人才引进区，拥有先进的医疗器械和相关养老设备；苏浙皖养老服务行业发展成熟的一些城市，通过不断实践积累了丰富经验，形成较为完备的养老服务产业链。但相比前两者，其他地区的养老服务行业整合程度低，养老设施落后，养老服务层次不高。养老服务水平是年长者选择异地养老的考虑因素，地区机构间养老服务质量水平不均衡，这对于整个体系的协同发展是不利的。

二是社会福利覆盖面狭窄。市区的公立养老机构价格低廉、交通便利，却因为数量少而存在一床难求的现象；郊区集中了大部分民营养老机构，但与公立养老机构相比价格较高。社区养老拥有良好的地缘优势，可是基础医疗设施薄弱，服务项目不全面。以我国政府资助的养老服务为例，由于还不成熟且资源有限，服务范围主要局限于一个社区内的弱势老人。这种以户籍、收入为资格条件的政府供给居家养老服务，很多异地养老者是享受不到的。而市场化养老机构的供给并不能满足广大老年人的需求，并且普遍服务价格过高，受限于收入水平，许多老年人无法享受。

---

① 数据来源于上海市民政局。

7.2 长三角公共服务一体化协同治理的愿景目标与指导原则

7.2.1 长三角公共服务一体化协同治理的愿景目标

优化配置公共服务资源。公共服务是人本导向的，是与公民身份相对应的基本政治社会权利，在现代市场经济背景下同时有服务地区发展所依赖的人口与人力资源的目标追求。长三角公共服务一体化高质量开发的本质就是长三角公共服务资源的重新优化配置，以期实现长三角地区建设发展的新目标。要通过协同治理，增加长三角服务资源的高质量供给，着力建立跨区域资源共享机制，解决长三角公共服务体制创新、机制设计等难题，逐步消除阻碍区域公共服务一体化发展的行政壁垒，从而提高公共服务一体化发展水平，使人、财、物等各种资源在一定空间范围内实现合理布局。

实现基本公共服务均等化。逐步实现长三角基本公共服务的均等化，分层次、分领域、分阶段稳妥推进，基本公共服务一体化的核心内涵是实现基本公共服务均衡发展，《国家新型城镇化规划纲要》将"提升城市基本公共服务水平、着力推动基本公共服务均等化"作为城镇化建设的重要内容。《"十三五"推进基本公共服务均等化规划》中提出"到 2020 年，基本公共服务体系更加完善，体制机制更加健全"以实现基本公共服务均等化目标。实现长三角范围内产业信息管理平台全面覆盖，相关数据完整系统，服务动态监管实时有效，在长三角全域内形成多层次、集成化的大数据体系。

促进区域发展更可持续一体化。改革开放 40 多年来，长三角区域公共服务一体化经由了从碎片化到协同化再到一体化建设的发展演进历程，在多个领域取得了创新与突破，形成了复合动力机制，面向未来，应着眼于建构包括整体性规划引领、法治化理念推动、体制机制创新保障、数字治理技术嵌入、多元主体共同参与在内的区域公共服务一体化创新模式，实现长三角教育、医疗、养老高质量的共同均衡发展，促进人才在长三角内的自由流动，从而提高社会运转效率，提高劳动生产率，切实推进长三角区域朝着建设具有全球竞争力和影响力的世界级城市群目标迈进。

7.2.2 长三角公共服务一体化协同治理的指导原则

以人为本，公共服务"跟着人走"。新时代长三角一体化发展的新内涵是高质量发展，是创新驱动发展，人力资本就是创新的基础，没有高质量的人力资本就不可能有高质量的发展。长三角所有层级政府未来公共服务政策的核心使命应该是，围绕人的能力、人的健康、人的教育、人的就业、人的流动来实施投资，公共服务一体化就是要实现公共服务"跟着人走"，政府之间通过协同治理，统筹安排公共服务，力争做到长三角范围内人口往哪里流动，公共服务就跟向哪里，教育、医疗、养老要向人口净流入的地区倾斜，要促进人的流动，不能按照静态的人口分布去考虑投资布局。过去相当长一段时间内，基于静态的地理布局思维，是中央公共服务以及财政分配体制设计的基础，比如说转移支付制度长期来强调地理维度的倾斜，而不是人流动维度的倾斜，这会导致公共服务投资与人的需要严重脱节，降低公共服务投资的有效性。

加速融合，嵌入经济、社会发展大局。社会公共服务作为关乎民生保障、关乎人力资本更新与提升的公共产品，必须融入经济社会发展的大格局中去。长三角一体化发展的大格局，是三省一市以及长三角的主要城市打破经济管理属地化的限制，在整个长三角范围内创造出要素自由流动的统一市场、合理布局分工错位的产业布局，以积极有为的姿态为市场主体提供良好的营商环境、金融环境，与此同时，减少行政对于市场的干预，该消极的地方尽量消极克制，该退出的领域尽量早日退出。长三角公共服务就是要服务于这个大格局，服务于产业转移要求，服务于人口流动趋势，一方面要匹配现有人口布局，另一方面也要符合地区整体发展的趋势，迎合产业发展需要，考虑人口未来的合理流向。

底线统一，确保基本的生活保障。长远来看，我国将为全国人民提供统一的底线生活保障作为目标，长三角地区作为经济发展水平相对较高、地区发展差异相对较小的地区，应该在统一提供基本生活保障方面勇于突破，先行先试。长三角一体化发展不只是经济的融合，也包含价值的认同，对于公共服务而言，一个基本的价值认同就是，作为人都应该享有基本的生活保障。失业保险、医疗保险以及养老保险，地区差异极大，这是经济社会长期发展导致的结果，不可能也不应该短时间完全统一，但是，对于有关基本生存条件的公共产品，应尽快确立合理的标准，构建统一的供给体系，尽可能实现长三角范围内无差别供应。

资源均等，提供相对公平的发展机会。社会公共服务构成了人的基本生存条件，也是人未来发展的基石，人们通过教育、通过学习充分发挥自己的能力，最终在社会中找到自己的位置。长三角公共服务一体化的核心内涵是实现公共服务均衡发展，通过深化改革，建立与完善教育、住房、就业、卫生医疗等领域内的制度建设，保障公民享有基本公共服务权利，用公共服务结果和机会均等来抑制社会的不平等。具体来看，要通过人、财、物等各种资源在一定空间范围内合理布局，建立跨区域资源共享机制，基本实现城乡间、地区间在基本公共教育、卫生医疗、养老服务等各种公共资源配置的均衡。

7.3 长三角公共服务一体化协同治理的实施路径

7.3.1 全局性问题协同治理的实施路径

7.3.1.1 以均等化的理念为引导，构建"需求主导型"公共服务体系

长三角区域公共服务供给模式的变革要以公共服务均等化的理念为引导。中央提出逐步实现基本公共服务均等化主要是针对公共服务的城乡差

距、地区差距和群体差距而言的，这些差距往往是个人禀赋之外的原因导致的。实现基本社会公共服务均等化是各级政府都应恪守的价值观和执政理念。从改革实践看，长三角应以政府为主导进行一系列以公共服务均等化为基本目标的区域公共服务供给制度的安排，如率先在长三角实现社会保险的区内可转移，扩大社会保险的覆盖率；率先改进公共资源的配置方式，让外来务工者享受同等的公共服务等。在公共服务供给决策机制上逐步实现由"供给主导型"转向"需求主导型"，加强区域公共服务回应需求的敏捷性和完整性。长三角区域的公共服务应建立民主化的决策制度，如预算听证制度等。同时通过法律公开公共服务决策，将信息提供给公众监督。

7.3.1.2 构建多元的长三角区域公共服务供给模式

立足于区域公共服务需求的多元化趋势，大力引进社会资本，采用多元主体联合供给区域公共服务的模式是长三角公共服务供给模式的变革趋势。近几年，浙江不断发挥市场在养老资源配置中的决定性作用，养老服务市场化领跑全国，营商环境位居全国前列，目前，全省2000多家养老机构民办占比60%，床位数民办占比63%。公办养老机构实现公建民营的占比51.9%，乡镇（街道）居家养老服务中心要求全部交由专业机构运营，未来几年，浙江省还将大力推进公建民营模式，完善公建民营激励政策，培育一批专业化、连锁化的养老服务品牌企业和组织，到2022年，实行公建民营的公办养老机构占比不低于80%，由社会组织或企业运营的照料中心比例超过60%。一方面，江苏、上海与安徽应该仿照浙江的做法，大力推动公共服务事业的市场化，大量引进市场化专业主体参与提供社会公共服务。另一方面，积极构建多元主体联合供给区域公共服务模式，在这种模式中，地方政府的职能主要是通过各种法规、政策以及其他规范性文件就区域公共服务供给的价值取向、行为方式、基本原则等方面作出规定，并予以组织与监督。区域公共服务合作供给形式可以通过项目、市场等多种形式来实现合作，既可通过政府间的服务合同、政府间服务转移形式来运作，也可通过政府向市场、向非政府组织购买的方式来实现政府间合作。

公共服务的一体化与高质量发展，必须充分发挥政府的主导作用、市场的决定性作用和社会的辅助作用。对此，长三角地区应拟定全区域教育、医疗、养老、旅游等公共服务的整体布局和空间规划，明确政府的责任和义务，引导市场主体按照区域总体规划积极参与到公共服务建设中来，充分发挥市场资源配置功能。必须采取灵活多样的方式，最大限度地激发公民个人、社会组织参与公共服务的热忱与潜力，打造共建共享、互惠互利的公共服务共同体，发挥政府、市场、社会多重优势，提高公共服务的统筹度和满意度。

7.3.1.3　完善长三角区域公共服务合作的动力机制与协调机制

一是整体规划。建议由中央政府及其有关部门制定长三角区域公共服务整体性规划，进一步消除区域间公共服务一体化建设的体制机制障碍，要求区域间各城市突破行政区划和边界，形成具有整体性、系统性的一体化区域，调整发展模式，提高区域公共服务一体化的共建共享水平。通过资源共享、手续便利化等手段推动解决异地就医、异地求学、异地养老等公共服务问题。

二是制度创新。通过制度创新消减区域公共服务的外部性，整合区域公共服务功能。长三角区域公共服务供给的整合要以制度创新为突破口。当欧盟由于各国产业结构、经济水平的差别，使得某一政策的实施导致各国损益不同时，会采取补偿机制等形式，进而使政策的最终结果能够充分发挥集团的整体优势，使各国均衡受益等。从欧盟的发展历程中可以看到，以基金为核心的补偿机制在区域协调中发挥了重要作用。在长三角一体化背景下区域公共服务的协调供给过程中，可以借鉴欧盟的经验，通过共同基金实行利益补偿等制度创新，消减区域公共服务的外部性，整合区域公共服务功能，从而促进长三角城市群公共服务供给模式的变革以及区域经济社会协调发展。

三是合理分工。以疏解非核心功能为引领，引导周边城市有序梯度承接，强化与周边城市的联系。从卫星城入手，由大城市与周边的卫星城共同商议，以惠及周边城市发展，吸收更高能级的主体进驻上海，更好发挥上海的辐射作用，同时创造条件，有序引导周边城市将一些核心功能汇聚上海。合理分工，以产业集群的发展和升级作为区域经济一体化的重要的载体，以解决卫星城居民的公共服务问题。

四是协调机制。为了促进长三角区域公共服务一体化，构建跨行政区划、跨行政层级以及吸纳政府组织参与的区域公共服务的协商协调的合作机制是必要的。随着区域一体化的发展，越来越多的跨区域公共服务超越了原行政区单元政府的功能范围，需要根据不同公共服务的特性，通过各种方式来灵活地实现服务功能整合，如通过建立跨区域的政府合作组织、跨区域公共服务协调的日常办公机构等方式来加强地区间的合作。区域公共服务合作机制的主体应该是多元的，它包括政府、非政府组织、企业、公民等，从而形成多中心区域公共服务供给；统筹、协商、协调、共赢是区域公共服务合作机制的基本要义。

7.3.1.4　创新绩效考核与评估机制

传统的政府绩效考核与评估机制往往依照一地区发展情况为考核标准的，尚未将促进区域协调发展涵盖在内，不利于区域发展取得突破性进展。为了推动区域一体化、高质量发展，除了需要统筹制定发展规划、建立议事协调机构，还必须创新绩效考核与评估方式，如弱化单个省（市）及其管辖的下级政府的绩效考核评估，强化一体化区域、城市群的整体绩效考核；弱化单一以 GDP 为中心的考核评估，强化区域之内以功能分区为基础的考核评估，弱化短期经济增长的考核，强化中长期经济发展质量和发展潜力的考核。

7.3.1.5　加强数据共享和平台共通

促进数据共享和平台互通，提升区域服务便利化标准化水平。各地、各领域的移动平台，都应尽快统一规划、互联互通，让广大群众在整个长三角地区享受快捷、方便、一体化的各类政务服务，实现区域信息公共服务"无缝化"覆盖。

7.3.2　教育领域问题协同治理的实施路径

7.3.2.1　联合推动办学体制机制创新

一是联手推进职业教育办学机制创新。利用长三角城市群经济社会发展基础好、经费保障能力强的有利条件，积极探索政府外行业、企业及社会各方投资教育建设的机制和政策，引导社会资金以多种方式进入教育领域；推动跨行业职业教育集团化建设，推动行业企业参与职校培养计划，提升职业学校办学质量，探索相互委托培养技能人才的操作办法。二是协作探索完善多元化办学体制。鼓励非营利组织、行业部门、社团创新办学体制，培养更加符合市场需要的应用型人才。合作探索和完善各种社会力量办学的机制，在面向行业的学校中探索财政支持民办教育的新机制，形成公办和民办优势互补、公平竞争、共同发展的办学格局。三是联合探索中小学向社区开放、社区有效参与的机制。探索引导基础教育向社区开放，通过建立家长委员会、社区各界参与的学校理事会等制度化方式，落实市民对学校管理的知情权、问责权。四是探索落实高等学校办学自主权的相关机制。率先在长三角区域探索建立高校的现代大学制度，携手改革现有高校领导的选拔和任命模式，取消各级学校及其内部管理人员的行政级别，实行校长职级制和校内干部岗位制度；率先在长三角城市群探索形成教育家办学的制度环境和政策环境。五是合作实施优质基础教育资源的辐射、共享机制。探索跨区域的托管代管制度、合作开展公办学校联合办学，扶持薄弱学校发展，扩大优质教育资源共享覆盖面。

7.3.2.2 建立区域教育咨询信息服务体系

在长三角区域现有人才交流合作基础上，推动人才的开发、评估、预测、信息发布机制创新，形成教育研究与咨询战略支持平台，共建服务于长三角区域各行各业人才供需及教育发展科学决策的教育信息服务体系。一是建立各行各业人才信息制度化的相互通报制度。共同开展人才信息定期沟通公布的有效机制探索，并纳入政府信息公开工作考核内容，推进政府教育人力资源信息公开。二是共建长三角人才需求、供给的预警和反馈机制。共同对区域人才需求数量和质量进行前瞻性研究、预测和评估。三是开展人才服务标准业务创新。建立标准统一、资源共享、跨行业和地区的人才评价机制，为各类人才发展及用人单位用工提供人才标准服务。四是建立区域内教育发展研究和咨询的战略性支持平台。对国家和区域教育和人力资源开发的若干重大问题进行联合立项和研究攻关，前瞻性地对区域教育资源整合进行先期研究和战略设计，为区域教育协作发展的科学化决策服务。

7.3.2.3　加强统筹安排，推动教育资源均衡布局

一是要打破地区限制，制定区域内联动的教育政策及激励机制，提高各政府协作性，促进各地高校间资源、人才、设施的流动和共享。二是加快教育支出明晰化，探索设立长三角区域专项教育基金，由统一机构协调，通过科学化、规范化手段改善教育经费空间分配不均的现象。三是增加区域合作的相关配套和政策供给，加强区域合作关系的规范化、科学化，明确区域合作政策标的的重点问题、重点区域、重点领域，组织开展长三角区域间高校合作与教师流动机制，打破省市界限，实现跨区域的横向组合，加强高校资源联动。

7.3.3　医疗领域问题协同治理的实施路径

7.3.3.1　推动长三角城市群医疗资源均衡化

一是建立长三角城市群协同发展的分级诊疗制度。所谓分级诊疗制度是按照疾病的轻、重、缓、急及治疗的难易程度进行分级，不同级别的医疗机构承担不同的疾病治疗，实现基层首诊和双向转诊。分级诊疗制度是我国当前医疗体制改革的重要内容，扎实有序推进分级诊疗制度建设，标志着我国医疗体制改革进入新的阶段，医疗服务发展的模式开始进行转型。如从过去重点建立和完善医疗保障制度，强化患者费用保障机制，到当前同步重视精细化管理服务；从强调包括公立医院改革在内的体制改革，到同步重视医疗资源配置和使用。分级诊疗制度能够将供方和需方有机连接起来，把社会改革和经济发展统一起来，把社会管理和医疗服务结合起来。对于长三角城市群医疗一体化来说，建立区域内分级诊疗制度有助于合理优化配置区域内优质的医疗资源，缩小地区间医疗服务水平的差距，实现医疗服务均等化，构建地区间有序的就诊秩序，有效缓解人民看病难、看病贵问题。

二是完善长三角城市群医师异地多点执业制度。在国家推出执业医师多点执业政策制度后，长三角区域也制定了相应的政策制度。但是，目前我国对注册医师多点执业的政策制度规定与长三角区域医师异地执业工作的开展不相适应，存在一些非常突出的矛盾，在今后长三角城市群医疗一

体化政策制度的改革中，应求同存异，减少差异，稳步推动医护人员合理流动，促进区域范围内不同医疗机构之间人才的纵向和横向交流。

7.3.3.2　促进人才合作和培养

一是建立政府统一的人才培养规划。长三角区域要实现医疗人才合作，需要政府统筹规划，相关政策和法律的保障，以打破目前妨碍长三角区域内医疗人才合作的壁垒和障碍。需要建立高层次的协调机制，国家层面出台统一的政策协调推动长三角城市群医疗人才合作。尽快出台相关规划，明确长三角城市群医疗卫生的定位，并从财政政策、办医政策、项目安排等方面形成具体的措施。尽快建立医疗卫生协同发展政策框架体系。建立高层次人才引进和科研协作优惠政策，加强学科和临床专科建设。通过提高能力水平，增强优质资源，打造专科优势，方便群众看病就医。

二是建立长三角城市群医疗人才合作协调机构。建立区域行政组织是促进区域内合作与发展的关键。因此，区域人才开发合作必然需要一个强有力的协调机构来组织实施。这类组织机构，应该既包含综合性协调机构，又包含专门协调机构；既有政府主导的，又有行业协会、中介组织等参与的广泛的人才合作事务处理机构，负责全区域的规划、重大发展战略，以及整合其他重大问题。

7.3.3.3　做大做强医联体

一是加强政府主导作用，实现优质医疗资源的优化布局。根据国家深化医疗卫生体制改革的总体要求，结合长三角区域的实际情况，探索构建长三角医联体服务体系，不断提高医疗资源的总体利用效率，明确基层医院在医联体中的作用，充分利用基层医院所具备的优势资源，起到承上启下、适当分流的作用。二是推进远程医疗事业发展。在医保支付制度和医院价格制定上给予医疗更宽松的发展空间，实现长三角区域医保政策的互联互通。三是完善医疗平台为医联体开通更广阔的渠道。利用网络平台实现分诊、预约，实现长三角区域医师信息网络化。利用网络平台形成疑难病症转诊、会诊便捷，实现分级诊疗，有序转诊。

7.3.3.4　促进医保制度一体化

一是健全医保异地结算。探索建立长三角区域医保异地结算平台，允许符合相应条件的居民通过平台办理医疗一卡通，从而实现就近就医。二是打破长三角城市群商业保险壁垒促进医保一体化。从技术的层面上分析，不仅在长三角城市群地区，就算在全国范围看医疗保险结算和医保互通互联都不是一件难事，只要医院的信息网络系统普及，有电脑可以上网，再加上一个统一的系统软件就可以解决。真正的难点是行政体制上的利益分配。这就应该发挥市场的灵活性特征。商业保险比社保更具有灵活性，特别是参考美国的医疗保险制度，商业保险的特色化服务和不同产品，可以适应更广泛的需求。鼓励居民加入商业保险来补充自己社会保险的不足，用商业保险的辅助作用，配合实现长三角城市群医疗保险一体化的发展。

7.3.4　养老领域问题协同治理的实现路径

7.3.4.1　提高流入、流出地统筹层次

一是通过顶层设计与监督，消除阻碍统筹的制度缺陷。为促进异地老人更好地融入养老地，政府及相关部门有必要采取相应的政策措施，来消除异地养老者在新环境中面临的各种现实问题。通过规范性法律文件为异地养老保障体系的构建和改进提供指导依据，加快建立养老保险的异地领取和医疗保险异地报销结算机制，避免流动老人频频往返流动给身体和心理带来的双重伤害，促使其尽快在异地安居。异地养老的社会保障涉及民政、人力资源与社会保障等主管部门，需要统一的政策解读规范。要求相关行政部门依据高效便民的原则，尽快出台专门针对流动老人的具体社会保险政策，将流动老人纳入常住地的保障范围内。打破户籍框架限制，逐步建立全国统一的养老和医疗保险制度，从根本上解决异地养老者因为区域差异而面临的利益损失。综上所述，对正在进行社会保险互认及制度探索的地区，进一步出台统一的包括异地养老内容的社会保障政策和异地养老实施细则等政策体系，化解不同地域之间政策不一、待遇不一的难题。健全社会保险档案信息化管理制度，加强对地方政府异地养老保险体系建设工作的监管，督促社保经办机构尽快统一其所使用的社会保险业务系统。长三角养老融合建设需要更高层的协商推动，并健全相应的监督机制。在具体的实施过程中，需要先组建专业的管理团队，并以此来提高养

老保险转移接续和医疗保险异地就医结算工作的效率及质量，促进社会保险工作的不断完善。同时，加强对经办机构的监管工作，逐步完善标准化信息平台的建设，从而实现异地养老社会保险办理流程的标准化，敦促各地区运用信息系统实现社会保险跨统筹区转移，并确保工作的快速完成。

二是建立利益补偿机制，缓解地区间利益矛盾。养老保险难以统筹的根本原因在于流入地政府和流出地政府的有些利益不一致。所以寻求利益共同点是促进地方政府间合作与协同的突破口。只有理顺流入地与流出地政府之间的利益关系，统一双方利益目标，才能解决两地利益矛盾根源，加快实现我国基本社会保险全国统筹。流入地和流出地可以两两签订合作协议，连成异地养老的线，对具体项目实行制度性的互认，从而促进异地养老社会保险体系的建设。流出地政府各部门应主动为异地养老者做好与流入地政府的手续衔接工作，利用信息网络简化异地养老金领取流程、提供医保异地委托报销，使流动老人"老有所养""老有所医"。流入地政府接纳流出地的养老人员，健全涉及异地养老的社会保险机制，消除流动老人保险发放、报销的壁垒。长三角地区内居民实现社会保险的互认和对接，是推进养老融合的前提。从 2009 年开始，苏浙皖沪四地针对社会保险转移接续进行不断的探索，达成了数十项涉及社会保险的合作协议。目前，部分城市已实现与上海的异地就医联网结算，与长三角地区实现医保互通的城市已达 12 个。在此基础上，对异地老人的养老和医疗保险可考虑不回原籍，而通过异地领取的方式。另外，除了一线城市的其他地区还可以考虑放开老人落户问题，使异地养老者更容易获得养老地的市民身份，给予他们参与养老地听证会、基层党建、选举等活动的机会，从而增强其身份认同感。

7.3.4.2 修复政策漏洞，完善养老福利体系建设

就社会福利而言，目前我国正在积极构建以居家为基础、社区为依托、机构养老为支撑的社会养老服务体系，异地养老的社会福利提供主体不仅是国家，还可以是非营利组织和市场机构。

一是完善政府制度保障，提供均等化公共服务。满足流动老人的养老需求，政府部门应针对异地养老安排熟知现行政策的专门负责人员，开设专门的窗口解决异地养老的难题，对症下药，确保公共产品的平等提供。

具体包括：出台专门的社会福利政策，要求福利保障惠及常住人口而不仅仅是户籍人口；进一步完善和落实养老补偿机制，采取多元化的补偿措施，提高异地养老补贴；加强包括服务质量、资质、设施、产品等一系列标准化建设；充分动员组织社会各方面的力量，让社会团体、非营利性组织和企业承担尽可能多的养老服务事务。中央政府首先应出台惠及全体老人的指导性文件和优待政策，逐步消除户籍的桎梏。其次，在政策实施上给予地方政府实质性的帮助，通过各种途径，加强政策宣传，鼓励社会资本进入。例如，对符合政策法规与行业规范的养老机构，减轻其税收负担；对非营利性养老机构进行税费减免。利用电子信息系统，通过政府购买市场提供、转移支付、专项基金等方式提高地方政府提供异地养老社会福利的积极性。除此之外，中央政府还需引导地方加强专业人才队伍建设：鼓励各行政区重视本地的异地养老机构人员技能培训；引导专业院校加强对养老护理、机构管理等专业人才的培养；加大对养老服务行业的扶持力度，提升从业人员的工资薪金和福利待遇。

与此同时，地方政府也应积极配合中央政府的决策，突破地方利益的局限。鼓励培育连锁养老机构和连锁养老社区，制定一系列可行的服务规范标注以及实施细则，包括养老机构硬件设施标准、服务规范、伙食标准和收费标准等。统一化的管理有利于提高养老服务人员的专业化水平，规范化的服务标准有助于确保服务质量，从而形成良好的市场竞争环境，带动整个行业提供更优质的养老服务，进一步推进异地养老的社会福利体系建设。构建养老服务信息平台，更全面地满足流动老人的养老需求，为异地养老服务提供便利。例如，浙江乌镇政府与公司合作，利用互联网、物联网、大数据将医护和养老紧密结合，这种智慧养老模式利用互联网技术系统平台数据共享的特点，实现病例共享、日常监护、远程医疗等功能。这是一个初步的实践，有助于更好地照料老年人的日常生活。随着电子科技的不断发展，进一步探索互联网广阔的空间，加强平台建设，使养老信息不局限于连锁机构共享，还应该为不同地域之间架起桥梁，无差异地满足流动老人的养老需求。

二是统一制度与分散管理并行，充分利用市场竞争机制。市场作为福利供给的一个主体，可以给予社会成员自由选择福利产品与供给主体的权利与自由。同时，政府要负担起统筹管理和开发引导的作用，避免过度商业化等弊病的产生，力求在社会公共利益与商业资本利益之间实现平衡。市场中的公平竞争有利于提升养老服务的质量，完善机构功能，从老年人对于社会福利的需求出发，并作出及时的回应，提供多种类、多层次的养老服务。其中，连锁机构的培育既有利于保证养老服务的专业性，又可利用不同地域的经济水平差异降低成本。例如，上海和佑养老集团分别在华北、华南、华东等地区建立了下属连锁机构，对长三角地区养老融合有着很好的辅助和示范效应，值得推广。

对长三角地区，应当根据不同城市的地理环境与经济水平，对整个养老服务市场进行细分，从而打造出专属于自己市场特征的养老品牌，以吸引不同需求的老年群体流动到异地养老。第一类市场为医疗保健照料型，针对年龄较大的老年群体，这类养老机构集中于具有高水平医疗资源与优质养老服务的上海、南京、杭州、合肥等以及其周边城市。第二类则为安逸生活型，该市场将目标群体定位于追求惬意晚年生活的老年人，选择气候宜人、物价低廉、设施齐全、交通便利的城市，如镇江、湖州、马鞍山等地。第三类养老服务机构可选择类似苏州、绍兴、芜湖具有特色风景与名胜古迹的城市，吸引喜爱祖国风光和热衷休闲度假的低龄老年人养老。不同城市的政府需要明确本地养老服务的发展路径，使机构的规划和设施建设的布局更有指向性，亦使资金的投入更具精准性。从而提高资源利用的有效性，因地制宜地实现最佳配置，有利于从社会福利方面为异地养老者提供支持。

参考文献

［1］蔡昉：《中国的二元经济与劳动力转移——理论分析与政策建议》，中国人民大学出版社 1990 年版。

［2］段成荣：《影响我国省际人口迁徙的个人特征分析——兼论时间因素在人口迁移研究中的重要性》，《人口研究》2000 年第 4 期。

［3］胡焕庸：《中国之人口分布》，《地理学报》1935 年第 2 期。

［4］黄国华：《城乡居民收入差距影响因素分析——基于长三角地区16 地级市的实证考察》，《上海经济研究》2009 年第 10 期。

［5］宋伟轩、陈雯、彭颖：《长三角区域一体化背景下城乡收入格局演变研究》，《地理科学》2013 年第 9 期。

［6］孙德芳、秦萧、沈山：《城市公共服务设施配置研究进展与展望》，《现代城市研究》2013 年第 3 期。

［7］王磊、段学军、田芳：《长江三角洲人口与经济的空间分布关系研究》，《经济地理》2009 年第 10 期。

8

长三角公共安全问题的
协同治理与一体化

党的十九大提出要"实施区域协调发展战略，建立更加有效的区域协调发展新机制"。长三角地区涵盖上海市、江苏省、浙江省和安徽省，以占全国 16%的人口和 2.2%的土地，贡献了全国近 1/4 的经济总量，已成为国家经济发展的重要载体和依托。长三角地区作为长江流域经济带的核心区，是中国经济最活跃的地区之一，也是中国经济发展的引擎之一，其在区域一体化发展过程中不断呈现出区位优势互补、功能要素融合和区域创新协同等重要特征。然而，在长三角区域一体化发展过程中也应该清醒地认识到，随着长三角区域一体化发展上升为国家战略，作为区域经济社会发展的重要保障，公共安全特别是跨区域公共安全的重要性进一步凸显，各领域对公共安全需求不断上升。在新时期，长三角地区公共安全呈现出新变化、新特点，给公共安全治理带来了新压力、新挑战，迫切需要在长三角区域一体化发展上升为国家战略的新形势下提出新思路、新举措，尤其是 2020 年初暴发的全球性新冠疫情重大突发公共卫生事件，使得不同地区在公共安全问题上的合作显得尤为"必要"和"紧迫"。

8.1　公共安全与一体化

8.1.1　公共安全问题

　　安全问题与我们生产、生存、生活环境息息相关。以"安全"及其衍生概念为主题的研究，在国际范围内已经逐步形成了一个多学科领域，其中工业生产和国际关系两个领域的研究相对较为集中，尤其是工业生产领域的安全研究，已经形成了独立的安全科学和安全学科。公共安全便是由

"安全"概念衍生而来,作为学科是近年来才提出的,是我国自己采用的学科名称。国务院于 2004 年委托中国工程院将公共安全列入学科分类中,中国工程院重新规划学科分类,将所有学科重新整合为 20 类,第九类为"公共安全",主要研究防治恐怖主义、自然灾害、事故灾难、保护基础设施、社会安全和公共卫生安全。2006 年 2 月,国家发布我国 2006—2020 年科技发展规划,公共安全被列为重点领域与优先主题。

公共安全是实现区域经济社会健康、可持续发展的前提。它是由政府及社会提供的预防和控制各类重大事件、事故和灾害的发生或保护人民生命财产安全,减少社会危害和经济损失的基础保障。狭义的公共安全主要指与人身安全和财产安全密切相关的安全,即社会治安安全。广义上的公共安全是指区域及其人员、财产、地区生命线等重要系统的安全,它是区域及其公民、财产的安全和安全需要的满足,是依法进行社会、经济和文化活动以及生产和经营所必需的良好内部秩序和外部环境的保证,除了包含治安因素外,还包括公共卫生安全、信息安全、社会安全、生产安全、食品安全、自然灾害、道路交通安全、公共场所安全及反恐等内容,涉及人们生产、生活、生存范围的诸多方面。

8.1.2 公共安全、协同治理与一体化

区域公共安全是国家整体安全的重要组成部分。城市是人类走向成熟和文明的标志,是社会经济发展到一定阶段的产物。随着城市化进程的不断推进,城市逐渐成为政治、经济、文化、科技、产业等活动的核心区域和主要场所,其具有的人口、财富、信息、建筑、生产高度集中的特征愈加明显。城市在为人们提供了便捷舒适生活的同时,也面临着日益严峻的公共安全问题。从国际发展经验来看,当城市化率超过 30% 时[1],城市将步入快速发展阶段,同时也是人口、资源、公共卫生、环境等因素的社会矛盾制约比较严重、突发性灾害极易发生的时期。而截至 2018 年底,长三角地区总体城镇化率达到 67.23%[2],正处于城市化的快速发展期和社会矛

---

① 来源于人口学纳瑟姆曲线。
② 根据 2018 年底长三角三省一市总城镇人口与年末合计总人口比值得出。

盾凸显期，加上近年来公共安全事件频发，长三角地区公共安全问题不断成为社会关注焦点。从区域人口结构来看，在长三角地区生活、就业、学习或经商的外地和外籍人员数量相对较多并且来源复杂。据统计，近年来长三角地区流动人口近 5000 万人，外来人口和社会弱势群体对公共服务的诉求与政府供给之间的矛盾在部分地区逐渐显现。例如，网络通信诈骗等新型犯罪不断增多，但网络金融、电子支付等领域仍存在监管盲区，对公共安全治理提出了新的挑战。

公共安全协同治理是地区公共安全治理模式的一种创新，是应对风险社会时代公共安全治理复杂性挑战的产物。它是指基于公众不断增长的多样化的公共安全需求，合作政府、非政府组织、企业和公众各方以资源的有效整合创新为目标，以目标锁定、信息共享、组织协作为实现路径，用统一的目标将无序的要素在规范的结构中整合成具有有序功能结构的区域公共安全协同系统的自组织状态，从而产生整体协同效应的过程。其核心是在地区公共安全治理中引入多主体，形成一个权力分割、责任分摊、风险共担并广泛参与到城市突发公共事件应对全过程的网络协同系统。

所谓"一体化"是指原本多个相互独立的主权实体通过某种方式逐步在同一体系下彼此包容，相互合作。在区域范围内，即不同地区间通过形成同一制度、框架等，在相关领域开展合作，达到协同治理的目的。就长三角地区而言，为促进长三角地区更好发展，2018 年长三角区域一体化发展上升为国家战略，进一步推动了地区间协同合作和一体化①。

良好的公共安全环境是人们生产、生活、生存赖以维系的重要保障。由于公共安全问题，尤其是公共卫生安全事件具有衍生性、跨区域以及连锁性等特征，为应对公共安全问题，保障公共健康和减少公共损失，长三角地区急需不同城市深化协同治理，在公共安全问题上的合作具有"必要性"和"紧迫性"，尤其是不同地区之间亟待建立公共事件协同治理和应急机制，加强公共卫生安全、信息安全、社会安全等领域的联防联控以及共同应对，从而推动长三角一体化发展。目前来看，长三角地区涵盖上

---

① 2018 年 11 月 5 日，习近平总书记在首届中国国际进口博览会上宣布，支持长江三角洲区域一体化发展并上升为国家战略。

海、江苏、安徽和浙江三省一市的 41 个城市，集聚了全国近 16%的人口，当前以公共卫生安全、信息安全、社会安全等为代表的公共安全问题越来越受到关注，公共安全形势依然比较复杂，公共安全治理任务依然比较繁重，在高质量发展新阶段，其公共安全问题不容忽视。

8.2　长三角区域公共安全现状

由于大量人口聚集在城市，长三角区域公共安全更多体现在以城市为主体的安全层面。长三角位于长江经济带下游，并处于我国的重要交通枢纽地带，其在交通、科技信息、人力和金融资本方面都相对处于经济发展的优势地位，这也使得长三角在各方面需要协调应急的风险，可能比其他的区域更高。比如，虽然长三角在全国经济领域的地位非常突出，产业实力相对雄厚，但其生产安全、产业协同以及物流压力等风险也相对较高。另外，长三角区域的水系资源非常丰富，产生的洪涝灾害可能会比较严重，包括水污染的压力也是比较大。下面，将从公共卫生安全、信息安全和社会安全等几个方面进行说明。

8.2.1　公共卫生安全

8.2.1.1　公共卫生问题

进入 21 世纪以来，几乎各地区都不同程度遇到公共卫生危机，长三角地区也难以幸免。比如，2002 年 11 月暴发的 SARS 疫情，虽初现于珠三角，但后来迅速波及全国乃至全球各地。之后，上海、江苏、浙江、安徽等地区又出现禽流感疫情，给百姓生命安全造成威胁。此外，手足口病、艾滋病等传染性疾病，也一直是长三角地区的隐患。加上近年来相继出现的甲型 H1N1、H7N9 等禽流感疫情以及 2020 年初的新冠肺炎疫情都成为影响人们健康的公共卫生事件。由于长三角地区地处东部沿海，也会因气候变暖可能引发公共卫生危机，如登革热、疟疾等。公共卫生问题不仅会严重影响人们的健康，而且也严重影响地区经济社会和谐发展。

在公共卫生事件方面，以甲乙类法定传染病为例，2013—2018年长三角三省一市甲乙类法定报告传染病发病率及死亡率情况如图8-1所示（序号1表示发病率，单位1/10万；序号2表示死亡率，单位1/10万）。从发病率角度看（左坐标轴），长三角三省一市甲乙类法定报告传染病发病率地区差异较大，江苏地区的发病率最低，其余三省市相对较高。与全国甲乙类法定报告传染病发病率相比，除个别年份安徽省高于全国水平外，其余省市均低于全国水平。从死亡率角度看（右坐标轴），长三角地区三省一市的甲乙类法定报告传染病死亡率均低于全国水平。并且，与全国的持续增长态势不同，长三角地区的甲乙类法定报告传染病死亡率呈波动变化态势，尤其是上海地区呈现波动下降状态。总体而言，长三角地区甲乙类法定报告传染病发病率和死亡率总体低于全国水平，说明长三角地区在应对公共卫生安全方面取得一定成效。另外，不同地区间存在差异，与各地区的卫生医疗条件存在一定的关系。

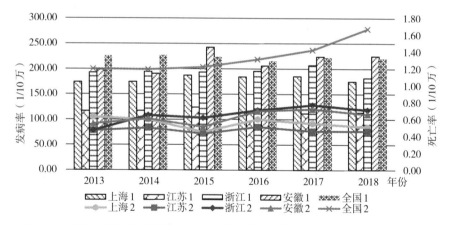

图8-1　2013—2018年长三角三省一市甲乙类法定报告传染病发病率及死亡率①

资料来源：2014—2019年《中国卫生健康统计年鉴》。

---

① 甲乙类报告传染病主要指鼠疫、霍乱、病毒性肝炎、细菌性和阿米巴性痢疾、伤寒及副伤寒、艾滋病、HIV感染者、淋病、梅毒、脊髓灰质炎、麻疹、百日咳、白喉流行性脑脊髓膜炎、猩红热、流行性出血热、狂犬病、钩端螺旋体病、布鲁氏菌病、天花等。

8.2.1.2 医疗卫生资源现状

公共卫生是防治疾病、延长寿命、改善身体健康和功能的科学和实践。公共卫生核心指标包括医疗卫生机构配置、医疗卫生机构利用和医疗卫生机构人力资源三大指标。长三角地区是我国医疗卫生资源最丰富的地区之一，尤其是长三角城市群，其医疗卫生机构配置、医疗卫生机构利用及医疗卫生机构人力资源配置均处于全国领先水平。

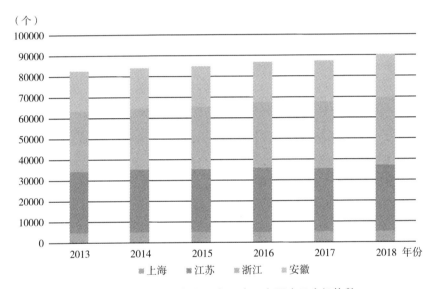

图 8-2　2013—2018 年长三角三省一市医疗卫生机构数

资料来源：历年《中国城市统计年鉴》。

（1）医疗卫生机构发展现状

根据统计，截至 2018 年底长三角地区三省一市（41 个城市）共拥有医疗卫生机构数 90333 个，其中上海市 5298 个，江苏省 31710 个，浙江省 32755 个，安徽省 20570 个，平均每个城市拥有约 2203 个。另外，长三角三省一市共拥有医院、卫生院数 4645 个，其中上海市 364 个、江苏省 1853 个、浙江省 1288 个、安徽省 1140 个，平均每个城市拥有约 113 个。公立医院尤其是具有等级的医院在公民健康防护方面发挥着重要作用，截至 2018 年底，长三角地区上海、江苏、浙江和安徽的公立医院数分别为 177 个、467 个、442 个和 353 个，而其中政府办公立医院数分别为 162

个、367 个、402 个和 296 个。可见医疗卫生机构发展过程中，社会力量在医疗卫生发展方面也扮演着重要的角色。就医疗卫生机构发展趋势而言，2013 年至 2018 年间，长三角三省一市医疗卫生机构数总体上呈现出不断增长态势，表明公共卫生基础设施水平在持续提升。

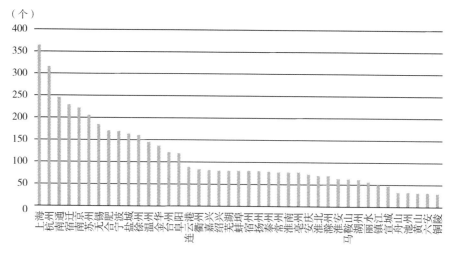

（个）

图 8-3 2018 年长三角 41 个城市医院数排名情况

资料来源：2019 年《中国城市统计年鉴》。

2018 年长三角 41 个城市医院数排名情况如图 8-3 所示。从具体城市看，医院数排名前十的城市分别是上海、杭州、南通、宿迁、南京、苏州、无锡、合肥、宁波和盐城，上海市以 364 个医院数位居榜首，而安徽的黄山、六安和铜陵则医院数相对较少。在长三角 41 个城市中，仅有 15 个城市的医院数超过城市平均水平（市均 113 个），超过半数的城市医院数量处于市均水平以下。另外，城市间医院数量在城市间分布差异较大。

（2）医疗卫生机构配置利用现状

截至 2018 年末，长三角三省一市共拥有床位数（指医院、卫生院床位数，下同）约 106.39 万张，其中上海、江苏、浙江和安徽分别拥有12.90 万张、38.80 万张、29.33 万张和 25.36 万张。长三角地区，上海、江苏、浙江和安徽每千人拥有床位数分别为 5.74 张、6.11 张、5.79 张和5.19 张。2013—2018 年间地区床位数增长趋势如图 8-4 所示。从图中可以看出，2013—2018 年间，长三角地区的床位数呈现出波动增长态势，其中江苏省床位数占比最高，这与其医疗卫生机构占比情况相一致。

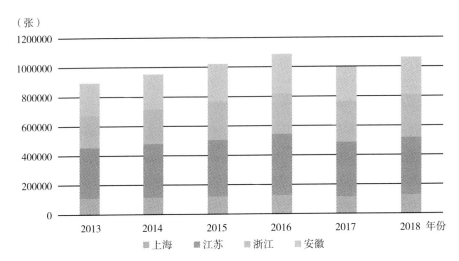

图 8-4　2013—2018 年长三角三省一市医院、卫生院床位数

资料来源：2019 年《中国卫生健康统计年鉴》。

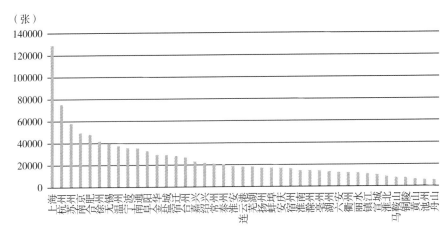

图 8-5　2018 年长三角 41 个城市医院、卫生院床位数分布情况

资料来源：2019 年《中国城市统计年鉴》。

长三角地区 41 个城市的床位数排名情况见图 8-5。从城市层面看，不同城市间床位数呈差异化分布。总体上，平均每个城市拥有床位数约为

2.6万张,而高于平均水平的城市仅有15个,分别为上海、杭州、苏州、南京、合肥、徐州、无锡、温州、宁波、南通、阜阳、金华、盐城、宿迁和台州,超过一半的城市床位数低于长三角城市平均水平。从排名情况看,2018年上海市以12.9万张床位数大幅度领先位居于第二名的杭州市,这与上海作为长三角城市群龙头存在一定的关系,其经济发展、医疗卫生资源等方面在长三角地区存在较大优势。对比其他城市,床位数排名较为靠后的则是铜陵、黄山、池州等城市。

(3)医疗卫生人员分布

长三角地区三省一市执业(助理)医师分布情况如图8-6所示。截至2018年底,长三角三省一市共拥有执业(助理)医师数约为62.58万人,其中,上海、江苏、浙江和安徽执业(助理)医师数分别为7.49万人、23.33万人、19.08万人和12.68人,而且均呈现出不断增长态势。从图中可以看出,不同省市间执业(助理)医师数分布情况差异较大,江苏省执业(助理)医师数量最多,浙江次之,其次是安徽省,上海市执业(助理)医师数量最少。总体上,长三角地区的执业(助理)医师超过半数分布在沿海省市。安徽省相对偏离沿海,加上长三角一体化过程中加入相对较晚,在后续发展过程中较其他三个省市相对落后。

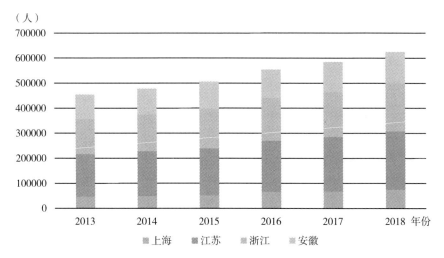

图8-6 2013—2018年长三角三省一市执业(助理)医师分布情况

资料来源:历年《中国城市统计年鉴》。

此外，在长三角三省一市执业（助理）医师中，上海、江苏、浙江和安徽公共卫生方面的执业（助理）医师数分别为 3666 人、9392 人、5472 人和 4088 人。全科医生方面，上海、江苏、浙江和安徽每万人全科医生数分别为 3.56、5.94、4.54 和 2.04。综合而言，在卫生人员分布上，以往江浙沪地区分布相对较多，而安徽省处于相对较低水平。

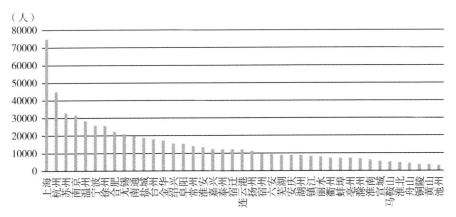

图 8-7　2018 年长三角 41 个城市执业（助理）医师分布情况

资料来源：2019 年《中国城市统计年鉴》。

2018 年长三角 41 个城市执业（助理）医师分布情况如图 8-7 所示。从图中可以看出，截至 2018 年底上海市执业（助理）医师数大幅领先其他城市，而排名较为靠后的为安徽省的铜陵市、黄山市和池州市。执业（助理）医师排名前十的城市为上海市 74948 人、杭州市 44896 人、苏州市 32852 人、南京市 31560 人、温州市 28387 人、宁波市 25850 人、徐州市 25776 人、合肥市 22320 人、无锡市 21004 人和南通市 19852 人。在长三角 41 个城市执业（助理）医师分布中，只有 15 个城市超过城市平均水平 15263 人，可见大部分城市执业（助理）医师分布还低于城市平均水平。

8.2.1.3　公共卫生合作机制

众所周知，长三角地区在公共卫生事件防护上已具有一定的历史。2004 年，上海、江苏和浙江三省市启动长三角紧急联防 SARS 体系，尽管启动略有延迟，但鉴于地区人员的频繁来往，仍不失为公共应对"非典"

的重要措施。2009 年，当禽流感 H1N1 来袭时，沪苏浙三地区出台了各类防治禽流感的政策，不断加大对动物疫病的指挥，各方互通信息，实施疫情监测，尤其加强对人群流感疫情的监测，形成了防控甲流"隔离网"，有效控制了禽流感的传播。此外，为确保公共卫生合作有序开展，2009 年5 月卫生部疾控局和上海市卫生局、江苏省卫生厅、浙江省卫生厅联合举行了"长三角"传染病防控会议，三省市卫生厅（局）在会上共同签署了《江、浙、沪传染病联防联控工作协议》，该《协议》确定，三省市卫生行政部门和疾控机构实行定期例会和信息通报制度；发生重大传染病疫情和突发公共卫生事件，在第一时间互通信息；必要时组建联合工作组开展调查处置；为推进区域性疾病预防控制工作的协调性和均等化，三省市在加强传染病防控技术交流协作的同时，还要强化相关政策研究的联动及政务沟通。根据《协议》要求，为确保世博会的公共卫生安全，三省市启动建立传染病防控通报信息制度，当辖区内发生传染病特别是重点传染病疫情和重大突发公共卫生事件时，能在第一时间互相以最快方式进行通报；在对传染病疫情和突发事件调查、处理过程中，一旦涉及协议中其他省市，相关省市应配合开展调查处理工作，并及时相互通报相关信息和结果；在应对跨省市的各类公共卫生事件时，可以组成工作组开展联合调查和处置。同时，进一步加强传染病防控技术交流，并积极开展其他各类重点疾病预防控制工作的合作。

2010 年，长三角城市经济协调会第十次会议同意吸收合肥市、盐城市、马鞍山市、金华市、淮安市、衢州市 6 个城市，此时长三角城市群正式扩展到安徽区域内。这次会议还批准了继续深化 3 个专题之一的"长三角医疗保险合作"专题，并签署了《长三角城市合作（嘉兴）协议》。此后，长三角城市群一直得到稳步发展，直至 2019 年长三角城市经济协调会第十九次会议在芜湖召开，苏浙皖沪三省一市 41 个地级以上城市全部加入长三角城市经济协调会。值得一提的是，尽管 2009 年安徽省尚未进入长三角范围，但是却一直重视加强与沪苏浙的公共卫生合作，积极投入到泛长三角（指江浙沪三省市）经济区的公共卫生合作中，对形成泛长三角公共卫生合作起到了极为重要的促进作用。如安徽多次加强参与泛长三角的环境保护，扩大卫生、教育、文化等领域交流合作，实现与长三角资源共享等。安徽省检验检疫局在 2009 年的工作中，也提到要积极落实泛长三角地区检验检疫合作备忘录。2013 年，《长三角城市合作（合肥）协议》更是指出要有效应对长三角地区区域性特大灾害或公共危机，比如水污染、疫情、食品安全等。

随着长三角地区一体化的不断发展，长三角三省一市间的公共卫生合作也在持续深化。2016 年，上海市第一人民医院、浙江省人民医院、江苏省人民医院及安徽省立医院四家医院牵头发起，长三角地区 26 个城市共同组建了"长三角城市群医院协同发展战略联盟"，通过建立紧密型联盟形式，互联互通，提升长三角城市群医院管理水平，共同推进区域医院协同发展。自此以后，长三角地区的医疗资源正以前所未有的姿态融合在一起，上海以建设互联网+医疗、空中救援体系等为契机，发挥优质医疗资源协同合作优势，其优质医疗资源将更广泛地向长三角城市群辐射。在长三角区域一体化发展上升到国家战略后，长三角地区的医疗一体化进入到积极拓展和进一步深化阶段。

8.2.2 信息安全

随着"互联网+""两化融合"等战略不断推进，众多传统行业逐步数字化、网络化、移动化、智能化，社会已经进入万物互联的信息时代。人们的生活、办公在享受网络信息带来便利的同时，安全隐患也无处不在。信息技术的发展特别是"大数据"时代的来临，不仅带来了数据与信息处理的根本性变革，也对传统公共安全治理带来新的机遇与挑战。长三角地区网络发达，信息化程度高，但同时信息安全问题也日益突出，如何保障并提升信息安全，为地区经济健康发展保驾护航，是当下新时代信息领域新的课题和使命。

8.2.2.1 信息安全概念

在互联网环境下，信息安全一般包括载体安全、程序安全和内容安全，其中载体安全又包含网络安全和储存介质安全。载体安全主要是指对网络系统中各种通信、计算机设备、存储介质以及相关设施等有形物品的保护，使它们不受到雨水淋湿、人为破坏等。程序安全和内容安全可归属为逻辑安全，主要是指与我们日常生产、生活及经济发展相关的信息完整性、保密性以及可用性等。

网络环境中，信息安全的常见隐患有：①假冒，是指不合法的用户侵入到系统，通过输入账号等信息冒充合法用户从而窃取信息的行为；②身份窃取，是指合法用户在正常通信过程中被其他非法用户拦截；③数据窃取，指非法用户截获通信网络的数据；④否认，指通信方在参加某次活动后却不承认自己参与了；⑤拒绝服务，指合法用户在提出正当的申请时，遭到了拒绝或者延迟服务。此外还有错误路由和非授权访问等。

8.2.2.2 长三角地区信息安全态势①

2018 年，对信息安全领域而言是值得重视的一年，尤其是 Facebook 公司大规模数据泄露导致泄露数据被恶意利用的全球性重大信息安全事件，引起国内广泛关注。根据国家计算机网络应急技术处理协调中心发布信息显示，2018 年我国也发生了 10 多亿条快递公司的用户信息、2.4 亿条某连锁酒店入住信息、900 万条某网站用户数据信息、某求职网站用户个人求职简历等数据泄露事件，这些泄露数据包含了大量的个人隐私信息，如姓名、身份证号、银行卡号等，给我国居民人身安全、财产安全带来极大隐患。尽管 2018 年我国进一步健全网络安全相关法律体系，完善相关制度，持续加强公共网络信息安全的监测和治理，使得网络信息安全应急能力不断提升，全年未发生大规模病毒爆发、网络瘫痪的重大事件，但关键信息基础设施、云平台等面临的安全风险仍较为突出。下面将对长三角三省一市网络信息安全情况进行介绍分析。

（1）计算机恶意程序捕获情况

2018 年，据 CNCERT/CC 全年捕获的计算机恶意程序攻击的 IP 地址统计数据显示，我国境内受到计算机恶意程序攻击的 IP 地址约为 5946 万个，约占我国 IP 地址总数的 17.5%，从我国分布情况来看，其中江苏省以 8.3%的占比排在第一位，浙江省以 7.4%的比重居于第三位。从感染计算机恶意程序主机数量地区分布来看，江苏省、浙江省分别以 9.9%、9.4%的比重位于第二、第三位。由于计算机等相关设施在我们工作、生活中扮

---

① 此小节内容的相关数据主要来自 2017 年和 2018 年的《中国互联网网络安全报告》和《2018 年浙江省互联网网络安全报告》，下文同。

演着重要的角色，长三角地区中的江浙两省在计算机设备受恶意程序攻击方面面临的形势相对严峻，需要引起更多安全防护治理。

联网智能设备（IoT）恶意代码活动频繁。2018 年，我国境内受恶意代码控制的智能设备 IP 地址数为 154.7 万个，其中长三角三省一市中浙江省和江苏省的受控 IP 地址数均在 5 万个以上，分别为 19.63 万个和 11.53 万个，在国内分别位于第二位和第四位。而安徽省和上海市受控设备 IP 地址数则相对较低，分别为 3.09 万个和 1.45 万个，其排名分别为第 12 位和第 24 位（见图 8-8）。长三角三省一市中，受恶意代码控制的智能设备 IP 地址数有 2 个省份居于全国前 5，说明长三角地区在智能设备防护方面面临较大挑战。

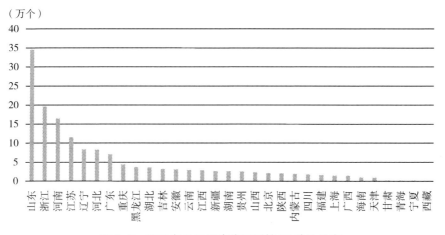

（万个）

图 8-8　2018 年 IoT 恶意代码受控 IP 地址分布

资料来源：CNCERT/CC。

（2）网络扫描行为

网络扫描是指利用端口探测或者爬虫的底层技术，与漏洞研究和检测策略相结合形成的一种自动化扫描技术。由于网络扫描具有高并发和自动检测的优势，能够有效减轻安全技能要求和精力投入，在众多安全公司提供的扫描产品和服务中广受欢迎，但同时也存在被黑客利用的风险。

据统计（见图 8-9），2018 年中国境内累计发现的网络扫描源大多集中在浙江、山东和江苏等沿海省份，其中长三角三省一市中，江苏、浙江和上海两省一市均位于前十，而且江浙两省位于全国前三。可见，江苏省、浙江省和上海市虽然在网络扫描利用方面存在较大的优势同时也面临较大的安全隐患。

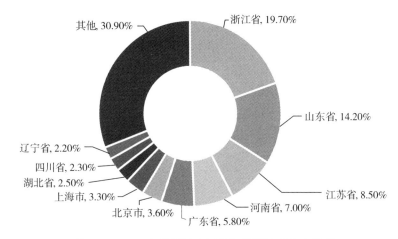

图 8-9　2018 年我国境内网络扫描源地区分布情况

资料来源：杭州安恒信息技术股份有限公司。

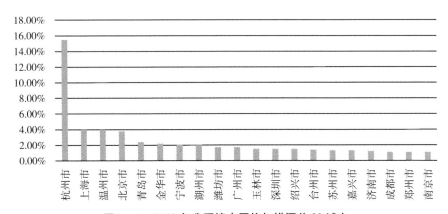

图 8-10　2018 年我国境内网络扫描源前 20 城市

资料来源：杭州安恒信息技术股份有限公司。

从城市层面看（见图 8-10），我国境内网络扫描源数量排名前 20 的城市中，杭州以全国 15.5% 的比例位居第一，其次是上海市，第 3 名至第 5 名分别是温州市、北京市和青岛市。由于杭州电子商务发达，电商活动相对集中，无论是行业安全监管需求还是安全服务提供，都会带来巨大的扫描流量。不难发现，在前 20 位城市中超过半数城市位于长三角地区。区域扫描量与经济活动密切相关，一旦这些网络扫描被黑客利用演变为恶意扫描，或者设备系统存在 0day/Nday 漏洞，将会给互联网络系统带来安全隐患，所以日常的安全检测扫描也显得尤为必要，这是掌握系统安全漏洞情况、防范系统入侵事件发生的重要手段。

（3）木马和僵尸网络

木马是指以盗取用户个人信息，甚至以远程控制用户计算机为主要目的的恶意程序，因其像间谍一样潜入用户电脑，与战争中的"木马"战术十分相似，故称之为木马。僵尸网络是指被黑客集中控制的计算机群，其核心特点是黑客能够通过一对多的命令与控制信道操纵感染木马或僵尸程序的主机执行相同的恶意行为，如可同时对某目标网站进行分布式拒绝服务攻击，或同时发送大量垃圾邮件等。

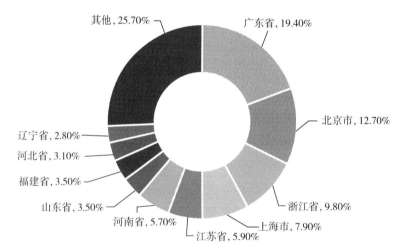

图 8-11　2018 年我国境内木马或僵尸程序控制服务器 IP 地址分布情况

资料来源：CNCERT/CC。

木马或僵尸程序控制服务器方面。2018 年，我国境内木马或僵尸程序控制服务器 IP 地址数量达到 27890 个，经过持续对木马僵尸专项打击，较 2017 年下降了 44.1%。就地域分布而言（见图 8-11），排名前 5 的地区中，长三角地区占据了第 3、4、5 名三个位置，分别为浙江省（9.8%）、上海市（7.9%）和江苏省（5.0%）。从木马或僵尸程序控制服务器 IP 地址占所在地区活跃 IP 地址比重分布看（见图 8-12），前 15 个地区中就包含了长三角三省一市，上海市、浙江省、江苏省和安徽省分别排在第 3、4、10 和 14 位。

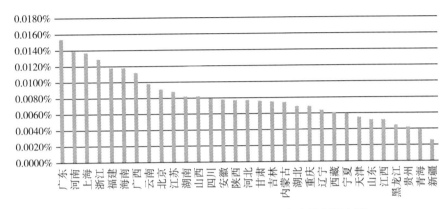

**图 8-12 2018 年我国境内木马或僵尸程序控制服务器
IP 地址占所在地区活跃 IP 地址比重**

资料来源：CNCERT/CC。

另外，木马或僵尸程序受控主机方面。2018 年，我国境内有 655.92 万个 IP 地址主机被植入木马或僵尸程序，数量较 2017 年下降 47.8%。从受控主机 IP 地址地域分布看（见图 8-13），排名前 3 的地区中有两个省都位于长三角地区，分别为江苏省（第 2 名）和浙江省（第 3 名），安徽省则排在第 9 名。从受控主机 IP 地址占所在地区活跃 IP 地址比重来看（见图 8-14），长三角三省一市中江苏省、浙江省和安徽省均位于前十位置，而上海市受控主机 IP 地址占所在地区活跃 IP 地址比重相对较低，仅为 0.6%，在我国境内 31 个省、自治区、直辖市中排名第 30 位。总体上，长三角地区在木马或僵尸程序防护方面还有待进一步加强治理。

（4）"飞客"蠕虫情况

"飞客"蠕虫最早出现在 2008 年 11 月，是一种针对 Windows 操作系统的蠕虫病毒。它可以利用 Windows RPC 远程连接调用服务存在的高危漏洞入侵互联网上未进行有效防护的主机，通过局域网、U 盘等方式快速传播，并且会通用感染主机的一系列 Windows 服务。"飞客"蠕虫自出现以

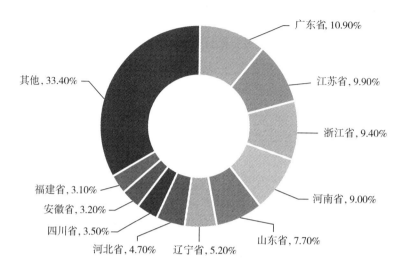

图 8-13　2018 年我国境内木马或僵尸程序受控主机 IP 地址地区分布

资料来源：CNCERT/CC。

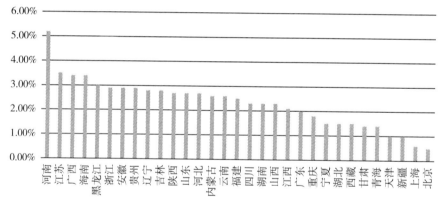

**图 8-14　2018 年我国境内木马或僵尸程序受控主机
IP 地址占所在地区活跃 IP 地址比重**

资料来源：CNCERT/CC。

来，已衍生出多个变种，感染上亿台主机，构建出一个庞大的攻击平台，不仅能够被用于大范围的网络欺诈和信息窃取，而且能够被利用发动大规模拒绝服务攻击，甚至可能成为有力的网络战工具。

据 CNCERT/CC 统计，2018 年我国是全球感染"飞客"蠕虫的主机 IP

地址数最多的国家。另外，我国境内主机 IP 地址感染"飞客"蠕虫数量的地区分布情况见图 8-15 所示。从图中可以看出，排名前五位的省市中，有 2 个位于长三角地区，分别为浙江省（第二位）和江苏省（第四位），而排名前十位的省市中，长三角地区包含了 3 个省市，其中上海以 3.9% 的比例排在第七位。

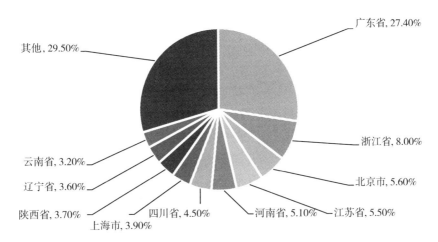

图 8-15 2018 年中国境内"飞客"蠕虫感染主机的 IP 地址地区分布

资料来源：CNCERT/CC。

（5）网站安全情况

网页篡改。网页篡改是指黑客或者不法人员通过对网站的网页篡改，在被攻击网站的网页中植入链接到色情、诈骗等非法信息的链接页面，以实现炫耀技术目的或者谋取非法经济利益的手段。2018 年，我国境内被篡改的网站数量多达 7049 个，其中在被篡改的网站中，商业机构占比最多，高达 66.3%。其次是网络组织类网站（7.7%）、政府类网站（3.1%）和非营利组织类网站（1.6%）。从地域分布看（见图 8-16），在排名前 10 的地区中，有 2 个省市位于长三角地区，分别为浙江省（第 4 位）和上海市（第 5 位），这与 2017 年的排名基本保持一致。网页篡改量较高，从侧面也说明这些地区的互联网水平发展相对较好，互联网资源相对较为丰富，但网页篡改隐患也相对较高，因而网页篡改防护问题不能轻视。

网页后门。网页后门通常也是基于网站的后门，指黑客成功入侵网站

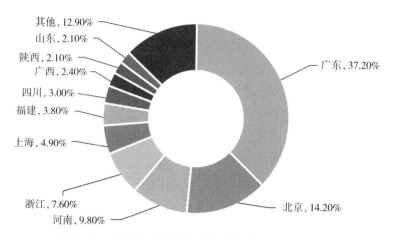

图 8-16　2018 年我国境内被篡改网站地区分布情况

资料来源：CNCERT/CC。

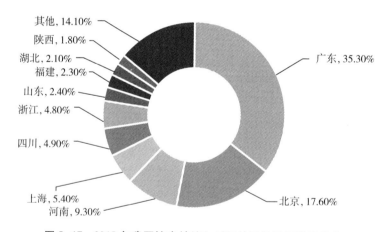

图 8-17　2018 年我国境内被植入后门的网站数量地区分布

资料来源：CNCERT/CC。

服务器后留下的后门程序。通过在网站的特定目录中上传远程控制页面，黑客可以暗中对网站服务器进行远程控制，上传、查看、修改以及删除网站服务器上的文件，读取并修改网站数据库中的数据，甚至可以直接在网站服务器上运行系统命令。据统计，2018 年我国境内被植入后门的网站（去重后）数量多达 2.36 万个，其中政府网站达到 674 个。从地区分布来看，2018 年我国境内被植入后门的网站数量前 10 位中有 2 个位于长三角地区，分别为上海市（第 4 名）和浙江省（第 6 名）。地域分布情况见图 8-17。

8.2.2.3 长三角信息安全治理现状

自 2013 年"棱镜"计划曝光以来，信息安全重视程度上升到前所未有高度，我国亦是如此。2016 年，习近平总书记"4·19"讲话为我国网络信息安全发展指明了方向，更是提速了我国信息安全发展进程。2019 年 2 月，中央成立网络安全和信息化领导小组，11 月党的十八届三中全会公报指出将设立国家安全委员会，从顶层强化了国家信息安全的领导。长三角地区作为我国信息化发展的排头兵，一直以来在信息安全防范和治理上持续加码，为地区经济发展不断打造安全氛围。

工业互联网方面，长三角作为我国重要的先进制造业基地，其工业增加值占全国 1/4 以上，新能源汽车市场份额占全国 1/3，机器人产能占 1/2，信息服务业占比 1/3，集成电路的产业规模占据全国半壁江山，高端装备制造水平在全国领先。随着互联网渗透到工业领域，区域工业互联网平台正在成为长三角产业合作的核心，成为智能制造的新引擎。工业互联网同样涉及"人—机器—产品"的信息安全，涵盖身份安全、数据安全和行为安全多个复杂模块。2018 年，为了促进工业互联网协同发展，长三角地区上海、江苏、浙江和安徽三省一市共同起草了推进互联网平台集群联动的合作框架协议，并且长三角的九个城市还在国务院颁布的《关于深化"互联网+先进制造业"发展工业互联网的指导意见》基础上共同发布了《G60 科创走廊推进工业互联网系统发展实施方案》，以促进区域内产业数字化、智能化协同安全发展。

2019 年，长三角 G60 科创走廊智慧安防产业联盟在上海松江成立，同时启动商用密码检测（上海）中心。通过加强网络信息安全产业统筹规划和总体布局，完善政策措施，力争培育具有国际竞争力的网络信息安全企业，推动长三角一体化发展。目前，商用密码检测（上海）中心是华东地区唯一的商用密码检测中心，有望成为国内最大的创新型密码检测分析功能性平台，未来能有效拉动长三角商用密码产业加速融合乃至全国商用密码产业上下游企业集聚，共同打造安全防护产业链。另外，2019 年长三角网络安全产业园在南通开通，并且设立在产业园内的信息安全等级保护关键技术国家工程实验室工业互联网安全分实验室和江苏智慧安全可信技术研究院也正式揭牌，将为加快培育自主创新能力、加强关键技术的突破发展提供载体支撑。长三角网络安全产业园将致力于立足南通、面向长三角、打造辐射全国的长三角网络安全产业高地。

在信息安全治理方面，长三角地区三省一市都在为信息安全领域发展而努力，并取得了一定的成效。然而，在信息安全协同治理方面，尽管长三角三省一市在网络安全、工业互联网安全、智慧城市以及医疗等领域开展合作，甚至在 2018 年 12 月成立了"长三角安全应急研究战略联盟"，以推动长三角安全应急管理建设。但我们还应认识到，长三角地区的信息安全联防治理方面尚未形成有效合力，现阶段的信息安全防护仍然以各省市安全应急管理部门为主要力量。在大数据时代，在长三角一体化发展新阶段，信息安全协同治理任重道远，需要长三角三省一市进一步加强合作，形成常态化联防机制，为地区打造一个智能化、信息化的生产、生活和工作的安全场所。

8.2.3 社会安全

社会安全是公共安全的重要组成部分。贝克（Beck，1986）曾指出，"社会安全的本质即是社会风险的降低与可控"。在城镇化有序推进过程中，社会安全是社会发展的基本保障，是社会建设发展水平和运行健康程度的重要体现。提升社会治理现代化水平，实现社会安全有序和长治久安是社会治理追求的重要价值目标。党的十九大报告指出，中国特色社会主义进入新时代，要贯彻以人民为中心的发展思想，将增强人民群众的获得感、幸福感、安全感作为一切工作的出发点，完善党委领导、政府负责、社会协同、公众参与、法治保障的社会治理体制，提高社会治理社会化、法治化、智能化、专业化水平，打造共建共治共享的社会治理格局。对于长三角地区而言，着眼地区协调发展、以民生为本，维护城市安全和社会稳定，是建设长三角具有较强国际竞争力的世界级城市群的前提。近年来，长三角地区社会安全问题既有全国共同的基本特征，又有体现自我的一些特点，比如政治性的突发事件少，社会性突发事件多，且突发事件信息扩散的速度加快，突发事件波及的范围越来越广等，社会安全态势相对比较严峻。下面就长三角地区三省一市社会治安、生活安全、生产安全和交通安全进行分析①。

8.2.3.1　社会治安

（1）上海市

近年来，上海市公安机关立案刑事案件数总体呈现波动上升态势，并在 2018 年达到 24.26 万件②。另外，2017—2018 年在所有上海市公安机关立案刑事案件中，盗窃案件数均居于首位，比例达到 55% 以上，其次是诈骗案件数。另外，据上海市人民检察院 2018 年统计数据显示，过去五年共批准逮捕犯罪嫌疑人 139316 人，提起公诉 201675 人，同比分别上升 11.1% 和 23.6%。紧紧围绕人民对法治、安全、健康、环境等多样化多层次需求，上海市以人民安全为宗旨，不断加强社会治安力度，有力惩治犯罪，促进社会治理，保障城市安全稳定有序。在坚决打击危害城市公共安全犯罪方面，过去五年对故意杀人、抢劫、绑架等严重暴力犯罪，提起公诉 4370 件 5416 人，说明与人民生命、财产安全等利益相关的社会治安问题依然比较突出③。

另外，对于人民群众反映强烈的刑事犯罪，上海市开展打击"套路贷"、电信网络诈骗、侵害公民个人信息等专项工作，与公安、法院就案件定性、涉案财物处理等统一办案标准，依法从重从快惩处，提起公诉 580 件 1705 人。办理"套路贷"、特大电信诈骗以及买卖新生婴儿信息等一批重大案件。加强与有关部门的协作配合，推动"校园贷""伪基站"等源头治理，强化了医疗行业、电商领域公民个人信息保护。

在维护未成年特殊群体权益方面，上海市坚持严厉打击性侵、虐待未成年人等犯罪，提起公诉 368 件 426 人，对携程亲子园虐童案依法及时介入。对涉罪未成年人坚持少捕慎诉，在全国率先建立未成年人检察社会服务体系、未成年被害人"一站式"取证等特殊保护制度。2014—2018 年，

---

① 相关数据来自长三角三省一市人民检察院官网。
② 参见相关年份《上海统计年鉴》。
③ 数据来源于上海市人民检察院 2018 年检查工作报告。

上海全市未成年人犯罪下降 53.3%。此外，出台加强老年人司法保护的意见，建立专办快办、督促和解、法律援助等办案机制，依法从严办理欺老虐老骗老案件，提起公诉 1004 件 2064 人，从根本上维护老年人身心健康。

（2）江苏省

2013 年以来，江苏省公安机关立案刑事案件数总体呈现出波动下降态势，由 2013 年的 39.82 万件下降到 2018 年的 36.96 万件[1]。另外，在 2017—2018 年所有公安机关立案刑事案件中，盗窃案件数均居于首位，比例达到 60% 以上，其次是诈骗案件数。另外，据江苏省人民检察院 2017 年统计数据显示，江苏省 2017 年共受理审查逮捕、审查起诉犯罪嫌疑人 170954 人，办理刑事案件人数总量居于全国第四位。其中，依法批准逮捕 37459 人，同比上升 7.1%；提起刑事公诉 108978 人，同比上升 8.8%。这反映出江苏省内与社会治安相关的违法活动比较猖獗，与人民生活相关的社会治安环境需要不断增强治理力度。

在维护国家安全方面，2017 年江苏省开展了反分裂、反渗透、反颠覆、反邪教斗争和打击网络政治谣言专项行动，起诉危害国家安全、利用邪教组织破坏法律实施案件 146 件共计 255 人。尤其是苏州市检察院起诉的向境外组织提供军事情报的重大间谍案，以及长期在扬州、上海等地从事"血水圣灵"邪教活动的 9 名涉案人员被批捕，极大地净化了社会安全环境，维护了社会治安和地区稳定。

在查办危害公民人身权利和黄赌毒黑拐骗犯罪方面，江苏省对于舆论高度关注的恶性案件，高效办理，及时回应社会关切。比如，江苏省人民医院抢劫伤医案发生后，江苏省和南京市、鼓楼区检察院三级联动，第一时间派员介入侦查、引导取证，对犯罪嫌疑人赵某某依法快捕快诉。另外，江苏省还深化打黑除恶、扫黄打非专项斗争，起诉涉黑犯罪 55 人、涉黄犯罪 1335 人、涉毒犯罪 6469 人、拐卖妇女儿童犯罪 72 人。在维护公民财产安全方面，2017 年江苏省重点查办当时社会危害影响最大的各类诈骗犯罪，提起公诉 6325 人；其中集资诈骗和非法吸收公众存款案件 1148 人，同比上升 15.4%，尤其是涉案金额高达 186 亿元、受害人达数万人的"易

---

① 参见相关年份《江苏统计年鉴》。

乾系"非法集资案，给地区公民财产安全造成严重侵犯。

在维护未成年人身心健康方面，对校园欺凌案件 201 人进行审查起诉，并对故意伤害、猥亵儿童犯罪 1179 人提起公诉。除惩治危害未成年人身心健康犯罪外，还积极开展了对涉案未成年人的帮教，对受害未成年人的司法救助。

（3）浙江省

2018 年，浙江省为深入推进平安中国示范区建设，服务保障浙江经济高质量发展，在社会治安方面不断向前推进。

在扫黑除恶专项斗争方面，2018 年浙江省依法严惩黑恶势力犯罪，批准逮捕 5251 人，提起公诉 3758 人。处理多个社会涉黑恶势力团伙，一批长期横行乡里、群众敢怒不敢言的黑恶人员受到法律制裁。另外，对黑恶势力"保护伞"进行深挖，96 人被批准逮捕，46 人被提起公诉。并且坚守法治底线，以专项斗争为牵引，深入惩治涉枪涉爆、黄赌毒、"两抢一盗"等各类刑事犯罪，54715 人被批准逮捕，同比上升 2.7%，105055 人被提起公诉，同比下降 4.6%。在服务保障民营经济发展方面，浙江省坚持平等保护原则，严惩侵害企业利益犯罪。2018 年批捕了职务侵占、泄露商业秘密等犯罪嫌疑人 1079 人，提起公诉 2042 人。

在服务保障"三大攻坚战"方面，2018 年浙江省围绕金融风险防控攻坚战，依法打击危害金融安全犯罪，批准逮捕对 P2P 平台非法集资犯罪嫌疑人 1182 人，提起公诉 1302 人。尤其是参与"草根投资""三三系""套路贷"等违法犯罪活动的相关人员受到法律制裁，有力地维护了金融稳定。此外，围绕低收入百姓增收攻坚战，依法从严打击扶贫领域犯罪行为，浙江省 2018 年还开展对因案致贫、因案返贫被害人或近亲属的司法救助，救助 693 人，发放救助金 1041 万元。对恶意欠薪行为进行依法打击，衢州、丽水等地检察机关为 400 余名农民工追回工资 546 万元。

（4）安徽省

近年来，安徽省公安机关立案刑事案件数总体呈现波动下降态势，2018 年 17.74 万件，而 2013 年这一数据为 25.99 万件，一定程度上说明了安徽省社会治安呈现出良好态势。另外，2017—2018 年，在所有公安机关立案刑事案件中，盗窃案件数均居于首位，比例达到 59%以上，其次是诈骗案件数，这也说明与公民财产安全等相关的问题还亟待加强治理。社会治安因素错综复杂，2018 年安徽省面对社会治安严峻形势，秉着打击犯罪坚决有力、诉讼监督扎实有效、护卫公益主动有为原则，办案数量、质量、效率、效果稳步提升。据安徽省人民检察院 2018 年统计数据显示，全省检察机关共受理各类案件 12.07 万件，同比上升 20.44%。其中，审查逮捕案件 24664 件 36301 人，同比分别上升 1.82%、11.94%；审查起诉案件 45383 件 65152 人，同比分别下降 1.89%、上升 2.84%；公益诉讼案件 8432 件，同比上升 522%；诉讼监督案件 37005 件，同比上升 47.22%。

从服务大局、护航社会发展角度来讲，在打好三大攻坚战方面，围绕打好防范化解重大风险攻坚战，严惩集资诈骗、"校园贷""套路贷"等严重危害金融安全的犯罪，起诉 496 人，依法办理芜湖"1·15 套路贷"系列案件、黄山徽州文旅集团非法集资案等重大案件。围绕打好精准脱贫攻坚战，积极参与扶贫领域腐败和作风问题专项治理，起诉虚报冒领、截留私分扶贫资金等犯罪 103 人；依托司法救助，助力脱贫攻坚，及时救助因案致贫、因案返贫困难群众 612 人，发放救助金 1136 万元。在服务民营经济发展方面，安徽省注重优化营商环境，严惩危害民企的敲诈勒索、侵占挪用、破坏生产经营等犯罪，2018 年有 234 人被起诉。在维护民生安全方面，始终牢记"民生是最大的政治"，紧紧围绕群众关注焦点，不断强化为民措施。依法惩治涉医犯罪，快捕快诉泾县"3·14"持刀杀医案，保障正常医疗秩序，维护医护人员安全。依法严惩针对老年人实施的以养老投资为名、以高额利息为饵的诈骗犯罪，以及性侵、拐卖等严重侵犯妇女儿童人身权利的犯罪，认真办理灵璧多名未成年人涉黑案，坚决维护老人、妇女、未成年人合法权益。

从护安维稳、肃清社会风气角度来讲，在深入推进扫黑除恶专项斗争方面，安徽省 2018 年始终保持高压严打态势，重拳出击，坚持扫黑除恶、"破网打伞"两手抓，有涉黑涉恶犯罪人员 2691 人被批捕，3072 人被起诉，43 件"保护伞"线索被移送至公安部门。另外，紧盯人民群众关注的大案要案，一批"村霸""矿霸""砂霸"等受到严惩。在严厉打击各类刑事犯罪方面，安徽省 2018 年坚决维护社会大局稳定、保障人民安居乐业，从重从快惩处网络诈骗、网络传销、网络黄赌毒、倒卖公民个人信息等犯罪。在禁毒综合治理上，坚决遏制毒情蔓延势头，涉毒品犯罪 2384 人被起诉。在涉枪涉爆犯罪上，有 676 人被起诉。

8.2.3.2 生活安全

长三角地区三省一市在生活安全治理方面主要集中在火灾预防方面。火灾是公民日常生活中最常见、距离最近，也是最能直接给公民生命、财产等造成威胁的生活安全隐患。近年来，尽管长三角地区对预防火灾无论是日常知识普及还是进行科学教育，但规模不一的火灾事故仍有发生。

2015—2018 年长三角三省一市火灾发生情况如图 8-18 所示。从图中可以看出，2015—2018 年，上海市、江苏省、浙江省和安徽省火灾发生起数均呈现下降趋势，说明长三角地区公民生活中火灾预防方面不断取得成效，消防安全治理水平不断提升。从不同省市层面看，2015 年上海市、江苏省、浙江省和安徽省发生火灾起数分别为 4600 起、28628 起、34266 起和 10880 起，而这一数据在 2018 年已经分别降低至 3900 起、14621 起、14027 起和 7861 起。另外，江苏省和浙江省火灾发生起数在长三角三省一市中所占比重较高，尤其是浙江省火灾事故发生量近年来一直居于全国前列。长三角地区经济活动相对活跃，但相应的火灾发生起数也相对较高，在消防治理上不能掉以轻心。

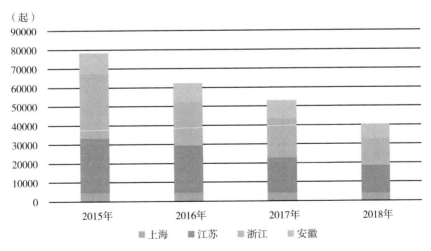

（起）

图 8-18　2015—2018 年长三角三省一市火灾发生起数

资料来源：各省市相关年份统计年鉴以及《中国社会统计年鉴》。

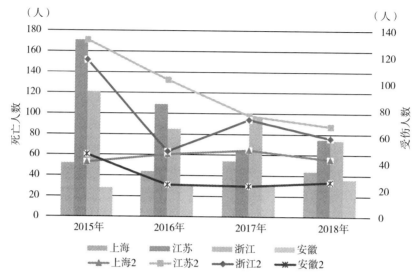

图 8-19　2015—2018 年长三角三省一市因火灾死亡和受伤人员数

资料来源：各省市相关年份统计年鉴以及《中国社会统计年鉴》。

2015—2018 年长三角三省一市火灾导致的人员死亡和受伤情况见图 8-19（柱状图对应左坐标轴，为死亡人数；折线图对应右坐标轴，为受伤人数）。从图 8-19 中可以看出，无论是因火灾死亡人数还是受伤人数，2015—2018 年江苏省和浙江省波动下降趋势较为明显，因火灾对公民生命安全产生的威胁得到遏制，生活安全防范效果不断趋良。而上海市和安徽省因火灾导致的死亡人数和受伤人数则处于相对平稳状态，但值得重视的是，有火灾发生导致人员伤亡，仍需持续加强消防治理。

从火灾造成的直接财产损失层面看，2015—2018 年长三角三省一市因火灾导致的直接财产损失情况如图 8-20 所示。从图中可以发现，长三角三省一市中因火灾造成的财产损失除上海市呈现逐步下降的趋势外，其余三省份均呈现波动变化态势。另外，在所有发生的火灾事故中，电气火灾和生活用火不慎导致的火灾起数相对较多，而电气火灾事故造成的财产损失是相对最大的，这与火灾发生规模不无关系，尽管三省一市的火灾发生次数有所减少，但是发生的火灾事故规模大小不一，尤其是近年来重大、特大火灾事故时有发生，给社会带来巨大财产损失。

（万元）

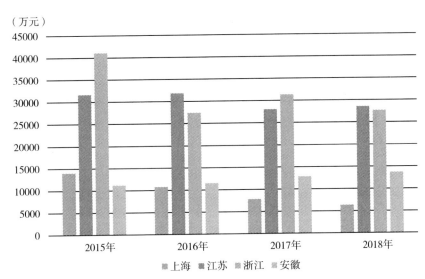

图8-20　2015—2018年长三角三省一市因火灾造成的财产损失情况

资料来源：各省市主要年份统计年鉴以及《中国社会统计年鉴》。

8.2.3.3　生产安全

（1）上海市

2018年，上海市全年共发生生产安全事故503起，死亡485人，分别比2017年上升12.3%和11.2%。其中，工矿商贸事故250起，死亡220人，分别比2017年上升23.8%和14.6%；生产经营性道路交通事故224起，死亡219人，分别与2017年持平和上升1.0%；生产经营性火灾事故13起，死亡10人，分别比2017年上升85.7%和25.0%；水上交通事故10起，死亡34人，分别比2017年下降9.1%和上升161.5%；铁路事故2起，死亡1人；农业机械事故1起（无死亡）；渔业船舶事故3起，死亡1人。2018年，上海全年亿元生产总值生产安全事故死亡人数为0.014人，工矿商贸企业从业人员10万人死亡率为1.653/10万，道路交通事故万车死亡率为1.5人/万车①。

另外，从行业层面看，2018年上海市工矿商贸生产安全事故中，制造

---

①　数据来源于《上海市2018年国民经济和社会发展统计公报》。

业、租赁和服务业，以及建筑业这 3 个行业合集死亡事故起数占到事故总起数的 50%以上，相比 2017 年有所提升，需要重点防范。就制造业而言，尽管近几年制造业死亡事故起数在各类事故总起数中的占比呈现缓慢下降趋势，但事故数量仍占据所有行业事故数量之首。2018 年，制造业事故主要集中于物体打击、高处坠落、车辆伤害、机械伤害及触电，相关生产经营单位需有针对性的防范措施。对于建筑业，2018 年上海市建筑业死亡事故比 2017 年同期有大幅增加，在事故类型上多为高处坠落死亡事故，而中毒和窒息、坍塌事故易导致群死群伤，相关安全生产经营单位应切实履行安全生产主体责任，牢固树立安全生产红线意识、底线思维，要切实加强工地现场安全管控，并加强对员工安全意识及安全技能的培训，采取有效的工作措施，全力确保建设施工现场安全可控。就租赁和服务业而言，2018 年上海市租赁和服务业发生死亡事故比 2017 年同期有所上升，主要集中于建筑物外墙清洗及设备安装、装饰装修、家电维修等生产经营活动，相关生产经营单位应不断加强对人字梯、移动式脚手架等登高设施使用以及临时用电的管理，严格落实防范及监护措施减少事故发生①。

（2）江苏省

2018 年，江苏省安全生产形势稳定，通过开展重点行业领域专项治理和隐患排查整治，实现生产安全事故起数和死亡人数"双下降"。全年共发生各类生产安全事故 7076 起，死亡 3909 人，比 2017 年同期减少 584 起、483 人，分别下降 7.62%和 11.0%，没有发生重大及以上生产安全事故。具体而言，2018 年江苏省 13 个设区市全部实现事故起数、死亡人数"双下降"，绝大多数重点行业领域持续平稳，烟花爆竹没有发生事故，化工、冶金机械事故起数、死亡人数实现较大幅度下降，煤矿、非煤矿山安全形势平稳，道路运输、建筑施工、农业机械、特种设备事故起数和死亡人数同比均实现下降。

安全生产是防范化解重大风险工作的重要组成部分。在安全生产治理方面，2018 年江苏省安监系统深入推动责任落实、工作抓实，推动机构队伍整合优化，推动重点行业领域安全隐患排查整治，集中开展爆炸危险化

---

① 相关数据来自上海市应急管理局官网。

工装置专项执法、煤矿和非煤矿山"零点执法"、冶金钢铁企业专项执法及粉尘涉爆企业"回头看"四个专项执法行动，为有效压降事故、实现安全生产形式平稳奠定了良好基础，全年没有发生有重大社会影响的事故和重特大生产安全事故，社会安全生产经营环境不断趋良。

（3）浙江省

2018 年，浙江省以深入推进安全生产领域改革发展，以有效防范较大社会影响事故、坚决遏制重特大事故为重点，深入实施安全生产综合治理行动，全面提升本质安全水平，实现安全生产形势持续根本性好转，为全省"两个高水平"建设营造了稳定的安全生产环境。数据显示，全年发生各类生产安全事故（包括工矿商贸企业、道路运输、水上交通、渔业船舶、铁路交通、海上交通事故）1463 起、死亡 1292 人、受伤 593 人，比 2017 年分别下降 35.7%、34.2% 和 24.8%。其中，道路运输共发生事故 1110 起、死亡 897 人、受伤 487 人，比 2017 年分别下降 37.2%、38.0% 和 28.4%。[①]

（4）安徽省

2018 年，安徽省全年亿元 GDP 生产安全事故死亡人数为 0.048 人，比 2017 年下降 21.31%；煤矿百万吨死亡人数为 0.121 人，比 2017 年上升 137.25%。从 2018 年前 11 个月的合计数据看，安徽省共发生各类生产安全事故 1582 起，死亡 1337 人，比 2017 年同期分别下降 26.6% 和 12.6%，其中较大事故 22 期，同比下降 15.4%。[②] 数据表明，全年未发生重大以上生产安全事故，安徽省 2018 年生产安全治理成效显著，安全生产形势总体平稳。

就安全生产事故多发行业领域而言，事故发生起数和死亡人数排名前三的行业分别为道路运输业、房屋建筑及市政工程和冶金机械类行业。另外，发生的较大安全事故主要分布在道路运输业、商贸制造业和建筑业 3 个行业领域，这些与公民的经济活动紧密相关。在安全生产治理方面，2018 年安徽省进一步推进了安全生产信息化建设，但少数地区在应用移动

---

① 数据来源于《浙江省 2018 年国民经济和社会发展统计公报》。

② 数据来源于安徽省应急管理厅官网和《安徽省 2018 年国民经济和社会发展统计公报》。

端执法终端开展检查以及填报企业隐患信息等方面相对滞后。在执法监管方面一些地区执法力度不够大，预防性处罚率相对偏低，导致安全生产得不到重视。

8.2.3.4 交通安全

交通安全关乎着公民出行安全保障。长三角地区是全国路网密度、人口密度相对较高的地区之一，也是交通事故多发的地区之一。2018 年，长三角地区三省一市交通安全形势总体持续好转，交通事故起数、死亡和受伤人数方面总体持续下降。

在交通事故数量方面，2015—2018 年长三角地区三省一市交通事故情况如图 8-21 所示。从图中可以看出，2015—2018 年长三角地区上海市、江苏省、浙江省和安徽省发生交通事故数量总体呈平稳下降趋势，说明长三角三省一市交通治理方面不断取得成效，公民交通安全系数不断提升。从不同省市层面看，江苏省、浙江省和安徽省交通事故数量在长三角三省一市中所占比重较高，上海市交通事故数量所占比重较低，这也说明随着长三角三省一市的深入合作，上海市在长三角地区的引领作用进一步凸显。

在交通事故死亡和受伤人数方面，2015—2018 年长三角地区三省一市因交通事故导致人员死亡和受伤情况如图 8-22 所示（柱状图对应左坐标轴，为死亡人数；折线图对应右坐标轴，为受伤人数）。从图中可以看出，浙江交通事故死亡人数减少较为明显，其余三省市则保持在平稳状态。交通事故受伤人数方面，安徽省和浙江省的下降态势较为明显，上海市和江苏省则相对处于平稳状态。

在交通事故造成的财产损失方面，2015—2018 年长三角三省一市交通事故导致的财产损失情况如图 8-23 所示。从图 8-23 中可以看出，安徽省和浙江省交通事故导致的财产损失总体上呈现出下降趋势，而上海市和江苏省因交通事故造成的财产损失在 2018 年出现一定程度的反弹。这说明，尽管这些地区 2018 年交通事故发生数量下降，但因交通事故造成的财产损失却出现反弹，一定程度上反映出交通事故的严重性在上升。交通安全不仅事关公民出行生命安全，还关乎着公民财产安全。在交通安全问题上，不但社会层面要加强交通治理和安全教育，公民自己也要

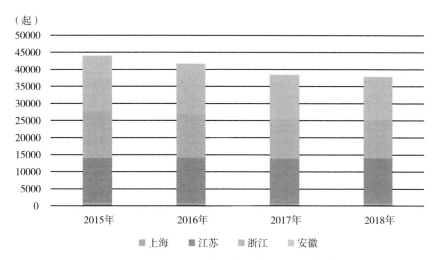

图 8-21 2015—2018 年长三角三省一市交通事故情况

资料来源：各省市主要年份统计年鉴以及《中国社会统计年鉴》。

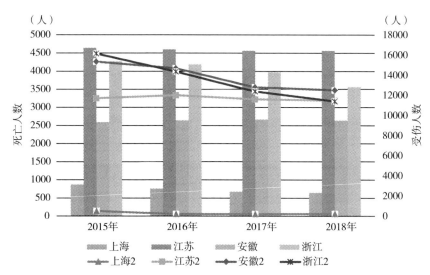

图 8-22 2015—2018 年长三角三省一市交通事故死亡和受伤人数情况

资料来源：各省市主要年份统计年鉴以及《中国社会统计年鉴》。

提高防护意识。

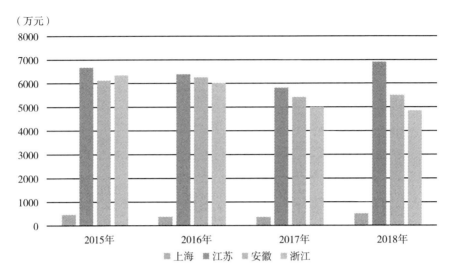

图 8-23　长三角地区 2015—2018 年交通事故造成的财产损失情况

资料来源：各省市主要年份统计年鉴以及《中国社会统计年鉴》。

8.2.3.5　食品安全

随着新时代社会主义市场经济不断发展，食品的种类越来越丰富。长三角地区作为我国市场经济较为发达、市场机制较为健全的地区之一，新的食品安全问题不断涌现，也越来越成为人们关注的焦点。食品安全关乎着人民日益增长的美好生活需要，更关系到人民群众的身体健康、生命安全及社会经济。

2018 年，长三角地区的主要食用农产品、食品的生产与市场供应基本满足地区不断增产的市场需求，总体保持稳定态势，尚未出现供不应求的数量安全问题。由于食品安全风险治理存在复杂性、隐蔽性，尽管各地区食品监管部门会不定期进行市场抽检，但食品安全隐患仍然较为突出。一直以来，人们比较关注的食品安全风险集中在生物污染、食品添加剂使用不当、质量不合格以及药物残留等方面。值得关注的是，工业化的发展使得化肥、农药在食物生长过程中的投入使用强度增大，使得农产品安全风险治理难度加大。由于农药残留具有难溶解、不易挥发等特征，一旦随着食物进入人体内，将会给人体健康带来极大安全隐患。

民以食为天，食以安为先。食物安全事关公民健康，2018 年中国致死食源性疾病暴发因素居于第一位的便是动植物及毒蘑菇，其次是微生物。无论是事件个数还是导致公民患者数量 2018 年均比 2017 年有所增长。另外，就食源性疾病暴发的场所而言，排名第一的是餐饮服务单位，家庭居于第二位，2018 年均同比有所增长，长三角地区亦不例外。2017—2018 年长三角三省一市食源性疾病暴发情况如图 8-24 和图 8-25 所示。从两图中可以看出，无论是食源性疾病暴发的事件数还是患者数，除安徽省 2018 年比 2017 年有所下降外，上海市、江苏省和浙江省三地区 2018 年均呈现为增长态势。总体上，长三角地区食品安全风险隐患尚存，各地区仍需进一步加强治理，给公民打造一个健康的"吃"环境。

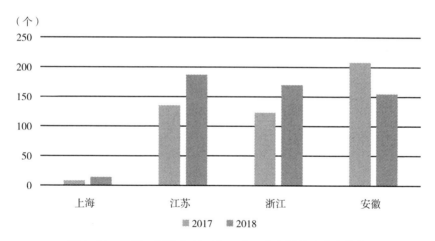

（个）

图 8-24 2017—2018 年长三角三省一市食源性疾病事件数
资料来源：《中国卫生健康统计年鉴 2019》。

党的十九大报告提出，要"实施食品安全战略，让人民吃得放心"。在食品安全风险治理方面，长三角地区必须持续加大源头治理力度，依法持续提高食品安全"违法成本"，不断完善风险监管能力，还要提升公众食品安全的科学素养。另外，为适应长三角食品安全一体化发展，长三角地区要加快区域食品安全监管一体化建设和食品产业高质量发展，提升长

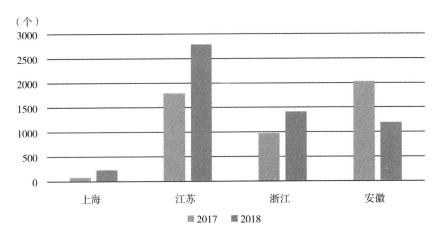

（个）

图 8-25　2017—2018 年长三角三省一市食源性疾病患者数

资料来源：《中国卫生健康统计年鉴 2019》。

三角地区食品安全治理水平。

8.2.3.6　环境突发事件

环境突发事件主要是指由于自然因素或人为因素，因违反环境法规进而对社会、经济活动产生威胁的行为。环境突发事件具有突发性、公共性、危害性以及多变性的特点，在短期内能够对生态环境、人类生命健康以及社会财产造成严重损害，加上其产生原因复杂多样，预测难度较大，因而是在日常生产、生活中常态化预防应对的一类事件。

长三角三省一市 2018 年突发环境事件情况如表 8-1 所示。从表 8-1 中可以看出，2018 年长三角地区没有发生较大及以上的突发环境事件情况，在三省一市发生的一般环境事件中，浙江省以 11 次居于第一位，而江苏省、安徽省紧随其后，分别为 5 次和 4 次，上海市则以 1 次的数量排在第四位，说明在长三角地区上海市在环境突发事件预防方面取得效果相对较好，而江苏省、浙江省以及安徽省在环境突发事件预防方面还有待进一步加强治理，尤其是浙江省环境事件相对高发，要加大科学防范力度，严防环境事件突发。

表 8-1　2018 年长三角三省一市突发环境事件次数

单位：次

地区	特别重大 环境事件	重大 环境事件	较大 环境事件	一般 环境事件
上海	0	0	0	1
江苏	0	0	0	5
浙江	0	0	0	11
安徽	0	0	0	4

资料来源：《中国社会统计年鉴 2019》。

8.2.4　其他公共安全

日常公共安全预防方面，除了上述提到的几个方面，自然灾害也是不容忽视的，同样会对地区公共安全产生直接或间接的威胁。长三角地区由于地处东部沿海，地势低洼，是我国自然灾害高风险地区之一。因为距离沿海相对较近，长三角地区旱灾较少发生，而每年夏秋季节常遭台风暴雨袭击，洪涝灾害十分频繁。2018 年长三角地区三省一市自然灾害受灾情况如表 8-2 所示。

从表 8-2 中可以看出，就不同自然灾害导致的受灾面积而言，在农作物受灾面积、洪涝、山体滑坡、泥石流和台风受灾面积以及风雹灾害受灾面积方面，上海地区受灾面积最少，而安徽省相对受灾面积多，其次是江苏省和浙江省。在低温冷冻和雪灾受灾面积方面，安徽省依然是受灾面积最多地区，而浙江省受灾面积却高于江苏地区。另外，在自然灾害受灾人口和直接经济损失方面，上海仍然是长三角地区最少的地区，而安徽省仍然是最多的地区，其次是江苏省和浙江省。长三角三省一市中受自然灾害影响严重的地区在地域上多集中在西北方的江苏省和安徽省，而处于东南方的上海市和浙江省则相对受自然灾害影响较轻。

表 8-2 2018 年长三角三省一市自然灾害受灾情况

地区	农作物受灾面积合计/千公顷	洪涝、山体滑坡、泥石流和台风/千公顷	风雹灾害/千公顷	低温冷冻和雪灾/千公顷	受灾人口/万人次	直接经济损失/亿元
上海	7.3	7.3	—	—	40.8	0.9
江苏	380.0	258.1	99.4	16.7	348.3	41.3
浙江	168.6	46.0	3.4	119.2	139.9	36.8
安徽	863.2	559.4	36.9	266.9	728.3	138.2

注：农作物受灾面积合计、受灾人口和直接经济损失含地震、森林和海洋等灾害。
资料来源：《中国社会统计年鉴 2019》。

8.3 长三角公共安全问题的协同治理与一体化对策

8.3.1 面临的问题

区域安全是长三角区域一体化发展的基础，同时也是发展的目标和目的。但是由于长三角地区地缘相邻、产业密集、商贸往来频繁，自然灾害、事故灾难、公共卫生事件、社会安全事件相互交织、区域脆弱性放大，一旦发生事故，将会产生连锁反应，造成严重人员伤亡和财产的损失。城市是长三角地区的组成主体，也是公共安全问题发生的媒介。随着长三角城市群不断扩容，长三角区域一体化合作也在不断加深，不同地区间呈现出多样化互动和融合发展，长三角地区在取得社会经济长足进步的同时，公共安全问题也呈现出阶段性、复杂性和突发性特征。面对公共安全潜在威胁，传统的以行政区域内部自防自控为主的工作模式已不能有效应对长三角当前错综复杂的公共安全形势。现阶段，我国已经进入社会主义发展新时代，长三角区域一体化发展亦上升至国家战略。作为我国多领域发展的领头羊，长三角地区只有从根本上认识和掌握当下的公共安全问题，才能有效推进地区治理体系和治理能力现代化。当前长三角地区公共安全一体化治理主要存在以下几个方面问题：

第一，公共安全治理问题"分布性"明显。一是公共安全问题及突发事件地域性分布比较明显，而相应应对公共安全事件的资源地区分布不均衡。公共安全问题一旦出现，一些严重性安全事件将直接或间接给公民健康造成损害。公共卫生资源作为公民健康最主要的守护资源，在长三角地区的分布尚不均衡，目前41个城市中，有超过半数城市的医疗机构、医院床位和执业（含助理）医师配置低于长三角平均水平。另外，还有信息安全、社会安全等问题的地域性分布导致预防资源分布也呈现出地域性特征。二是领域分布特征凸显。主要是近些年，长三角地区政治领域危害国家安全等公共安全问题相对较少，而与社会经济、人体健康和财产安全相关的公共安全事件相对较多，如火灾、社会犯罪、生产事故、交通事故以及食品安全、洪涝灾害等突发性事件。这些突发性公共安全事件很多情况下并不是单独存在，往往具有跨领域交叉性，甚至会引起连锁反应。

第二，公共安全治理主体"积极性"不够。一是对于公共安全治理执法监督部门而言，主动预防意识缺乏行动支撑。由于很多公共安全事件具有突发性，防患于未然是重中之重，要把事件发生扼杀在萌芽阶段。而当下执法监督部门工作人员虽有预防意识，却缺乏相应预防性措施和行动。一旦安全事故发生，将直接或间接影响区域社会稳定以及造成财产损失，甚至造成人员伤亡。二是公共安全治理涉及主体众多，企业及广大群众安全防范意识不够。现阶段，虽然相关安全执法监督部门为防止公共突发事件发生，其惩治力度在不断加大，但仍然会看到一些生产事故、交通事故等区域性安全问题出现，导致这些事故出现的主要原因就在于一些企业或个人对于安全防范缺乏意识，将"安全大于天"当作口号形式而不加以重视，直到事故发生才后悔莫及。

第三，公共安全治理体系"系统性"不够。一是现阶段长三角各地区很多总体规划更多侧重于经济与社会发展，缺乏对公共安全风险防范的统筹考虑。同时，各地区对公共安全的政策实践更多集中在一般应急管理和防灾减灾层面，而从区域可持续发展和安全发展的角度对公共安全进行全方位的战略部署仍显不够。二是各地防灾规划大多侧重于专项防灾，缺乏对整体防灾意识的系统把握。这实际上也是一个全国普遍性存在的问题。虽然从国家到各省、市地方政府都出台了综合防灾减灾规划，但从各地实际情况来看，多数地方的防灾规划涉及城市空间的内容分散于各单个灾种规划中，且涉及的内容多是针对某个功能空间体系的局部研究，忽略了城市空间系统的整体防灾研究。一旦发生连锁性的城市公共安全事件，现有的防灾设施便难以从整体上提供城市的安全保障。

第四，公共安全治理区域"协同性"不够。一是对应急资源的利用管理缺乏区域协同。当前长三角地区公共安全治理方面，仍然是以各行政区应急管理部门为主体力量，尽管在突发事件应急协作方面取得一定成效，在部分领域内建立了不同程度的区域合作机制，而且在应急预防力度方面不断加大，但各行政区域之间的突发事件协调机制仍然不够完善，跨区域突发公共事件"应而不急、联而不动"现象仍然存在。随着长三角一体化合作不断加深，长三角地区针对公共安全突发事件合作机制需要进一步加深，并形成协调治理机制常态化，一旦有公共突发事件发生，便可启动发挥相应作用。现阶段长三角区域还有很多部门、领域信息化应用程度不够，在突发事件应急管理上存在滞后性。二是对新型犯罪以及网络信息安全的监督管理缺乏区域协同。由于互联网信息技术发展迅速，而长三角地区又是我国网络活动相对活跃地区之一，尤其是对于网络金融、电子支付等领域的监督管理仍然存在一定"盲区"，对人民群众财产安全和利益的侵害难以全过程监控和追溯。另外，网络信息安全往往存在隐蔽性、传播速度快特征，对于网络安全预防能力较弱的地区而言，其监管、防御也存在一定难度，更需要不同地区间协同合作，共同防御。

8.3.2 协同治理与一体化对策

2018年11月进博会上，习近平总书记提出将长三角区域一体化发展上升为国家战略。2019年，长三角区域一体化范围覆盖江浙沪皖41个城市[①]。

① 2019年10月，长三角城市经济协调会第十九次会议在芜湖召开。会议通过将蚌埠等七个城市加入长三角城市经济协调会的决议，至此沪苏浙皖一市三省41个地级以上城市全部加入长三角城市经济协调会。

长三角三省一市在多领域开展合作已有很长时间，但真正就公共安全问题进行深度合作是从2013年开始①。受禽流感疫情的影响，2013年开始长三角地区不同城市就公共事件应急机制逐渐展开合作，但这些公共事件应急机制仅是协调机制，缺乏联动性，而且更多处于应急预案层面。现阶段，长三角区域范围更广，公共安全突发事件生成原因也日益复杂，在公共安全问题上的协同治理和一体化合作的"必要性"和"紧迫性"不言而喻。

公共安全问题治理的目的是减少事故发生，而公共安全风险管理的落脚点就是不出事故，出了重大事故，就要启动各个部门的联动。如何来预防不出事故？我们要辨识隐患，要解决隐患，消除事故发生，这样后续的应急联动就不必启动。所以，长三角地区在公共安全问题协同治理和一体化发展的关键是建立配套的一体化的公共安全防治体系。具体而言，公共安全防治体系建设是一项复杂的系统工程，由于公共安全上至国家安全，下至企业、团体及个人安全，其参与主体不仅包括履行监管责任的政府机构，也包括承担主体责任的企业，还包括发挥重要作用的社会力量。2019年，在安徽芜湖召开的长三角地区主要领导座谈会明确提出，要坚持以树立"一体化"意识和"一盘棋"思想为重点，进一步构建多主体、多领域、多层次的工作推进机制。因此，有效推进长三角地区公共安全问题的协同治理和一体化，必须立足公共安全的系统属性，紧扣"协同治理"和"一体化"两个关键，用系统思维与系统方法指导公共安全防治体系建设。对公共安全形势的新变化、新特点进行科学分析，以习近平总书记关于长三角区域一体化发展重要指示要求为指引，从全局视野和长远角度对公共安全防治体系的各要素、各领域进行统筹规划，做好公共安全体系建设的顶层设计和战略部署，着力构建一体化的长三角公共安全防治体系，进而推进长三角地区公共安全治理体系和治理能力现代化。

突出规划引领，实现公共安全防治科学化。现阶段，在防治公共安全事件方面更多集中在不同领域的应急预案，公共安全防治的顶层规划引领

①　2013年，第十三次长三角城市经济协调会在安徽合肥召开，这次会议，长三角城市提出建立公共事件应急机制，其主要着重于水污染、疫情和食品安全等问题的联防联控以及共同应对。在签署的《长江三角洲地区城市合作（合肥）协议》上，提出开展长三角城市公共事件应对机制研究等课题。

作用尚不够突出。社会经济发展日益呈现出多元化交叉趋势，各种公共安全问题已不再具有单一性，有时相互叠加甚至引起连锁反应。因此要将公共安全纳入长三角经济社会发展的总体规划中，在制定长三角地区经济社会发展规划的同时，同步制定公共安全规划。另外，确立公共安全规划在区域整体发展规划中的刚性地位，克服只考虑经济因素而忽视公共安全防治的倾向。突出公共安全规划引领地位，才能有效强化公共安全防治更好地服务于长三角地区经济社会高质量发展，实现区域公共安全治理体系和治理能力科学化。

强化制度先行，实现公共安全防治法治化。公共安全工作的效能来源于科学完备的制度保障。我国社会转型首先从经济层面展开，而后社会结构的解构与重建深入开展，但政治行政体制转型滞后于经济结构和社会结构，这就造成了当前社会突发事件的发生以转型中的经济、社会为根基，体现着转型中经济与社会的新特点与新的利益诉求，尤其是在高质量发展新阶段矛盾叠加期出现的各种社会突发事件，实质上就是政治、经济、文化等各方面矛盾的综合反映。因此，要在城市群层面建立覆盖全面、内容科学、程序严密、配套完备、有效管用的公共安全制度体系。制度的生命力在于严格执行，并不打一点折扣。为此，也要提高政府各部门对公共安全制度的熟知度和认同度，让制度真正成为各部门开展公共安全防治工作的行为规范和行动准则。

注重防治结合，实现公共安全防治长效化。要进一步在已建立的城市旅游、物价、工商、质监、环保、卫生、食监、药监、公安、三防等各个领域的信息应用系统基础上，建立长三角区域突发公共事件应急管理协调信息平台，实现区域间、区域内公共安全防治信息化全覆盖，借助现代化互联网信息技术，发挥物联网、区块链、人工智能等技术优势，通过应急管理协调平台对接区域城市管理系统，以此实现跨区域公共安全信息收集与快速响应机制，细化完善情报线索传递、核查、反馈机制，提升区域核查处置联动能力和御灾能力。另外，要进一步健全长三角地区公共安全应急管理体制和社会治安防控体系。做到"预防为主、防治结合"，把主要公共安全资源投入到事前监督检查上，尽量杜绝人为的公共安全事故，尽量降低自然安全事故所带来的损失，切实做到"重防范"；在公共安全事故发生后，要积极采取措施，制定科学及时的处理方案，切实做到"重治理"。目前在部分地区或者领域预案较多，而长效机制不足，建立的应急管理协调平台和体制机制，要实现常态化、长效化运营管理，作为常设机构最大程度降低公共事件发生可能性以及灾后损失。

推进区域协调，实现公共安全防治一体化。加强公共安全治理一体化，构建跨区域的协调管理体制必不可少。公共安全防治的区域协调不仅包含长三角区域间协调，还包括区域内协调。长三角地区现行的公共安全防治模式是依照职能分工的原则，结合行政区域的划分而形成了以"分类管理、分级负责、属地管理"的分割治理模式为主，以不同领域内区域协调合作机制为辅的治理模式，碎片化的政府管理模式不仅增加了跨域公共安全风险防治的成本，浪费了更多的资源配置，而且还制约甚至阻碍了政府公共事件管理的效率、效果、效益和公平目标的实现。因此，在长三角区域一体化合作不断深入新阶段，必须推动长三角地区在突发自然灾害防治、重大风险防范化解、污染联防联治、群体性事件应对、新型犯罪处治等领域实现"城市群与城市""城市与城镇""城镇与乡村"三个层级的协同，实现"人员""设施""行动"三个方面的联动，将公共安全治理工作网络覆盖到都市圈每一个角落，精准清除公共安全防治"盲区"，促进长三角地区公共安全治理体系和治理能力一体化。

促进部门协同，实现公共安全防治联动化。长三角地区多个领域已经构建了协调机制，但是在硬件管理的总体架构上，还没有建立一体化的应急联动机制。传统的公共安全工作，是一种"各人自扫门前雪"的部门化、碎片化管理模式，部门业务分割、政府部门分割，公共安全体系各个子系统自成一体，相互独立，无法发挥整体合力作用。以系统化思维推动长三角地区公共安全治理，必须着力于构建"横向协同"的公共安全应急联动反应机制，充分利用和发掘各领域知识、各方面信息、各种技术手段，建立统一指挥、分工明确、信息共享、协同联动的工作机制。建立区域应急联动反应机制关键是要制定标准化、统一的应急管理概念、应急管理共同术语，包括组织职责、资源分类、事件设施等，这样才可以根据不同性质、不同规模的危机事件，组合应急联动和应急指挥系统，同时也有利于建立区域统一的危机管理目标，实施目标化管理，推动重点部位联动防控、重大风险联动稳控和重要领域联动管控,提升联动指挥能力。

加强教育引导,实现公共安全防治社会化。公共安全事件往往涉及多层次的社会关系、多样化的利益主体,因而公共安全防治除了政府应急管理监督力量外,更需要社会力量参与。目前长三角地区在公共安全问题防治上,主要以政府主导为主,社会力量多为被动参与,主动参与的深度和广度还不够,这也在很大程度上降低了政府应急管理部门在公共安全防治中多发挥的作用。针对长三角地区人口密集、城市化程度高的特点,应进一步理顺和优化各行政区域公共安全防治体系,注重对安全风险点和突发性安全事件防控并重的同时,建立兼顾政府主导和社会参与的多主体公共安全治理方式,整合都市圈内各层次各类型职能部门,从政策层面吸引、激励社会组织积极参与其中,在多主体参与的前提下倡导并建立不同参与主体之间的平等交流、协商合作的互动模式。公共安全知识涉及社会生活的各个领域,对公共安全防治具有持久、潜在的影响,因此要加强公共安全知识的宣传、教育、培训和演练,提高大众的安全意识和安全素养,奠定大众的安全文化建设社会基础,进而激发社会群众公共安全防治责任心,实现公共安全的社会化防治。

参考文献

[1] 包笑:《我国城市公共安全应急管理存在的问题与对策研究》,《中国管理信息化》2020 年第 8 期。

[2] 王庆:《我国城市公共安全管理问题与对策研究——基于国家治理体系现代化的视角》,《天水行政学院学报》2018 年第 1 期。

[3] 郭景涛、佘廉:《基于组织协作网城市群应急指挥关系优化设计——以长三角城市群为例》,《北京理工大学学报(社会科学版)》2016年第 1 期。

[4] 郁鸿胜:《推进我国城市公共安全协调管理体系建设——长江三角洲城市突发公共事件处置协调机制的启迪》,《中国建设信息》2015 年第 15 期。

［5］葛壮：《城市发展中穆斯林群体的公共安全——以上海及长三角城市为例》，《西北民族大学学报（哲学社会科学版）》2015年第4期。

［6］李敏：《协同治理：城市跨域危机治理的新模式——以长三角为例》，《当代世界与社会主义》2014年第4期。

［7］杨杰：《我国城市公共安全风险管理存在的问题及对策研究》，《学理论》2013年第22期。

［8］饶彩霞：《我国公共安全管理体制的问题与对策研究》，《北华大学学报（社会科学版）》2012年第2期。

［9］黄鹤群：《长三角城市社会治安大防控体系的建构》，《南通大学学报（社会科学版）》2010年第4期。

［10］海娜仁：《我国政府公共安全管理存在的问题及对策研究》，内蒙古大学硕士学位论文，2009年。

［11］尤建新、陈桂香、陈强：《对长江三角洲区域性城市公共安全管理问题的初步探讨》，《公共管理高层论坛》2005年第2期。

［12］王树华、宋颖弘：《构建一体化的长三角公共安全防控体系》，《群众》2019年第12期。

［13］蔡希：《网络环境下的信息安全》，《通讯世界》2019年第5期。

［14］刘玉：《大数据时代网络环境下的信息安全保障探讨》，《信息系统工程》2019年第2期。

［15］王廷惠：《开放发展视角下的公共风险与公共卫生治理研究》，《广东社会科学》2020年第3期。

［16］齐峰：《区域治理视阈下泛长三角公共卫生安全合作探析》，《中共合肥市委党校学报》2015年第2期。

［17］吕天宇、李晚莲、卢珊：《突发公共卫生事件横向府际合作机制现状分析》，《中国公共卫生管理》2018年第4期。

［18］王莹：《城市公共安全协同治理的模式构建与路径探索》，中国矿业大学博士学位论文，2017年。

9

长三角区域协同
治理能力分析

区域协同治理，是指在一定的经济区域范围内，各级政府、企业、第三部门和社会公民等在一套正式规则和一致同意的非正式制度安排下，通过对话、谈判、妥协及联合行动等诸多方式，调和区域内相互冲突的利益，实现力量的增值，从而最大限度地维护和增进区域公共利益的持续活动过程（吕丽娜，2012）。

从概念可知，区域协调治理的实质是通过聚集区域各方主体，就区域共同发展问题如要素跨地区自由流动、跨地区公共物品提供、环境污染治理以及缩小区域发展差距等，展开协商讨论，在实现自身利益的基础上，促进区域整体能力的提升。因此可将区域协调治理能力视为区域协同治理过程状态与区域协同治理结果状态两个方面，虽然区域治理主体具有多元性，但政府依然具有主导地位，为此我们将各地政府部门之间建立的合作关系用于分析区域协同治理的过程状态。对于其结果状态，我们主要通过宏观层面整体竞争力、产业分工程度以及反映微观层面要素自由流动障碍的市场分割指数变动方面进行分析。

9.1 区域协同治理能力的过程状态分析

9.1.1 测度方法

区域政府间的合作、交流是区域协同治理的基础。当前研究区域内部各地区间合作关系的方法主要为社会网络分析法。社会网络分析法是研究既定行动对象间互动关系及整体网络结构的重要方法。特定区域内子区域两两之间的特定联系形成一对关系，进一步扩展到整个区域所形成的更大的关系系统。社会网络分析法强调区域合作网络节点间联系的重要性。对于长三角区域来说，节点是长三角区域内的 41 个城市。社会网络分析方法具有可视化区域合作关联性的能力以及对区域合作网络进行定量和定性分析。按"网络类型"，可将社会网络分为：个体网、局域网和整体网。其中，个体网主要研究的是一个个体与之有关的多个个体形成的关系网；局域网是在个体网基础上再加上某些数量的与个体网络成员有关联的其他节点；整体网是指区域内所有个体之间两两有关的关系线路所形成的关系网络。本书研究的是长三角区域内部所有城市（地级及以上城市）之间合作、交流的关系构成的合作网络，因此本书所研究的长三角区域合作网络属于整体网络。

对于整体网来说，社会网络密度与网络节点位置是进行网络结构分析的重要内容，UCINET 软件可以进行分析。

（1）社会网络密度

$$P = m/C_n^2$$

网络密度是指网络中节点之间的实际连接数与网络中节点所能建立的最大连接数的比值。本书研究的长三角区域不同城市间的合作关系，因此两城市间的合作是双向的，属于无向关系网。上式 P 为网络密度，m 为长三角区域社会网络中包含的实际关系的数目。C_n^2 表示长三角区域内的两两城市建立的最大关系数，在本书中 $C_n^2 = \dfrac{n(n-1)}{2} = 820$，其中 n 为长三角区域城市数量。因此，P 值介于 0 到 1 之间，当数值越接近于 1，表明长三角区域各城市间合作密切，具有更好的协同治理基础。当该值越接近于 0，表明长三角区域各城市的联系较弱，具有很大的合作空间。

（2）社会网络度数中心性

"中心性"是社会网络节点位置分析中的重要方法之一。在本书中，社会网络中心性是指城市在长三角区域中的区域合作地位。"中心性"越大表明与其建立合作的城市越多，进行区域协同治理的能力越大。一般利用度数中心度来定量分析社会网络中心性。

度数中心性表示社会网络节点与其他节点有多个直接联系。因此，某节点 i 的度数中心度就是与城市 i 直接相连的其他节点的个数。如果某节点城市具有最高的度数，则称该点居于网络中心。因此我们可以说该城市与其他城市的联系较为密切，具有较高的开展区域协调治理的能力。

（3）网络中心势分析

如果每个节点的中心度都相同，那么网络就没什么"中心点"，看不出该网络的中心趋势，此时的网络度数中心势则为0。对于区域协同治理来说，区域合作呈树桩网络，即网络中有第一级核心节点控制着区域合作在第二节点的开展，第二节点再控制着下一节点的城市合作，那么合作网络中必然有部分城市获得极少的合作城市资源，这部分城市则位于网络边缘。因而，树状网络不利于城市间合作。所以，任意两城市之间都拥有合作联系的网络更有利于开展区域协同治理。在此分析基础上得出，网络中心势越接近0，长三角区域开展协同治理的能力越强。

9.1.2　长三角城市群区域协同治理能力的过程状态分析

9.1.2.1　基于社会网络分析方法的分析

本书研究数据的采集时间范围为2010—2018年，数据采集主要包含长三角区域不同城市政府部门间签订的合作框架协议及备忘录等。将采集的数据分为按年份分为两个阶段，即2010—2014年为第一阶段、2015—2018年为第二阶段。并利用两个阶段各地合作关系值矩阵，导入UCINET软件绘制长三角区域两个阶段的区域合作网络的可视化结构图（见图9-1）。

图9-1中，节点即为长三角区域城市间开展合作的城市，节点间的连线表示两个城市具有合作关系。自2010年以来，长三角区域41个城市全部参与了区域合作网络。但是在合作规模和合作对象方面存在复杂而多边的网络结构特征。从区域合作网络结构图中可以看出2010—2018年长三角城市合作越来越频繁。但从合作对象规律看，城市合作更多的局限在周边邻接城市和同一省份内城市的合作，跨省城市合作的数量仍然很少。

（1）网络密度分析

通过UCINET软件计算得，长三角区域城市合作的社会网络密度在2010—2014年为0.211，2015—2018年为0.237。2015—2018年的网络密度比2010—2014年的网络密度增加了12.3%。说明长三角区域城市间的交流、合作在不断地扩大。表明了长三角区域协同治理能力在提升。但从

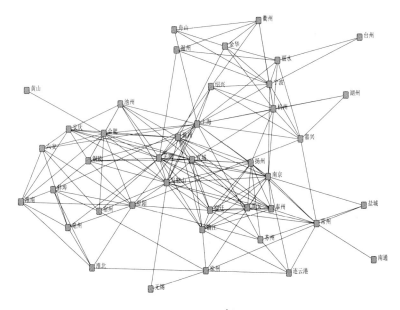

2010—2014年

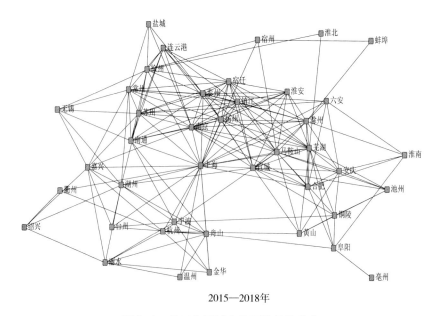

2015—2018年

图 9-1　长三角区域合作网络结构演化图

2010—2018 年间长三角区域城市合作网络密度值小于 0.25。表明长三角区域城市的平均合作城市不足长三角区域总体数量的 1/4。因此，可以认定当前整个长三角区域协同治理的能力依然很弱，需要进一步加强城市间的联系来提升区域协同治理能力。

（2）度数中心性分析

长三角区域城市合作的度数中心性由 UCINET 软件计算得到。度数中心度的大小排列顺序如表 9-1 所示。从表 9-1 分析可以看出，上海、南京、芜湖、马鞍山和宣城的度数中心度排名一直处于前六位，值得注意的是这五个市中上海、南京、芜湖度数中心度一直保持在前三名，且排列位次没有发生变化。在 2010—2014 年间，滁州市以 15 的度数中心度位列长三角区域的第四名。这说明在 2010—2014 年滁州市与长三角区域中的 15 个城市建立了合作关系。在 2015—2018 年间，泰州市通过与长三角区域的 16 个城市建立了合作关系，使得度数中心度排名由 2010—2014 年的第 15 位跃居为长三角区域总排名的第 5 位，表明泰州与其他城市协同治理的能力在增强。但上海、南京、芜湖的地位没有发生变化，这表明在长三角区域城市群中，这三个城市在城市合作中占有主导地位。也表明这三个城市与其他城市间开展区域协同治理的能力强。从度数中心度排名顺序变化来看，变化幅度最大的是南通市，由 2010—2014 年的第 40 名，通过四年的城市间合作，与长三角区域的 12 个城市建立了合作关系，使南通市的名次上升为 2015—2018 年的第 13 名。

从表 9-1 中，可以发现度数中心度排名在后十位的城市中均有淮北市和温州市，并且与两个城市建立合作关系的城市数量也出现了减少。从地理角度我们很容易发现，淮北市位于长三角区域的最北端，而温州市则位于长三角区域的最南端。两个城市处于长三角区域合作网络的边缘位置。因此这两个城市参与长三角区域协同治理的能力可能相对较弱。

整体来看，长三角区域城市的度数中心度在增加。表明大部分城市都在增加合作城市的数量，也表明了长三角区域城市间具备了协同治理的基础，并随着城市间合作而增强。

表 9-1　长三角区域合作度数中心性分析

排名	度数中心性			排名	度数中心性		
	2010—2014 年		2015—2018 年		2010—2014 年		2015—2018 年
1	上海	18	上海	26	22	绍兴	7	杭州	8
2	南京	16	南京	17	23	蚌埠	7	宁波	8
3	芜湖	16	芜湖	17	24	六安	7	铜陵	8
4	滁州	15	马鞍山	17	25	淮南	7	丽水	8
5	马鞍山	15	泰州	16	26	丽水	7	六安	7
6	宣城	14	宣城	16	27	苏州	6	黄山	7
7	合肥	13	滁州	15	28	金华	6	无锡	6
8	扬州	13	苏州	14	29	衢州	6	阜阳	6
9	阜阳	12	扬州	14	30	亳州	6	池州	6
10	宿迁	12	镇江	14	31	宿州	6	台州	5
11	杭州	11	宿迁	14	32	连云港	5	金华	5
12	宁波	11	常州	14	33	淮北	5	淮南	5
13	镇江	11	南通	12	34	温州	4	盐城	4
14	常州	10	湖州	11	35	舟山	4	绍兴	4
15	泰州	10	安庆	11	36	盐城	3	宿州	4
16	淮安	10	合肥	10	37	湖州	3	温州	3
17	铜陵	9	徐州	10	38	无锡	2	衢州	3
18	安庆	9	嘉兴	10	39	台州	2	蚌埠	3
19	嘉兴	8	淮安	10	40	南通	1	淮北	2
20	池州	8	舟山	10	41	黄山	1	亳州	1
21	徐州	7	连云港	9					
社会网络密度	0.211		0.237					
网络中心势	25.13%		43.46%					

在本书中，仅是通过两个城市是否建立了合作关系而确定度数中心度。因为合作是协同治理的一个基础，所以度数中心度从侧面反映了区域协同治理能力的强弱。但有些城市受地理因素的影响，与之合作的城市数

量可能相对较少。但是其与之合作的城市间的合作频次和合作深度可能要远超与其他城市。例如，嘉兴与上海的合作频次远超与其他城市间的合作频次，但与嘉兴建立合作关系的长三角其他城市数量却并不多。

（3）网络中心势分析

长三角区域的网络中心势由 2010—2014 年的 25.13% 增加到 2015—2018 年的 43.46%。长三角区域城市合作的网络中心度在增加，表明长三角区域城市间的合作呈树桩网络。这也说明了长三角区域内形成了明显的子区域群，子区域群内部合作的加强，有利于该区域协同治理能力的提升。该区域间城市合作所形成的利益关系可能成为跨区协同治理的障碍。

9.2 长三角城市群协同治理能力的结果状态分析

区域协同治理的价值目标是达到区域资源配置的帕累托最优，由此提升区域在国内乃至国际市场的竞争力。城市群作为不同城市的聚合，其竞争力的变化可以视为各城市之间协同合作程度的反映：若各城市间协同治理能力较强，主体间的沟通对话等活动较为频繁，那么资源将在更大的空间范围内得到优化配置，各城市的专业优势也得以凸显，公共物品和环境污染等公共问题也将得以及时解决，在此基础上区域整体的可持续发展竞争力也将得到明显提升。为反映区域协同治理能力的结果和目标达成情况，本书以宏观层面城市群可持续发展竞争力、产业专业化程度以及微观层面影响要素流动的市场分割指数等角度展开分析。

9.2.1 长三角城市群可持续发展竞争力分析

城市群可持续发展是一项复杂的系统任务，通过对比一般竞争力和可持续发展竞争力分析城市可持续发展和城市群可持续发展的联系与区别，本书认为城市群可持续竞争力应该具有这样的内涵：在全球化和信息化背景下，通过城市群各个城市之间的协同发展来实现经济、社会和生态三个子系统的统筹，妥善平衡和处理好"城与城""城与自然""人与城""人与自然""人与人"之间的关系，从而维护和拓展由一定资源环境条件构成的城市群地理空间，同时提高地理空间转化为经济空间和人文空间的能力，最终实现城市群空间价值的最大化。

9.2.1.1 城市群可持续发展竞争力的评价指标体系

为客观反映城市群可持续发展竞争力的变化，本书在现有研究的基础上，结合当前发生的新情况、新问题，对城市群可持续发展竞争力的指标体系进行了相应的调整与更新，并从经济、社会和生态三个角度构建了整个指标体系框架，分别对应经济可持续发展、社会稳定发展以及人与自然和谐发展，因此在综合前人研究和结合研究领域发生新情况的基础上有了进一步的完善。具体如表9-2所示。

9.2.1.2 长三角城市群可持续发展竞争力的变化

自 2003 年长三角城市经济协调会将长三角城市群的范围界定为 16 个城市，自此长三角城市群在此基础上经历了几次扩展与收缩：2010 年《长三角地区区域规划》中强调了长三角城市群除了包含以上 16 个城市以外，还囊括了安徽的一些城市，如合肥、盐城、马鞍山等，城市总数增加至 22 个；2013 年在长三角城市经济协调会第十三次会议上将其扩展至 30 个；2016 年《长江三角洲城市群发展规划》中明确指出长三角城市群包括 26 个城市，而在 2019 年国务院发布的《长江三角洲区域一体化规划纲要》中则将其界定为江苏、浙江、安徽与上海三省一市共 41 个城市，其中 27 个城市为核心区。

长三角城市群范围的变化在一定程度上影响区域内部城市之间的合作，进而也会对区域协同治理能力产生影响，为反映长三角城市群的区域协同治理能力是否随着长三角城市群的范围不同而发生变化，本书将城市群可持续发展竞争力的研究时间界定为 2010 年、2013 年、2016 年和 2018 年，观察长三角范围变化的时间节点前后，区域协同治理能力的变化过程。

众所周知，区域协同治理能力的提升离不开相关利益主体的配合，即

表 9-2　城市群可持续发展竞争力评价指标体系

目标层	一级指标	二级指标	序号	三级指标
城市群可持续发展竞争力	经济可持续	经济规模	1	GDP（万元）
			2	规模以上工业总产值（万元）
			3	工业用电量（万千瓦时）
			4	社会消费品零售总额（万元）
		产出效率	5	人均 GDP（元）
			6	地均 GDP（万元）
		收入水平	7	在岗职工平均工资（元）
		增长潜力	8	GDP 增长率（%）
			9	就业人数（人）
			10	全社会固定资产投资总额（亿元）
			11	政府科技支出（万元）
			12	每万人在校大学生数（人）
		产业结构	13	非农产业比重（%）
			14	第三产业与第二产业产值比
		金融财政	15	地方财政一般预算收入（元）
			16	金融机构人民币贷款额（元）
			17	外商直接投资实际使用额（万美元）
		基础设施	18	公路网密度（公里/万人）
			19	人均城市道路面积（平方米）
			20	每万人拥有公共汽车（辆）
			21	邮电业务总量（万元）
			22	移动电话用户数（万户）
			23	互联网宽带接入用户数（万户）
	社会可持续	社会稳定	24	城镇登记失业率（%）
		社会保障	25	城镇职工基本养老保险参保比例（%）
			26	城镇基本医疗保险参保比例（%）
			27	失业保险参保比例（%）
		教育文化	28	普通中学师生比
			29	中学生每百人拥有教师数
			30	生均财政教育支出（元）
			31	每百人拥有公共图书馆藏书量（册）
		医疗卫生	32	每万人拥有医生数（人）
			33	每万人拥有卫生机构床位数（张）
	生态可持续	资源禀赋	34	人均生活用电量（千瓦时）
			35	人均生活用水量（吨）
			36	人均煤气用量（立方米）
			37	人均液化石油气用量（吨）
		绿化状况	38	人均绿地面积（平方米）
			39	建成区绿化覆盖率（%）
		环境污染	40	单位 GDP 工业废水排放量（万吨/亿元）
			41	单位 GDP 工业二氧化硫排放量（万吨/亿元）
			42	单位 GDP 工业烟（粉）尘排放量（吨/元）
		污染治理	43	一般工业固体废物综合利用率（%）
			44	污水处理厂集中处理率（%）
			45	生活垃圾无害化处理率（%）

注：指标体系数据统计口径以全市为单位。

资料来源：历年《中国城市统计年鉴》以及各城市统计年鉴。

只有当各地方利益得到充分维护时，局部利益和整体利益才有可能实现一致，区域力量才会得到系统的增值。近年来，城市群逐渐成为国家参与国际竞争的重要平台，但城市群能否发挥规模效应，还要取决于内部组成单元——各城市的发展状态。为此，本书首先对长三角三省一市区域整体竞争力的变化进行分析，随后再对长三角城市群各城市的可持续发展竞争力格局进行详细的介绍。本书主要从经济、社会和生态三个方面构造城市群或城市可持续发展竞争力评价指标体系，由于三级指标数量较多，因此在以整个指标体系对长三角城市群及其内部城市做可持续发展竞争力的分析过程中，首先对各方面的指标做主成分分析，得到长三角及其每个城市的经济、社会和生态的因子得分，然后再将各因子得分取平均值计算出城市可持续发展的综合得分。本书分析了 2010 年、2013 年、2016 年和 2018 年的城市群和城市可持续发展竞争力，首先将 2010 年和 2013 年的得分取平均值，将 2016 年和 2018 年的得分取平均值，再对比两个阶段各个城市可持续竞争力的变化趋势，由此说明区域协同治理能力在城市竞争力层面的体现。

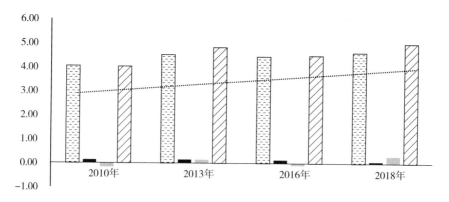

图 9-2　长三角可持续发展竞争力变化趋势

图 9-2 表明长三角城市群可持续发展竞争力在逐渐缓慢上升，但变化过程中存在小的波动，即表现为 2010—2013 年缓慢上升，2013—2016 年出现回落，2016—2018 年又继续上升的趋势。结合长三角城市群范围的变动趋势，2010 年在原来 16 个核心城市稳固发展的基础上开始扩张，变为

22个城市，原有城市间的合作经验和协调模式转移到新增城市之间以及新增城市与现有城市之间，加强了城市间的联系，也扩大了资源配置的市场范围，由此带来的规模效应和效率提升加强了长三角城市群可持续发展竞争力；而随着2013年城市数量的进一步增加，原有城市、2010年新增城市以及此次新增城市之间的合作范围和协调领域进一步扩大，彼此间发展差距也较大，各方利益短时间内难以协调，之前较为成功的合作经验也无法在短时间内发挥作用，结果导致长三角城市群可持续发展竞争力在2013年之后开始下降；2016年又结合地理区位和经济联系对城市群的范围进行了调整，如图9-2所示，调整后的城市在发展方面有更多的交叉领域，而且地理位置的邻近也使得沟通和对话更加便捷，因而在2016—2018年间区域整体竞争力又开始回升。

从长三角城市群可持续发展竞争力的各组成部分来看，经济可持续发展竞争力、社会可持续发展竞争力与生态可持续发展竞争力发展差距较大，经济可持续发展竞争力远高于社会和生态可持续发展竞争力，构成了长三角城市群可持续发展竞争力的主力部分，在2010—2018年间，经济可持续发展竞争力表现出先上升，后下降但又保持稳定的变化趋势；长三角城市群的社会可持续发展竞争力表现出不断的下降趋势，生态可持续发展竞争力呈现出先上升后下降，随后又上升的波动过程。通过对比分析可知，长三角城市群的社会和生态可持续发展竞争力远远不及经济可持续发展竞争力，表明长三角城市群在社会保障和生态环境保护等方面的协同治理能力还有待提升。

9.2.1.3 长三角城市群内部城市可持续发展竞争力变化

从整体与局部的关系来讲，单个城市是否愿意参与到区域协同治理过程中，其关键在于参与所带来的收益是否高于产生的成本，因此观察各城市可持续发展竞争力的数值也可以反映出长三角城市群区域协同治理能力的状况。我们首先计算出2010—2018年各城市在经济、社会、生态以及整体等方面可持续发展竞争力得分的均值，观察各城市可持续发展竞争力的状态，其次计算出各城市在2010—2013年与2016—2018年两阶段可持续发展竞争力得分的变化值，从变化值中观察各城市之间的可持续竞争力是否存在收敛。

表 9-3　2010—2018 年长三角城市可持续发展竞争力因子分析结果

城市	经济可持续发展		社会可持续发展		生态可持续发展		可持续发展竞争力	
	因子得分	排名	因子得分	排名	因子得分	排名	因子得分	排名
上海市	1.2913	1	2.5768	1	1.4685	1	1.7789	1
苏州市	0.4234	3	1.6660	2	0.4032	8	0.8309	2
南京市	0.4351	2	0.7601	7	1.1189	2	0.7714	3
杭州市	0.4195	4	1.3907	3	0.3876	9	0.7326	4
无锡市	0.2634	5	1.0696	5	0.4826	6	0.6052	5
舟山市	-0.0877	15	1.3260	4	0.4829	5	0.5737	6
宁波市	0.2171	6	1.0057	6	0.4138	7	0.5455	7
常州市	0.1093	7	0.3613	11	0.3501	10	0.2736	8
镇江市	0.0169	9	0.4333	10	0.2505	12	0.2335	9
嘉兴市	-0.0402	11	0.5759	8	-0.1565	23	0.1264	10
合肥市	0.0484	8	-0.1966	22	0.5075	4	0.1198	11
南通市	-0.0457	12	0.2195	12	0.1600	14	0.1113	12
湖州市	-0.1691	21	0.4855	9	-0.0389	20	0.0925	13
温州市	-0.0106	10	-0.0712	20	0.2765	11	0.0649	14
绍兴市	-0.0677	13	0.0857	16	0.0599	17	0.0260	15
泰州市	-0.1472	18	0.2076	13	-0.0229	19	0.0125	16
铜陵市	-0.2073	25	0.0687	17	0.1631	13	0.0081	17
黄山市	-0.3061	31	-0.3541	25	0.5547	3	-0.0351	18
扬州市	-0.1027	16	-0.0588	19	0.0533	18	-0.0361	19
台州市	-0.1513	19	-0.1801	21	0.1358	15	-0.0652	20
丽水市	-0.1881	23	0.1045	15	-0.1295	22	-0.0711	21
金华市	-0.0812	14	-0.0062	18	-0.2004	27	-0.0959	22
衢州市	-0.2069	24	0.1787	14	-0.4017	35	-0.1433	23
马鞍山市	-0.1779	22	-0.3808	27	0.0787	16	-0.1600	24
芜湖市	-0.1584	20	-0.3373	24	-0.1634	24	-0.2197	25
盐城市	-0.2538	27	-0.2226	23	-0.1964	26	-0.2243	26
徐州市	-0.1437	17	-0.3655	26	-0.1765	25	-0.2286	27
连云港市	-0.2719	29	-0.4337	29	-0.1115	21	-0.2724	28

续表

城市	经济可持续发展		社会可持续发展		生态可持续发展		可持续发展竞争力	
	因子得分	排名	因子得分	排名	因子得分	排名	因子得分	排名
淮安市	-0.2595	28	-0.4029	28	-0.2642	29	-0.3089	29
淮北市	-0.2968	30	-0.5524	31	-0.3279	32	-0.3924	30
宣城市	-0.3587	35	-0.4618	30	-0.3926	34	-0.4044	31
安庆市	-0.3607	36	-0.7316	35	-0.2687	30	-0.4536	32
蚌埠市	-0.3444	33	-0.6763	34	-0.3612	33	-0.4606	33
淮南市	-0.2489	26	-0.5556	32	-0.5887	37	-0.4644	34
宿迁市	-0.3379	32	-0.8604	38	-0.2036	28	-0.4673	35
六安市	-0.4196	38	-0.8144	36	-0.2967	31	-0.5102	36
滁州市	-0.3930	37	-0.6219	33	-0.6234	39	-0.5461	37
池州市	-0.3585	34	-0.8379	37	-0.5697	36	-0.5887	38
宿州市	-0.4468	41	-1.1007	39	-0.6554	41	-0.7343	39
亳州市	-0.4421	39	-1.2615	40	-0.6018	38	-0.7684	40
阜阳市	-0.4458	40	-1.2760	41	-0.6435	40	-0.7884	41

资料来源：历年《中国城市统计年鉴》。

从表9-3可以看出，上海市无论是整体还是分领域的可持续发展竞争力都远高于其他城市，说明上海作为长三角城市群的核心城市和首位城市对其他城市具有较强的示范和引领作用。如果将这41个城市按照可持续发展竞争力划分梯队的话（以温州市和连云港市为分界），可以看到江苏省苏南五市（南京、苏州、无锡、常州和镇江）均位于第一梯队的前端，苏中三市（扬州、泰州和南通）跨越第一阶段和第二阶段；苏北五市则位于第二阶段与第三阶段的连接处；浙江省的城市基本分布在第一阶段和第二阶段，但排名较江苏省的城市而言，整体靠后；安徽省的城市仅有合肥市在第一梯队，铜陵和黄山在第二梯队，其余城市构成了第三梯队的主要成员。城市可持续发展竞争力出现这种现象不难理解：由长三角可持续发展竞争力的变化趋势可以看出，经济可持续发展竞争力是整体可持续发展竞争力的主要部分，而社会和生态可持续发展竞争力的得分仅占较小的部分，因而经济发展的实力在一定程度上决定了城市综合可持续发展竞争力，因此经济较为发达的城市排名靠前，发展较为落后的城市排名靠后。同时我们也发现舟山市虽然经济可持续发展竞争力较弱，但其社会和生态可持续发展能力靠前，城市整体可持续发展竞争力排名比较高，说明社会保障和生态环境保护可以弥补经济发展的弱势，对促进城市综合可持续发展竞争力同样具有不可忽视的作用。对之相应的是金华市，虽然其经济可持续发展竞争力排名为第 14 位，但生态可持续发展竞争力得分较弱，导致整体发展竞争力排名靠后，为第 22 位。

表 9-4　2010—2013 年与 2016—2018 年两阶段长三角城市可持续发展竞争力变化

城市	经济方面因子得分变化	排名	社会方面因子得分变化	排名	生态方面因子得分变化	排名	可持续发展竞争力因子得分变化	排名
阜阳市	−0.0112	23	0.2027	12	0.5503	1	0.2473	1
亳州市	−0.0108	22	0.2522	7	0.3754	5	0.2056	2
宿州市	0.0328	9	0.2166	11	0.3510	6	0.2001	3
铜陵市	−0.1678	41	0.5666	2	0.1526	12	0.1838	4
温州市	−0.0159	26	0.0281	22	0.5385	2	0.1836	5
金华市	−0.0020	19	0.2363	9	0.2472	9	0.1605	6
合肥市	0.0330	8	−0.0272	25	0.4567	3	0.1542	7
宁波市	−0.0129	25	0.3833	4	0.0413	17	0.1372	8
上海市	−0.1477	40	0.6751	1	−0.1547	29	0.1242	9
黄山市	0.0119	14	−0.0445	26	0.3991	4	0.1221	10
马鞍山市	−0.1400	39	0.2276	10	0.2773	8	0.1216	11
苏州市	−0.0366	33	0.3932	3	−0.0879	24	0.0895	12
无锡市	−0.0450	34	0.2678	6	0.0433	16	0.0887	13
常州市	−0.0346	30	0.1555	16	0.0105	18	0.0438	14
杭州市	0.0738	3	0.0720	20	−0.0200	19	0.0419	15
连云港市	−0.0092	20	0.1839	13	−0.0678	23	0.0357	16
安庆市	−0.0563	35	−0.1873	31	0.3297	7	0.0287	17
芜湖市	−0.0635	37	0.0080	23	0.1276	15	0.0240	18
宣城市	−0.0212	28	−0.0989	28	0.1821	11	0.0207	19

城市	经济方面因子得分变化	排名	社会方面因子得分变化	排名	生态方面因子得分变化	排名	可持续发展竞争力因子得分变化	排名
盐城市	0.0468	6	0.1562	15	−0.1430	26	0.0200	20
池州市	0.0039	17	0.1668	14	−0.1175	25	0.0178	21
淮南市	−0.1182	38	0.2907	5	−0.1451	27	0.0091	22
台州市	−0.0349	31	−0.2548	35	0.2086	10	−0.0270	23
泰州市	0.0717	4	0.1423	18	−0.3010	37	−0.0290	24
淮安市	0.0075	16	0.1485	17	−0.2470	34	−0.0303	25
宿迁市	0.0136	13	0.2392	8	−0.3565	39	−0.0346	26
湖州市	0.0011	18	0.1173	19	−0.2433	33	−0.0416	27
六安市	0.0217	11	−0.3164	37	0.1484	13	−0.0488	28
扬州市	0.0137	12	−0.1128	30	−0.0485	21	−0.0492	29
蚌埠市	−0.0119	24	−0.0841	27	−0.0586	22	−0.0515	30
淮北市	−0.0588	36	0.0658	21	−0.1953	32	−0.0628	31
镇江市	0.0823	2	−0.0098	24	−0.2621	35	−0.0632	32
滁州市	−0.0093	21	−0.3611	38	0.1472	14	−0.0744	33
嘉兴市	−0.0202	27	−0.2434	33	−0.0467	20	−0.1034	34
衢州市	0.0095	15	−0.2329	32	−0.1841	30	−0.1358	35
南通市	0.0589	5	−0.2847	36	−0.1937	31	−0.1398	36
南京市	0.1145	1	−0.2509	34	−0.3188	38	−0.1517	37
徐州市	0.0241	10	−0.0993	29	−0.4035	40	−0.1596	38
绍兴市	−0.0353	32	−0.4841	39	−0.4321	41	−0.3172	39
丽水市	0.0347	7	−0.8926	40	−0.1512	28	−0.3364	40
舟山市	−0.0235	29	−1.0097	41	−0.2970	36	−0.4434	41

资料来源:《中国城市统计年鉴》。

区域协同治理能力的提升需要区域各方的配合,但区域内部各地方之间或者各主体之间是否愿意开展沟通对话等合作行为,也需要观察协同治理后的经济表现,即区域内部的差距是否表现出一定的收敛趋势,特别是发展滞后地区,即观察综合可持续发展竞争力是否因为参与区域协同治理而有所改变。观察表 9-4 可以发现，在以常州市和六安市为分界的梯队中，安徽省的城市占据了第一梯队的多个位置，如阜阳市和亳州市等，这些城市可持续竞争力的增长幅度不仅为正，而且数值也远高于 0，表明安徽省的部分城市的可持续竞争力在不断上升；而排在六安市后面的第三梯队的城市，多为浙江省和江苏省的城市，如嘉兴市和南京市，这些城市的可持续发展竞争力的增长幅度为负值。通过与表 9-3 城市可持续发展竞争力的排名进行对比分析可以发现，表 9-3 中可持续发展竞争力较低的城市大多数经历了竞争力的大幅增加，而竞争力较高的城市则经历了竞争力的衰减，这表明长三角各城市之间的可持续发展竞争力呈现出一定的收敛趋势，区域差距不断缩小，这也间接表明在 2010—2013 年与 2016—2018 年之间，长三角城市群的区域协同治理能力是上升的。

结合城市经济、社会与生态可持续发展竞争力的增长变化来看，第一梯队的城市排名靠前的主要原因在于社会和生态可持续发展竞争力的提升幅度较大，而经济可持续发展竞争力并没有提升，反而在不断削弱；与之形成鲜明对比的是第三梯队的城市虽然大多数经济可持续发展竞争力增加了，但社会和生态可持续发展竞争力却在变弱。

经济发展是一个地区或城市全面发展的基石，同时也是城市群可持续发展竞争力的重要组成部分，但经济的发展同样也离不开良好的社会保障与健康的生态环境，各城市之间应该就经济发展、社会保障、生态保护等方面展开对话与经验交流，通过资源的传递与经验的共享，在提升区域协同治理能力的同时，也加强长三角城市群及内部成员的可持续发展竞争力。

9.2.2 长三角城市群市场分割指数的变化

9.2.2.1 长三角城市群市场分割指数变化分析

受早期财政分权与官场晋升的影响，我国各地区间存在程度不同的市场分割现象，区域内商品、资金、人才、信息等的流通受到各地不同制度、法规与行政管理的制约，结果导致生产要素流通不畅，资源配置效率低效，各地优势不能充分发挥，整体竞争力偏弱的现状。

区域协同治理的目标就是要打破这种故步自封、独自发展的局面，通过政府间的沟通对话，加强对彼此发展的了解与认同，搭建相互学习与充分利用各自优势的渠道，消除行政区域的限制，也形成了要素在地区间流动的政府渠道；通过企业部门和社会组织的协同合作，保障信息互通有无，促使企业在更大的市场范围内布局生产，企业的迁移与流动都将带动不同地区间的流动，而社会组织则会加速这一过程。市场分割是要素在区域间流动的直接障碍，市场分割较为严重，要素流动速度较为缓慢，市场分割程度较小，则要素流动速度和范围都将提升。反之关系也成立，若要素在区域不同主体的作用下得以在区域内自由流动，则要素流动所带来的经济效应会使各地区享受到较大市场规模的收益，如企业获得更高的利润，地方就业的增加等。在这种正向激励的作用下，要素流动会不断冲击原有的区域障碍，并降低各地区的分割程度。为反映长三角城市群区域协同治理能力，我们在此利用长三角 41 个城市在 2010 年、2013 年、2016 年和 2018 年市场指数变化进行分析。

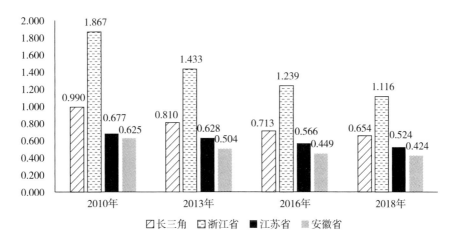

图 9-3　长三角城市群及组成省市市场分割指数变动趋势

从图 9-3 可以看出长三角城市群整体的市场分割指数是呈现逐渐降低的趋势，在其组成成员中，浙江省的市场分割指数最高，江苏省略高于安徽省，安徽省最低；虽然各省份的市场分割指数差距较大，但也均呈现出一致的下降趋势。由此可以看出，长三角城市群及其组成省份之间要素流动的壁垒在逐渐减低，间接反映出区域协同治理能力在不断提高。

随后我们将长三角城市群 41 个城市在 2010 年、2013 年、2016 年和 2018 年的市场分割指数求平均值，如图 9-4 所示，可以直接看出各城市间市场分割的程度。

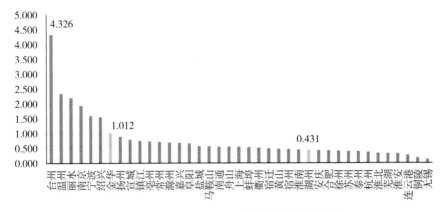

图 9-4　长三角城市群 39 个城市市场分割指数

注：池州和六安数据缺失。

根据图 9-4 的市场分割指数可将这 39 个城市划分为三个区域，即市场分割较为严重的 7 个城市、市场分割较平缓的 20 个城市以及市场分割较小的 12 个城市，通过观察可以发现市场分割较为严重的地区包含了浙江 6 个城市，且多为浙江南部的城市，如台州市、温州市和丽水市，这与浙江省内市场分割指数较高的情况相一致，浙江仅有湖州和杭州两个城市的市场分割指数较低，通过观察浙江省市场分割指数的地理分布可以发现，靠近上海的杭州和湖州的市场分割指数较低，而远离上海的浙江南部城市则指数较高。上海作为长三角城市群的首位城市和核心城市，与其他城市交往较多，但就其市场分割指数而言，并不是最低，而是处于中间位置；江苏省各城市间的市场分割指数呈现出鲜明的两极分化的趋势：首先是南京市场分割指数仅次于台州、温州和丽水市，而且扬州、镇江和常州等城市的市场分割指数也较高；其次是无锡市的市场分割指数最低，淮安和连云港的指数也比较低。观察江苏省的城市可知，南京及其周边的省内城市市场分割指数较高，而苏南和苏北的部分城市市场分割指数均较低，如徐州市、淮安市和苏州市等。安徽省则在省会周边形成了低市场分割指数的城市圈，如合肥市、安庆市、铜陵市和芜湖市等城市的市场分割指数均比较低。

在长三角城市群发展过程中，逐渐形成了以省会城市为中心的都市圈，如南京都市圈，都市圈中的城市因相互毗邻，要素流动较为频繁，公共领域存在较大程度的交叉，区域主体进行协同治理的需求也比较多，因而在较为频繁的协商沟通与对话的过程中，区域协同治理能力也应较高，为观察是否都市圈的市场分割指数更小，我们进一步分析这些省会城市都市圈的市场分割指数。

表 9-5　长三角城市群与省会都市圈

名称	包含城市	2010 年	2013 年	2016 年	2018 年
长三角城市群	江浙沪徽 41 个城市	0.990	0.810	0.713	0.654
南京都市圈	南京、扬州、镇江、淮安、宣城	1.102	0.976	0.858	0.796
杭州都市圈	杭州、嘉兴、湖州、绍兴	0.932	0.756	0.701	0.634
合肥都市圈	合肥、淮南、六安、滁州、马鞍山、芜湖	0.590	0.489	0.440	0.426

注：南京都市圈原本包括安徽省的滁州、马鞍山和芜湖等城市，但这些城市也包含在合肥都市圈，
　　为凸显省会城市圈对本省城市的作用，在此删去了南京都市圈中的安徽省的城市。

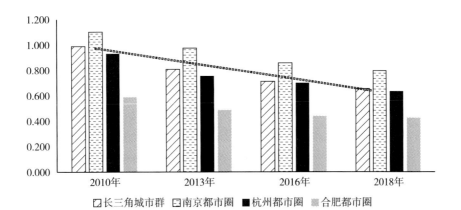

图 9-5　长三角城市群与省会都市圈市场分割指数变化趋势

由图 9-5 可知，省会都市圈市场分割指数存在明显的差异：首先是南京都市圈远高于其他两个省会都市圈，而且也高于长三角城市群的整体水平。江苏省是我国的经济强省，省内各城市间的经济差距不大，在寻求经济发展时更多的是通过上海或者直接参与国际市场，因而对省内市场的需求不高，彼此间的竞争大于合作，同时南京都市圈也包含省外城市，面临的摩擦更多。杭州都市圈的市场分割指数略低于长三角城市群，而合肥都市圈的市场分割指数最小。通过以上分析可知，长三角城市群整体市场分割指数在不断降低，内部各区域之间的市场分割指数却存在较大差异，这间接说明区域协同治理能力在不断提升，但这种能力在长三角城市群内部分布并不均匀，这一点也与政府合作关系网络以及各城市可持续发展竞争力的差异性相一致。

9.2.2.2 长三角城市群与京津冀、珠三角城市群市场分割指数对比分析

城市群是城市发展到成熟阶段的最高空间组织形式，是指在特定地域范围内，一般以 1 个以上特大城市为核心，由至少 3 个以上大城市为构成单元，依托发达的交通通信等基础设施网络所形成的空间组织紧凑、经济联系紧密、并最终实现高度同城化和高度一体化的城市群体。城市群是在地域上集中分布的若干特大城市和大城市集聚而成的庞大的、多核心、多层次城市集团，是大都市区的联合体。当前，中共中央和国务院在《中共中央国务院关于建立更加有效的区域协调发展新机制的意见》中明确指出，以京津冀城市群、长三角城市群、粤港澳大湾区、成渝城市群、长江中游城市群、中原城市群以及关中平原城市群等城市群作为推动国家重大区域战略融合发展的重要平台。为明确长三角城市群发展现状，本书在国家批准以及待批准的城市群中寻找在发展程度大致相似的城市群作为长三角城市群的对比城市群。经过对比，我们最终确定了京津冀城市群、珠三角城市群、中原城市群以及长江中游城市群等作为长三角城市群的对比城市群。这些城市群的空间范围具体如表 9-6 所示。

表9-6　长三角城市群及其对比城市群空间范围

序号	城市群	空间范围	城市数量（个）	总人口（亿）	面积（万平方公里）
1	长三角城市群	上海、江苏省全部城市、浙江省全部城市与安徽省全部城市	41	2.3	35.9
2	京津冀城市群	北京、天津、石家庄、唐山、保定、秦皇岛、廊坊、沧州、承德、张家口等	10	1.4	22
3	珠三角城市群	广州、深圳、佛山、东莞、中山、珠海、江门、肇庆、惠州等	9	0.7	5.6
4	中原城市群	郑州、洛阳、开封、南阳、安阳、商丘、新乡、平顶山、许昌、焦作、周口、信阳、驻马店、鹤壁、濮阳、漯河、三门峡、济源；长治、晋城、运城；邢台、邯郸；聊城、菏泽；宿州、淮北、蚌埠、阜阳、亳州等	30	1.6	28.7
5	长江中游城市群	武汉、黄石、鄂州、黄冈、孝感、咸宁、仙桃、潜江、天门、襄阳、宜昌、荆州、荆门；长沙、株洲、湘潭、岳阳、益阳、常德、衡阳、娄底；南昌、九江、景德镇、鹰潭、新余、宜春、萍乡、上饶及抚州、吉安部分地区等	31	1.25	32.61

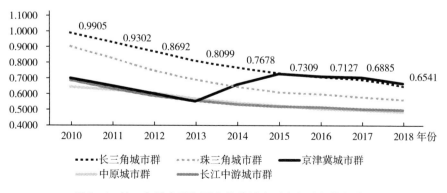

图9-6　长三角城市群与国内其他城市群市场分割指数变化

2019 年长三角城市群的范围包括上海市、江苏省、浙江省和安徽省三省一市，共 41 个城市，无论是城市数量、人口规模还是所辖面积均是这些对比城市群中最多的，因而在区域协调治理方面可能面临更多的困难。图 9-7 表明除京津冀城市群以外，其他城市群的市场分割指数都是在不断下降的，整体上来看长三角城市群市场分割指数远高于其他城市群，但在计算 2010—2018 年市场分割指数下降幅度后，我们发现长三角城市群市场分割指数的下降幅度仅次于珠三角城市群的 37.45%，为 33.96%，下降幅度较大，从 2010 年的 0.9905 下降至 2018 年的 0.6541，说明长三角城市群内部要素自由流动的程度在不断提升，区域协调治理能力也在不断增强。

9.2.3 长三角城市群产业专业化

区域内部市场分割的存在限制了区域之间要素的自由流动以及商品的自由交换，各地的生产活动仅限于各自的行政范围内，信息沟通不畅以及竞争压力的存在导致各地重复建设、产业结构雷同等问题产生。区域协同治理通过区域主体的沟通对话、合作协商等方式互通有无，制定适合区域整体与地方发展的行动纲领，为地方政府指明今后行动的方向，使各地充分发挥各自优势产业，避免出现雷同的产业结构。区域协同治理能力的终极目标是实现区域一体化，而区域一体化最主要的表现之一即为区域内部各地区之间的产业专业化，在区域一体化不同阶段，地区内部产业结构也呈现出不同的差异化表现，孙久文（2015）认为当区域一体化程度处于高级阶段时，区域内部各地区之间将实现专业化分工。为此我们进一步从地区产业专业化角度来间接反映区域协同治理的能力。

地区专业化水平，又称为地区之间制造业结构差异程度，用来衡量地区之间产业结构差异化程度，采用地区相对专业化指数和地区间专业化指数来衡量。

地区相对专业化指数计算公式：

$$k_i = \sum_k | s_i^k - \overline{s_i^k} |$$

地区间专业化指数计算公式：

$$k_{ij} = \sum_k | s_i^k - s_j^k |$$

其中，$s_i^k = E_i^k / \sum_k E_i^k$，$\overline{s_i^k} \sum_{j \neq i} E_i^k / \sum_k \sum_{j \neq i} E_i^k$，$i$，$j$，$k$ 分别表示地区 i，地区 j，行业 k，E_i^k 为地区 i 行业 k 的工业总产值或就业总人数。s_i^k 表示 i 地区 k 行业在 i 地区所有行业中的比重，$\overline{s_i^k}$ 表示区域内部 k 行业在除 i 地区以外的其他地区的产值或就业人数占区域内除 i 城市以外其他所有城市总产值或就业总人数的比重。地区相对专业化指数测度的是第 i 地区与其余地区平均水平的制造业结构差异程度，也即第 i 地区的专业化程度。地区间专业化指数，直接衡量两个地区间制造业结构差异的程度，值越大，表明地区间制造业结构的差异越大。

我们首先计算得到长三角三省一市的地区相对专业化指数，如图 9-7 所示，可以看出各省市专业化指数呈现出较大的差异：上海市的地区专业化指数虽然在 2016 年表现出轻微的下降，但整体而言表现为不断上升的状态；安徽省专业化分工指数处于高位，但在不断下降，在未加入长三角城市群以前，安徽省资源禀赋丰富，且差别较大，因而省内城市能够按照各自优势进行分工合作；加入长三角城市群以后，专业化指数虽然在下降，但也反映出安徽省与群内其他城市正处于磨合阶段。浙江省专业化指数在 2013 年以前不断下降，但在 2013 年以后则开始不断上升；江苏省则表现为逐年上升，但 2016 年以后开始下降。长三角城市群还未形成比较稳定的专业化分工格局。

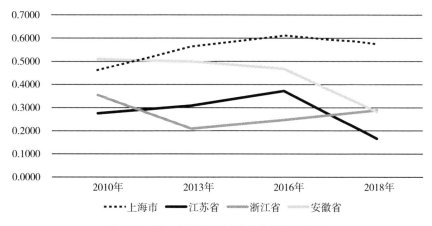

图 9-7 长三角地区相对专业化指数趋势图

表 9-7　长三角地区间专业化指数趋势变化表

地区	2010 年	2013 年	2016 年	2018 年
上海—江苏	0.4686	0.5879	0.6906	0.5192
上海—浙江	0.4777	0.5642	0.6199	0.6958
上海—安徽	0.7727	0.7452	0.5878	0.6441
江苏—浙江	0.3187	0.1473	0.1889	0.2584
江苏—安徽	0.4895	0.5553	0.5744	0.3089
浙江—安徽	0.6281	0.4986	0.4833	0.3157

　　从表 9-7 我们可以看出，地区间专业化指数在长三角各省市间也存在较大差异，其中，上海与江苏、上海与浙江的地区间专业化指数分别从 2010 年的 0.4686、0.4777 上升至 0.5192 和 0.6958，表明上海与江苏和浙江的产业分工趋势更明显。安徽省作为逐渐加入的新成员，其与上海、江苏和浙江的专业化指数随着深度且全面的融合反而呈现出下降的趋势，如上海与安徽的专业化指数从 2010 年的 0.7727 下降至 2018 年的 0.6441；浙江与安徽的专业化指数从 2010 年的 0.6281 下降至 0.3157。江苏与浙江的专业化指数一直处于较低水平，说明两个省份之间的区域分工并不明显。

　　通过观察图 9-7 和表 9-7 可知，长三角各省市之间并没有形成明显的产业分工格局，上海作为长三角城市群的首位城市和核心城市，无论是地区相对专业化指数还是与其他省份的专业化指数都比较高，而其他省份间的指数相对较低，结合新经济地理学可知，长三角城市群仍处于区域一体化的初级阶段，即核心区的相对专业化指数很高，但没有形成地区专业化分工。由此也反映出长三角协同治理能力也处于初级阶段，有待提升。

　　为进一步分析长三角城市群内部各城市间的相对专业化指数及其变动情况，我们计算了各城市 2018 年的相对专业化指数以及 2010—2018 年的增长幅度，如表 9-8 和图 9-8 所示。由表 9-8 可知地区专业化指数最高的是安徽省的淮南市，为 0.9826，最低的杭州市则为 0.2261，南京市为 0.2458。进一步观察发现排名靠前的安徽省和浙江南部城市居多，如丽水、衢州、金华、淮北和六安等。苏州市的地区专业化指数也比较高，0.8153 排名第五，但其他经济发展较好的城市则相对较低。出现这种现象的原因不排除一些城市为资源型城市，如淮南的采矿业产值较高，而如南京和杭州作为省会城市，需要为其他城市提供相应的服务，因而可能在专业化生产方面并不突出。

表 9-8　长三角城市群内部城市 2018 年相对专业化指数

城市	地方专业化指数	排名	城市	地方专业化指数	排名	城市	地方专业化指数	排名
淮南市	0.9826	1	黄山市	0.5603	15	滁州市	0.3906	29
南通市	0.9192	2	舟山市	0.5445	16	蚌埠市	0.3707	30
丽水市	0.8875	3	宿州市	0.5439	17	连云港市	0.3660	31
淮北市	0.8678	4	无锡市	0.5281	18	宁波市	0.3575	32
苏州市	0.8153	5	亳州市	0.5202	19	安庆市	0.3431	33
泰州市	0.7718	6	盐城市	0.4957	20	镇江市	0.3426	34
六安市	0.7394	7	宣城市	0.4854	21	湖州市	0.3420	35
绍兴市	0.7043	8	徐州市	0.4770	22	马鞍山市	0.3346	36
金华市	0.6844	9	池州市	0.4738	23	铜陵市	0.2983	37
衢州市	0.6744	10	温州市	0.4526	24	淮安市	0.2972	38
扬州市	0.6552	11	宿迁市	0.4481	25	芜湖市	0.2701	39
阜阳市	0.6378	12	合肥市	0.4343	26	南京市	0.2458	40
嘉兴市	0.6165	13	台州市	0.4280	27	杭州市	0.2261	41
上海市	0.5771	14	常州市	0.4210	28			

　　图 9-8 给出了长三角城市群内部城市 2018 年专业化指数相对于 2010 年专业化指数的增长幅度，从图上可以看出，以淮安市为界可将城市划分为专业化指数增长型城市和专业化指数下降型城市，其中南通市的增长幅度最高，达 204.58%，淮安市增长幅度最小为 1.49%；安庆市的下降幅度最大，为 55.63%，阜阳市下降幅度较小，为 2.09%。在增长型的 24 个城市中有 10 个属于江苏省，10 个属于浙江省，仅有 3 个属于安徽省，即合肥市、芜湖市和淮南市，结合表 9-8，淮南市属于资源型城市，相对专业化指数较高，2010 年到 2018 年 10.58% 的增长幅度表明淮南市的专业化指数在不断地强化；芜湖市虽然 2018 年的专业化指数排名倒数第三，但其

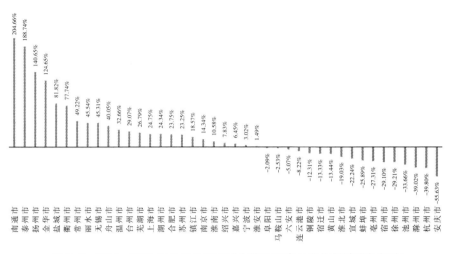

图 9-8　2010—2018 年长三角城市群内部城市专业化指数的增长幅度

26.79%的增长幅度表明其专业化指数也在增强；江苏省 10 个城市的相对专业化指数都在增加，仅有连云港、宿迁和徐州等苏北城市的相对专业化指数在降低，说明苏南和苏中的协同治理能力在不断增强，苏北地区还有待提升；浙江省仅杭州的相对专业化指数出现了下降，表明在浙江省内核心城市的产业已经开始向省内其他城市转移，地区间的产业分工较为明显，处于新经济地理学的中期阶段；安徽省其余城市的专业化指数均出现了下降，说明安徽省省内大多城市相互之间以及与省外之间的沟通对话较少，产业分工和产业转移的趋势不明显。

　　区域协同治理能力反映了长三角城市群一体化发展的可能性，从长三角城市群政府合作的社会网络指标、城市群可持续发展竞争力、市场分割指数以及产业分工来看，长三角城市群区域协同治理能力在缓慢上升，但区域内部存在异质性，有的地区之间协同治理能力较强，即合作关系密切，市场分割指数较小，产业分工较为合理，自身及其周边地区的可持续发展竞争力也比较高，而有的地区协同治理能力较弱，市场分割指数较大，产业分工不太合理，可持续发展竞争力也比较弱。区域协同治理能力不是一个单向短期的过程，它需要区域成员在长期互动的基础上达成发展共识，在自身与区域协调发展的路径中寻找平衡点，以此实现自身利益与区域整体利益的双赢，并由此实现区域协同治理的最终目标。

参考文献

［1］何慧玲：《产业转移中承接地政府协同治理评价指标体系构建研究》，电子科技大学硕士学位论文，2015 年。

［2］梁继维：《长三角区域地方政府合作治理机制探析》，安徽师范大学硕士学位论文，2012 年。

［3］柳建文：《区域组织间关系与区域间协同治理：我国区域协调发展的新路径》，《政治学研究》2017 年第 6 期。

［4］吕丽娜：《我国区域经济发展中的地方政府合作困境及化解研究》，武汉大学博士学位论文，2012 年。

［5］蒋敏娟：《城市群协同治理的国际经验比较——以体制机制为视角》，《国外社会科学》2017 年第 6 期。

［6］康兴涛、李扬：《跨区域多层次合作的政府治理模式创新研究——基于政府、企业和社会关系视角》，《商业经济研究》2020 年第 9 期。

［7］马捷、锁利铭：《城市间环境治理合作：行动、网络及其演变——基于长三角 30 个城市的府际协议数据分析》，《中国行政管理》2019 年第 9 期。

［8］孟祖凯：《基于契约理论的长三角城市群府际合作研究》，浙江财经大学硕士学位论文，2018 年。

［9］米鹏举：《城市群空间结构与区域治理模式的协同演化——以珠江三角洲城市群为例》，《未来与发展》2019 年第 6 期。

［10］孙久文、姚鹏：《京津冀产业空间转移、地区专业化与协同发展——基于新经济地理学的分析框架》，《南开学报（哲学社会科学版）》2015 年第 1 期。

［11］姬兆亮：《区域政府协同治理研究》，上海交通大学博士学位论文，2012 年。

［12］喻凯：《府际关系视角下的粤港澳大湾区协同治理研究》，中共广东省委党校硕士学位论文，2019 年。

第三部分　数据分析

10

中国城市群基本情况

10.1 2017 年中国城市群基本情况

10.1.1 城市群范围

2010 年 12 月，国务院印发《全国主体功能区规划》（以下简称《规划》），《规划》基于不同区域的资源环境承载能力、现有开发强度和未来发展潜力将我国国土空间分为优化开发区域、重点开发区域、限制开发区域和禁止开发区域。优化开发区域是经济比较发达、人口比较密集、开发强度较高、资源环境问题更加突出，从而应该优化进行工业化、城镇化开发的城市化地区。重点开发区域是有一定经济基础、资源环境承载能力较强、发展潜力较大、集聚人口和经济的条件较好，从而应该重点进行工业化、城镇化开发的城市化地区。限制开发区域包括农产品主产区和重点生态功能区。禁止开发区域是依法设立的各级各类自然文化资源保护区域，以及其他禁止进行工业化城镇化开发、需要特殊保护的重点生态功能区。

《规划》将优化开发区域和重点开发区域落实到 24 个城市群，分别为京津冀、辽中南、山东半岛、长三角、珠三角、太原、呼包鄂榆、哈长、东陇海、江淮、海峡西岸、中原、武汉、环长株潭、环鄱阳湖、北部湾、成渝、黔中、滇中、关中—天水、兰州—西宁、宁夏沿黄、天山北坡、藏中南等城市群。按照地理位置，优化开发区所含城市群分布在我国东部沿海地区，故又称东部城市群；重点开发区包括的城市群多分布于相对落后的中西部地区，故又称为中西部城市群。表 10-1 为各城市群的划分，各城市群包含的城市均依据已有规划文件得到。

表 10-1　我国主要城市群及其空间范围

序号	城市群名称	空间范围
优化开发区域	京津冀城市群	包括两个直辖市北京、天津以及河北省的石家庄、唐山、秦皇岛、邯郸、邢台、保定、张家口、承德、沧州、廊坊、衡水，共13个城市
	长三角城市群	包括一个直辖市上海以及江苏省的徐州、宿迁、连云港、淮安、盐城、扬州、泰州、南通、镇江、常州、无锡、苏州、南京，浙江省的舟山、杭州、嘉兴、温州、宁波、绍兴、湖州、丽水、台州、金华、衢州，安徽省的合肥、芜湖、蚌埠、马鞍山、宣城、滁州、淮南、淮北、黄山、池州、安庆、六安、阜阳、宿州、亳州、铜陵，共41个城市
	珠三角城市群	包括广东省的深圳、广州、珠海、佛山、江门、肇庆、惠州、东莞、中山，共9个城市
	辽中南城市群	包括辽宁省的沈阳、大连、鞍山、抚顺、本溪、辽阳、丹东、营口、盘锦、铁岭，共10个城市
	山东半岛城市群	包括山东省的济南、青岛、烟台、淄博、威海、潍坊、东营、日照，共8个城市
重点开发区域	哈长城市群	包括黑龙江省的哈尔滨、大庆、齐齐哈尔、绥化、牡丹江及吉林省的长春、吉林、四平、辽源、松原、延边朝鲜族自治州，共11个市州
	东陇海城市群	包括江苏省的徐州、连云港和山东省的日照，共3个城市
	江淮城市群	包括安徽省的合肥、芜湖、马鞍山、铜陵、安庆、滁州、池州、六安、宣城，共9个城市
	海峡西岸城市群	包括福建省的福州、厦门、莆田、三明、泉州、漳州、南平、龙岩、宁德，共9个城市
	中原城市群	包括河南省的郑州、济源、开封、洛阳、平顶山、新乡、焦作、许昌、漯河，共9个城市
	武汉城市群	包括湖北省的武汉、黄石、鄂州、黄冈、孝感、咸宁、仙桃、天门、潜江，共9个城市
	环长株潭城市群	包括湖南省的长沙、株洲、湘潭、岳阳、衡阳、常德、益阳、娄底，共8个城市
	环鄱阳湖城市群	包括江西省的南昌、景德镇、鹰潭、九江、新余、抚州、宜春、上饶、吉安，共9个城市
	成渝城市群	包括一个直辖市重庆以及四川省的成都、自贡、泸州、德阳、绵阳、遂宁、内江、乐山、南充、眉山、宜宾、广安、达州、雅安、资阳，共16个城市

序号	城市群名称	空间范围
重点开发区域	关中—天水城市群	包括陕西省的西安、铜川、宝鸡、咸阳、商洛、渭南和甘肃省的天水，共7个城市
	太原城市群	包括山西省的太原、晋中、阳泉、吕梁、祈州，共5个城市
	北部湾城市群	包括广西的南宁、北海、钦州、防城港，共4个城市
	兰州—西宁城市群	包括甘肃省的兰州、白银、定西、临夏回族自治州和青海省的西宁，共5个市州
	滇中城市群	包括云南省的昆明、曲靖、玉溪和楚雄，共4个市州
	黔中城市群	包括贵州省的贵阳、遵义、安顺、毕节、黔东南州、黔南州，共6个市州
	呼包鄂榆城市群	包括内蒙古的呼和浩特、包头、鄂尔多斯和陕西省的榆林，共4个城市
	宁夏沿黄城市群	包括宁夏的银川、石嘴山、吴忠、中卫，共4个城市
重点开发区域	天山北坡城市群	包括新疆的乌鲁木齐、克拉玛依、石河子、昌吉回族自治州、伊犁哈萨克自治州、博尔塔拉蒙古自治州、塔城地区、吐鲁番地区、哈密地区，共9个市州地区
	藏中南城市群	包括西藏的拉萨、日喀则地区、那曲地区、山南地区、林芝地区，共5个市州地区

资料来源：《全国主体功能区规划》及各地方政府规划。

10.1.2 城市群在中国经济发展中的重要作用

随着经济发展，城市群在区域发展中发挥重要作用。城市群集中了区域的优势资源，带动了区域整体发展。2017年我国城市群总面积占全国面积的27.3%，集中了全国70.7%的人口，创造了88.6%的GDP，城市群的经济密度与土地利用效率（人均GDP、地均GDP）领先于全国平均水平。其中第一产业增加值占全国的68.5%，第二产业增加值占95.8%，第三产业增加值占88.1%，工业总产值占据全国的80.8%。另外，全国75.5%的固定资产投资在城市群地区，城市群的公共财政支出占全国的76.0%，同时，城市群地区吸引了全国92.5%的外商直接投资。由此可见，城市群在全国的生产建设上起到了举足轻重的作用。

表 10-2　2017 年中国城市群在中国经济发展中的重要地位分析

	土地面积（万平方公里）	常住人口（万人）	GDP（亿元）	第一产业增加值（亿元）	第二产业增加值（亿元）
24 个城市群合计	261.4	98291.8	737510.8	42533.1	318878.9
占全国比重（%）	27.3	70.7	88.6	68.5	95.8
	第三产业增加值（亿元）	全社会固定资产投资（亿元）	工业总产值（亿元）	外商直接投资实际使用额（亿美元）	公共财政支出（亿元）
24 个城市群合计	375192.8	484380.9	941249.6	270403.6	136465.6
占全国比重（%）	88.1	75.5	80.8	92.5	76.0

资料来源：《中国城市统计年鉴（2018）》。

10.1.3　城市群功能定位

《全国主体功能区规划》依据各城市群的自然条件和经济基础，分别为各城市群进行了功能定位。可以看到，城市群的确定和功能定位与其位置和交通条件有关，东部城市群濒临太平洋，水陆空运输体系发达，《规划》要求东部城市群既要联系内陆，又要扩大对外交流，中西部城市群多分布在重要的交通枢纽附近，或者是与我国北、西、南国家相邻的地区。根据资源的富集程度，太原城市群、呼包鄂榆地区、哈长地位、天山北坡地区等被定位为全国重要的能源基地。近些年来我国高新产业发展迅速，一些城市群坚持培育高新产业，形成了发展优势。《规划》将山东半岛、冀中南、哈长、江淮、中原、长江中游、成渝、关中—天水等城市群定位为全国高新技术产业基地。依托强大的人力优势与良好的科研基础，东部城市群均被定位为全国重要的科技创新与技术研发基地。

表 10-3　中国城市群的功能定位

城市群	功能定位
京津冀城市群	"三北"地区的重要枢纽和出海通道，全国科技创新与技术研发基地，全国现代服务业、先进制造业、高新技术产业和战略性新兴产业基地，我国北方的经济中心

城市群	功能定位
辽中南城市群	东北地区对外开放的重要门户和陆海交通走廊，全国先进装备制造业和新型原材料基地，重要的科技创新与技术研发基地，辐射带动东北地区发展的龙头
山东半岛城市群	黄河中下游地区对外开放的重要门户和陆海交通走廊，全国重要的先进制造业、高新技术产业基地，全国重要的蓝色经济区
长三角城市群	长江流域对外开放的门户，我国参与经济全球化的主体区域，有全球影响力的先进制造业基地和现代服务业基地，世界级大城市群，全国科技创新与技术研发基地，全国经济发展的重要引擎，辐射带动长江流域发展的龙头，我国人口集聚最多、创新能力最强、综合实力最强的三大区域之一
珠三角城市群	通过粤港澳的经济融合和经济一体化发展，共同构建有全球影响力的先进制造业基地和现代服务业基地，南方地区对外开放的门户，我国参与经济全球化的主体区域，全国科技创新与技术研发基地，全国经济发展的重要引擎，辐射带动华南、中南和西南地区发展的龙头，我国人口集聚最多、创新能力最强、综合实力最强的三大区域之一
冀中南城市群	重要的新能源、装备制造业和高新技术产业基地，区域性物流、旅游、商贸流通、科教文化和金融服务中心
太原城市群	资源型经济转型示范区，全国重要的能源、原材料、煤化工、装备制造业和文化旅游业基地
呼包鄂榆城市群	全国重要的能源、煤化工基地、农畜产品加工基地和稀土新材料产业基地，北方地区重要的冶金和装备制造业基地
哈长城市群	我国面向东北亚地区和俄罗斯对外开放的重要门户，全国重要的能源、装备制造基地，区域性的原材料、石化、生物、高新技术产业和农产品加工基地，带动东北地区发展的重要增长极
东陇海城市群	新亚欧大陆桥东方桥头堡，我国东部地区重要的经济增长极
江淮城市群	承接产业转移的示范区，全国重要的科研教育基地，能源原材料、先进制造业和科技创新基地，区域性的高新技术产业基地
海峡西岸城市群	两岸人民交流合作先行先试区域，服务周边地区发展新的对外开放综合通道，东部沿海地区先进制造业的重要基地，我国重要的自然和文化旅游中心
中原城市群	全国重要的高新技术产业、先进制造业和现代服务业基地，能源原材料基地、综合交通枢纽和物流中心，区域性的科技创新中心，中部地区人口和经济密集区
武汉城市群	全国资源节约型和环境友好型社会建设示范区，全国重要综合交通枢纽、科技教育以及汽车、钢铁基地，区域性的信息产业、新材料、科技创新基地和物流中心

续表

城市群	功能定位
环长株潭城市群	全国资源节约型和环境友好型社会建设的示范区，全国重要的综合交通枢纽以及交通运输设备、工程机械、节能环保装备制造、文化旅游和商贸物流基地，区域性的有色金属和生物医药、新材料、新能源、电子信息等战略性新兴产业基地
环鄱阳湖城市群	全国大湖流域综合开发示范区，长江中下游水生态安全保障区，国际生态经济合作重要平台，区域性的优质农产品、生态旅游、光电、新能源、生物、航空和铜产业基地
北部湾城市群	我国面向东盟国家对外开放的重要门户，中国—东盟自由贸易区的前沿地带和桥头堡，区域性的物流基地、商贸基地、加工制造基地和信息交流中心
成渝城市群	全国统筹城乡发展的示范区，全国重要的高新技术产业、先进制造业和现代服务业基地，科技教育、商贸物流、金融中心和综合交通枢纽，西南地区科技创新基地，西部地区重要的人口和经济密集区
黔中城市群	全国重要的能源原材料基地、以航天航空为重点的装备制造基地、烟草工业基地、绿色食品基地和旅游目的地，区域性商贸物流中心
滇中城市群	我国连接东南亚、南亚国家的陆路交通枢纽，面向东南亚、南亚对外开放的重要门户，全国重要的烟草、旅游、文化、能源和商贸物流基地，以化工、冶金、生物为重点的区域性资源精深加工基地
藏中南城市群	全国农林畜生产加工、藏药产业、旅游、文化和矿产资源基地，水电后备基地
关中—天水城市群	西部地区重要经济中心，全国重要先进制造业和高新技术产业基地，科技教育、商贸中心和综合交通枢纽，西北地区重要科技创新基地，全国重要历史文化基地
兰州—西宁城市群	全国重要的循环经济示范区，新能源和水电、盐化工、石化、有色金属和特色农产品加工产业基地，西北交通枢纽和商贸物流中心，区域性的新材料和生物医药产业基地
宁夏沿黄城市群	全国重要的能源化工、新材料基地，清真食品及穆斯林用品和特色农产品加工基地，区域性商贸物流中心
天山北坡城市群	我国面向中亚、西亚地区对外开放的陆路交通枢纽和重要门户，全国重要的能源基地，我国进口资源的国际大通道，西北地区重要的国际商贸中心、物流中心和对外合作加工基地，石油天然气化工、煤电、煤化工、机电工业及纺织工业基地

资料来源：《全国主体功能区规划》。

10.2 2017 年中国城市群比较分析

10.2.1 经济总量比较分析

选取地区生产总值、第一、第二和第三产业增加值、工业总产值、固定资产投资、社会消费品零售总额、公共财政收入、外商直接投资实际使用额作为经济总量的衡量指标（见表 10-4）。

表 10-4 中国城市群经济总量分析（2017 年）

城市群	地区生产总值（亿元）	第一产业增加值（亿元）	第二产业增加值（亿元）	第三产业增加值（亿元）	工业总产值（亿元）	固定资产投资（亿元）	社会消费品零售总额（亿元）	公共财政收入（亿元）	外商直接投资实际使用额（亿美元）
京津冀	80631.6	3363.7	28791.7	48476.1	71259.1	52727.5	32723.2	10240.3	437.1
辽中南	22450.2	1457.8	9391.0	11601.5	19141.0	5503.1	11930.6	2041.8	48.6
山东半岛	45481.7	2318.6	20886.8	22276.3	77623.4	32916.0	20262.7	3982.4	157.7
长三角	197875.1	8601.9	85286.0	103987.2	289779.2	112054.1	78694.7	18773.4	762.7
珠三角	75710.2	1181.5	31542.8	42985.8	112644.1	25463.5	27318.2	7456.0	218.1
太原	7523.9	284.1	3443.3	3796.6	6522.8	2728.4	3523.2	691.9	6.6
呼包鄂榆	13081.3	436.3	6518.0	6127.2	12764.1	9432.2	4255.2	1008.9	26.9
哈长	26444.0	2974.5	10360.0	12181.8	28610.7	19116.9	13334.3	2223.1	82.7
东陇海	11255.1	1072.2	5027.6	5155.2	19652.4	9571.8	4645.5	857.8	30.0
江淮	19089.7	1351.8	9682.3	8010.8	31079.6	20446.1	7255.7	1807.3	114.2
海峡西岸	32197.2	2207.5	15585.0	14404.9	45153.2	23968.2	12879.4	2699.2	84.1
环鄱阳湖	16893.9	1499.2	8350.4	7024.6	29072.2	17852.7	6181.9	1650.2	101.1
中原	26402.1	1443.5	12957.1	12001.3	39829.9	24701.2	11084.2	2204.1	112.4
武汉	22613.4	1777.9	10373.5	10462.0	24502.0	16230.0	9810.1	1925.3	104.9
环长株潭	26908.5	1976.6	11909.0	13023.0	31439.2	22816.9	11154.9	1769.0	111.6

续表

城市群	地区生产总值（亿元）	第一产业增加值（亿元）	第二产业增加值（亿元）	第三产业增加值（亿元）	工业总产值（亿元）	固定资产投资（亿元）	社会消费品零售总额（亿元）	公共财政收入（亿元）	外商直接投资实际使用额（亿美元）
北部湾	7400.1	918.9	3314.4	3166.8	9797.5	7169.0	2990.1	1108.2	5.4
成渝	53476.8	4664.3	23852.9	24959.7	57421.1	39186.7	23689.0	4741.2	211.0
黔中	11063.4	1462.2	4213.3	5388.0	2126.5	8404.2	2726.1	794.3	22.0
滇中	8213.9	703.8	3352.3	4157.8	5979.1	6505.4	3593.7	834.3	8.4
藏中南	1094.5	89.6	425.7	579.3	109.9	582.3	258.8	70.8	0.0
关中—天水	15311.1	1207.8	6872.8	7230.4	15027.1	18827.3	7055.4	973.1	55.1
兰州—西宁	4795.8	234.5	1733.1	2828.1	4421.6	3358.1	2252.8	610.1	2.3
宁夏沿黄	3220.5	199.7	1693.7	1327.1	3729.4	2928.1	859.4	257.2	1.0
天山北坡	8376.8	1105.1	3316.0	4041.1	3564.5	1891.1	1383.3	574.2	0.1

资料来源：《中国城市统计年鉴（2018）》。

（1）地区生产总值方面，长三角城市群优势突出，地区生产总值接近20万亿元；京津冀城市群和珠三角城市群分列第二、三位，分别超过8万亿元和7.5万亿元，成渝城市群、山东半岛城市群分列第四、五位，地区生产总值超过4万亿元；辽中南城市群、哈长城市群、海峡西岸城市群、中原城市群、武汉城市群、环长株潭城市群、江淮城市群、鄱阳湖城市群、关中—天水城市群、呼包鄂榆城市群、东陇海城市群、黔中城市群地区生产总值在1万亿元以上。太原城市群、北部湾城市群、滇中城市群、天山北坡城市群地区生产总值在1万亿元至5000亿元之间；宁夏沿黄城市群、兰州—西宁城市群、藏中南城市群生产规模较小，地区生产总值不足5000亿元。

（2）第一产业方面，长三角城市群第一产业增加值最高，达到8601.9亿元；成渝城市群、京津冀城市群均达到3000亿元以上；哈长城市群、山东半岛城市群、海峡西岸城市群均在2000亿元以上；环长株潭城市群、辽中南城市群、中原城市群、武汉城市群、江淮城市群、环鄱阳湖城市群、珠三角城市群、关中—天水城市群、天山北坡城市群也在1000亿元以上；

宁夏沿黄城市群、兰州—西宁城市群、太原城市群、藏中南城市群的第一产业增加值则均不足 300 亿元。

（3）第二产业方面，长三角城市群第二产业增加值超过 8.5 万亿元，远高于其他城市群；珠三角、京津冀、成渝城市群、山东半岛城市群水平相当，都在 2 万亿元以上，位于第二梯队；海峡西岸城市群、环长株潭城市群、中原城市群和哈长城市群的第二产业增加值均在 1 万亿元以上；第二产业增加值排在最后五位的城市群是北部湾城市群、兰州—西宁城市群、宁夏沿黄城市群、天山北坡城市群、藏中南城市群。

（4）第三产业方面，以上海为核心的长三角城市群第三产业增加值高达 10.4 万亿元，在全国范围内占据绝对优势；以北京为核心的京津冀城市群、包含广州、深圳在内的珠三角城市群的第三产业增加值超过了 4 万亿元；山东半岛城市群和成渝城市群的第三产业增加值也超过了 2 万亿元；海峡西岸城市群、环长株潭城市群、哈长城市群、中原城市群、辽中南城市群、武汉城市群超过 1 万亿元；第三产业增加值最低的五个城市群分别为太原城市群、北部湾城市群、兰州—西宁城市群、宁夏沿黄城市群和藏中南城市群。

（5）工业总产值方面，长三角城市群工业总产值遥遥领先，接近 29 万亿元；珠三角城市群超过 11 万亿元，京津冀城市群和山东半岛城市群的工业总产值均在 7 万亿元以上；海峡西岸城市群、成渝城市群的工业总产值均超过了 4 万亿元，中原城市群也接近 4 万亿元；工业总产值最低的五个城市群分别为滇中城市群、兰州—西宁城市群、宁夏沿黄城市群、天山北坡城市群和藏中南城市群。

（6）固定资产投资方面，长三角城市群最高，其次为京津冀城市群，再次为成渝城市群；山东半岛、海峡西岸、珠三角、中原城市群、江淮城市群、环长株潭城市群的固定资产投资额超过 2 万亿元；太原、兰州—西宁、宁夏沿黄、天山北坡、藏中南等城市群的固定资产投资处于较低水平。

（7）社会消费品零售额方面，长三角城市群零售总额（78694 亿元）是第二名京津冀城市群（32723 亿元）的两倍以上；成渝城市群、珠三角城市群和山东半岛城市群零售总额均超过 2 万亿元，也处于较高水准；哈长城市群、辽中南城市群、海峡西岸城市群和环长株潭城市群超过 1 万亿元。

（8）地方财政收入方面，长三角城市群最高（18773 亿元），京津冀城市群为 10240 亿元，排名其后的是珠三角城市群（7456 亿元）；成渝城市群和山东半岛城市群超过 3000 亿元；太原城市群、天山北城市群、宁夏沿黄城市群、兰州—西宁城市群和北部湾城市群等地区地方财政收入水平较低。

（9）外商直接投资实际使用额方面，长三角城市群、京津冀城市群均超过 400 亿美元，珠三角城市群、成渝城市群、山东半岛城市群、哈长城市群、中原城市群、江淮城市群和环长株潭城市群实际使用外商直接投资超过 100 亿美元，其余城市群则均处于较低水准。

10.2.2 经济发展水平比较分析

在表 10-5 中，我们选取了人均、地均生产总值和各产业比重来表示经济发展水平。

表 10-5 中国城市群经济发展水平（2017 年）

城市群	人均地区生产总值（元/人）	地均地区生产总值（万元/平方公里）	第一产业比重（%）	第二产业比重（%）	第三产业比重（%）
京津冀	71690.4	3721.8	4.2	35.7	60.1
辽中南	67262.6	2315.2	6.5	41.8	51.7
山东半岛	101050.2	6093.5	5.1	45.9	49
长三角	88497.5	5546.5	4.3	43.1	52.6
珠三角	123095.1	13776.5	1.6	41.7	56.8
太原	46445.1	1012.2	3.8	45.8	50.5
呼包鄂榆	135187.6	748	3.3	49.8	46.8
哈长	59075.1	819.1	11.2	39.2	46.1
东陇海	69549.1	4549.6	9.5	44.7	45.8
江淮	57579.6	2186.5	7.1	50.7	42
海峡西岸	82324.7	2602.3	6.9	48.4	44.7

城市群	人均地区生产总值（元/人）	地均地区生产总值（万元/平方公里）	第一产业比重（%）	第二产业比重（%）	第三产业比重（%）
环鄱阳湖	47374.9	1361.5	8.9	49.4	41.6
中原	60876.5	4605.2	5.5	49.1	45.5
武汉	71010.7	4446.1	7.9	45.9	46.3
环长株潭	64243.8	2778.9	7.3	44.3	48.4
北部湾	56763.2	1657.1	12.4	44.8	42.8
成渝	53693	2232.4	8.7	44.6	46.7
黔中	55167	1419.8	13.2	38.1	48.7
滇中	53734.8	1260.6	8.6	40.8	50.6
藏中南	18293.2	144	3.6	37.9	58.5
关中—天水	51533.2	1720.4	7.9	44.9	47.2
兰州—西宁	43604.2	779	4.9	36.1	59
宁夏沿黄	57615.8	663.5	6.2	52.6	41.2
天山北坡	25437.5	1431.1	10.2	28.8	61

资料来源：《中国城市统计年鉴（2018）》。

　　从人均生产总值来分析，24 个城市群的人均生产总值（75032.8元/人）领先于全国平均水平（59261.8 元/人）。呼包鄂榆城市群受益于当地的自然资源优势，人均地区生产总值超过 13 万元/人；珠三角、山东半岛分别是经济大省广东、山东经济最为发达的区域，人均生产总值位列其后，人均生产总值均超过 10 万元/人；接下来的长三角城市群（88498元/人）、海峡西岸城市群（82325 元/人）、京津冀城市群（71690 元/人）、武汉城市群（71011 元/人）、东陇海城市群（69549 元/人）、辽中南城市群（67263 元/人）、环长株潭城市群（64244 元/人）、中原城市群（60877元/人）等 11 个城市群的人均生产总值均高于全国平均值。

　　从地均生产总值来分析，第一梯队的珠三角城市群遥遥领先，地均生产总值为 13777 万元/平方千米。珠三角城市群是华南地区经济发展程度最高的地区，行政区的土地面积仅为广东省的 30%左右，但是产业的集聚效应非常强；排在第二梯队的是山东半岛城市群（6094 万元/平方千米）、长三角城市群（5547 万元/平方千米）；排在第三梯队的有中原城市群（4605 万元/平方千米）、东陇海城市群（4550 万元/平方千米）、武汉城市群（4446 万元/平方千米）、京津冀城市群（3722 万元/平方千米）；地均生产总值不及全国平均值（867 万元/平方千米）的城市群有呼包鄂榆城市群（748 万元/平方千米）、兰州—西宁城市群（779 万元/平方千米）、宁夏沿黄城市群（664 万元/平方千米）和藏中南城市群（144 万元/平方千米）。

产业结构能够较好地反映一个地区在经济发展中所处的阶段。在东部 5 个城市群中，珠三角城市群第一产业比重最低，京津冀城市群的第二产业比重最低，其中 GDP 最高的城市北京市，第二产业比重仅为 19%，但是河北省的第二产业比重较高，达到了 47%，东部城市群第三产业比重则显著高于其他城市群，第三产业比重均已经超过第二产业，已表现出去工业化的特点；宁夏沿黄和江淮城市群第二产业比重较高，分别为 52.6% 和 50.7%，第三产业比重仅略微超过 40%；受区域发展政策影响，天山北坡和藏中南城市群的第三产业比重处于较高水平，分别为 61% 和 58.5%；黔中城市群（13.2%）和北部湾城市群（12.4%）第一产业比重最高，第二产业和第三产业比重低，处于经济发展初级阶段。

10.2.3 工业化进程比较分析

本报告选取了工业总产值和工业所有制结构等指标来表示工业化进程（见表 10-6）。

工业总产值最高的是长三角城市群，共计接近 29 万亿元，其中内资企业占比 62.4%，外商投资企业比重较高，达到 19.2%；珠三角城市群工业总产值排第二位，为 112644 亿元，珠三角的所有制结构与长三角城市群相比，外商投资企业占比稍高，港澳台商投资企业比重则高出 13.5%；紧接着，京津冀、山东半岛的工业总产值均超过 7 万亿元，成渝城市群也超过了 5 万亿元；北部湾、黔中、太原、滇中、兰州—西宁、宁夏沿黄、天山北坡、藏中南等 8 个城市群工业总产值不足 1 万亿元。

工业所有制结构方面，我国城市群与全国差异最大的地方在内资企业比重低，而外商投资企业比重高。外资企业高比重现象在沿海区域尤为明显，例如辽中南、长三角、珠三角城市群的外商投资企业占比分别为

28.9%、19.2%、20.5%。相反，内陆地区则多为内资企业，且具有从沿海到内陆依次增多的趋势，珠三角、海峡西岸城市群内资企业占比均不足70%，而天山北坡、兰州—西宁城市群内资企业占比则超过95%。

表10-6 中国城市群工业化进程（2017年）

城市群	工业总产值（亿元）	所有制结构		
		内资企业比重（%）	港澳台投资企业比重（%）	外商投资企业比重（%）
京津冀	71259.1	78.4	5.2	16.4
辽中南	19141.0	66.8	4.3	28.9
山东半岛	77623.4	83.2	4.5	12.3
长三角	289779.2	72.4	8.4	19.2
珠三角	112644.1	58.5	21.9	20.5
太原	6522.8	85.5	11.0	3.5
呼包鄂榆	12764.1	93.1	1.8	5.1
哈长	28610.7	91.2	2.7	6.1
东陇海	19652.4	86.6	4.4	8.0
江淮	31079.6	85.7	4.5	9.8
海峡西岸	45153.2	66.8	19.6	13.6
环鄱阳湖	29072.2	87.4	7.9	4.7
中原	39829.9	82.9	8.6	8.5
武汉	24502.0	76.8	9.7	13.5
环长株潭	31439.2	90.3	5.3	4.4
北部湾	9797.5	78.4	11.7	9.9
成渝	57421.1	80.7	6.8	12.5
黔中	2126.5	93.0	3.8	3.2
滇中	5979.1	94.6	2.6	2.8
藏中南	109.9	90.6	4.6	4.8
关中—天水	15027.1	89.5	3.1	7.4
兰州—西宁	4421.6	96.0	2.7	1.3
宁夏沿黄	3729.4	94.3	2.3	3.4
天山北坡	3564.5	98.6	0.4	1.0

资料来源：《中国城市统计年鉴（2018）》。

在表10-7中，我们选取规模以上工业企业数、流动资产合计、固定资产合计、利润总额、本年应交增值税来反应工业经济效益。综合这五项指标，可以看到，城市群的各个指标大致由沿海地区向内陆递减，综合来看，长三角城市群工业经济效益最高；珠三角和京津冀城市群效益水平相近，位于第二梯队；山东半岛城市群与内陆的成渝城市群工业发展水平相当，位于第三梯队；海峡西岸城市群和中原城市群紧随其后，排在第四阶梯；成渝城市群以外的西部城市群各指标值都较低，工业发展空间较大，发展水平有待提升。

表10-7 中国城市群工业经济效益（2017年）

城市群	工业企业数（个）	流动资产合计（亿元）	固定资产合计（亿元）	利润总额（万元）	本年应交增值税（万元）
京津冀	22302	469332127	315801230	58275398	19308799
辽中南	5637	166124098	93244948	9412085	5645088
山东半岛	17686	322299846	197700015	45282448	16296397
长三角	112623	1442031584	706809614	201808144	68303971
珠三角	36503	614349888	198317624	72640459	26749145
太原	1875	66060718	57701241	3822293	3498719
呼包鄂榆	1871	80591506	104579669	19164369	7866479
哈长	7072	124755815	96948499	12499601	6363854
东陇海	4651	162821690	77354234	14842688	5168303
江淮	12083	88815914	59336974	18032490	6773029
海峡西岸	17348	172780635	104372970	32105005	10239080
环鄱阳湖	9113	89833614	70643150	21675702	6604150
中原	11740	187278354	140295844	33073364	7332460
武汉	7469	100933226	68159642	11963022	5931600
环长株潭	10838	109816525	79243769	17430260	7136230
北部湾	1649	27194191	21081301	6505075	2361395
成渝	19023	254959130	176565382	41322043	16283508
黔中	2714	40963731	47352865	3006445	1462463
滇中	2062	43026267	29400849	4240726	2623764

续表

城市群	工业企业数（个）	流动资产合计（亿元）	固定资产合计（亿元）	利润总额（万元）	本年应交增值税（万元）
藏中南	106	3224090	17147378	214753	−26950
关中—天水	4096	72450624	58663121	10052821	9649220
兰州—西宁	911	24193297	22926880	1043204	1235249
宁夏沿黄	1170	30363605	33098787	1929272	271866
天山北坡	780	28116091	49059688	1588505	1999091

资料来源：《中国城市统计年鉴（2018）》。

10.2.4　城镇化进程比较分析

选取全市人口，市辖区人口，城镇单位从业人数，一、二、三产业单位从业人员数和人均固定资产投资来表示城镇化进程（见表10-8）。

表 10-8　中国城市群城镇化进程（2017 年）

城市群	全市常住人口（万人）	市辖区户籍人口（万人）	城镇单位从业人数（万人）	单位从业人员数（万人）			人均固定资产投资（元/人）
				第一产业单位从业人员数	第二产业单位从业人员数	第三产业单位从业人员数	
京津冀	11247.2	4530.0	1669.7	7.9	462.5	1199.2	46880.6
辽中南	3337.7	1889.0	431.4	20.0	178.2	233.2	16487.7
山东半岛	4500.9	2235.0	670.7	0.5	353.8	316.4	73132.1
长三角	22359.4	9147.0	4130.1	15.2	2040.2	1694.3	50115.0
珠三角	6150.5	2692.0	1549.4	1.2	912.0	636.2	41400.5
太原	1620.0	517.0	223.0	0.6	100.0	122.4	16842.6
呼包鄂榆	967.6	379.0	151.7	1.3	60.1	90.4	97475.9
哈长	4476.3	1778.0	480.5	17.4	176.4	286.7	42706.7
东陇海	1618.3	698.0	198.2	1.5	89.4	83.6	59147.5
江淮	3315.4	1174.0	356.2	2.5	188.9	242.9	61670.9

续表

城市群	全市常住人口（万人）	市辖区户籍人口（万人）	城镇单位从业人数（万人）	单位从业人员数（万人）			人均固定资产投资（元/人）
				第一产业单位从业人员数	第二产业单位从业人员数	第三产业单位从业人员数	
海峡西岸	3911.0	1190.0	668.7	4.3	400.6	263.7	61284.0
环鄱阳湖	3566.0	1002.0	377.3	3.7	198.1	175.6	50063.7
中原	4337.0	1328.0	585.9	0.5	322.9	262.5	56954.3
武汉	3184.5	1292.0	457.0	3.5	235.6	217.9	50965.6
环长株潭	4188.5	1072.0	394.5	1.5	185.5	207.5	54475.1
北部湾	1303.7	651.0	142.2	2.7	55.5	84.0	54990.9
成渝	9959.7	5153.0	1416.6	6.7	582.5	827.5	39345.1
黔中	2005.4	766.0	206.7	0.4	80.3	125.9	41907.1
滇中	1528.6	504.0	209.6	0.6	94.1	114.8	42558.0
藏中南	90.3	30.0	41.4	9.2	5.6	26.6	64518.0
关中—天水	2971.1	1326.0	393.8	2.0	159.4	232.3	63368.0
兰州—西宁	1099.8	402.0	140.3	0.5	55.5	84.2	30532.8
宁夏沿黄	559.0	242.0	60.9	1.1	22.7	37.1	52384.7
天山北坡	373.2	248.0	118.8	2.6	42.2	74.1	50671.8

资料来源：《中国城市统计年鉴（2018）》，部分人口数据来源于各省市统计年鉴。

从城市人口数量来看，长三角城市群、成渝城市群、京津冀城市群容纳了最多的常住人口，三者相加共容纳了近 4.3 亿人，珠三角城市群也拥有 6150 万常住人口，中原城市群、哈长城市群、环长株潭城市群和山东半岛城市群各自承载了 4000 万人以上的常住人口。

从城镇单位从业人数来看，长三角城市群、京津冀城市群、珠三角城市群、成渝城市群均容纳了 1000 万以上的城镇单位从业人员。从各产业从业人员数量来看，第三产业从业人员数量前三位分别为长三角、京津冀、珠三角城市群，这三个城市群也是当前经济最发达、产业结构最先进的城市群；第二产业从业人员数量位于前列的分别是长三角、珠三角、成渝城市群，其中成渝城市群的工业总产值仅列第五，第二产业的质量有待提高；第一产业单位从业人员数最高的是位于东北的辽中南城市群和哈长城市群。

从人均固定资产投资来看，2016 年呼包鄂榆城市群的人均固定资产投资超过 9 万元/人，山东半岛超过 7 万元/人，24 个城市群中共有 15 个超过 5 万元/人。相比其他东部城市群而言，珠三角城市群和辽中南城市群人均固定资产投资较低，分别为 4.1 万元/人和 1.6 万元/人。

10.2.5 国际化进程比较分析

在表 10-9 中，我们选取了外商直接投资实际使用额、人均外商直接投资实际使用额和外商直接投资合同项目个数来表示各城市群国际化进程。

从外商直接投资实际使用额来看，我国外商直接投资量最集中的城市群为长三角城市群和京津冀城市群，分别达到 763 亿美元、437 亿美元。外商投资多集聚于东部沿海地区，珠三角、山东半岛城市群分别达到了 218 亿美元、158 亿美元，部分内陆城市群也有较多的外商投资，成渝城市群达到 211 亿美元，环长株潭、环鄱阳湖、江淮、武汉、中原城市群都有超过 100 亿美元的外商投资；而内陆地区如兰州—西宁、宁夏沿黄城市群则不足 5 亿美元，由此可见，各城市群对外商的吸引力差距是巨大的。从人均外商直接投资来看，外商投资密度最高的地区为京津冀城市群（389 美元/人），其次为珠三角城市群（355 美元/人）、山东半岛城市群（350 美元/人）和长三角城市群（341 元/人），武汉城市群和江淮城市群均达到人均外商投资 300 美元/人。外商投资合同项目个数排名前五位的均为东部城市群，依次为珠三角城市群、长三角城市群、京津冀城市群、海峡西岸城市群和山东半岛城市群。

从表 10-9 可以看出，国际化水平较高的地区主要分布于东部，尤其是东南沿海的城市群，中西部个别地区如关中—天水、呼包鄂榆等，因其具有独特的旅游资源、矿产资源或优越的投资条件，也加快了国际化进程，而成渝城市群、武汉城市群等，因区域内大城市的存在，也吸引了较多的外商投资。

表 10-9　中国城市群国际化进程（2017 年）

城市群	外商直接投资 实际使用额 （万美元）	人均外商直接投资 实际使用额 （美元/人）	外商直接投资 合同项目个数 （个）
京津冀	4371019	388.6	2454
辽中南	486139	145.7	490
山东半岛	1577014	350.4	1281
长三角	7627458	341.1	11007
珠三角	2181138	354.6	13299
太原	66438	41.0	30
呼包鄂榆	269178	278.18	35
哈长	826768	184.7	111
东陇海	299503	185.1	281
江淮	1142306	344.5	269
海峡西岸	840774	215.0	1945
环鄱阳湖	1011284	283.6	402
中原	1123729	259.1	155
武汉	1048550	329.3	201
环长株潭	1116094	266.5	534
北部湾	54349	41.7	102
成渝	2110048	211.9	799
黔中	220265	109.8	78
滇中	83611	54.7	121
藏中南	0	0	0
关中—天水	550771	185.4	164
兰州—西宁	22872	20.8	18
宁夏沿黄	10009	17.9	22
天山北坡	1039	2.8	43

资料来源：《中国城市统计年鉴（2018）》。

10.2.6　财政金融比较分析

表 10-10 提供了 2017 年我国城市群年末金融机构存款余额、年末金

融机构人民币各项贷款余额、居民人民币储蓄存款余额、人均储蓄存款、公共财政支出、科学技术支出和教育支出等指标，来反映城市群金融和财政的收支状况。

金融方面，我国城市群的金融机构人民币存款额和贷款额体量前五位均为长三角、京津冀、珠三角、成渝和山东半岛城市群。人均储蓄存款能够表明该地区人民的富裕程度，可以看到，珠三角城市群的人均储蓄额高达 77034 元/人，列各城市群之首，其次是辽中南城市群（67278 元/人）、京津冀城市群（66042 元/人）和长三角城市群（58622 元/人）。人均储蓄在 5 万元以上的城市群还有太原城市群（61251 元/人）、呼包鄂榆城市群（58771 元/人）、山东半岛城市群（56418 元/人）。黔中城市群人均储蓄额水平较低，与藏中南城市群相当，均不足 3 万元/人。

财政方面，2016 年财政预算支出前两位为长三角城市群（24816 亿元）、京津冀城市群（15805 亿元），从属第一梯队；珠三角和成渝城市群也超过了万亿元，分别达到 10330 亿元和 10050 亿元。财政支出水平较高的城市群基本位于东部沿海地区，而内陆地区如宁夏沿黄、天山北坡、藏中南城市群的公共财政支出均不足 1000 亿元。从表 10-10 可以看出，各城市群的教育支出明显高于科学技术支出，其中教育支出排名靠前的有长三角、京津冀、成渝、珠三角城市群，均超过 1500 亿元，而科学技术支出排名靠前的有长三角、珠三角、京津冀城市群，都超过 500 亿元。

表 10-10　中国城市群地区财政金融状况（2017 年）

城市群	年末金融机构人民币各项存款余额（亿元）	居民人民币储蓄存款余额（亿元）	人均储蓄存款（元）	年末金融机构人民币各项贷款余额（亿元）	公共财政支出（亿元）	科学技术支出（亿元）	教育支出（亿元）
京津冀	226524.4	74278.2	66041.6	133496.2	528.5	528.5	2524.3
辽中南	45573.6	22455.2	67277.6	35228.5	3306.9	33.5	387.0
山东半岛	58895.1	25393.0	56417.6	47249.5	4939.1	130.9	960.9
长三角	383648.3	131074.4	58621.6	286243.9	24816.4	1295.6	4701.0
珠三角	162623.4	47380.1	77034.1	106856.9	10330.0	735.4	1580.6
太原	19627.7	9922.4	61250.9	15667.7	1470.1	26.2	254.9

续表

城市群	年末金融机构人民币各项存款余额（亿元）	居民人民币储蓄存款余额（亿元）	人均储蓄存款（元）	年末金融机构人民币各项贷款余额（亿元）	公共财政支出（亿元）	科学技术支出（亿元）	教育支出（亿元）
呼包鄂榆	16979.6	7041.6	72771.3	15695.9	1951.1	16.0	268.4
哈长	34631.8	18375.7	41050.8	27767.2	4374.7	27.1	295.4
东陇海	11599.0	5881.0	36340.7	8817.4	1450.2	34.5	298.2
江淮	30689.2	12543.5	37834.4	25251.3	3363.0	189.6	533.9
海峡西岸	41283.1	16146.7	41285.4	38297.3	3956.2	87.9	769.1
环鄱阳湖	26418.2	12215.6	34255.6	21380.4	3473.2	79.9	602.3
中原	37703.8	17063.7	39344.5	29616.1	3851.1	73.0	587.1
武汉	32984.5	12475.7	39176.4	27507.2	3109.6	143.2	514.1
环长株潭	35094.0	16099.8	38438.1	25483.5	4033.2	66.2	597.6
北部湾	11901.8	4749.3	36429.6	12415.9	1130.3	11.2	212.6
成渝	98438.9	45253.5	45436.4	71940.6	10049.7	141.0	1586.1
黔中	18639.2	5913.8	29489.0	15329.1	2002.7	37.7	409.5
滇中	17342.7	6450.4	42198.3	17169.6	1480.6	25.5	281.2
藏中南	4447.8	772.6	85608.3	3616.5	248.1	4.5	163.5
关中—天水	30428.6	14394.3	48447.6	22191.4	2707.8	58.0	456.1
兰州—西宁	13883.7	5273.7	47949.9	16103.1	1096.4	10.1	204.8
宁夏沿黄	5330.5	2531.7	45292.8	5973.1	788.8	12.0	100.0
天山北坡	10512.1	3403.3	91192.4	7559.8	776.0	12.9	107.8

资料来源：《中国城市统计年鉴（2018）》。

10.2.7 城市建设比较分析

我们采用人口密度、人均城市道路面积、城市建设用地占市区面积比重、人均生活用水、人均生活用电量、万人拥有公交车数、建成区绿化覆盖率、城镇生活污水处理率、生活垃圾无害化处理率来表示城市建设水平，见表10-11。

城市群中珠三角的人口密度最高，超过了1100人/平方公里，中原城市群（757人/平方公里）和东陇海城市群（654人/平方公里）超越长三角城市群（627人/平方公里）。武汉（626人/平方公里）、山东半岛（603人/平方公里）超过了600人/平方公里，京津冀城市群（519人/平方公里）也超过了500人/平方公里。呼包鄂榆城市群（55人/平方公里）、藏中南城市群（31人/平方公里）的人口密度是人口密度最低的两个城市群，没有超过100人/平方公里。

人均城市道路面积方面，人均道路面积最高的藏中南（15.2平方米/人）、天山北坡（13.6/人）、呼包鄂榆（10.4平方米/人），这三个城市群的共同点是地广人稀，且因为政策原因，修建了很多道路。珠三角、山东半岛、宁夏沿黄、辽中南城市群也较高，超过7平方米/人。江淮、长三角、北部湾城市群也超过了6平方米/人。人均道路面积较低的多为我国中南部的城市群，比如黔中、环长株潭城市群等。城市建设用地面积占市区面积比重最高的为中原城市群（18.4%），远高于京津冀、长三角、山东半岛等用地更为紧张的城市群，由此可反映出该地区用地较为粗放。其次是珠三角城市群（15.6%），该城市群面积较小，城市化率高，对建设用地的需求也较高。城市群的人均生活用水、用电量普遍高于全国平均值，珠三角城市群的人均生活用水和用电量均远远高于全国平均水平，既与本地区基础设施完善有关，也与气候和生活习惯有一定关系。

在城市交通方面，公交车每万人拥有量第一的地区为珠三角城市群（11.7辆/万人），远远高于随后的宁夏沿黄城市群（6.0辆/万人）、山东半岛城市群（5.5辆/万人）、辽中南城市群（5.4辆/万人）、京津冀城市群（5.2辆/万人），而全国公交拥有量较低的区域为黔中城市群（2.9辆/万人）、太原城市群（2.8辆/万人）、东陇海城市群（2.8辆/万人）和环鄱阳湖城市群（2.3辆/万人），其公交系统配备还有待完善。

城市绿化方面，环鄱阳湖、珠三角、江淮、京津冀等城市群建成区的绿化覆盖率较高，分别达到46.9%、45.2%、43.2%、43.0%，较差的是武汉、兰州—西宁、藏中南、黔中等城市群，建成区绿化率仅为36.0%、35.8%、33.1%、30.5%，这些城市群建设步伐较快，而忽视了环境质量的改善。城市生活污水和生活垃圾处理率反映出对环境的重视，做得较好的是长三角城市群、京津冀城市群、珠三角群等，而滇中、兰州—西宁、黔中、藏中南等城市群生活污水或生活垃圾的处理率较低。

表 10-11　中国城市群基础设施状况（2017 年）

城市群	人口密度（人/平方公里）	人均城市道路面积（平方米/人）	城市建设用地占市区面积（%）	人均生活用水（吨/人）	人均生活用电（千瓦时/人）	万人公交车拥有量（辆）	建成区绿化覆盖率（%）	城镇生活污水处理率（%）	生活垃圾无害化处理率（%）
京津冀	519.2	4.5	6.6	15.0	393.9	5.2	43.0	97.0	99.0
辽中南	344.2	7.0	9.7	17.8	428.0	5.4	41.2	88.4	95.4
山东半岛	603.0	8.9	8.1	13.3	405.8	5.5	42.0	96.7	100.0
长三角	626.7	6.7	8.1	20.6	449.2	4.2	41.9	90.7	99.5
珠三角	1119.2	9.4	15.6	50.9	707.1	11.7	45.2	92.3	99.4
太原	217.9	4.8	8.1	11.4	370.2	2.8	41.4	91.0	90.6
呼包鄂榆	55.3	10.4	4.5	11.7	536.1	4.8	41.7	94.9	97.8
哈长	138.6	5.0	4.7	8.0	285.7	4.2	37.7	85.1	86.9
东陇海	654.1	5.6	7.3	9.4	278.3	2.8	42.8	95.7	90.0
江淮	379.7	6.8	6.6	16.0	270.3	3.1	43.2	94.9	97.8
海峡西岸	316.1	4.5	6.0	14.0	521.2	3.9	42.8	89.9	98.8
环鄱阳湖	287.4	3.8	6.1	10.4	279.2	2.3	46.9	89.5	98.6
中原	756.5	3.9	18.4	10.7	368.2	3.4	40.3	97.7	98.6
武汉	626.1	5.1	7.4	23.1	421.8	3.6	36.0	83.2	89.0
环长株潭	432.5	3.7	10.3	17.6	326.6	3.9	42.1	92.2	99.6
北部湾	291.9	6.0	2.8	29.1	416.8	3.5	40.7	76.8	100.0
成渝	415.8	4.8	4.9	17.9	316.7	3.6	40.0	87.4	92.0
黔中	257.4	2.7	5.6	11.7	486.4	2.9	30.5	91.0	89.9
滇中	234.6	5.0	6.4	12.5	288.7	4.9	38.3	90.8	83.0
藏中南	30.6	15.2	2.8	27.4	520.7	7.4	33.1	11.0	91.0
关中—天水	333.8	5.5	4.7	15.6	393.9	3.7	40.4	93.1	97.5
兰州—西宁	178.6	4.6	4.7	16.3	331.4	4.9	35.8	89.8	98.1
宁夏沿黄	115.2	9.3	3.1	18.1	194.4	6.0	41.3	94.0	97.0
天山北坡	173.4	13.6	3.4	43.0	575.8	14.2	41.6	90.9	95.4

资料来源：《中国城市统计年鉴（2018）》。

10.2.8 交通运输设施比较分析

交通运输设施的建设是基础设施的重要方面，我们用公路、水运、民航等方式运送的客运量和货运量来表示，如表 10-12。

可以看到，全国范围内客运总量较高的城市群包括成渝、长三角、黔中、珠三角、京津冀城市群，各自客运总量均超过 10 亿人，其中长三角、珠三角城市群在各类客运量中均排名前列，京津冀城市群在公路和民航两种客运方式中也是名列前茅。由此可见，三处均为全国较为重要的交通枢纽地区。长三角、珠三角、京津冀、成渝城市群是我国货运量最大的区域，2017 年四地运货量超过 100 亿吨。具体来看，民航货运量超过公路和水运货运量总和，民航货运逐步成为一种主要的货物运输方式。

表 10-12 中国城市群交通设施状况（2017 年）

城市群	客运总量（万人）	公路客运量（万人）	水运客运（万人）	民航客运量（万人）	货运总量（万吨）	公路货运量（万吨）	水运货运量（万吨）	民航货运量（万吨）
京津冀	107289	95601	32	11656	2140371	260831	12788	1866752
辽中南	49515	47448	508	1559	301833	146023	13908	141902
山东半岛	30610	25265	1546	3799	487107	137376	11994	337737
长三角	267646	245935	7627	14084	6319360	601966	340109	5377285
珠三角	144768	130206	1604	12958	2768656	190080	81299	2497277
太原	7886	6441	7	1438	96917	48446	2	48469
呼包鄂榆	6002	4451	19	1532	158918	99690	0	59228
哈长	34985	33189	98	1698	175518	63408	529	111581
东陇海	18517	18072	70	375	56768	37349	9160	10259
江淮	34348	33030	726	592	191021	121266	68321	1434
海峡西岸	43824	37587	1924	4313	654825	95598	33726	525501
环鄱阳湖	38160	36737	135	1288	187669	122195	8484	56990
中原	43792	43099	86	607	331870	101746	961	229163
武汉	39949	38355	148	1446	248549	67160	20955	160434
环长株潭	54734	53413	122	1199	222549	137957	20902	63690
北部湾	11065	9788	385	892	129189	52714	8387	68088

续表

城市群	客运总量（万人）	公路客运量（万人）	水运客运（万人）	民航客运量（万人）	货运总量（万吨）	公路货运量（万吨）	水运货运量（万吨）	民航货运量（万吨）
成渝	144061	132736	2974	8351	1030513	221400	25569	783544
黔中	170113	167487	505	2121	234239	127670	628	105941
滇中	16102	11442	187	4473	554992	125844	33	429115
藏中南	323	323	0	0	1901	1901	0	0
关中—天水	55178	50924	50	4204	345435	85407	74	259954
兰州—西宁	12518	10535	75	1908	122685	31779	0	90906
宁夏沿黄	6288	5737	184	367	45548	27376	2045	16127
天山北坡	4255	3082	0	1173	95733	26475	0	69258

资料来源：《中国城市统计年鉴（2018）》。

10.2.9 信息化水平比较分析

随着信息技术的飞速发展，世界变得越来越小，信息化水平成为决定国家、地区、企业竞争力的决定因素之一。表10-13中，我们选取邮电业务收入、电信业务收入、固定电话、移动电话和互联网宽带接入用户总数和人均用户量来表示信息化水平。

邮电业由邮政和电信两部分组成，城市群的电信业越发达而邮政业务比重较小，表明了城市群的通信方式更为先进，信息化质量更高。长三角、京津冀和珠三角城市群的电信业务收入较高，可以从侧面反映出这些地区的信息交流更为频繁，信息化程度更高。从邮电业务总量来分析，长三角、珠三角、京津冀、成渝城市群体量较大，这与该部分地区快递业的迅猛发展息息相关。同时，长三角城市群的固定电话、移动电话和互联网用户数最高，珠三角的这三项人均数据都是最高，而长三角、珠三角、京津冀、山东半岛和海峡西岸这五个沿海城市群的人均固定电话、人均移动电话、人均物联网宽带接入都名列前茅，这也反映出沿海地区的信息化程度更高，内陆地区的通信业有待进一步发展。

表 10-13 中国城市群信息化水平（2017 年）

城市群	邮政业务收入（万元）	电信业务收入（万元）	固定电话		移动电话		互联网宽带接入	
			用户数（万户）	人均	用户数（万户）	人均	用户数（万户）	人均
京津冀	3472856	16589714	1861	0.17	13077	1.16	2754	0.24
辽中南	1004623	3435384	711	0.21	3849	1.15	813	0.24
山东半岛	1509707	4050841	666	0.15	5403	1.2	1443	0.32
长三角	12381561	26426597	4375	0.2	25906	1.16	7858	0.35
珠三角	11313409	12585402	2052	0.33	11435	1.86	2440	0.4
太原	173551	1467030	209	0.13	1866	1.15	393	0.24
呼包鄂榆	234044	1146371	147	0.15	1415	1.46	207	0.21
哈长	798806	3490203	611	0.14	4463	1	781	0.17
东陇海	477100	1206234	210	0.13	1295	0.8	490	0.3
江淮	894954	2711470	406	0.12	2960	0.89	831	0.25
海峡西岸	2263650	5736456	860	0.22	4248	1.09	1521	0.39
环鄱阳湖	842283	3422889	399	0.11	2963	0.83	741	0.21
中原	1350397	3332207	512	0.12	4451	1.03	1022	0.24
武汉	1347450	2995874	433	0.14	2832	0.89	735	0.23
环长株潭	986798	3164756	514	0.12	3925	0.94	850	0.2
北部湾	153260	1469878	129	0.1	1734	1.33	413	0.32
成渝	2690225	8171374	1836	0.18	10894	1.09	3037	0.3
黔中	362474	1568776	178	0.09	2184	1.09	657	0.33
滇中	353748	1336562	150	0.1	1657	1.08	334	0.22
藏中南	14679	320390	22	0.24	249	2.76	18	0.2
关中—天水	761271	2585329	529	0.18	3753	1.26	753	0.25
兰州—西宁	104018	1540579	137	0.12	1291	1.17	273	0.25
宁夏沿黄	43306	531458	66	0.12	683	1.22	136	0.24
天山北坡	86012	815319	139	0.13	706	1.01	194	0.22

资料来源：《中国城市统计年鉴（2018）》。

10.2.10　科教文卫事业比较分析

　　科教文卫事业是基础的公共服务，最能够体现一个地区现代化程度和软实力，我们选取了人均地方财政科学支出、人均地方财政教育支出、普通小学、普通中学的师生比、百人图书馆图书藏量、百万人剧场影院数、万人卫生机构数、万人卫生机构人员数来表示科教文卫事业的发展情况，见表10-14。

　　长三角、珠三角和京津冀三大城市群的人均财政科学、教育支出综合水平都位列前五，体现了这三个区域全国领先的科技文教实力；人均财政科学支出较高的还有江淮、武汉城市群，均超过400元/人，这两个城市群都拥有顶尖的高校资源；人均教育支出较高的还有呼包鄂榆城市群和山东半岛城市群，均超过2000元/人。

　　师生比方面，普通小学师生比最高的是藏中南、哈长、辽中南、兰州—西宁等城市群，而京津冀、长三角的小学师生比只排在中游，珠三角更是排在所有城市群的倒数第二，这种情况一方面源自城市群内不同城市对教育的重视程度不同，另外也与近年来人口大规模流入和新生代的增加有很大关系。普通中学的师生比以太原、哈长、辽中南城市群位列前三，北部湾、环鄱阳湖、黔中城市群最低。人均公共图书馆藏书量最高的为天山北坡城市群，每百人藏书量达179册，沿海地区如长三角、珠三角地区的人均藏书量也有较高水平。

　　卫生事业方面，呼包鄂榆、辽中南、黔中、滇中、兰州—西宁城市群人均卫生机构床位数排在前五，环鄱阳湖、海峡西岸、珠三角、长三角、京津冀等城市群则比较低；万人拥有的医生数这项数据中，各城市群之间总体差距不大，呼包鄂榆（32.9）和山东半岛城市群（30.8）每万人拥有超过30名医生，而环鄱阳湖城市群这一数据仅为18，其余城市群都在20—30之间。

　　从科教文卫事业的比较中我们发现人均公共设施配置没有明显的东强西弱的划分，一方面原因是这部分数据更多的反应数量，在质量上各地区之间的差异并没有得到体现，另一方面，大量的人口迁入也稀释了东部地区的公共服务。

表 10-14　中国城市群科教文卫事业状况（2017 年）

城市群	人均地方财政科学支出（元）	人均地方财政教育支出（元）	普通小学师生比（人/万人）	普通中学师生比（人/万人）	百万人剧场、影院数（个）	百万人图书馆图书藏量（册）	万人医院、卫生院床位数（张）	万人医生数（人）
京津冀	469.9	2244.3	569.0	857.6	3.8	59.1	42.1	29.0
辽中南	100.5	1159.5	694.6	996.2	2.9	149.0	61.3	27.2
山东半岛	290.8	2135.0	666.7	931.9	4.0	93.2	51.6	30.8
长三角	579.4	2102.5	567.9	888.0	3.7	124.1	44.6	26.2
珠三角	1195.7	2569.8	504.8	769.7	2.8	156.6	40.9	26.5
太原	161.9	1573.5	679.2	1022.0	3.6	75.1	44.1	28.2
呼包鄂榆	165.7	2773.6	586.6	955.2	7.4	107.9	61.4	32.9
哈长	60.6	659.8	740.3	1013.5	3.4	58.9	52.6	24.7
东陇海	213.2	1842.7	516.6	861.7	1.5	48.3	40.9	25.1
江淮	571.9	1610.5	611.0	966.0	2.9	54.0	39.7	21.2
海峡西岸	224.7	1966.4	540.2	822.1	2.9	77.2	37.7	22.3
环鄱阳湖	224.1	1689.0	509.8	658.7	3.6	47.7	34.6	18.8
中原	168.3	1353.8	484.8	743.2	1.7	44.5	53.6	26.9
武汉	449.7	1614.3	551.7	883.2	4.9	47.6	44.0	23.1
环长株潭	158.2	1426.7	524.3	760.6	1.8	48.2	49.5	27.8
北部湾	85.7	1630.6	533.7	630.4	2.4	87.8	40.4	26.3
成渝	141.5	1592.6	585.5	761.7	1.4	55.7	53.0	23.0
黔中	188.2	2041.7	511.0	693.2	1.2	43.5	56.5	23.2
滇中	166.6	1839.5	608.5	697.2	2.4	54.5	57.8	27.8
藏中南	503.0	18118.9	710.1	892.1	4.4	85.3	97.5	75.7
关中—天水	195.2	1535.2	570.2	915.1	3.7	66.0	50.5	24.6
兰州—西宁	91.4	1862.5	680.7	939.5	3.5	40.6	56.3	27.8
宁夏沿黄	214.5	1789.9	557.7	752.4	3.9	97.1	52.8	28.0
天山北坡	346.0	2887.6	594.4	884.6	2.4	179.0	95.9	55.7

资料来源：《中国城市统计年鉴（2018）》。

10.2.11 环境污染程度比较分析

在表 10-15 中，我们选取工业废水排放量、工业二氧化硫排放量、工业烟尘排放量、城镇生活污水处理率、生活垃圾无害化处理率来表示环境污染情况。

总体来看，经济体量越大、工业比重越高的城市群排污量越多，长三角、京津冀、珠三角城市群的废水、废气排放量都是巨大的，这提醒我们在发展经济的同时，应当注重环境保护和污染治理，走出"先污染，后治理"的困境。长三角的三项排放量都远高于其他城市群，除了工业产值高这一因素外，也暴露了当前不够重视环境保护的这一问题。

从生活污水垃圾治理角度来讲，山东半岛城市群和北部湾城市群城镇生活污水处理率达到 100%，中原城市群生活垃圾无害化处理率达到 97.66%，为全国最高，这几个城市群具有较强的污染治理意识。但长三角和珠三角等更为发达的地区，生活垃圾无害化处理率还比较低，污染防护和治理体系建设方面还应进一步加强。

表 10-15　中国城市群环境污染程度比较（2017 年）

城市群	工业废水排放量（万吨）	工业二氧化硫排放量（吨）	工业烟（粉）尘排放量（吨）	城镇生活污水处理率（%）	生活垃圾无害化处理率（%）
京津冀	70926	388071	571275	99.04	97.00
辽中南	45925	202930	346887	95.44	88.39
山东半岛	58056	245477	171193	100.00	96.68
长三角	348694	745959	709700	99.51	90.75
珠三角	88182	181097	118025	99.40	92.32
太原	8338	131656	146837	90.64	91.04
呼包鄂榆	22708	177484	227648	97.78	94.95
哈长	26968	117862	151002	86.87	85.08
东陇海	15379	115004	91946	94.01	83.47
江淮	27556	93366	176993	96.46	85.31
海峡西岸	69775	111637	148016	98.76	89.92

城市群	工业废水排放量（万吨）	工业二氧化硫排放量（吨）	工业烟（粉）尘排放量（吨）	城镇生活污水处理率（%）	生活垃圾无害化处理率（%）
环鄱阳湖	31555	159480	193115	98.61	89.49
中原	36866	92059	59092	98.63	97.66
武汉	24944	55634	99852	98.17	88.69
环长株潭	26709	113882	126588	99.55	92.16
北部湾	9280	30944	39223	100.00	76.84
成渝	78032	345316	168316	92.01	87.45
黔中	22663	99845	29718	89.93	90.97
滇中	6786	183416	95580	83.04	90.82
藏中南	611	795	1467	91.00	81.00
关中—天水	22522	130959	40181	97.52	93.09
兰州—西宁	4045	29488	24360	98.07	89.78
宁夏沿黄	7583	112458	155108	97.04	94.00
天山北坡	4870	96630	154807	95.38	90.86

资料来源：《中国城市统计年鉴（2018）》。

10.3　各城市群基本统计要素省域比重分析

主体功能区规划的城市群覆盖了我国 22 个省、5 个自治区和 4 个直辖市。接下来介绍一下各城市群在人口、经济、城镇化和产业结构等方面对它所属的省、自治区或直辖市发挥的作用。

表 10-16 中，从土地面积来看，各城市群占所在省的比重从 5.23% 到 100% 不等，其中京津冀城市群为北京市、天津市、河北省的全部地区，长三角城市群为上海市、江苏省、浙江省、安徽省的全部地区，海峡西岸城

市群为福建省全部地区，而兰州—西宁城市群仅为甘肃、青海两省之和的5.23%。常住人口方面，西部城市群的人口占所在省的比重较土地面积比重大得多，人口集聚更为显著，特别是藏中南、成渝等城市群；相反，东部城市群如山东半岛城市群常住人口占所在省份比重反而低于土地面积比重。其原因在于西部地区土地广袤，而适宜居住的、基础设施较完善的地区则较为集中，且当前中国城市群的划分按照行政区，即把一个地市级行政单位所属的全部地区都纳入城市群中，而西部地区的地市州的范围普遍很大，而人口分布主要在面积占比很小的城区或聚居地中。

在经济发展方面，除藏中南、北部湾、东陇海城市群外，其他各城市群的地区生产总值占所在省的比重均高于人口和土地的比重。这三个城市群的城市建设与经济发展起步晚，相比所在省份的其他城市，其竞争力和发展速度也不具备明显的优势。

表 10-16　中国各城市群土地面积、人口、地区生产总值占所在省、
自治区或直辖市的比重（2017 年）

城市群	土地面积（%）	常住人口（%）	地区生产总值（%）	人均地区生产总值		地均地区生产总值	
				绝对值（元）	与所在省相比	绝对值（万元/平方公里）	与所在省相比
京津冀	100.00	100.00	100.00	7.17	1.00	3752.70	1.00
辽中南	66.09	76.40	95.90	6.73	1.26	2328.40	1.45
山东半岛	48.53	44.98	62.62	10.11	1.39	6093.47	1.29
长三角	100.00	100.00	100.00	8.85	1.00	9119.26	1.00
珠三角	30.53	55.07	84.40	12.31	1.53	13777.76	2.76
太原	31.52	33.16	40.62	4.64	1.11	1011.38	1.02
呼包鄂榆	12.60	31.47	67.34	13.52	2.26	747.95	2.73
哈长	58.05	53.92	71.51	5.91	1.25	946.35	1.97
东陇海	14.06	45.20	83.12	6.95	0.78	4549.55	0.73
江淮	62.80	53.00	70.66	5.76	1.33	2176.01	1.13
海峡西岸	100.00	100.00	100.00	8.23	1.00	2601.60	1.00
环鄱阳湖	74.75	77.15	84.44	4.74	1.09	1353.34	1.27

续表

城市群	土地面积（%）	常住人口（%）	地区生产总值（%）	人均地区生产总值		地均地区生产总值	
				绝对值（元）	与所在省相比	绝对值（万元/平方公里）	与所在省相比
中原	34.35	45.37	59.26	6.09	1.31	4602.96	1.73
武汉	27.42	53.96	63.74	7.10	1.18	4436.26	2.32
环长株潭	45.76	61.06	79.37	6.42	1.30	2776.62	1.73
北部湾	18.65	26.69	39.95	5.68	1.69	1681.61	0.71
成渝	42.50	87.54	94.81	5.37	1.08	2232.37	2.23
黔中	42.57	56.02	81.70	5.52	1.46	1476.68	1.92
滇中	17.00	31.84	50.16	5.37	1.58	1260.50	2.95
藏中南	14.00	93.70	69.80	12.13	0.74	370.80	4.97
关中—天水	13.48	45.99	52.15	5.15	1.13	1720.40	3.87
兰州—西宁	5.23	34.11	47.55	4.36	4.36	779.63	9.10
宁夏沿黄	73.10	81.96	93.52	5.76	1.14	663.46	1.28

资料来源：《中国城市统计年鉴（2018）》。

从产业结构方面来看（参见表 10-2、表 10-17），我国城市群第二产业产值在全国所占比重（95.8%）明显高于地区生产总值所占比重（88.6%），城市群第三产业在全国的比重（88.1%）略低于地区生产总值的比重，而第一产业在全国的比重（68.5%）远低于地区生产总值的比重。第一产业方面，东陇海城市群的第一产业占所在省的比重（12.2%）高于地区生产总值占所在省的比重（7.0%），其他城市群则相反，这也说明了第一产业主要分布在城市群以外的地区。第二产业方面，城市群的第二产业占所在省份的比重与地区生产总值的比重相差不大，也说明了第二产业是经济的主要组成部分。大部分城市群的第三产业占所在省份的比重高于其 GDP 的比重，说明第三产业在中心地区的占比更大。我国城市群工业总产值占全国的比重高于地区生产总值的比重，表明工业在城市群地区更加集聚。很明显地，我们能够从这个表中看出城市群吸纳了更多的第二、第三产业，而相应减少了第一产业的比重，第二、第三产业能够产生集聚效益，而城市群则促成了集聚效应的发挥。

表 10-17　中国各城市群三次产业产值占所在省、自治区或直辖市比重（2017 年）

城市群	地区生产总值占所在省份比重（%）	第一产业占所在省份比重（%）	第二产业占所在省份比重（%）	第三产业占所在省份比重（%）	工业总产值占所在省份比重（%）
京津冀	100.00	100.00	100.00	100.00	100.00
辽中南	95.90	76.63	94.08	94.27	83.41
山东半岛	62.62	47.98	63.40	63.90	56.48
长三角	100.00	100.00	100.00	100.00	100.00
珠三角	84.40	32.72	82.99	89.39	76.02
太原	40.62	9.87	46.21	46.33	23.39
呼包鄂榆	34.43	12.87	37.71	35.37	28.17
哈长	85.73	73.25	93.68	77.46	67.47
东陇海	7.01	12.22	6.89	6.54	6.91
江淮	70.66	52.35	75.42	69.07	72.09
海峡西岸	100.00	100.00	100.00	100.00	100.00
环鄱阳湖	84.44	81.69	86.73	82.23	81.70
中原	59.26	34.87	61.39	62.16	49.86
武汉	63.74	50.38	67.18	63.38	53.68
环长株潭	79.37	65.92	84.19	77.71	80.75
北部湾	39.95	31.93	44.48	38.65	35.13
成渝	94.81	84.22	94.10	89.29	99.80
黔中	50.16	30.10	54.03	53.08	45.60
滇中	83.49	72.97	82.87	85.88	44.66
藏中南	69.92	69.36	63.15	77.96	60.77
关中—天水	52.15	46.43	51.12	54.31	39.96
兰州—西宁	47.55	21.35	46.54	53.74	28.14
宁夏沿黄	93.52	79.68	97.16	82.31	98.45

资料来源：《中国城市统计年鉴（2018）》。

10.4　中国城市群发育水平

前面三节简单描述了城市群的基本情况，本节用更加合理的综合指标来刻画城市群的发育水平，各指标的名称及计算方法见表10-18。

表 10-18　城市群发育程度衡量指标

符号	指标名称	计算方法
CFD1	城市群经济发展总体水平指数	该城市群人均 GDP 占所有城市群人均 GDP 比例与该城市群经济密度占所有城市群经济密度比例之积的平方根
CFD2	城市群交通运输条件指数	该城市群货运量占所有城市群货运量比例、客运量比例、人均客运量比例和人均货运量比例之积的四次方根
CFD3	城市群邮电通讯指数	每 10 万人的邮电局拥有量、万人电话机拥有量、邮政业务总量、电信业务总量占所有城市群的比例之积的四次方根
CFD4	城市群内部建成区面积指数	该城市群建成区面积占城市群总面积的比例
CFD5	城市群内部商品流通量指数	该城市群人均批发零售贸易业商品销售额占所有城市群的比例与社会消费品总额所占比例之积的平方根
CFD6	城市群的产业熵指数	第一、第二、第三产业的区位熵之积的立方根

资料来源：方创林、姚士谋等：《2010 中国城市群发展报告》，科学出版社 2011 年版。

（1）城市群经济发展总体水平指数。珠三角和长三角城市群在经济发展总体水平上远远高出其他城市群，排在第二梯队的是山东半岛城市群，再次是东陇海、京津冀、中原城市群，武汉、海峡西岸和环长株潭等城市群排在下一梯队，排在末位的三个城市群是宁夏沿黄、兰州—西宁、藏中南城市群。

（2）城市群交通运输条件指数。排在第一梯队的是珠三角和长三角城市群，排在第二梯队的是京津冀、黔中、成渝城市群，排在第三梯队的有海峡西岸、关中—天水、滇中、辽中南和中原城市群。本指数排在后五位的城市群为呼包鄂榆、东陇海、宁夏沿黄、太原、藏中南城市群。

（3）城市群邮电通讯指数。长三角和珠三角在这一方面表现最佳，京津冀成渝、山东半岛城市群紧随其后，海峡西岸和辽中南城市群排在第三梯队。表现最差的是天山北坡、兰州—西宁、北部湾、宁夏沿黄、藏中南城市群。

（4）城市群内部建成区面积指数。珠三角的建成区面积指数最高，山东半岛位列第二。值得注意的是，东陇海、天山北坡城市群的建成区面积指数高于长三角，中原城市群也超过了京津冀城市群，建成区扩展速度有些过快，土地利用效率不高。

（5）城市群内部商品流通量指数。这个指标反映了城市群的商品供需规模。排在最前面的是长三角、珠三角和京津冀城市群，排在第二梯队的是山东半岛、海峡西岸、成渝、辽中南和武汉城市群。黔中、宁夏沿黄、环鄱阳湖、北部湾、藏中南等城市群本指数得分最低。

（6）城市群的产业熵指数。一般来说，三次产业比重差异越大，本指数得分也就越小。可以看到山东半岛、长三角、珠三角、太原、中原、兰州—西宁城市群的产业熵指数低于 0.8，这些城市群的第一产业比重非常低，而第二、三产业比重则较高。辽中南、北部湾、哈长城市群本指数较高，表明第一产业的比重相对较高，三次产业分布较为均衡。

表 10-19　中国城市群发育水平比较（2017 年）

城市群	CFD1	CFD2	CFD3	CFD4	CFD5	CFD6
京津冀	1.088	0.298	0.321	0.019	0.407	0.826
辽中南	0.830	0.140	0.172	0.020	0.173	1.834
山东半岛	1.646	0.120	0.175	0.031	0.231	0.488
长三角	1.885	0.574	0.485	0.023	0.648	0.764
珠三角	2.732	0.532	0.529	0.076	0.426	0.479
太原	0.455	0.045	0.084	0.007	0.082	0.743
呼包鄂榆	0.667	0.065	0.095	0.004	0.102	1.051
哈长	0.496	0.077	0.150	0.006	0.121	1.679
东陇海	1.180	0.053	0.090	0.024	0.144	0.942

城市群	CFD1	CFD2	CFD3	CFD4	CFD5	CFD6
江淮	0.743	0.093	0.135	0.013	0.098	1.150
海峡西岸	0.971	0.179	0.240	0.010	0.222	0.966
环鄱阳湖	0.531	0.093	0.144	0.007	0.065	1.125
中原	1.111	0.121	0.147	0.023	0.119	0.510
武汉	1.178	0.116	0.142	0.019	0.153	1.039
环长株潭	0.886	0.112	0.141	0.012	0.119	0.825
北部湾	0.648	0.069	0.066	0.012	0.071	1.376
成渝	0.726	0.255	0.299	0.015	0.181	0.877
黔中	0.599	0.294	0.092	0.009	0.057	1.275
滇中	0.546	0.159	0.084	0.009	0.092	1.067
藏中南	0.121	0.005	0.037	0.004	0.025	2.259
关中—天水	0.625	0.167	0.144	0.012	0.112	0.901
兰州—西宁	0.387	0.078	0.074	0.007	0.072	0.794
宁夏沿黄	0.410	0.047	0.044	0.008	0.032	1.341
天山北坡	0.449	0.069	0.082	0.027	0.107	1.418